미-중 분쟁의 실상

미국의회 미-중 경제·안보 검토위원회

이 도서의 국립중앙도서관 출판예정도서목록(CIP)은 서지정보유통지원시스템 홈페이지(http://seoji.nl.go.kr)와
국가자료종합목록 구축시스템(http://kolis-net.nl.go.kr)에서 이용하실 수 있습니다.
CIP제어번호: CIP2020040367

미-중
분쟁의
실상

미국의회 미-중 경제·안보 검토위원회

박행웅 편역

"현재 민주당과 공화당이 각종 사안에 이견을 드러내고 있지만 유일하게 의견이 일치하는 건 중국이 글로벌 경쟁국이라는 점, 미중 양국이 치열한 기술전쟁을 벌이고 있다는 점이다."

_ 《파이낸셜타임스》 (2020년 10월 5일)

차례

옮긴이의 글

2018년 7월 미국이 중국 제품(818개 품목 340억 달러어치)에 대해 25%의 고관세를 부과하기로 한 결정을 발표하면서 시작된 미국과 중국 간 무역 전쟁은 날로 격화되는 양상을 보이고 있다. 중국도 이에 질세라 계속 보복 조치를 취하고 있다. 2019년 하반기에 들어서는 드디어 환율전쟁이 터질 가능성까지 비치고 있는 실정이다. 현재 트럼프 대통령이 중국에 대해 강공책을 쓰고 있는데 여기에 대해서는 미국 내에서 초당적인 합의가 있는 것처럼 보인다. 이런 합의는 미국의회의 초당적 자문기구인 '미-중 경제·안보 검토위원회'의 2018년 연례 보고서에 수록된 다음과 같은 대목에서 발견할 수 있다.

수십 년 동안 미국의 대중국 정책은 중국이 경제적·외교적 및 안보적 차원의 참여를 하면 더욱 개방되고 자유주의적이며 책임감을 갖는 나라가 되는 기초를 닦을 것이라는 희망에 뿌리를 두었다. 지금까지 그런 희망사항은 헛된 것으로 입증되었다. … 현실이 미국의 대중 정책을 추동하도록 해야지 희망이 그렇게 해서는 안 된다.

중국의 WTO 가입을 지지한 사람들 중 다수는 중국이 이 기구에 가입함으로써 경제가 성장하여 중국 국민의 생활수준이 향상될 것으로 믿었고, 이로 인해 본격적인 개혁을 하고 어쩌면 궁극적으로 정치개혁이 촉발될 것이라고 기대했다. 실제로는 그 반대 현상이 벌어졌다. 중국공산당은 경제성장을 이용해 — 보다 최근에는 반부패 조치와 더불어 — 자체의 국가권력 장악을 강화하고, 국가자본주의 모델을 진척시키고, 해외의 권위주의 정부를 지지하고, 여타 국가에 불리하도록 시장에 영향력을 행사하고, 인근국가들을 협박하며 침묵시키기 위해 군사력을 강화하기 위한 자금을 투입하고 있다.

미국의회는 2000년 10월 30일 국방수권법 2001에 의해 초당적 자문기구인 미-중 경제·안보 검토위원회를 설치했다. 이 위원회는 "미국과 중국 간 무역 및 경제 관계가 국가안보에 미치는 함의에 관해 모니터링하고 조사하여 의회에 매년 보고할" 의무를 지고 있다.

이에 따라 이 위원회는 2018년 연례 보고서를 같은 해 11월 의회에 제출했다. 보고서 작성을 위해 이 위원회는 청문회 6차, 공공 원탁회의 1회를 개최하고, 56명의 정부, 민간, 학계, 싱크탱크, 연구소 및 여타 배경의 전문가들로부터 증언을 청취했다.

주요한 청문회와 원탁회의를 열거하면 다음과 같다.

• 중국의 일대일로: 5년 실시 이후 현황
• 중국의 군부 개혁 및 현대화: 미국에 미치는 함의
• 중국, 미국 그리고 차세대 연결성
• 중국의 유럽과 아시아 태평양 지역의 미국 동맹국 및 협력국들과의 관계
• 북한 비상사태 발생 시 중국의 역할
• 중국의 농업정책: 무역, 투자, 안전 및 혁신
• 중국의 시장 왜곡을 시정하기 위한 미국의 수단

이 위원회의 연례 보고서는 미국의회는 물론 행정부에서도 매우 중요시하고 있으며, 정책에 다수 반영되고 있다. 단적인 예로 위원회는 2019년 연례 보고서부터 시진핑에 대하여 종래 중국공산당 총서기와 함께 쓰던 국가 주석이라는 직함을 안 쓰고, 중국공산당 총서기라는 직함만 쓰기로 하였다. 시진핑의 권력은 중국공산당 총서기라는 직책으로부터 나온다는 이유에서이다. 또한 중국은 민주주의 국가가 아니고 국민이 투표권이나 언론의 자유를 누리지도 못하는데, 시진핑 총서기가 덤으로 갖고 있는 국가 주석(영어로는 President라고 번역한다)이라고 칭하는 것은 중국공산당과 시진핑의 권위주의적 통치에 민주적 정당성의 외관을 부여하기 때문에 부적절하다는 것이다. 이것을 폼페이오 국무부 장관이 그대로 받아들여, 앞으로 시진핑을 중국공산당 총서기라고만 부르겠다고 발표했다. 이 외에도 중국의 홍콩 자치권 침해와 관련하여 홍콩의 특별지위를 박탈하는 것 등 다수의 정책 제안이 채택되어 실행되었다.

위원회는 2018년 보고서에서 의회에 여러 가지의 정책 제안을 했다. 그중 가장 중요하다고 생각되는 제안은 보고서 전체 요약의 결론에 담겨 있다. 무엇보다도 우리의 관심을 끄는 대목은 '북한 비상사태 발생 시 중국의 역할'이다.

세계 경제대국 1, 2위가 무역 전쟁을 확대하고 있는 상황에서 가장 어려운 입장에 처한 국가는 바로 한국이다. 2018년의 경우 한국의 대중국 수출은 1622억 달러로 전체의 26.7%를 차지했고 대미국 수출은 727억 달러로 전체의 12%에 달했다. 양국에 대한 수출비중이 39%에 달하고 있다. 한국의 수출 대상 1, 2위 국가가 무역 전쟁에 돌입했으니 한국은 이 두 나라의 경제 전쟁에 관한 정보를 면밀하게 수집하고 분석해야 대응책을 제대로 세울 수 있을 것이다. 현재로서 이런 첨예한 상황에 대한 가장 중요한 정보를 담고 있는 자료는 바로 미-중 경제·안보 검토위원회가 발표한 보고서라고 판단하여 그 내용을 번역해서 『미-중 분쟁의 실상』이라는 책자로 발간하게 되었다.

　본서는 서장으로 2018년도 연례 보고서의 「전체 보고서 요약」을 모두 번역하고, 동 보고서의 본문 중 한국과 관련성이 깊은 여섯 개의 이슈를 선별하여 전문을 번역하였다. 각 장 뒤에 미주로 출전만 표시한 주석은 한국 독자의 입장에서 너무 전문적이고 분량이 많아 생략하였고, 각주로 내용에 관해서 설명한 주석 및 그에 대한 출전은 전부 수록하였다. 또한 2019년도 보고서 중에서 인공지능(AI)과 2019년의 홍콩 시위에 관한 내용을 관련 장의 부록으로 수록하였다. 아무쪼록 이 보고서가 한국의 수출 대상 1, 2위 국가 간에 벌이고 있는 무역 전쟁 격화로 불확실성이 커지는 상황에서 한국의 정부와 관련 업계가 활로를 찾을 수 있는 정보지침서가 되기를 간절히 바란다.

2020. 10.

편역자 박행웅

저자 서문

사반세기 전에 덩샤오핑이 국민들에게 "자신을 드러내지 않고 때를 기다리며 실력을 기른다(韜光養晦). 세계 문제에 절대로 앞장서지 마라"고 한 말은 유명하다. 세계문제에 대해 신중하고 보수적인 역할을 하라는 마지막 암시는 금년(2018년)에 역사 속으로 사라졌다. 2017년 10월에 개최된 제19차 중국공산당 전국대표대회에서 모습을 드러낸 중국의 어조와 태도는 이보다 더 반대일 수 없다. 시진핑은 권위가 있는 모든 직함을 다 달고 자기 자신에 대한 임기 제한을 없애는 데 성공한 다음 '새로운 시대'를 공표했다. 새 시대에는 중국이 '세계의 중심 무대에 더 가깝게 다가가고' 여러 가지 문제를 해결하는 데 '중국식 접근방법'을 제시하게 될 것이다.

비록 중국공산당은 중국이 평화롭게 부상하고 세계에 '공동의 번영'을 가져온다고 강조하지만, 이런 수사 속에는 중국을 지배적인 글로벌 강국으로 탈바꿈시키고자 하는 장기적으로 통합된 노력이 숨어 있다. 시 주석이 중국의 야망을 실현하기 위해 글로벌 질서의 구조적인 변화를 추구하고 있는 마당에 여타 국가들이 중국이 제공한다고 하는 경제적 또는 정치적 기회를 어떻게 환영한단 말인가? 중국은 자체 접근방법을 기존 질서와 공존하는 새로운 대안으로서 틀을 짜려고 시도하고 있는가? 또는 지속적으로 경쟁하는 새로운 시대를 창조하고 있는가? 이런 의문들이 남아 있지만 한 가지는 분명하다. 즉, 중국이 리더십을 장악하고자 하는 시도의 여러 측면은 미국과 그 동맹국 및 협력국들의 국가안보 및 경제적 이익을 위험에 처하게 하는 것이 분명하다.

2017년 말에 개최된 제19차 중국공산당 전국대표대회는 시진핑에게 모든 가시적인 정치권력 수단을 몰아주었다. 그가 선택한 팀을 자리에 앉히고 권력이양 계획을 제쳐놓음으로써 이제 시진핑은 당분간 직접 정치·경제·군사·외교 정책을 지도하는 데 집중할 수 있을 것으로 보인다. 그의 통제하에 중국은 점차 국내적으로 권위주의적으로 되고 해외에서 자기 주장이 강해지고 있다는 것이 이미 분명하게 나타나고 있다.

국내적으로 시 주석 치하에서 당과 국가 사이의 경계선은 거의 사라지고 말았다. 중국공산당 기관들은 과거 중국 국가 기관들과 공유한 사회·경제·외교 및 안보 정책 측면을 통제하고 전임자들이 취한 정부의 제도화를 지향한 조치들을 원상태로 돌려놓았다. 시 주석이 말한 대로 "정부, 군부, 사회 및 학교 그리고 동서남북, 당은 이 모두를 이끌어나간다."

중국의 WTO 가입을 지지한 사람들 중 다수는 중국이 이 기구에 가입함으로써 경제가 성장하여 중국 국민의 생활수준이 향상될 것으로 믿었고, 이로 인해 본격적인 개혁을 하고 어쩌면 궁극적으로 정치 개혁이 촉발될 것이라고 기대했다. 실제로는 그 반대 현상이 벌어졌다. 중국공산당은 경제성장을 이용해 — 보다 최근에는 반부패 조치와 더불어 — 자체의 국가권력 장악을 강화하고, 국가자본주의 모델을 진척시키고, 해외의 권위주의 정부를 지지하고, 여타 국가에 불리하도록 시장에 영향력을 행사하고, 인근 국가들을 협박하며 침묵시키기 위해 군사력을 대폭 강화하기 위한 자금을 투입하고 있다.

시 주석하에서 경제 자유화는 교착상태에 빠졌으며 많은 개혁 조치들은 되돌려졌다. 중국 시장에의 참여를 희망하는 외국 회사들은 높은 입장료를 지불하고, 기술을 이전해야 했으며 중국 경쟁사들에 유리한 규제의 타격을 받아야 했다. 미국 회사, 발명가 및 근로자들은 중국의 왜곡된 무역 정책으로 타격을 받아 수출이 감소하고 지식재산권을 도둑맞고 덤핑 제품이 미국 시장에 물밀듯이 몰려드는 것을 목격했다. 미국의 대(對)중국 상품 무역 적자는 계속 증가하여 2017년에 사상최고치인 3750억 달러에 달했으며, 2018년에도 이를 능가할 추세이다.

시 주석과 중국공산당은 중국 자체의 정치적·경제적 발전을 위한 자유로운 민주적 이상을 거부하면서 베이징 모델을 실행 가능한 대안이라고 지칭한다. 시 주석 대외정책의 간판격인 일대일로 계획은 중국의 '대외진출' 정책의 가장 가시적인 표명이다. 베이징은 이른바 개발에 대한 부대 조건이 없는 접근방법을 기존의 글로벌 규범과 대비할 때가 종종 있다. 기존의 규범은 금융지원을 우수한 거버넌스, 지속가능성, 투명성 그리고 부패가 없어야 한다는 조건과 결부시킨다. 하지만 실제적으로 중국이 제공하는 돈을 받는다는 것은 중국 회사의 서비스와 중국 노동자의 노동을 구입하는 데 동의한다는 것을 의미할 때가 많으며, 어떤 정책은 중국이 선호하는 것과 제휴하며 전략 자산 혹은 사회간접자본에 대해서 주권을 양보한다는 것을 의미할 수도 있다.

중국공산당은 강한 군대를 자국의 글로벌 야망을 뒷받침하는 데 필수적인 것으로 본다. 시 주석하의 공산당은 군부에 궁극적인 목표를 '세계 일류' 군대가 되는 데 두고 현대화 추진 일정을 크게 가속화하라고 지시했다. 중국은 경쟁심이 강한 견해와 정치적 불안정 때문에 공통의 위협인 해적행위, 테러리즘 및 재앙에 대응하는 데 있어서 국제적인 협력을 방해하거나 제한하는, 다루기 어려운 관계를 조성하는 경우가 종종 있다. 한편 시 주석은 중국 군대와 외교관들에게 좀 더 강건하고 자신에 찬 대외정책을 수행하라고 촉구했다. 오늘날 중국은 상당한 군사적 단점을 극복해 가면서 인도-태평양 전체에서 주권 주장을 더욱 강력하게 전개하고 있으며, 전투태세를 강화하고, 미래 발생할 분쟁 시 필요하다면 미국 군대를 억지하고 패배시킬 역량을 제고시키고 있다.

2018년에 와서 미국의 인도-태평양 사령부, 미국 해군과 공군의 지도자들은 모두 다 공개적으로 중국 군대를 어떤 시나리오에서 '필적하는 경쟁자'로 언급했다. 금년도 본 위원회의 작업은 중국 군대의 지위가 미국 군대와 '필적한다'라는 데 대한 열띠고 끝나지 않은 토론을 유발했다. 다음 해에 우리는 그런 주장의 정확성, 그런 명칭이 보장되는 자격 그리고 스스로 천명하는 경쟁적인 국가안보 이익을 가진 '필적하는 경쟁자'에 직면하는 것이 미국의 국가안보에 미치는 함의를 탐구할 것이다.

중국이 글로벌 무대에서 자신감과 리더십을 내세우기 위한 작업을 하고 있지만, 시 주석과 그의 심복들이 제시하는 통일된 목적은 국내외에서 전개되고 있는 위험스러운 반대의 추세로부터 관심을 돌리기 위한 시도일 수 있다. 경제는 침체되고 있으며 기업과 지방정부의 부채 증가, 소득 불평등 및 심각한 환경오염으로 수렁에 빠져 있다. 일대일로 프로젝트에 참여한 일부 국가들은 지속 불가능한 부채 부담과 중국의 주권 침해 증대를 우려하여 프로젝트를 뒤로 미루고 어떤 거래는 재협상하는 한편 다른 거래는 취소하고 있다. 또한 어떤 참여 국가들은 중국이 영향력 공작을 벌이는 데 대하여, 그리고 일대일로 계획을 이용하여 새로운 형태의 식민주의를 수립하는 데 대하여 비판했다. 중국 내에서 그리고 잠재적으로 중국공산당 내에서조차 반대의견이 있다는 징후들이 있다.

중국공산당은 말과 행동에서 경제적·정치적 자유화를 위한 어떤 의향도 포기했다. 중국은 공정 무역과 투자를 촉진하기보다 오히려 약탈적 경제의 실행에 관여하고 있다. 확립된 규칙에 따라 개발 파이낸스를 제공하기보다 중국은 항상 글로벌 거버넌스 표준을 충족하지는 않는, 그리고 상업적 생존 가능성에 대한 검증을 통과하지 않은 프로젝트에 투명하지 않은 방식으로 차관과 투자를 제공한다. 여타국의 주권을 존중하기보다 중국은 인도-태평양의 현상을 변경시키고 있으며 공개적으로 남중국해의 군사화를 자축했다. 국내와 해외에서 정보와 인권의 자유로운 흐름을 촉진하기보다 오히려 검열과 기술에 의한 억압을 배가하고 있다. 위구르 소수민족 탄압이 그 예이다.

수십 년 동안 미국의 대중국 정책은 중국이 경제적·외교적 및 안보적 차원의 참여를 하면 더욱 개방되고 자유주의적이며 책임감을 갖는 나라가 되는 기초를 닦을 것이라는 희망에 뿌리를 두었다. 지금까지 그런 희망은 헛된 것으로 입증되었다. 의회 의원들과 행정부 및 업계는 중국의 국제질서 전복을 시정하기 위한 초당적인 조치를 이미 취하기 시작했다. 이제 워싱턴은 통일된 목소리로 중국의 파괴적인 행동에 미국이 더욱 단호하게 대응할 것을 요구하고 있는 것으로 보인다. 여러 분야에서 중국공산당은 그들의 행태에 대한 반발이나 정당한 비판을 공포, 내셔널리즘, 보호주의 및 중국인에 대한 인종차별이라고 재빠르게 뒤집어씌울 것이다. 새로운 접근 방법이 명확하게 됨에 따라 미국 정책 입안가들은 어려운 결정을 내려야 하지만 하나의 선택은 손쉽다. 즉, 현실이 미국의 대중국 정책을 추동하도록 해야지 희망이 그렇게 해서는 안 된다.

전체 보고서 요약

1. 미-중 경제 및 무역 관계

1) 2018년 현황: 경제 및 무역 동향

2018년에 미국은 정부가 실시한 세 개의 조사에서 비롯된 중국과 관련된 일련의 무역 집행 조치를 발표했다. ① 세탁기 및 태양광 패널 수입 급증에 대한 201조 조사, ② 철강 및 알루미늄 수입으로 제기된 국가안보 위험에 대한 232조 조사, ③ 미국무역대표부는 301조에 따라 "중국 정부의 기술이전, 지식재산권 및 혁신과 관련된 행위, 정책, 실행이 미국 업계에 불합리하거나 차별적이고 부담을 주거나 제한하는지 여부에 대해" 조사. 각각의 예에서 보면 중국은 미국의 집행조치에 대한 보복으로 상호대응관세를 부과했다. 전체적으로 2018년에 미국의 대중국 수입 2500억 달러 이상과 미국의 대중국 수출 1100억 달러가 이런 관세 부과 대상이다.

중국 정부는 지속적인 국내 경제성장에 계속 집중하고 있다. 이 목표는 고조되는 미국과의 무역 긴장과 부채 감소 노력으로 더욱 어렵게 되었다. 이런 도전은 이미 중국의 전반적인 경제실적을 짓누르기 시작했다. 2018년

2/4분기 중 투자, 소비, 영업활동 성장이 떨어졌기 때문이다. 초기 지표들에 의하면 중국 경제는 2018년 후반기에 침체가 가속화되어 중국공산당의 정책 우선사항인 부채축소(deleveraging), 오염통제 및 빈곤감소의 진척이 위협을 받을 것이다. 베이징은 이미 부채축소 노력을 유보하고 국내총생산 성장 지원을 선호하는 것으로 보인다. 중국 은행의 불량채권 수준이 높아지고 지방정부 산하 금융투자회사들의 채무 불이행 위협이 증대되고 있는 형편인데도 불구하고 그런 낌새를 보인다.

(1) 핵심 조사결과

● 중국의 국가 주도, 시장 왜곡 경제모델은 미국의 경제 및 국가안보 이익에 도전이 되고 있다. 중국공산당 지도부가 이끄는 중국 정부는 여전히 핵심적인 경제 부문을 직·간접적으로 통제하고 있으며 특정 기업 또는 산업의 인식된 전략적 가치를 근거로 자원 할당을 계속하고 있다. 이로 인하여 미국과 여타 외국 회사들은 국가로부터 금융 및 정치적 지원을 받는 중국 회사들과 경쟁할 때 중국 내와 세계 전체에서 모두 다 불리한 입장에 처하게 된다.

● 미국은 미국 무역법에 규정된 장치를 사용하고 WTO에 제소하고 추가적인 무역조치를 취하겠다고 위협하는 등의 방법으로 중국의 불공정한 무역관행을 시정하려고 노력했다. 여러 요인 중에서 트럼프 행정부의 무역정책이 표적으로 삼는 것은 중국의 기술 이전 요구 및 불충분한 지식재산권 보호, 미국의 대중 무역 적자 증가 그리고 철강 및 알루미늄의 과도한 수입 의존에 따른 국가안보 위험이다.

● 중국 정부는 여러 번에 걸친 국가 주도 경제모델의 개혁 약속을 계속 무시하고 있다 – 어떤 경우에는 역행하고 있다. 국내 및 외국 민간 기업들의 시장 접근 확대를 반복적으로 약속해 놓고 여전히 이행하지 않으면서 그 대

신 중국공산당은 경제에 대한 국가 통제를 강화하고 국내 산업을 전략적으로 발전시키기 위해 중상주의 정책을 이용하고 있다. 중국의 정책 입안자들은 향후 3년 동안 양질의 발전을 달성하기 위해 3대 투쟁 – 기업 및 지방정부의 부채축소, 오염통제 및 빈곤감소 – 을 하겠다는 의도를 언급했지만 대체로 성공적이지 못했다.

● 중국의 주석 겸 중국공산당 총서기인 시진핑은 경제정책 수립에 대한 통제 강화 노력에 우선했다. 하지만 이런 전략은 중국의 경제 성장에 의도하지 않은 결과를 가져올지 모른다. 공공 및 민간 기업 모두에 대한 국가통제의 강화는 기업들이 상업적인 목표보다는 공산당의 목표를 추구하도록 함으로써 여러 산업에 걸쳐 궁극적으로 생산성과 이익의 감소를 가져올지 모른다.

● 중국의 부채부담은 이 나라의 장기적인 경제 안정에 대한 위협을 증대시킨다. 중국 은행들의 부실채권이 증가하고 지방정부들의 비공식 차입의 만기가 도래함에도 불구하고 정책 입안자들은 경기침체를 두려워한 나머지 신규 신용 증가에 계속 박차를 가하고 있다.

● 2017년과 2018년 상반기에 중국 정부는 GDP 성장이 목표를 초과했다고 보도했다. 하지만 경제지표들에 의하면 중국의 GDP 성장은 2018년 미국과의 무역 긴장으로 성장 추동체들이 실속하게 됨에 따라 후반기에 완만해질 수 있다. 한편, 국가와 지방정부 공식 데이터의 불일치와 수개월째 또는 수년째 비정상적으로 한결같은 성장 지표는 중국 공식 데이터의 신뢰성에 계속해서 의문을 제기한다.

● 2018년 상반기 중국은 20년 만에 처음으로 283억 달러의 경상수지 적자를 기록했다. 이는 GDP의 1.1%에 해당한다. 경상수지 악화는 환율의 변동성 증대를 초래할 수 있다. 이는 또한 베이징이 해외자산을 매각하거나 정부 프로젝트의 파이낸스를 위한 외국 차입을 증대함으로써 중국의 금융

쇼크 차단 능력을 제한할 수 있다.

• 미국은 2017년에 중국과의 무역에서 기록적인 상품 무역 적자를 보았으며(3756억 달러) 2018년에는 총 적자 규모가 이를 능가할 것으로 보인다. 2018년 7월 말 현재 대중국 상품 무역 적자는 2017년 동기와 비교할 때 9% 증가했다. 서비스 부문은 미국이 중국과의 교역에서 계속 흑자를 보인 분야이다. 하지만 서비스 무역 흑자 규모는 상품 무역 적자에 비해 여전히 왜소한 실정이다. 2017년에 미국의 대중국 서비스 무역 흑자는 사상 최고인 402억 달러를 기록했다. 호조 요인은 주로 중국인들의 미국 관광이 늘어났기 때문이다.

• 중국의 대미국 직접투자는 베이징이 자본유출에 대한 정치적·규제적 통제를 강화하고 미국의 투자 검토절차를 둘러싼 불확실성이 증대하고 있는 가운데 지난 18개월 동안 감소했다. 2017년에 중국의 대미 직접투자는 2016년의 456억 달러에서 294억 달러로 줄어들었다. 하지만 최근의 미국 정부 조사에 의하면 중국의 대미 벤처 캐피털 투자는 가속화되어 2015년부터 2017년까지 중국의 대미 벤처 캐피털 투자 누적액은 240억 달러에 달해 최대 투자국이다. 한편 미국의 대중국 투자는 증가했다. 중국 정부가 은행, 자동차, 농업을 포함한 산업에서 외국인 투자 제한을 선별적으로 해제했기 때문이다.

• 트럼프 행정부는 중국 수입품 5170억 달러에 관세를 부과하겠다고 위협했으며 2018년 10월 현재 수입품 2500억 달러분에 대하여 관세가 부과되었다. 미국무역대표부가 실시한 301조 조사에서 베이징이 중국의 기술 능력 제고를 주목적으로 외국 기업들에 대해 일련의 불공정 행위를 자행했다고 결론지은 후 최초의 미국 관세부과 대상은 중국의 기술제품을 표적으로 했다.

• 미국의 무역 집행 조치에 대한 보복으로 중국은 1130억 달러에 달하

는 대미 수입품에 관세를 부과했다. 베이징의 관세 부과의 주 타깃은 미국의 농산품, 자동차 및 항공제품이다.

2) 미-중 간 경제적 도전 시정 수단

미국의 정책 입안가들이 광범위하게 의견의 일치를 보고 있는 점은 중국의 행위가 다자간 무역 시스템에 부정적인 영향을 미치고 있다는 것이다. 중국의 산업정책은 시장 진입 장벽을 구축하고 외국 기업들을 차별하며 시장 접근 조건으로 기술 이전을 조장하고 전략 산업에서 외국의 지식재산권 보유자들에 대해 제한적인 보호와 구제수단을 제공하며, 중국 기업들의 해외 개척과 확장에 불공정한 보조금을 지급한다.

이런 도전을 해결하기 위해 미국이 이용 가능한 수단은 여러 가지가 있는데, 이에는 일방적인 수단(예: 반덤핑 및 상계관세, 통상법 201조 발동, 대미 외국인 투자위원회, 경제 간첩 기소), 양자 간 수단(예: 고위급 양자 간 대화), 다자간 수단(예: 세계무역기구(WTO) 제소 및 공동 압력)이다. 한편 이런 수단들은 우려의 근원이 아니라 주로 그 증상을 표적으로 하거나 다루는 경우가 잦다. 다른 한편으로 기술이전과 국산화 목표와 같은 관행은 종종 재량이 특징인 베이징의 규제 과정을 통해 전달되거나 비공식적으로 실행된다. 결과적으로 미국이 중국의 무역 왜곡 관행을 시정하기 위해 취한 조치는 협소하고 효율성이 제한적인 것으로 입증되었다. 광범위한 정부의 개발 정책, 중국 시장의 규모 및 정부의 국내 기업 및 시장 개입 의사에 반할 경우에 그렇다.

(1) 핵심 조사결과
● 중국 정부는 외국 기업이 불리한 입장에 서도록 하고 중국 기업들을 지원하기 위해 산업정책을 수립한다. 중국 정부가 목표를 달성하기 위해

사용하는 정책들 가운데는 보조금, 관세 및 국산부품 사용 요건, 외국인 소유권의 제한, 지식재산권 도용 및 강제적인 기술 이전, 중국의 기술 사용 및 라이선싱을 진작하는 기술 표준 및 데이터 이전 제한이 있다.

● 중국은 WTO에 가입하고 규칙 기반의 시장 지향 국제질서에 참여함으로써 엄청난 경제적 이득을 얻었다. 하지만 중국이 가입한 지 15년 이상이 되었는데 중국 정부의 국가 주도 산업정책은 반복적으로 WTO 규정을 위반하고 다자간 무역 시스템을 훼손했으며 중국은 수많은 약속을 번복하고 있다.

● 미국은 중국 정부의 불공정 관행을 시정하기 위해 일방, 양자 및 다자간 수단을 갖고 있다. 이런 수단은 중국 산업정책의 개별 측면을 표적으로 해서는 성공적인 반면(예: 특정 보조금 계획 또는 관세), 국가의 영향과 통제가 막대하고 외국 회사들을 불공정하게 대하며 합법적 및 불법적 수단을 동원하여 기술 주도를 추구하는 것을 특징으로 하는 중국 산업정책의 전반적인 방향을 바꿔놓는 데는 효과가 별로 없다. 중국은 외국 회사들에게 시장 접근 약속을 대가로 양보를 이끌어내기 위해 대규모 시장의 매력을 이용하는 한편, 자국 회사들을 국내외에서 보호하고 지원한다.

● 보조금   미국은 중국의 보조금에 대응할 수 있는 여러 수단을 갖고 있다. 예를 들면 반덤핑 및 상계관세, 수입품이 미국의 안보에 미치는 영향에 대한 조사, 불공정 행위와 정책 또는 관행의 분석 등이다. 이런 수단 중 다수는 제한된 우려사항을 표적으로 하며 종종 관세를 부과한다. 미국은 또한 WTO에 제소하고 여타 다자간 포럼에서 협상을 한다. 비록 WTO 회원국들이 중국의 보조금에 여러 번 도전했지만 중국에서 보조금 지원 기관을 특정하기가 어렵고 또 중국 정부가 우선 부문에 대한 자금 지원을 중단하려는 의사가 없어서 중국의 보조금을 모두 중단시키려는 노력이 좌절되었다.

• 관세, 국산부품 사용 규정 및 규제 도전 미국은 종종 WTO 같은 다자간 포럼에서 중국의 관세, 국산부품 사용 요건 및 여타 규제 도전에 대해 언급했다. 미국은 국산부품 사용 요건에 관한 최근의 WTO 제소에서 승리했다. 이런 성공에도 불구하고 다수의 중국 국산부품 사용 규정과 여타의 규제 제한이 지속되고 있다. 왜냐하면 그런 것들이 비공식적으로 시행되고 입증하기가 어렵기 때문이다. 그와 같은 중국의 정책은 미국과 외국 기업들이 중국 시장에 접근하고 동등한 기반에서 경쟁할 수 있는 능력에 제약을 가하고 있다. 또한 규제를 시행하는 과정에서 공무원의 재량으로 외국 회사들이 중국의 경쟁사에 기술을 이전하도록 강요할 수 있다.

• 투자 제한 특정분야에서 중국의 외국인 투자 제한에 대응하는 미국의 선택지는 주로 양국 간 협상을 통해 점진적으로 진전해가는 것을 의미했다. 미국무역대표부는 중국의 WTO 규정 준수에 관한 2017년 보고에서 이런 접근방법이 '대부분 성공적이지 못하다'고 규정했다. 중국의 투자 제한은 중국시장에의 접근을 모색하는 미국과 여타 외국 회사들에 장벽이 되고 있다. 중국의 규제당국과 회사들은 이런 장벽을 이용해서 시장접근을 대가로 외국 상대방에 독점적 기술 또는 지식재산권을 이전하도록 압력을 행사한다.

• 지식재산권 도용, 기술 이전 및 경제 스파이 미국은 중국의 기술 이전 요구와 지식재산권 도용을 시정하는 데 이용 가능한 몇몇 수단을 갖고 있다. 예를 들면 대미외국인투자위원회(CFIUS: Committee on Foreign Investment in the United States)와 수출 통제 시스템 및 337조의 발동과 법무부의 기소를 통해 지식재산권 도용과 경제 스파이를 억제할 수 있다. 하지만 민간 회사들은 중국 정부의 보복을 두려워하여 선뜻 나서기를 주저하는 것으로 판명되었다.

• 기술 표준 중국 정부가 외국제품을 차별하는 표준을 발표할 경우 미

국 관리들은 이런 표준을 철회하거나 연기시키도록 압력을 가해왔는데, 이는 오직 잠정적인 효과밖에 없는 전술이다. 미국과 여타 외국 회사들은 중국의 독특한 기술 표준을 준수하기 위해 애를 쓰고 있다. 또한 이런 회사들은 중국이 국제표준 설정 기구 참여를 늘리고 지도력을 발휘하는 것을 고려할 때 장차 불리한 위치에 설 수 있다.

 ● 데이터 지역화 및 국가 간 이전 제한   중국이 최근 취한 국가 간 데이터 흐름의 지역화 및 제한 노력은 미국과 여타 외국 업계에 상당한 난제를 제기한다. 외국 업계는 중국에서 데이터를 분리하여 저장하기 위해 정보기술 서비스를 이중화하는 규제부담을 우려하고 있다. 2017년에 시행된 중국의 사이버 보안법은 '중대한 정보 인프라'가 보유한 개인정보는 중국 내 서버에 저장할 것을 요구하고 있으며, 중요시되는 데이터는 해외로 이전되기 전에 '보안 평가'를 받도록 요구하고 있다. 시간 지체, 지식재산권 리스크, 데이터 검토에 따른 운용 교란과 더불어 비용을 고려할 때 데이터 지역화 및 국가 간 이전 제한은 미국의 무역과 국제간 디지털 상업에 엄청난 장벽이 될 것이다.

3) 중국의 농업정책: 무역, 투자, 안전 및 혁신

중국은 캐나다에 이어 미국 농산물의 두 번째 시장인 반면 인구가 많고 물과 경작 면적이 부족한 점을 감안할 때 미국 농산물의 대중국 수출은 더욱 증대될 수 있다. 유감스럽게도 미국의 대중국 농산물 수출은 중국의 정책에 의한 몇몇 이유로 억제되어 왔다. 첫째, 중국의 장기적인 식량 자급목표는 국내 보조금 때문에 미국 농민들에게 불리하다. 이는 WTO 의무를 위반하는 행위이다. 둘째, 중국은 미국농산물 수입을 제한함으로써 미국의 무역 제재를 보복하고 있다. 셋째, 중국이 미국의 유전자 변형 농산물에 대해 비동기 검사를 함으로써 대중국 수출을 저지할 뿐만 아니라 미국과 전 세계의 시행을 지연시키고 있다. 끝으로 중국은 대미 곡물 수입제한 수단으로 관세율 쿼터 제도를 이용하고 있다.

시장 제한이 없다면 늘어나는 중국의 중산층 사이에서 안전성과 품질에 대한 명성이 있는 미국의 농업 기업들은 수요증대를 볼 수 있을 것이다. 미국 정부는 중국의 무역왜곡 농업정책을 시정하기 위해 체계적인 노력을 기울이고 있지만 제한적인 성공밖에 거두지 못했다. 양자 간 대화를 하는 중에 중국 정부는 시스템적인 문제를 시정하기보다는 사소한 양보를 하거나 지키지 않을 약속을 하는 경향이 있다.

(1) 핵심 조사결과

● 미-중 무역 관계에서 식량과 농업은 중요한 역할을 한다. 2017년에 미국의 농업 및 농업관련 수출은 미국의 전체 대중국 상품 수출에서 두 번째로 비중이 큰 범주로 금액은 대략 240억 달러에 달했다. 그해 미국의 대중국 농산물 무역 수지는 133억 달러의 흑자를 기록했다.

● 중국은 상대적으로 물과 경작지가 부족한 반면 미국은 양쪽 다 풍부하다. 이는 미국과 중국이 농산물에서 자연적인 무역 파트너임을 시사한다. 하지만 미국의 수출은 중국의 제한조처와 불공정 무역 관행으로 억제되고 있다.

● 중국은 미국의 농산물에 대해 관세와 비과학적인 식품 안전 장벽을 반복적으로 사용, 자국 농민을 보호하고 미국의 무역 조치에 대해 보복을 하거나 무역 협상에서 미국의 양보를 이끌어내려고 한다. 특히 베이징은 중국 시장 의존도가 높은 미국 제품을 표적으로 보복관세를 부과할 때가 많다. 그중에서도 대두와 수수는 보복에 취약하다. 2017년에 미국의 수수 수출의 82%와 대두 수출의 57%는 중국으로의 수출이었다.

● WTO 가입 의정서에 따라 중국은 외국산 쌀, 밀 및 옥수수 수입 시 1%의 관세로 수입하는 쿼터(TRQ, 관세할당제도)를 허용하기로 합의했다. 이 쿼터를 초과하는 모든 수입은 엄두도 내지 못할 정도로 높은 65%의 관세가 부과된다. 하지만 중국 정부는 쌀, 밀, 옥수수의 자급정책을 추구하며, 자국 농민들에게 보조금을 후하게 지급함으로써 외국의 생산자를 불리하게 만든다. 또한 중국 정부는 TRQ를 불투명하고 세심하게 관리하는 방식으로 적용하여 쿼터가 채워지는 일이 없도록 한다. 이로 인하여 미국 농민의 시장 접근을 제한하고 중국이 WTO에 한 약속을 어기고 있다.

● 중국은 식량을 수입하는 데 현재의 농업 무역 파트너(미국 등)에 의존하기를 꺼리는 것으로 보이고 해외 농업 투자 확대와 일대일로 계획을 통해 수입선을 새로운 시장으로 다변화하려고 시도했다. 현재까지 이런 노력은 실효를 거두지 못하고 있지만, 베이징의 다변화 전략 수행이 진척됨에 따라 미국의 농업 수출에 장기적으로 부정적인 효과를 가져올 것이다.

● 중국의 유전자변형농산물(GMO)에 대한 정책은 두 가지의 중요한 방식으로 미국의 농산물 수출 기회를 제한하고 있다. 첫째, 중국은 승인받지 않은 GMO 수입을 발견 시 광범위하게 수입을 저지하고 GMO와 재래 작물을 분리하기가 어렵기 때문에 미국 기업들은 미국과 해외에서 중국의 승인을 받지 않은 경우 GMO 신제품을 광범위하게 출시하지 않는다. 둘째, 중국은 GMO를 승인하는 데 여타 국가에 비해 몇 년 뒤떨어져 있기 때문에 다른 나라들이 승인한 뒤에도 오랫동안 새로운 GMO의 승인을 망설인다. 이로 인하여 미국의 농산물 생산성은 낮아지고 과거에 이루어진 혁신은 위험에 처하게 된다. 왜냐하면 해충과 잡초가 현재의 생명공학 제품에 면역력이 생기기 때문이다.

● 2014년 이래 미국은 중국과 고위급 양자 간 회담을 여러 차례 개최하여 바이오테크 승인 절차를 논의했다. 중국 정부는 생명공학 규제 시스템

을 개선하기로 약속했지만 약속한 변경을 이행하지 않거나 미미하게 이행함으로써 구조적인 문제를 전혀 개혁하지 않았다.

● 중국 정부는 생명공학과 유전체 순서결정의 역량을 혁신적으로 강화하기 위해 막대한 자원을 투입하고 있다. 중국은 새로운 유전체 편집에 대한 경쟁력이 특히 강한 것으로 보인다. 예를 들면 유전자 변형 비용을 대폭 줄이는 유전체 편집의 새로운 기술인 CRISPR-Cas9(CRISPR) 같은 것이다. CRISPR 등의 새로운 유전체 도구에서 중국 기업체들의 실력과 이들이 신속하게 유전체 순서결정을 할 수 있는 능력은 농업 연구에서 경쟁력을 높이는 데 일조할 것이다. 왜냐하면 CRISPR 기술이 새로운 농작물 품종 개발에 적용되기 때문이다.

● 미국의 농업 생명공학 기업들은 중국 기업이 벌이는 스파이행위의 표적이 되었으며, 미국이 개발한 GMO는 중국 법에 재배가 금지되어 있음에도 불구하고 아무런 허가를 받지 않고 중국에서 재배되고 있는 것 같다.

● 2007년과 2008년에 중국에서 대규모 식품 안전 문제가 발발한 이래 중국의 식품 안전법은 개선되었다. 하지만 이런 법들의 시행은 여전히 난제이다. 왜냐하면 중국의 검사 역량이 부족하고 소규모 농업 기업들이 엄청나게 많기 때문이다.

2. 미-중 안보 관계

1) 2018년 현황: 안보와 외교

2018년에 베이징은 지역 내와 글로벌 무대에서 중국의 정치적·경제적·군사적 존재를 확장할 의도를 천명했다. 2017년 말에 개최된 중국공산당

제19차 전국대표대회에서 시진핑 주석은 중국이 '세계무대의 중앙'에 진출해 감에 따라 자신감과 역량의 신시대를 시작했다고 발표했다. 신시대를 맞이하여 시 주석은 국제질서를 바꾸고 '세계 최상급' 군대를 건설하기 위한 노력을 증진하고, 타국들이 본받을 수 있는 정치, 경제 모델로 활동할 것이라고 공표했다. 2018년 6월 시 주석은 이런 대외정책 지침에 대해 부연설명하면서 중국이 '인류 운명공동체' 구축을 주도할 것을 반복적으로 촉구했다 — 이는 중국공산당의 수정된 세계질서를 위한 이념적 형성이 될 수 있다.

지역 내에서 중국은 영토분쟁에 대한 주권 주장을 진전시킬 새로운 조치를 취했다. 시 주석은 19차 당대회 연설에서 유례없이 강력한 어조로 천명하기를 여타 국가들이 "중국이 자국의 이익에 피해를 주는 쓴 과일을 삼키도록 강요하는 환상"을 가져서는 안 된다고 했다. 당대회에서 시 주석은 남중국해에서의 섬 구축 노력이 성공했다고 천명하는 한편, 중국은 센카쿠 열도 근처에서의 군함 순시를 늘리고 최근 인도와의 군사적 교착상태에 빠진 지역에서의 입지를 계속 강화하고 있다. 중국은 러시아, 이란, 파키스탄과의 동반자관계를 심화시키기 위한 새로운 노력을 기울였다 — 이런 관계를 이용하여 미국의 안보 및 경제 이익에 도전하고 있다. 그리고 해외의 군사적 배치를 확장하기 위한 조치를 계속 취하고 있다.

그러나 국내외에서 중국의 이런 자세에 대한 반발이 나타났다. 중국에서 유명 지식인들이 시 주석의 임기 제한 철폐와 점증하는 감시 국가의 등장에 대해 우려를 표명하고, 중국공산당이 중국의 개혁 개방 시대를 형성한 정책을 부정하는 것인지 여부에 대한 의문을 제기했다. 미중 안보 관계는 긴장이 고조되고 있다. 트럼프 행정부가 남중국해의 지속적인 군사화로 인하여 주요한 다자간 군사 연습에 중국의 초대를 취소하고, 러시아로부터의 선진 무기 구입에 대해 중국에 제재를 가했기 때문이다. 이에 대응하여 베이징은 영유권 주장 방어를 위한 결의를 보임으로써 워싱턴에 경고했다.

(1) 핵심 조사결과

• 중국은 "실력을 감추고 시간을 기다리며, 절대적으로 앞장서지 않는다"라는 사반세기 이상 지켜온 지침을 결연하게 끝냈음을 알렸다. 왜냐하면 시 주석이 일련의 새로운 외교 및 군사 정책 지침을 발표하여 중국이 단호하게 국익을 방어하고 적극적으로 국제질서의 변화를 추진하도록 촉구했기 때문이다.

• 미중 안보 관계는 중국이 지역 영토 분쟁, 스파이행위와 사이버활동 및 영향공작에서 지속적으로 벌이는 강압적인 활동과 같은 문제에 대한 심각한 의견 불일치로 긴장상태이다. 양국 관계의 일반적 경향은 시 주석이 중국을 방문한 제임스 매티스 미 국방장관에게 '단 1인치'의 영토 상실도 용납하지 않을 것이라고 한 공개 경고에 반영되었다.

• 인민해방군은 중국의 주변 밖에서 존재 확장을 지속하고 있다. 그렇게 하기 위해 해안 멀리 공중 및 해양 작전을 증대하고 중국 동해 및 남해의 분쟁 지역에서 작전을 확장하고 중국의 유일한 해외 주둔기지인 지부티에서 부두를 건설하며 더욱 선진화된 전투부대를 유엔평화유지군에 배치하고 복잡다단한 양자 간 및 다자간 해외 훈련을 수행하고 있다.

• 동중국해에서 중국과 일본 간 긴장과 사고, 판단착오 및 단계적 확대 잠재성은 심화되었다. 이는 몇 척의 중국해군 함정이 센카쿠열도에 근접하여 항해하고 이 지역에서의 군사 활동을 강화했기 때문이다. 센카쿠열도 근해에서의 중국의 군사 활동 증강은 미국의 일본에 대한, 미-일 상호방위조약에 근거한 안전 보장에 도전이 된다.

• 중국은 군사태세를 강화하고 남중국해에 군사력 투사 능력을 향상시키기 위한 새로운 조치들을 취했다. 시 주석은 19차 당대회에서 중국의 도서 건설 노력이 성공했음을 공표했다. 현재 중국군은 여타의 남중국해 관련국들을 압도하고 이 지역에서 미국의 활동에 도전하고 분쟁 시 미국 군

대를 크게 저지할 수 있는 능력을 갖추고 있다. 중국은 최초로 남사군도 전초지에 선진 대함 및 지대공 미사일을 배치하여 남중국해의 남부 영역 근처에 군사적인 완충지를 설치할 수 있는 능력을 보여주고 있다.

● 중국과 인도 간에는 2017년에 발생한 국경 분쟁 이후 2018년에는 전략적 다툼이 확장되어 뉴델리의 인도양에서의 해양이익이 포함되었다.

● 중국은 러시아, 이란, 파키스탄과의 동반자관계 심화를 지속하고 미국의 안보와 경제적 이익에 도전하기 위해 그러한 관계를 이용했다. 러시아에 대한 고위급 방문 기간 동안 중국 국방장관은 자신의 방문은 미국과 세계에 대해 중국과 러시아의 전략적 협력의 심도를 보여주기 위한 의도라고 언명했다. 중국이 러시아로부터 선진 무기 시스템을 구매함으로써 중국의 핵심 군사 조직인 장비개발부에 대해 미국이 제재를 가하는 결과를 초래했다.

● 2018년에 중국의 무기 수출은 물량과 정교함에서 성장을 지속했다. 하지만 미국과 러시아의 무기 판매와 비교하면 대상국은 중·저 소득국가로 여전히 제한적이고 금액도 뒤떨어진다.

2) 중국의 군대개편과 현대화: 미국에 미치는 함의

중국의 인민해방군 개편과 현대화는 미국과 그 동맹국 및 협력국들이 인도-태평양에서 자유롭게 활동하는 것을 억제하고 중국이 역사적이고 정당한 자리로 인식하는 아시아의 패권국으로서의 지위를 회복하겠다는 의도이다. 현재 베이징의 새로운 지침은 중국군의 현대화 일정표를 대폭 가속화시키고, 인민해방군의 눈높이를 금세기 중반까지 '세계 최상급의' 군대가 되어 미국과 동등한 수준에 이르는 것으로 맞추었다. 가까운 장래 인민해방군은 현대화 목표를 달성하도록 작업함으로써 중국 지도자들은 지역 내에서의 목표를 달성하기 위해 군사력을 고도로 위험하게 사용하는 데 의존하기보다 오히려 군사적인 분쟁을 임계값 아래로 하는 고압적인 전술을 사용할 것이다. 하지만 중기 및 장기에 걸쳐 위험이 증대되어 중국이 군사력 사용을 억제하지 못하고 위기가 분쟁으로 확대되면, 미국이 작전상의 유리한 점을 확보하지 못할지도 모른다.

오늘날 인민해방군의 현대화는 이미 이 지역에서 미국의 작전에 경쟁할 수 있는 군사력을 갖게 되는 결과를 가져왔으며, 냉전 이후 시기 미국이 분쟁 시 지상, 공중, 해양 및 정보의 우세를 구가하고 있다는 오랜 가정에 도전장을 내밀고 있다. 인민해방군은 다음 분야에서 역량 구축을 지속하고 있다.

● 중국은 대양해군을 건설하겠다는 목표를 발표하고 해외 파병 역량을 개선했다. 이를 위해 인민해방군 해병대를 증강하고 군대를 원정작전을 위해 재편성했다. 중국의 해군력은 인도-태평양상의 인근 국가보다 점점 더 수적으로 우세해지고 있다. 이는 미국의 지역 안보 이익에 도전하는 한편 사고와 오판의 잠재성을 높여주고 있다.

● 인민해방군 공군이 발전함에 따라 미국과 그 동맹국 및 협력국들은 인도-태평양에서의 분쟁 시 공군의 우월성을 확보하고 있다고 더 이상 가정할 수 없다. 인민해방군이 중국 해안으로부터 멀리까지 공군력을 투사하려는 노력으로 점점 더 이 지역에서 공중 영역을 다툴 수 있게 되었다.

● 중국은 인민해방군 전략지원부대를 설치함으로써 인민해방군의 합동작전 역량을 개선하고 우주, 사이버 및 전자전 활동을 중앙집중화했다. 중국군이 자체 전투 역량을 발전시킴에 따라 정보 우위와 전자기 스펙트럼에 대한 통제를 구축하는 미국의 역량에 도전할 것이다.

미국은 중국의 파워 상승에 직면하고 있다. 중국은 현재의 인도-태평양의 안보구조와 정치질서를 자국의 파워를 제한시키려는 것으로 보고 있다.

또한 중국과 이 지역 내 타국들 간 벌어지고 있는 군사역량 격차로 인하여 베이징은 인근국가들을 점점 더 신뢰할 수 있는 군사력으로 은연중에 위협하여 억압할 수 있다. 중국이 인근국가들을 위협할 수 있는 능력은 미국이 안정된 지역 균형을 유지하고 국제법과 규범을 지속적으로 준수하며 미국의 권리와 그 동맹국 및 협력국들의 권리를 보호하는 능력을 방해한다.

(1) 핵심 조사결과

● 시 주석은 2017년 말 중국의 군 현대화 목표를 대폭 강화하여 2035년까지 인민해방군을 완전 '현대화'시키고 금세기 중반까지 '세계 최상급'으로 끌어올리도록 요구했다. 새로운 지침은 중국의 군 현대화 일정을 약 15년 앞당겼다.

● 베이징은 현재 제2도련선(second island chain) 내의 지상, 공중, 해상, 정보 영역에서 미국의 활동과 경쟁을 벌일 능력을 갖고 있으며, 냉전 이후 오랫동안 미국이 누려온 군사적 우위에 도전하고 있다. 중국은 인도-태평양 전 지역에서 미국과 경쟁을 벌일 가능성이 있다. 늦어도 2035년에 가면 그렇게 될 것이다.

● 중국의 차세대 국방기술에 대한 대규모 투자는 미국의 군사기술 우위에 위험이 된다. 중국의 급속한 선진 무기 시스템 개발과 배치는 잠재적인 인도-태평양 분쟁 시 네트워크로 연결된 정밀 타격전에서 미국이 역사적으로 지켜온 우위를 심각하게 훼손할 것이다.

● 인민해방군의 전략지원부대 ― 부대의 조직과 작전은 베이징이 정보전에 부여하는 중요성을 반영하고 있다 ― 는 우주, 사이버공간, 전자기 스펙트럼에서 미국이 효과적으로 작전하는 능력에 근본적인 도전을 제기한다. 이 새 부대는 이들 전투 영역을 지배할 수 있는 군을 구축하고자 하는 베이징의 의도를 보여준다.

● 중국은 성능이 뛰어난 다목적 군함을 지속적으로 취역시킴으로써 인민해방군 해군을 대양군으로 신속하게 증강하여 2025년까지 전 세계에 해군을 투입할 수 있는 능력을 갖출 것이다. 이는 인민해방군의 광범위한 2035년 현대화 목표를 훨씬 앞선 것이다.

● 중국은 중·장거리 공중, 해양, 지상 발사 미사일 시스템을 계속 개발하고 야전에 배치하고 있다. 이로 인하여 제2도련선까지의 고정 및 이동 목표물을 타격할 수 있는 능력을 크게 개선했다. 중국이 미국의 공군 기지, 항공모함 및 여타 수상함정을 위협할 수 있는 능력은 인도-태평양 전역에서 미국과 그 동맹국 및 협력국들에 대해 심각한 전략 및 작전상의 도전을 제기한다.

● 베이징은 인민해방군의 '평화 병'과 합동전투 작전 수행 능력상의 지속적인 취약점을 시정하기 위해 전면적인 재편을 모색했다. 다수의 중국 지도자들이 우려하는 바는 인민해방군이 최근의 전투 경험이 없고 수많은 작전 지휘관들이 전투 중 병력을 지휘할 수 있는 기본적인 명령 기능을 수행할 능력이 없다는 인식에 집중되어 있다. 시 주석이 2017년 말 발표한 '강군 사상' 이데올로기도 인민해방군의 전쟁 준비 태세와 전투 의식구조에서 드러난 단점을 극복하려는 것이다.

● 인민해방군은 '현대화되고' '세계 최상급의' 군대가 되는 목표를 성취하기 이전에는 이 지역에서의 목표를 달성하기 위해 위험성이 높은 군사력 사용에 의존하기보다 군사 분쟁이 발생하기 직전까지 압박 전술을 이용할 것이다. 하지만 군대 현대화가 진행되고 베이징의 인민해방군에 대한 신뢰가 높아지면 억지가 실패하고 중국이 지역 패권을 주장하면서 무력을 사용할 위험이 증대한다.

● 2018년에 중앙군사위원회가 인민무장경찰부대와 중국 해안경비대를 직접 통제하게 됨에 따라 두 부대로부터 모든 잔존 민간 지위를 효과적으

로 제거했으며, 이 부대들의 군사 역할을 분명하게 했다. 이런 조치로 중국의 국내 해양법을 관리하고 집행하며 발전시키는 도구로서 중국 해안경비대의 중요성이 증대되었다.

3. 중국과 세계

1) 일대일로(一帶一路) 계획

시진핑 주석의 대외정책 프로젝트의 트레이드마크인 일대일로를 개시한 지 5년이 흘렀다. 일대일로는 전 세계에 걸쳐 사회간접자본의 파이낸싱과 건설을 통해 중국의 영향력을 확장하려는 것이다. 중점은 아시아, 중동, 아프리카, 유럽에 두고 있다. 베이징은 현재까지 이 프로젝트에 수천억 달러를 투자했지만 대부분의 프로젝트는 계획단계에 머물러 있으며 완성하는 데 여러 해가 걸릴 것이다. 중국 지도자들은 일대일로를 장기 사업으로 보고 있다 ― 그들은 이 프로젝트를 '세기의 프로젝트'라고 하며 중국 헌법에 규정하기까지 했다.

베이징은 일대일로를 이용하여 중국의 이익에 맞춰 세계의 정치 및 경제 질서를 수정하고자 한다. 중국의 공식 코뮈니케는 이 계획의 경제적 목표에 집중한다 ― 물리적 및 디지털 사회간접자본을 구축하고 국내의 발전을 촉진하고 시장을 확장하며 표준을 수출한다. 그러나 중국은 말로는 그렇지 않다고 하지만 일대일로로 전략적 이득도 추구한다. 이 프로젝트에 대한 베이징의 지정학적 목표에는 에너지 공급원 확보, 인민해방군의 영역 확장 및 세계 정치 및 거버넌스에 대한 중국의 영향력 제고가 포함된다.

전 세계 국가들은 이 프로젝트와 관련하여 중국의 고상한 수사와 초기의 관대하고 아무런 부대조건이 붙지 않은 사회간접자본 파이낸싱을 자신들의 경험과 비교하기 시작했다. 그 결과 일부 참여 국가들은 일대일로 프로젝트에 관한 우려의 목소리를 내기 시작했다. 부채 수준이 지속가능하지 않고 부패를 촉발하며 주권을 훼손하게 된다는 것이다. 한편, 미국, 일본, 인도, 유럽 국가들과 러시아 같은 주요 강대국들은 일대일로를 세계적인 사회간접자본 필요를 충족시키는 하나의 수단으로 인정한다. 동시에 이런 국가들은 일대일로와 다각적으로 경쟁하고 협력하는 연결성을 파이낸싱하기 위한 자체 계획을 진전시키고 있다. 몇몇 지역에서 일대일로는 자유롭고 개방된 인도-태평양에서의 미국의 이익에 도전하고 있다. 트럼프 행정부의 인도-태평양 전략 – 특히 세계적인 사회간접자본 파이낸싱을 증대할 목적의 프로그램 – 은 부분적으로 이 계획에 대응하는 것이다.

(1) 핵심 조사결과

● 2013년에 시진핑 주석은 일대일로 계획에 착수했다. 이는 전 세계의 사회간접자본과 연결성을 파이낸스하고 구축할 것을 목적으로 한 그의 간판 경제 및 대외 정책 프로젝트이다. 중점은 유라시아와 인도-태평양 지역에 두고 있다.

● 일대일로에 대한 공식적인 정의는 아무것도 없지만 5년이 지난 지금 중국의 목적이 무엇인지 식별할 수 있다. 즉, 국내 개발 촉진과 중국의 변경 지방의 통제 강화 및 시장을 확장하는 한편 기술 표준을 수출하고 물리적 및 디지털 사회간접자본을 구축하고 에너지 안보를 강화하며 중국의 군사 영역을 확장하고 중국을 세계질서의 중심으로 이동시켜 지정학적 영향력을 확대하려는 것이다.

● 전략적 관심은 일대일로의 핵심이다. 하지만 중국 정부는 일대일로가 중국의 지정학적 야심을 진전시키는 것임을 부인하고 있다. 동시에 일대일

로는 또한 중국을 대형 리스크에 노출시키고 있다. 예를 들면 테러리즘, 불안정 및 협력국가들의 정치적 악영향이다. 일대일로는 미국의 이익과 가치에 중대한 도전을 제기할 수 있다. 왜냐하면 일대일로를 통해 중국은 권위주의적 거버넌스 모델을 수출할 수 있을 것이며 해외의 권위주의 행위자들을 고무하고 정당성을 입증해 주기 때문이다.

- 베이징은 일대일로를 부분적으로 중국의 침체하는 경제를 부양하고 이웃 국가들과의 경제 통합을 통해 글로벌 가치 사슬을 올리는 데 일조하는 대외지향적 개발계획으로 보고 있다. 중국의 계획자들은 일대일로 관련국들에서의 사회간접자본 개발로 중국제품, 특히 고급 제조상품에 대한 새로운 시장을 개척하고 해외 수요를 증진할 수 있을 것으로 믿고 있다. 베이징이 일대일로는 개방적이고 모두를 포함한다는 수사를 구사하지만 중국 국유기업들은 일대일로 프로젝트를 위한 계약의 큰 몫을 차지하고 있다.

- 중국이 일대일로를 통해 국제적인 경제활동을 증진함에 따라 중국 회사들은 광범위한 기술 응용을 위한 표준을 정의하고 수출하려 모색하고 있다. 여기에 더해지는 것은 이른바 디지털 실크로드를 통한 것인데 이 모든 것이 글로벌 경쟁 지형을 바꿔놓을 수 있다. 일대일로는 미국 업계와 시장 접근 및 전 세계적으로 자유시장과 민주적 거버넌스를 위협할 잠재성을 갖고 있다.

- 일대일로는 협력국들에게 절실히 필요한 사회간접자본 파이낸싱을 제공하지만 상당한 리스크도 안겨준다. 중국이 일대일로 참여국들과 관계하는 것은 대부분 직접투자라기보다 중국의 정책 및 상업 은행들이 파이낸스를 하는 사회간접자본 프로젝트를 통해 이루어지고 있다. 중국의 대출은 몇몇 일대일로 국가들에 대해 부채의 지속가능성 문제를 제기하는 한편, 베이징에 중국의 이익을 촉진하는 경제적 영향력을 제공한다. 어떤 경우에는 참여 국가들의 주권을 위협한다. 일대일로 국가들의 부채부담 문제에

대한 베이징의 대응은 다양하다. 채무불이행을 회피하기 위해 차입국들에게 추가 신용을 제공하는 데서부터 전략적으로 중요한 자산의 지분을 차지하는 데까지 이르고 있다.

● 인민해방군의 해외 주둔 증가는 일대일로로 촉진되고 정당화되었다. 이는 결국 미국과 그 동맹국 및 협력국들에게 중국 인근의 해양 주변을 초월하여 안보 문제를 야기할 수 있다. 중국은 인도-태평양에서 항구시설과 여타 기지를 이용하여 해군에 재급유하고 물품을 보급하는 한편, 지역 군대의 작전과 훈련을 확대함으로써 영향력과 존재를 강화하기 위해 일대일로를 이용하려고 한다.

● 중국은 유라시아에 걸쳐 연결성을 촉진하고 영향력을 확대하는 계획을 독점적으로 하지 못하며 일대일로는 홀로 전개되지 않고 있다. 여타 강대국들 — 미국, 일본, 인도, 유럽 국가들과 러시아 등 — 은 자체 계획을 실행하여 일대일로와 다양하게 경쟁하고 협력하고 있다. 좀 더 넓게 보면 일대일로의 목적과 방법에 대한 회의론이, 프로젝트가 시행되고 이 계획의 난제들이 점점 더 명백하게 나타남에 따라 전 세계적으로 점증하고 있는 것처럼 보인다.

2) 중국과 미국의 동맹국 및 협력국들의 관계

지난 수년 동안 인도-태평양 내의 몇몇 미국 동맹국과 협력국들의 정부와 사회 내에서 — 또한 유럽과 여타 지역에서 — 베이징이 중국에 더 유리하도록 자국의 정책과 인식에 영향을 미치기 위한 노력을 기울이고 있는 데 대해 우려가 급증했다. 중국의 힘과 국제적인 영향이 증대함에 따라 베이징은 다양한 수단을 이용하고 확장하여 영향력을 증대하는 노력을 강화했다. 이로 인하여 미국과 미국의 중요한 동맹국 및 협력국들과의 관계에 유해한 경우가 종종 있었다. 베이징이 선호하는 전술 중에는 대규모 표적 투자, 집중적인 외교 활동, 경제 처벌, '샤프 파워' 및 인식 조정 그리고 '연합 전선' 활동과 같은 여타 영향 공작이 포함된다. 이런 활동을 통해 적수를 흡수, 전복, 중립화하는 방안을 모색한다. 그 핵심은 중국이 이와 같은 영향 수단을 이용하여 중국 정책에 대한 반대를 약화시키고 미국의 동맹과 협력관계의 기반을 무너뜨리며 전복하려는 것이다. 중국이 기울이고 있는 이런 노력들이 성공하면 민주주의와 국제법을 지탱하는 미국의 능력을 근본적으로 약화시킬 수 있다.

미국의 동맹국과 협력국들은 베이징이 영향력 도구들을 사용함으로써 등장시킨 도전의 성격, 그 도전이 어떻게 진전될지, 그리고 미국 정부의 최선의 대처 및 협력국들과의 공동 대처 방안에 관해 미국과 상호 간에 중요한 통찰을 제공할 수 있다. 미국의 정책 입안가들에게는 베이징이 정책과 인식의 양자에 영향을 끼치려는 것을 간파하고, 불법적인 영향과 강압을 합법적인 간여 형태와 구별함으로써 이 문제에 대하여 정확한 프레임을 짜는 것이 중요하다. 중국이 전 세계적으로 영향력을 확대하려고 함에 따라 그 영향력의 적법한 기여를 환영하는 한편 그 부정적인 측면에 대처하는 세밀하면서도 포괄적인 정책을 수립하는 것이 민주적인 절차를 보호하고 자유로운 국제질서의 지속성을 보장하기 위해 점점 더 중요해질 것이다.

(1) 핵심 조사결과
● 베이징은 인도-태평양에서 자국에 유리하도록 지역을 재편하기 위해 미국의 동맹과 협력관계를 약화시키고자 한다. 중국은 아시아에서 지배적인 역할을 추구하는데, 미국의 군사동맹과 영향을 이런 목표를 달성하는 데 주된 장애로 보고 있다.
● 중국의 대유럽 관계는 중국 정책에 대한 유럽의 단결에 영향을 미쳤

다. 최근 수년 동안 몇몇 경우 EU는 중국의 인권에 관한 합의에 도달할 수 없었으며 또한 베이징의 남중국해에서의 활동과 주장에 관해 확고한 입장을 취할 수 없었다. 왜냐하면 일부 정부들이 이런 쟁점들에 관한 베이징의 민감성에 영합하는 태도를 취했기 때문이다. 이런 경향으로 인해 대서양 연안국들의 중국과 관련된 협력이 더욱 곤란해질 수 있다.

● 오스트레일리아와 뉴질랜드는 중국공산당이 벌이는 영향력 공작의 집중적인 표적이다. 중국공산당은 정치 후원금을 대고 현지 중국어 매체에 거의 독점적인 지위를 확보하고 있다. 캔버라 당국은 턴불 당시 총리의 관심과 함께 몇몇 입법을 하거나 입법을 위한 논쟁을 함으로써 체제전복적인 해외의 영향력에 대하여 강하게 대응했다. 이런 도전에 대해 웰링턴으로부터는 아직 고위급 대응이 없지만 뉴질랜드 정부로부터 중국에 관한 우려가 증대되고 있다는 징후가 있다.

● 서부 유럽 국가들은 베이징이 정책과 인식에 영향을 미치려고 하는 시도에 기존의 민주제도와 경제력 때문에 더욱 탄력적으로 대처해 왔다. 하지만 중앙, 동부 및 남부 유럽 국가들은 민주제도가 상대적으로 허약하고 경제적 난제들과 베이징이 이런 국가들을 EU의 나머지 국가들과 분리시키려고 집중적으로 노력함으로 인하여 베이징의 영향에 취약하다.

3) 중국과 타이완

과거 수년 동안 베이징은 종국적인 양안 통일의 광범위한 목표를 진전시키려고 함에 따라 타이완을 표적으로 한 강압적인 활동을 대폭 증가했다. 베이징이 타이완을 위협하고 국제 공동체에 참여하고자 하는 합법적인 노력을 훼손하기 위해 외교적·경제적·군사적 수단을 이용함으로써 양안의 현상이 바뀌었다. 차이잉원(蔡英文) 타이완 총통은 경제를 강화하고 베이징의 압력 증대에 대응하기 위해 신시장과 무역 협력대상국을 찾고 새로운 혁신적이고 일자리를 창출하는 산업 개발을 지원하며 미국 및 같은 생각을 가진 여타 국가들과의 유대 강화를 위한 노력을 지속하고 있다.

타이완은 활기찬 민주주의, 강건한 시민사회 및 기술부문을 갖고 있으며 위치가 전략적으로 중요해서 자연스럽게 미국과 미국의 자유스럽고 개방적인 인도-태평양 전략의 파트너가 되었다. 타이완이 이 지역에서 일본, 인도 및 여타 국가들과 깊은 연대를 갖고 있는 것은 미국의 체맹국들(treaty allies) 및 협력국들의 안전과 번영에 강하고 민주적이며 경제적으로 탄력성이 있는 타이완의 중요성을 반영한다. 타이완이 갖고 있는 재난 대응 및 구조, 환경보호 그리고 전염병 퇴치의 전문기술을 고려할 때 베이징이 타이완을 세계보건기구 및 기후변화에 관한 유엔 기본협약에서 배제시키려고 하는 노력을 물리치는 것은 미국과 광범위한 국제 공동체 모두에 이득이 된다.

(1) 핵심 조사결과

● 타이완의 차이잉원 총통은 타이완에 압력을 증대시키고 양안의 불안정을 고조시키는 베이징의 행동에 직면하여 현상유지 정책을 계속 추구하고 있다. 지난해에 베이징은 타이완에 압력을 가하고 격리시키는 활동을 증대하는 한편, 양안의 경제 및 사회 통합을 심화시키는 일방적인 노력을 진전시켰는데, 타이완은 이를 주권에 대한 위협으로 간주하였다. 이런 목적으로 베이징은 타이완의 세 개 외교 상대국을 부추겨 타이완과 공식적인 관계를 청산하도록 했으며, 미국과 여타국가의 회사들에게 자사의 웹사이트상에서 타이완을 중화인민공화국에 속하는 것으로 표시하라고 압력을 가했으며, 이 섬 인근의 새로운 항로를 일방적으로 개설함으로써 타이완을 중화인민공화국 지배 영토로 취급했다.

• 중국은 또한 타이완에서 정치전쟁 활동을 강화하고 있다. 베이징은 타이완의 민주주의, 특히 차이 행정부를 약화시키기 위해 다양한 전략을 구사하고 있다. 예를 들어 야당의 정치활동을 지원하고 소셜미디어 및 여타 온라인 수단을 이용하여 거짓 정보를 확산시키고 있다.

• 중국의 군사적 태세 및 현대화에 의한 타이완에 대한 위협은 지속적으로 증가하고 있으며, 베이징은 타이완을 압박하기 위해 고압적인 군사활동을 늘려왔다. 이에 대응하여 타이완은 새로운 국방 전략을 채택하고 비대칭 전력에 더욱 역점을 두고 국내 방위산업과 미국으로부터의 구매를 증대함으로써 국방 능력 제고를 위한 초기이지만 상당한 조처를 취했다. 또한 타이완은 10년에 걸쳐 전원 지원병제로의 이행을 지속하고 있다.

• 차이 정부가 도입한 '결연한 국방, 다층 억지' 전략의 일부로서 타이완의 새로운 종합 국방 개념은 다음과 같은 세 개 분야에 집중함으로써 중국의 군사적 취약점을 활용하고 타이완의 방어 강점을 이용할 것을 목표로 하고 있다. ① 전투 수행 능력의 보유, ② 연안지역에서의 결정적 승리 추구, ③ 적을 해안에서 섬멸. 하지만 새로운 전략의 성공은 중국 인민해방군의 지속적인 성장 규모와 속도로부터 일대 도전에 직면하고 있다.

• 타이완은 여전히 최대 무역 파트너와 대외 투자지로서 중국에 의존함으로써 베이징의 경제적 강압과 정치적 압력에 취약한 상태이다. 차이 총통은 몇몇 국내 조치를 우선적으로 취했는데 – 여기에 포함되는 것은 '5+2' 혁신 산업 프로그램과 앞을 내다보는 사회간접자본 프로그램이다 – 이는 타이완 경제의 핵심 엔진을 강화하고 혁신과 일자리 창출에 박차를 가하기 위함이다. 한편, 타이완은 남아시아 및 동남아시아와 경제 유대를 다양화하고 중국에 대한 경제 의존도를 줄이기 위해 신남방 정책을 지속적으로 추구하고 있다.

• 미국-타이완 관계는 매우 좋다. 타이완 여행법이 만장일치로 통과되고 대통령이 재가했으며 미 국무부 동아시아 태평양국 소속 고위 인사가

타이완을 공식 방문했을 뿐 아니라 미국재대협회(美國在台協會; American Institute in Taiwan, 타이완에서 미국의 외교업무를 보는 기구 — 옮긴이)가 타이베이의 새로운 오피스 단지에 설립되었다. 비록 타이완은 계속해서 미국과의 경제 관계에 우선순위를 두고 있지만 (소고기와 돼지고기 시장 접근 제한 등의) 양국 관계의 장기 쟁점들에 관한 논의는 여전히 교착상태이다.

4) 중국과 홍콩

홍콩의 정치제도, 법치 및 표현의 자유에 대한 베이징의 침해는 이 지역을 중국의 여느 다른 도시와 비슷하게 만들고 있다. 이런 추세는 타이완과 인도-태평양 지역에 대해 경고적인 사례가 되고 있다. 2017년 10월에 개최된 제19차 중국공산당 전국대표대회 기간 동안 베이징은 중국공산당의 이 지역에 대한 통제를 강조함으로써 홍콩에 약속한 '고도의 자치권'과 '일국양제' 정책 및 홍콩의 미니헌법인 기본법하에 보장된 자유에 대한 추가 제한을 초래했다. 국가 주석 임기 제한을 종식시킨 시 주석의 책동은 그의 감독하에서 홍콩의 자치가 지속적으로 침범되고 있기 때문에 홍콩의 민주주의 옹호자들을 경악시켰다. 또한 중국이 홍콩에 대한 약속을 지키지 않음으로써 베이징이 타이베이와의 유사한 협정을 동일하게 처리할 것이라는 강력한 메시지를 타이완에 보낸 셈이다.

중국이 홍콩에 점점 더 개입하는 데 비추어 일부 관찰자들은 홍콩이 미국의 이익에 중요한 독특한 특성과 법적인 보호를 상실하고 있다고 주장한다. 베이징이 계속 홍콩에 대한 통제를 강화하고 있기 때문에 홍콩은 또한 투자와 인센티브가 증대되고 있는 본토 도시들과의 경제적 경쟁 심화에 직면하고 있다. 장기적으로 볼 때 이런 추세는 글로벌 비즈니스 센터로서의 홍콩의 입지를 축소시킬 수 있을 것이다. 홍콩의 생활 방식을 보존하고 글로벌 금융 및 비즈니스 허브로서의 지위를 유지하는 것은 미국의 이익 증진에 일조한다. 미국이 민감한 기술을 홍콩에 수출하는 데 대한 배려도 홍콩이 본토와 분리된 것에 근거를 두고 있다. 이에 비추어 볼 때 법치와 표현의 자유가 계속 퇴보하고 있는 것은 곤란한 동향이다.

(1) 핵심 조사결과

● 베이징의 성명과 입법 활동은 홍콩이 '고도의 자치권'을 유지할 수 있도록 하겠다는 중국의 약속과 배치되고 있다. 2018년 3월에 개최된 제13차 전국인민대표대회에서 중국 입법부는 국가 주석의 임기 제한을 철폐하는 헌법 개정안을 통과시켜 시 주석이 2차에 걸친 5년 임기를 초과하여 자리를 지킬 수 있도록 허용했다. 시 주석하에서 홍콩의 자치권이 계속 훼손되고 있는 점을 감안할 때 이 결정은 홍콩의 친민주 입법회 의원들, 시민사회단체 및 법조계를 불안하게 하였다.

● 베이징이 약속한 '일국양제' 정책에 위배되는, 미국-홍콩 문제에 베이징이 직접 개입하는 곤란한 사례에서 홍콩 정부는 1997년 홍콩이 영국으로부터 이양된 이래 최초로 베이징의 강요에 의해 미국의 도망자 인도요구를 거부했다. 또한 베이징은 2년 만에 처음으로 미국 해군함정의 통상적인 홍콩 기항요청을 거부했다.

● 2018년에 홍콩에서 언론과 집회의 자유에 대한 도전은 계속 증가했다. 베이징과 홍콩 정부가 친민주주의 활동가들이 불만을 토로할 정치적 공간을 폐쇄했기 때문이다. 홍콩 정부는 최초로 정당(홍콩이 중국으로부터 독립할 것을 주장하는 홍콩민족당)을 금지함으로써 정부가 친민주주의 조직들과 지지자들을 추가로 침묵시키도록 허용하는 국가보안법의 통과를 초래할지 모른다는 우려를 자아냈다. 또한 홍콩 정부는 아무런 설명 없이 홍콩 주재 외신기자 클럽 부회장의 비자 갱신을 거부했다. 관찰자들은 이 클럽이

2018년 8월 홍콩민족당 대표를 초대하는 행사를 주최한 데 대한 보복으로 갱신이 거부된 것으로 믿고 있다. 홍콩에 본토 중국이 점점 더 개입하고 있기 때문에 저널리스트들과 미디어 기관들 사이에 자체 검열이 더욱 만연해지고 있다.

● 중국의 중앙정부는 홍콩의 합법적인 자치를 훼손하는 추가 조치를 취했다. 예를 들어 베이징은 최초로 홍콩의 작은 지역에서 본토법률을 시행하여 논란이 많은 철도 터미널 프로젝트를 촉진했다. 또한 베이징은 애국가법을 통과시켜 중국의 국가(國歌)를 모욕하는 것을 범죄행위로 규정하고 홍콩에 유사한 입법을 통과시키도록 강요했다.

● 베이징과 홍콩 정부는 저명한 홍콩 학자가 홍콩의 장래에 관해 견해를 표명하는 것을 혹평하고 입을 열지 못하도록 시도함으로써 공개적인 사상 토론을 저지하려는 노력이 배가되고 있음을 나타냈다. 또한 이런 대응은 민주주의 옹호자들과 학계에서 언론의 자유가 점점 더 위험에 처하고 있다는 우려를 자아냈다.

● 홍콩은 본토와의 경제통합을 강화하는 길을 계속 가고 있다. 홍콩 정부는 홍콩이 중국의 일대일로 사업의 지역 허브가 되고 광둥-홍콩-마카오 대만구(大灣區) 통합 프로젝트의 키노드가 되도록 만들고자 한다. 이는 글로벌 경쟁력을 갖춘 선진 제조, 금융, 기술 센터를 구축하려는 베이징의 계획이다.

5) 중국의 진화하는 대북한 전략

중국과 북한은 관계가 복잡하다. 양국은 실용적인 협력과 깊은 전략적 불신을 특징으로 한다. 북중 관계는 2018년 3월에 해빙되기 시작한 것처럼 보인다. 그 이전에는 한반도의 안보상황 악화와 긴장상태를 놓고 관계가 시 주석과 북한의 김정은 국무위원장의 역사상 최저점에 이르렀다. 중국은 북한의 핵과 미사일 프로그램에 관한 국제 협상에서 중심 역할을 하고자 하며, 이 과정에서 소외되는 것을 경계하고 있다. 북한은 미국 및 한국과의 회담에서 중국의 지원을 중시하고 있다.

베이징은 북한과의 핵협상 관련 회담에서 그 우선순위가 워싱턴 및 서울과 여러 가지 점에서 다르다. 중국은 안정, 전쟁 회피 및 한미 동맹 약화를 중시하고, 북한의 비핵화는 우선순위가 낮은 것으로 생각한다. 협상이 진행됨에 따라 중국은 북한과 외교의 방식, 본질 그리고 실행에 영향을 미치기 위한 노력을 지속할 것이다. 또한 중국은 북한 문제를 미국과 중국 간 관계의 여타 쟁점과 연계시킬 수 있다. 베이징은 이미 대북 제재의 집행을 느슨하게 하여 미국의 '최대한 압력' 활동을 훼손시키기 시작한 것으로 보인다.

핵 벼랑 끝 전술로의 회귀 또는 다른 돌발 사건은 중국이 우려하는 북한에서의 군사적 비상사태를 유발할 수 있다. 이런 사태로 북중 국경을 넘어 난민이 몰려들고 대량 파괴 무기가 풀려나오거나 한국이 주도하는 한반도 통일이 이루어지는 결과를 초래할 수 있다. 베이징은 그런 위기가 닥치면 자국의 이익을 증진시키기 위해 군사적 개입을 포함한 결정적인 조치를 취할 태세가 되어 있다. 중국군이 국경을 넘어 북한에 진주하면 작전 환경을 복잡하게 만들 수 있고, 한국 또는 미국군과 충돌할 잠재성을 제기하고, 또한 분쟁 이후 중국이 북한 지역을 점령하는 결과를 가져올 수 있다. 이런 문제들에 대한 중국과의 양자 회담은 당면 쟁점의 중요성을 생각해볼 때 여전히 불충분하다.

(1) 핵심 조사결과

• 중국은 두 나라 사이의 복잡하고 종종 대립한 역사에도 불구하고 북

한의 성향이 자국의 안보 이익에 매우 중요하다고 생각한다. 시 주석과 북한 김정은 국무위원장 사이의 긴장된 관계는 2018년에 북한이 외교 활동 범위를 확대하는 가운데 훈훈한 유대관계로 바뀌었다.

● 중국은 미국과 한국의 대북한 외교 교섭을 지지하고 있다. 하지만 베이징은 북한이 미국 및 한국과 완전한 전략적 재편성을 하게 되면 이 과정에서 소외되거나 손해를 보지 않을까 경계한다. 좀 더 직접적으로 중국은 한반도에서 자국의 지정학적 목표를 진전시킬 잠재성을 보고 있다. 이 목표에 포함된 것은 북한에서의 전쟁 또는 불안정 회피 그리고 종국에는 한미 동맹의 퇴보이다. 베이징은 북한의 핵 및 장거리 미사일 프로그램 종식을 가치가 있지만 2차적인 목표로 보고 있다. 중국은 한국전쟁을 공식적으로 종료하기 위한 평화조약을 옹호하고 한미 합동 군사 훈련을 정지시키고 주한 미군의 감축을 계속 촉구함으로써 이러한 목표를 달성하려고 한다.

● 베이징은 북한의 핵 및 미사일 프로그램을 둘러싼 외교 과정에 참여하거나 또는 영향력 행사를 보장하기 위한 노력을 지속할 것이다. 중국은 협상 방식, 합의 조건, 이행의 시기와 순서를 정하는 것이나 기타의 북한 이슈를 미중 관계의 여타 차원과 관련시킬지 여부를 결정하려고 노력할 것이다.

● 북한의 비상사태 발생에 대비한 중국의 태도는 다음과 같은 사항을 보여준다. 베이징은 위기 발생 시 난민 이동을 관리하고 국경을 폐쇄하며 대량 살상 무기와 연관 장소를 장악하고 한반도의 향후 처리에 대한 영향력을 가질 목적으로 영토를 점령하기 위해 강력하게 대응할 능력을 갖고 있다는 것이다. 중국 인민해방군과 북한의 군부인 조선인민군 간 관계는 여러 해 동안 긴장상태였다. 조선인민군이 중국의 개입에 어떻게 대응할 것인지는 알려지지 않고 있다.

● 미국과 중국은 고위급 방문과 주요 대화 중 북한의 비상사태 발생에

관해 기본적인 대화를 나눴지만, 직접 개입하게 될 미국과 중국의 전구 및 전투 사령부가 비상사태 발생에 대비하기 위한 작전 계획을 논의했다는 증거는 없다. 이런 논의들은 위기 발생 시의 의사소통 오류와 원치 않는 위기의 확대를 회피하기 위해 필요한 상세한 내용의 수준으로 들어가지 못했다. 이런 대화를 지속하고 확대하는 것은 북한에서 발생할 수 있는 잠재적 위기와 관련된 대규모 리스크를 관리하는 데 일조할 수 있다.

4. 중국의 하이테크 개발

1) 차세대 연결

사물인터넷과 5세대 무선 기술(5G)은 국가들의 비즈니스 수행 방법, 전쟁 수행 방법 그리고 사회의 상호작용 방법을 변환시킬 것이다. 중국 정부는 보다 많은 몫의 경제적 이득과 기술 혁신을 위해 이런 산업에서 미국을 따라잡으려고 한다. 사물인터넷과 5G에 대한 중국의 국가 지원 규모, 미국과 중국 간 밀접한 공급사슬 통합 그리고 미국에 대한 경제 및 군사 경쟁국으로서 중국의 역할은 미국에 대해 엄청난 경제·안보·공급사슬·데이터 개인정보 위험을 불러일으킨다.

중국의 기업들은 이미 국가의 강력한 지원을 활용하여 정보기술과 네트워크 설비 제조에서 글로벌 리더가 되고자 하며, 5G의 국제표준 설정과 배치에서 자신들의 역할을 강화했다. 중국의 국가 지원 규모는 미국 기업들이 중국 내 또는 제삼국 시장에서 중국 기업들과 공정한 경쟁을 벌일 수 있는 능력을 손상시키고 있다. 또한 이로 인해 중국 기업들과 중국에 기반을 둔 제조업이 글로벌 네트워크 설비, 정보기술 및 사물인터넷 디바이스들을 지배할 수 있게 되었다. 미국의 통신 제공업체들이 중국으로부터의 수입에 의존하게 된 것은 미국의 중대한 차세대 통신 사회간접자본의 안전한 배치에 관해 심각한 공급사슬 우려를 자아낸다.

사물인터넷 디바이스와 5G 네트워크의 숫자와 능력의 급속한 발전은 중국의 전략적 억지, 전쟁, 정보능력을 강화시키고 있으며, 미국이 이 지역에서 자유롭게 활동할 수 있는 능력을 훼손하고 있다. 또한 보안이 되지 않는 사물인터넷 디바이스의 급속한 확산으로 인하여 중국의 행위자들이 서비스를 거부하고 정보를 수집하거나 사이버 공격에 착수할 수 있는 방법을 증가시키고 있다. 늘어나기만 하는 사물인터넷 디바이스가 수집하는 대량의 데이터, 범죄자 및 중국과 같은 국가 행위자들의 손에 들어가는 그런 데이터 가치 그리고 느슨한 미국의 보안 및 법적 보호는 미국 시민, 기업 및 민주주의를 위한 프라이버시, 안전 및 보안 위험을 악화시키고 있다. 중국 기업들이 리더십을 차지하는 것은 기정사실이 아니다. 미국 회사들은 이런 산업에서 여전히 시장 리더들이고, 미국 회사들의 지속적인 혁신은 미국의 기술 우위를 확장할 것이다.

(1) 핵심 조사결과

● 중국 정부는 사물인터넷(데이터를 수집하고 상호 간 및 더 광범위한 인터넷에 연결할 수 있는 센서가 장착된 물리적 디바이스)과 5세대 무선기술(5G) 네트워크에 대한 전략적 지원을 강화했다. 중국 정부는 세계적으로 경쟁력을 갖춘 기업을 창출하고 다음과 같은 방법으로 외국 기술에 대한 중국의 의존도를 줄이기 위해 종합적인 산업정책을 짰다. 즉, 국내 기업들과 5G 배치를 위한 국가의 대폭적인 자금지원, 외국 경쟁사들의 시장 진출 제한, 중국 특유의 기술 표준, 글로벌 표준기구 참여 확대, 현지화 목표. 그에 더하여 사이버 스파이행위 및 지식재산권 절취도 한다는 의심을 받고 있다. 이와 같이

국가가 주도하는 추진 방법으로 중국 내에서 활동하는 외국 기업들은 시장 기회가 제한을 받고 있으며, 미국과 여타 외국 기업들은 중국의 국내 시장과 해외에서 공정 경쟁을 할 수 있을 것인지에 관해 우려를 제기하고 있다.

● 5G 네트워크는 데이터 속도가 100배 더 빠르고 사물인터넷 디바이스를 100배 이상으로 지원하고 거의 즉각적인 보편적 커버리지와 이용성을 제공할 것으로 예상된다. 미국과 중국 회사들은 5G와 그 후속 기술들이 창출할 것으로 기대되는 수조 달러에 달할 것으로 예상되는 경제 이득에서 선점자 우위와 이득을 확보하기 위해 치열한 경쟁을 벌이고 있다.

● 사물인터넷 디바이스는 엄청난 양의 사용자 정보를 수집한다. 더 큰 처리 능력 및 막대한 양의 공개적으로 입수 가능한 정보와 통합되고 결합될 때 이런 데이터는 사용자가 공유하기를 원하지 않는 정보를 드러내 보일 수 있다. 미국 데이터는 보안이 되지 않는 사물인터넷 디바이스를 통해 또는 중국의 사물인터넷 제품과 서비스가 미국 고객 데이터를 중국으로 이전할 때 노출될 수 있다. 중국에서 정부는 개인과 기업 데이터에 접근할 수 있는 광범위한 힘을 보유하고 있다.

● 중국 정부는 사물인터넷의 광범위한 상업적·군사적 응용에서 우위를 확보하기 위해 제조업과 국가 주도에 의한 산업정책의 이점을 활용하고 있다. 미국의 기업들과 정부는 많은 경우 중국이 지배하는 글로벌 공급사슬에 의존하고 있다. 중국에서 생산되고 디자인되고 제조 또는 조립된 모든 제품이 태생적으로 위험한 것은 아니지만 미국 정부는 공급사슬 위험 평가를 철저히 수행할 필수적인 수단이 부족하다. 연방의 구매법과 규정은 모순될 때가 종종 있으며 적용에 일관성이 없다.

● 2019년까지는 국제 5G 표준이 설정되어 2020년까지는 대규모 상업적인 배치가 가능해질 것이다. 중국 정부는 자기들이 글로벌 표준을 설정할 수 있도록 보장하기 위해 자국 회사들이 국제 5G 표준기구에서 더욱 많

은 역할을 수행하도록 권장하고 있다. 그런 리더십을 장악하면 국제적으로 인정되는 지식 재산과 기술로부터 수익과 수출을 증대하고 미래의 무선 기술과 표준 발전에 더 많은 글로벌 영향력을 행사하는 결과를 가져오게 될 것이다.

● 중국이 글로벌 정보기술, 사물인터넷 디바이스 및 네트워크 설비 제조에서 수행하고 있는 중심적인 역할로 인하여 중국 정부 – 자국 기업들에 강력한 영향력을 행사하고 있는 – 는 중국 공급자들 또는 제조업자들에게 다음과 같은 일을 하도록 강요할 수 있을 것이다. 즉, 제품을 변경하여 성능을 기대치 이하로 하거나 또는 제대로 작동하지 못하도록 하고, 국가 또는 기업 스파이행위를 하도록 조장하고 또는 그렇지 않으면 사물인터넷 디바이스 혹은 5G의 비밀유지, 완전성 또는 이용 가능성이 제대로 발휘되지 못하도록 한다.

● 사물인터넷의 느슨한 보안 보호 및 보편적 연결성으로 인해 해커나 악의적인 국가 행위자들이 미국의 중대한 사회간접자본, 기업들과 개인들이 위험에 처하도록 악용할 수 있는 무수한 취약 포인트가 창출된다. 이런 종류의 리스크는 증대될 것이다. 왜냐하면 사물인터넷 디바이스는 더욱 복잡해지고 숫자가 많아질 것이며 기존 물리적 구조 내에 장착될 것이기 때문이다. 사물인터넷 디바이스에 대한 그리고 그것을 사용하는 악의적인 사이버 공격의 규모, 속도 및 영향은 5G의 배치와 더불어 더 강화될 것이다.

5. 위원회의 주요 제안 사항

위원회는 의회에 대한 26개 제안사항 중 10개가 특히 중요하다고 생각한다. 전체 제안 사항 목록은 이 보고서의 결론이 있는 344쪽에 수록되어 있다.

위원회는 다음과 같이 제안한다.

● 의회는 관리예산처의 연방정보보안 최고책임자 위원회로 하여금 중국으로부터의 공급사슬 취약점을 적절하게 다룰 수 있도록 보장하는 연례 보고서를 준비하도록 요구한다. 이 보고서는 다음과 같은 정보를 수집하고 평가해야 한다.

  ○ 각 기관의 공급사슬 위험 관리 및 평가 계획.

  ○ 정보 및 통신 기술, 5G 네트워크 그리고 사물인터넷 디바이스에 영향을 미칠 사이버보안, 운용 보안, 물리적 보안, 정보 보안 및 데이터 보안에 관한 각 부서의 기존 구매 및 보안 정책과 지침.

  ○ 새로운 정책과 지침이 필요한 분야 ─ 특정한 정보 및 통신 기술, 5G 네트워크, 사물인터넷 디바이스, 응용 또는 절차 포함 ─ 그리고 공급사슬, 사이버, 운용, 물리적, 정보 및 데이터 보안 취약점을 시정하기 위한 기존 보안 정책 및 지침이 갱신될 수 있는 분야.

● 의회는 미국무역대표부가 동맹국 및 협력국들과 협력하여 GATT 23조(b)하에 세계무역기구에서 중국을 상대로 '비위반 무효화 또는 침해' 사건을 ─ 특정한 협약 위반과 더불어 ─ 제소할지 여부를 검토해야 한다.

● 의회는 법무부에 다음 사항을 지시한다.

  ○ 미국 주민을 위협하고 강압하거나 협박하는 중국공산당 당원을 제소하는 데 '반인권 음모'법을 포함하여 현행 미국 법률의 적용을 검토한다.

  ○ ≪차이나 데일리(China Daily)≫(중국공산당 중앙선전부에서 발행하는 中國日報의 영문판 ─ 옮긴이) 등의 외국 의뢰인을 위하여 전파된 정보자료에 관한 외국 대리인 등록법이 요구하는 라벨이 그런 자료의 첫 페이지 맨 앞에 눈에 띄게 표시되어야 한다는 것을 분명히 해야 한다.

• 의회는 국가정보장에게 기밀 부속문서를 포함한 국가정보판단보고서를 작성할 것을 요구한다. 거기에 수록될 내용은 평시와 분쟁 시 모두 일대일로에 따른 기존 및 잠재적 중국의 접근과 기지 시설이 항해의 자유 및 해상 통제에 미치는 영향이다. 이 국가정보판단보고서는 미국, 동맹국 및 지역의 정치적·안보적 이익에 미치는 영향을 다뤄야 한다.

• 의회는 국가 방첩 및 보안센터에 중국공산당의 미국 내에서의 영향과 선전 활동에 관해 기밀 부속문서가 첨부된 공개 연례 보고서를 작성하도록 지시한다.

• 의회는 국방부와 국토안보부에, 중국 해안경비대가 중앙군사위원회에 보고를 하고 있기 때문에 그러한 명령체계 변화가 법집행기구로서의 해안경비대의 지위에 어떤 영향을 미치는지 평가한 보고서를 기밀 부속문서를 첨부하여 관련 사법위원회들에 제출하도록 지시한다. 이 보고서는 동중국해 및 남중국해에서 '회색지대' 활동의 강압수단으로 중국이 해안경비대를 이용하는 새로운 구조의 함의를 논의해야 한다. 또한 이 보고서는 이런 변화가 미국 해군 및 해안경비대와 중국 해안경비대의 상호작용에 어떤 영향을 미치고 후자가 군대로 규정되어야 하는지 여부를 결정해야 한다.

• 의회는 국가정보통신청 및 연방통신위원회에 다음 조치를 취할 것을 지시한다. ① 특히 중국에서 설계되거나 제조된 장비와 서비스에 의해 초래되는 위협에 초점을 맞추어 5G 네트워크의 신속하고 보안된 배치를 보장하는 조치를 찾고, ② 국내 5G 네트워크의 보안을 보장하기 위해 어떤 새로운 법적 권한이 필요한지 여부를 확인.

• 의회는 회계감사원에 미-중 기술 협력 사업에 대한 평가를 실시하도록 지시한다. 이 평가 작업은 자금, 참여 및 결과 보고를 포함한 협력의 성격을 기술해야 한다. 그리고 계획에 적용되는 라이선싱 및 규제 체계를 상세하게 밝혀야 한다. 또한 미국 연구자와 회사의 지식재산권이 적절하게

보호받고 있는지를 고려해야 한다. 그리고 중국의 국유기업이나 군부가 미국의 납세자들이 낸 돈에 의한 연구의 혜택을 받는지 여부를 검토해야 한다. 또한 협력 사업에 참여한 중국 연구자들이 중국 정부 또는 군부와 연관을 맺고 있는지 여부를 조사해야 한다. 미국 정부 주도하의 중국과의 협력 사업에 참여하는 미국 회사, 대학 또는 연구소들이 중국에서 유래한 사이버 침투를 받고 있는지 여부를 조사하고 이런 협력으로 미국이 얻는 이득을 평가해야 한다. 더 나아가서 이런 평가 작업은 각종 미-중 정부 주도 협력 프로그램 가운데 불필요한 중복사례가 있는지 여부를 검토하고 협력 개선을 위한 건의를 해야 한다.

●의회는 재무부에 현재 중국이 북한에 대한 제재를 이행하고 있는 상황에 관해 180일 내에 보고할 것을 지시한다. 기밀 부속문서에서는 향후 제재를 받을 수 있는 대북한 무역관련 중국의 금융기관, 기업체 및 관리들의 목록을 보고해야 하며, 이런 실체들에게 제재를 가했을 때 있을 수 있는 좀 더 광범위한 영향을 설명해야 한다.

●의회는 미국 무역대표부에 중국 국유기업들의 무역 왜곡 관행을 찾아내고 이런 기업들의 반경쟁 영향에 대응할 정책을 개발하도록 지시한다.

"누가 21세기를 지배하느냐를 결정하기 위해 미국과 중국이 새로운 냉전에 돌입한다면, 결국 어떤 체제가 활력과 역동성을 갖느냐에 따라 승패가 좌우될 것이다."

_ 기드온 라흐만(파이낸셜타임스 선임 외교 논평가)

1장

중국의 군대개편과 현대화: 미국에 미치는 함의

1. 핵심 조사결과

● 중국의 국가 주석 겸 공산당 총서기 시진핑은 2017년 말 군 현대화 목표를 대폭 가속화시키며 인민해방군이 2035년까지 완전히 '현대화'된 군대가 되고 금세기 중반까지는 '세계 일류' 군대가 될 것을 요구했다. 이 새로운 지침으로 중국의 군 현대화 스케줄은 거의 15년 앞당겨졌다.

● 베이징은 현재 제2도련선(第二島鏈線, second island chain) 내의 지상, 공중, 해상 및 정보 영역에서 미국의 작전에 경쟁할 수 있으며, 이런 영역에서 탈냉전 시대의 미국의 장기적인 군사 우위에 도전장을 내밀고 있다. 늦어도 2035년까지 중국은 인도-태평양의 전지역에서 미국의 작전에 대응할 수 있을 것이다.

● 중국의 차세대 방위기술에 대한 대규모 투자는 미국의 군사 기술 우위에 리스크가 되고 있다. 중국의 선진 무기 시스템의 급속한 개발과 배치는 잠재적인 인도-태평양 분쟁 시 네트워크로 연결된 정밀 타격전에서 미국의 역사적인 우위를 심각하게 훼손할 것이다.

● 인민해방군의 전략지원부대 — 이 부대의 조직과 작전은 베이징이 정보전쟁을

중시하고 있음을 반영한다 – 는 미국이 우주, 사이버스페이스 및 전자기 영역에서 효과적으로 작전할 수 있는 능력에 근본적인 도전을 제기한다. 이 새로운 군대는 베이징 당국이 이 영역의 전쟁을 지배할 수 있는 군대를 양성하겠다는 의도를 나타낸다.

● 중국은 인민해방군 해군을 고성능의 다목적 전함을 보유하는 대양해군으로 신속하게 증강함으로써 2025년이 되면 전 세계에 해군 원정군을 배치할 수 있을 것이다. 이는 인민해방군의 더 광범위한 2035년 현대화 목표에 훨씬 앞서는 것이다.

● 중국은 지속적으로 중거리 및 장거리 공중, 해상, 지상 발사 미사일 시스템을 개발하고 현장에 배치함으로써 제2도련선까지의 고정 및 이동 목표물을 타격할 수 있는 능력을 대폭 개선하고 있다. 중국이 미국의 공군 기지, 항공모함 및 여타 수상 선박을 위협할 수 있는 능력은 인도-태평양 전역에서 미국과 그 동맹국 및 협력국들의 전략과 작전에 심각한 도전을 제기한다.

● 베이징은 인민해방군의 이른바 '평화 병'과 합동 전투작전 수행능력의 고질적인 취약점을 시정하기 위해 대폭적인 군대개편을 모색해 왔다. 중국 지도자들이 크게 우려하고 있는 점은 인민해방군에 최근의 전투 경험이 결여되어 있고, 다수의 작전 사령관들이 전투 시 군대를 지휘하는 등의 기본적인 명령 기능을 수행할 능력이 부재하다는 인식이다. 2017년 말 천명된 시 주석의 '강군 사상' 이념도 인민해방군의 전쟁 준비태세와 전투 의식 구조에 단점이 있다는 인식을 극복하려는 것이다.

● 베이징은 인민해방군이 '현대화된 세계 일류' 군대로 발전하는 목표를 달성하기 이전에는 지역에서의 목표를 달성하기 위해 위험성이 높은 무력에 의존하기보다 군사 분쟁의 임계점 아래에서 압박하는 전술을 사용할 것이다. 하지만 군 현대화가 진전되고 베이징의 인민해방군에 대한 신뢰가

높아지면 억지가 실패하고 중국이 지역 패권 주장을 뒷받침하기 위해 군대를 사용할 위험이 중대될 것이다.

● 중앙군사위원회가 2018년 인민무장경찰부대와 중국 해안경비대를 직접 통제하게 됨으로써 양 부대로부터 잔여 민간 지위를 실질적으로 모두 제거하고 군대 역할을 명확하게 했다. 이런 조치로 인해 중국 국내 해양의 치안을 유지하고 그 이익을 실행하며 진전시키는 도구로서 중국 해안경비대의 중요성이 더해졌다.

2. 제안사항

위원회는 다음과 같이 제안한다.

● 의회는 국방부, 국토안보부에 지시하여 관할 사법위원회에 비밀 부속 문서가 첨부된 보고서를 제출토록 한다. 보고서는 이제 중앙군사위원회에 보고하도록 된 중국 해안경비대의 명령구조 변경이 법집행 기관으로서의 지위에 어떤 영향을 미치는지 평가해야 한다. 보고서는 이 새로운 명령구조가 중국이 해안경비대를 동중국해와 남중국해의 '회색지대' 활동에서 강압적인 도구로 사용하는 데 미치는 함의를 논의해야 한다. 또한 보고서는 이런 변화가 미국 해군 및 해안경비대의 중국 해안경비대와의 상호 작용에 미치는 영향과 중국 해안경비대를 군대로 규정해야 할지 여부를 결정해야 한다.

● 의회는 중국이 추진하고 있는 남중국해의 군사화에 관련된 핵심적인 중국 국유기업과 개인에 대해 제재조치를 취할 것을 고려해야 한다.

3. 머리말

중국은 2016년에 인민해방군 조직을 대폭 개편하기 시작했다. 이 작업은 국가 주석 겸 공산당 총서기이자 중앙군사위원회 주석인 시진핑 주도하에 실시되고 있는데, 그 목적은 중국의 국익을 함양하고 인도-태평양 지역에서 자유롭게 활동하는 미국의 능력을 억제하기 위한 인민해방군의 능력을 향상시키는 것이다. 이런 구조개편의 가장 중요한 목표는 중국연안에서 더 멀리 전력을 투사할 수 있는 합동군을 구축하는 것이다. 2017년 말 시 주석이 제시한 새로운 지침은 이제 중국의 군사 현대화 일정표를 대폭 가속화하고 인민해방군의 목표를 미국과 어깨를 나란히 하는 '세계 일류' 군대가 되는 것으로 분명하게 정했다.

시 주석은 인민해방군의 현대화를 '중화민족의 위대한 부흥이라고 하는 중국의 꿈'을 실현하기 위한 자신의 간판 계획을 달성하는 근본으로 본다 — 중국이 역사적이고 정당한 자리라고 인식하는, 아시아의 패권국으로서의 지위를 회복하는 것이다. 또한 인민해방군은 세계 무대에서 영향력 있는 역할을 수행하고자 하는 중국의 야망을 뒷받침할 역량을 구축하고 있다. 중국 군대는 베이징의 해외 이익을 보호하기 위해 원정 활동을 수행하기 위한 능력의 향상을 지속한다. 이는 대양 해군의 증강과 최초의 해외 군사기지의 건설 그리고 시 주석의 일대일로를 통해 전 세계적으로 개발된 일련의 항구와 공항에 의해 잠재적으로 촉진된다. 그러므로 중국 지도층이 인민해방군에 갖고 있는 비전은 광대하다. 이는 지역 주권 분쟁을 중국에 유리하도록 해결하는 데 적합할 뿐만 아니라 '중국의 꿈'에 함축된 장기 목표를 중국이 달성할 수 있도록 해주는 역량의 구축을 모색한다. 이 꿈은 중화인민공화국 건국 100주년이 되는 2049년까지 달성하는 것을 염두에 두고 있을 가능성이 있다. 이런 목표에 들어가 있는 것은 타이완과의 통일, 여타 잔존 영토분쟁의 해결과 중국의 지역적 및 세계적 위신을 완전히 회복하는 것이다.

중국의 세계관에서의 하나의 핵심요소는 21세기의 최초 20년 - 그리고 잠재적으로 더 오래 - 은 중국의 종합적인 국력 신장에 중요한 '전략적 기회의 기간'으로 이바지한다는 것이다. 이 기간 동안 외부의 강국이 중국과 대규모 분쟁을 초래할 가능성은 낮다. 시 주석이 인민해방군을 대폭 개혁한 것은 - 주요 개혁조치는 2020년까지 완성될 예정이다 - 이런 전략적 창과 맞추어져 있으며 인도-태평양에서 미군의 존재와 대립하는 데 점점 더 좋은 위치에 설 것이라는 베이징의 신념을 확고하게 한다. 베이징은 이 지역에서 자국의 목표를 달성하는 데 미군의 존재를 최대 장애가 되는 것으로 보고 있다. 또한 베이징은 군사력을 증대함으로써 이런 목표의 추구를 저지하려는 미국의 능력에 대해 미국의 동맹국과 협력국들이 갖고 있는 신뢰를 훼손시킬 수 있다고 믿는다.

오늘날 미국과 그 동맹국 및 협력국들은 인도-태평양 전역에서 국가들을 위협하고 자국의 전 세계에 걸친 이익 확장을 지원하기 위한 수단으로서 군대의 사용 능력이 제고되고 자신감이 높아지는 그런 중국을 직면하고 있다. 지난 20년 동안에 걸친 인민해방군 현대화는 이 지역에서 이미 미국의 작전에 대적할 수 있는 군으로 성장한 결과를 가져왔으며, 미국이 냉전 이후 분쟁 시 지상, 공중, 해상, 정보 지배를 구가한 오랫동안의 군사적 우위에 도전장을 내밀고 있다. 중국이 지속적으로 군대 현대화 목표를 달성하고 있기 때문에 인민해방군은 인도-태평양 지역 및 그 이상에서 점점 더 모든 영역의 전쟁에 대처할 수 있게 될 것이다. 하지만 인민해방군이 최근의 전투 경험이 부족한 점을 고려할 때 베이징은 유능하고 현대적인 적대국을 상대로 복잡한 군사 작전을 실행하는 데 애를 먹을 것이다. 한편 인민해방군은 훈련을 전투 현실에 적합하도록 개선함으로써 이런 난제를 극복하는 방안을 계속 모색할 것이다. 성공하면 인민해방군은 위기 시, 특히 베이징이 군대를 사용하기로 결정해야 할 때 더 큰 자신감을 베이징에 제공할 것이다. 시 주석은 자신의 임기 제한을 철폐하고자 하는 노력이 성공함으로써 중앙군사위원회에 대한 권력을 강화하고, 인민해방군 내 대규모 반부패 운동을 벌여 구조개편 및 현대화 계획을 수립하고 실행할 환경을 조성했는데, 이는 능력이 제고된 합동 인민해방군을 만드는 결과를 가져올 것이 거의 확실하다.

이 장에서는 중국의 군 구조개편 및 현대화의 추동체를 검토하고 인민해방군이 시 주석의 간판인 '중국의 꿈'을 실현하는 데 어떻게 일조할 것인지에 대한 그의 비전을 평가한다. 나아가 2016년 인민해방군이 개혁과 구조개편을 시작한 이래 합동사령부 구조, 군 증강의 진전 및 합동작전 능력 개발 노력을 살펴본다. 끝으로 이런 발전이 인도-태평양에서 미국과 그 동맹국 및 협력국들에게 미치는 함의를 탐구한다. 이 장은 이 주제에 관한 2018년 2월에 실시한 위원회 청문회, 위원회의 5월 아시아 여행, 미국 공무원의 비밀이 아닌 진술 및 공개된 자료에 대한 연구와 분석에 기반을 두고 있다.

4. 베이징, 세계 일류 군대 육성 목표 설정

2017년 10월에 개최된 중국공산당 제19차 전국대표대회에서 시 주석은 군현대화 계획을 위한 새로운 요구사항을 밝혔다. 이 계획은 2020년까지 군 전반에 걸친 기계화 및 전략 전투 영역의 큰 발전을 달성하고, 2035년까지 '현대' 군대, 금세기 중반까지 '세계 일류' 군대가 되고자 하는 것이다. 이런 요구사항은 시 주석의 인민해방군에 대한 신뢰 및 이전 군 현대화 일정의 대폭적인 가속화를 나타내며 군을 완전히 현대화하고자 하는 목표를 거의 15년 앞당겼다. 랜드 연구소의 선임 연구원인 코르테즈 쿠퍼는 2018년 2월에 개최된 위원회의 증언에서 다음과 같이 요약했다. 군 현대화 일정을 앞당긴 함의는 "인민해방군이 늦어도 2035년까지는 인도-태평양 지역 전역에 걸쳐 분쟁의 모든 영역 − 지상, 공중, 바다, 우주, 사이버스페이스, 전자기 − 에서 싸울 수 있게 될 것 같다"라는 것이다.

이런 목표를 달성하기 위해 시 주석은 인민해방군이 지속적인 개혁과 구조개편 노력 − 2016년에 시작된 것으로 수십 년 만에 가장 종합적인 추진 − 을 하도록 당대회에서 요청했다. 중국공산당이 새로 천명한 '새로운 시대의 강군 사상'이란 기치하에서 중요한 이념적 형성은 국가 정책 목표를 달성하고자 하는 강한 군대의 중요성을 돋보이게 하는 것이다. 중국공산당이 '시진핑의 강군 사상'이라고 명칭을 바꾸고 헌법을 수정하여 삽입시킨 새로운 지도 이념은 시진핑이 과거 "중국이 위대하게 부활하려면 강한 군대가 필요하다"라고 했던 천명을 발판으로 삼고 있다. 또한 이런 진술이 시사하는 베이징의 군 현대화 의도는 인도-태평양에서의 특정한 위협에 대처할 뿐만 아니라 국제 문제에서 광범위하게 영향력을 확대하려는 것이다.

필립 데이비드슨 제독은 2018년 4월에 개최된, 자신의 미국 인도-태평양 사령부 신임 사령관 인준을 위한 청문회에서 중국의 군 현대화가 미국에 미치는 장기적인 함의를 강조했다. 그는 증언하면서 이렇게 언급했다. "중국은 [인도-태평양] 지역에서 미국의 접근과 영향을 축소시키고 지역의 분명한 패권국이 되고자 하는 장기 전략을 추구하고 있다. 그리고 베이징은 이미 이런 궤도를 따라 상당히 진척했다. 중국은 이제 떠오르는 강대국이 아니라 도래한 강대국이고 이 지역에서 미국과 대등한 경쟁국이다."

1) '평화 병' 극복과 전투 준비태세 개선

시 주석은 당대회 보고에서 인민해방군의 훈련과 현대화 노력은 오로지 중국 주변의 모든 영역과 방향의 전쟁에 대비하는 데 초점을 맞추어야 한다고 분명히 지시했다. 인민해방군에 내린 지시 중에 거의 틀림없이 포함된 것은 동부의 '주요 전략 방향'에서 군사 작전 준비를 철저히 하며, 타이완 및 타이완 분쟁 시[1] 발생할 미국의 군사 개입에 대한 전투 준비에 집중하라는 것이다. 시 주석의 광범위한 지침의 일부로서 인민해방군에 준 과제는 현실적인 전투 훈련을 강화하고 우주와 사이버스페이스를 포함한 모든 영역에서의 전쟁 준비를 개선하고 국력 요소로서 인민해방군을 좀 더 적극적으로 이용하라는 것이다. 주목할 점은 시 주석이 인민해방군에 내린 지시인데, 자기 자신과 군 고위 지도자들 사이에 퍼져 있는 인민해방군의 이른바 '평화 병'과 현대의 합동 전투에서 승리할 능력이 부족하다는 우려를 극복해야 한다는 것이다. 걱정 중에서도 제일가는 골칫거리는 시 주석이 '5대 무능력'이라고 한 인민해방군의 커다란 단점이다. 그것은 일부 인민해방군 간부들이 효과적으로 군의 상황을 판단하고 명령을 이해하며 작전 결정을 내리고 전투 시 군대를 지휘하고 예측하지 못한 전장의 상황 전

---

1 중국의 국방전략의 대강을 밝힌 중국의 2015 국방백서 — 「중국의 군사 전략」 — 은 인민해 방군이 다양한 영역과 지역에서 동시적으로 발생하는 위기에 대응할 태세를 갖출 것을 요구한다. 이는 인민해방군 전구사령부에 부과되는 여러 가지 전략적 방향이 있다는 것을 나타낸다. 전구사령부는 1차 및 2차 전략 방향을 부여받지만 타이완은 국가 수준에서 여전히 1차적인 전략 방향이다. U.S.-China Economic and Security Review Commission, *Hearing on Hotspots along China's Maritime Periphery*, Mark R. Cozad의 서면 증언, April 13, 2017; Wang Hongguang, "Wang Hongguang: Decisively Setting East China Sea as Our Primary Strategic Direction," *Sohu Military*, March 2, 2016. Translation; China's State Council Information Office, *China's Military Strategy*, May 2015; Shou Xiaosong, ed., *The Science of Military Strategy*, Military Science Press, 2013, 117. Translation.

개에 대처할 능력이 없다는 것을 뜻한다.

현재 진행되고 있는 인민해방군의 현대화 노력은 그 뿌리를 시 주석의 전임자들에 두고 있다. 그들은 1990년대와 2000년대 초에 인민해방군이 현대전에 중대한 결함이 있어 서방 강대국과 충돌을 하게 되면 중국이 불리하다고 평가했다. 전임 주석인 장쩌민과 후진타오는 인민해방군의 미국 및 미국 동맹국들과의 전투 능력 격차를 줄이기 위해 중요한 개혁과 현대화 노력을 기울였으며, 지역에서의 이익을 증진시키고 타이완을 지배하기 위한 베이징의 선택지를 제공했다. 중국의 고위 군사 지도자들은 미국이 1990년대에 장거리 및 정밀 타격 역량 – 1991년의 걸프전쟁과 1999년 베오그라드 주재 중국 대사관 폭격 사고 포함 – 을 이용하는 것을 보고 경악했다. 이로 인해 베이징은 중국 주변 지역에서 일어나는 군사 작전에서 외국의 개입을 억지, 지연 및 필요 시 격퇴할 수 있는 '반접근/지역 거부(A2/AD)'(또는 '반개입')[2] 역량에 현대화 노력을 집중하게 되었다. 하지만 이와 같은 현대화 노력을 기울였다고 해도 인민해방군을 중국 해안에서 멀리 떨어진 곳에서 합동 작전을 수행할 수 있는 군대로 탈바꿈시키는 데 완전히 성공하지는 못했다.

2) 위협과 임무

중국공산당의 1차적인 목표는 국내의 안정을 기하며 주권 주장을 보호

---

2 반접근 활동은 적군의 전역에의 배치를 완만하게 하거나 적이 선호하는 지역보다 분쟁 지역에서 멀리 떨어진 곳에서 작전토록 하려는 것이다. 지역 거부 활동은 전역 내에서의 작전행동에 영향을 미치고, 우군이 접근을 저지할 수 없거나 저지하지 않을 지역 내에서 적의 작전을 방해하려는 의도이다. 하지만 중국은 '반개입'이라는 용어를 사용하는데, 그런 작전이 반작용을 나타낸다는 인식을 반영한다. U.S. Department of Defense, *Annual Report to Congress: Military and Security Developments Involving the People's Republic of China 2013*, 2013, i, 32~33; U.S. Department of Defense, *Air-Sea Battle: Service Collaboration to Address Anti-Access & Area Denial Challenges*, May 2013, 2.

하고 영토보전을 방어함으로써 권력 장악을 유지하는 것이다. 중국의 2015
년 국방백서인 「중국의 군사 전략」은 중국공산당의 국가 목표에 도전할 수
있는 잠재적인 분쟁을 베이징이 어떻게 보는지에 관한 통찰을 제공한다.[3]
백서에 의하면 비록 세계전쟁은 발생할 가능성이 없다고 할지라도 테러리
즘과 분쟁지대는 염려스럽고 가까운 장래에 전쟁이나 충돌을 초래할 수 있
다. 인민해방군 군사과학원이 발간한 권위 있는 책인 『전략학』의 2013년
판에 의하면 중국은 '전쟁 위협'에 종합적으로 대비해야 하고 "전쟁을 억제
하거나 … [승리할] 태세를 갖춰야 한다."

　　따라서 중국공산당은 인민해방군에 다양한 전략적 임무 – '해외 이익'을
보호할 공식화한 임무 포함 – 를 부여했다. 이는 군대가 중국의 지역적 주권 주
장을 방어하고 원정작전의 수행 역량을 개발할 필요성을 제기한다. 중국의
2015년 국방백서는 인민해방군에게 부여된, 다음과 같은 임무의 대강을 밝
힌다.

- 중국공산당 보호
- 중국의 지상, 공중, 해양 영토의 주권과 안전 보호
- 조국의 통일 보호
- 새로운 영역에서 안전과 이익 보호
- 중국의 해외 이익의 안전 보호
- 전략적 억지 및 핵 반격을 수행하기 위한 능력의 유지
- 지역과 국제 안전 협력에의 참여 및 지역과 세계의 평화유지
- 중국의 정치적 및 사회적 안정을 유지하기 위한 침투, 분리주의 및 테러리즘 퇴치

3　중국의 국방백서는 공개 발표된 1차적인 공식 문서로서 베이징이 국가안보 이익을 어떻게
　　보고 있는지를 비밀이 아닌 수준에서 기술한 것이다. 현재까지 국무원 신문판공실은 10개
　　의 백서를 발표했다. 이는 중앙군사위원회, 국방부 및 국무원의 승인을 받은 것이다.

노력 강화

- 비상 구조 및 재난 구조 실시, 권리 및 이익 보호, 경비 근무 및 국가의 경제적·사회적 발전을 위한 지원.

5. 2018년의 군사개혁: 정치적 통제와 전투력 증강

중국에서 2018년에 시행된 가장 중요한 군대개편은 인민해방군 합동사령부 구조의 대폭적인 정비와 시 주석이 발표한 새로운 군사 훈련 지침이었다. 이 지침은 실전 능력과 통합 작전을 강조했다. 이런 조치들은 2016년부터 시작된 구조 변화에 뒤이은 것으로 인민해방군 지휘기구, 전투 부대 및 작전 전구에 대한 것이었으며, 2단계 개혁 조치는 주로 인민해방군의 새로운 합동사령부 구조 내에서 활동할 장교와 병사들의 훈련에 초점이 맞춰졌다.

1) 국가 사령부 및 작전 사령부의 재정비

(1) 시 주석의 중앙군사위원회 정비

중국공산당 제19차 당대회에서 시 주석은 반부패 운동의 힘을 휘둘러 중앙군사위원회의 구성과 구조에 대폭적인 변화를 관철하는 데 성공했음을 입증했다. 그렇게 해서 핵심적인 관료적 장애물을 제거하고 명령과 통제를 간소화했다. 그리고 중앙군사위원회의 간부들이 시 주석에게 개인적인 충성을 하도록 보장하는 데 일조했다. 중앙군사위원회는 위원이 종래의 11명에서 7명으로 줄어들었는데, 이는 20년래 가장 적은 숫자다. 그리고 인민해방군 사령원(司令員)들은 군사에 관한 최고 의사결정 기구에서 제외되었는데, 그들은 중앙군사위원회의 전략적인 명령 기구로부터 전구의 작전 명령 기구에 이르는 지휘계통에서 사실상 배제되었다.[4] 그럼에도 불구하고 사령원들이 작전의 명령 계통으로부터 실질적으로 완전히 제외되었는지, 만약 그렇다면 그들이 전구사령부의 지리적 경계를 초월한 구역 외 작전을 수행하는 인민해방군을 통제하는 역할을 유지하고 있는지가 여전히 불명확하다. 전체적으로 볼 때 이런 변화는 인민해방군 사령원들의 전반적인 권력을 축소하고 새로운 합동전구 사령원들에게 힘을 실어주는 커다란 변화를 의미한다. 이는 여러 가지 점에서 미국에서 1986년 골드워터-니콜스 국방부 재조직법하에 군대 명령구조를 개편한 변화와 흡사한 것이다.[5] 새로이 현대화된 구조는 중앙군사위원회가 전략 관리 문제에 더욱 집중하는 반면, 작전 지역에서 전투 부대에 대한 완전한 명령권을 전구 사령원들에게 주는 것이며, 각 군 사령원들은 '군의 양성(미국의 인원, 훈련, 장비 개념과 유사)' 업무에 집중한다.

시 주석은 중앙군사위원회의 구성을 변경하고 규모를 줄임으로써 최고 군사기구에 대한 정치적 통제를 강화할 수 있었다. 제19차 당대회 기간 동

---

4   새로운 중앙군사위원회 구성은 주석 시진핑, 부주석 쉬치량(許其亮)과 장유샤(張又俠)로 되어 있다. 중앙군사위원회의 나머지 멤버는 웨이펑허(魏鳳和, 국방장관), 리쭤청(李作成, 연합참모부 참모장), 먀오화(苗華, 중앙군사위 정치공작부 주임), 장성민(張升民, 중앙군사위 기율검사위원회 서기)이다. 시 주석의 위원 선정은 개인적인 충성에 근거한 것으로 보인다. 중국 국방부, *Central Military Commission of the Chinese Communist Party*, November 2017. Translation. http://www.mod.gov.cn/leaders/index. htm; Government of China, *Central Military Commission of the Chinese Communist Party*, October 19, 2012. Translation. http://www.gov.cn/test/2012-11/19/content_2269866.htm.

5   골드워터-니콜스 법은 미국 국방부 조직 개편을 위한 것으로서, 미국 군대가 합동작전을 수행하는 능력을 향상시키고자 하는 것이다. 이 법으로 인해 각 군 참모총장과 비교하여 합동 참모회의 의장의 영향력과 참모진을 강화시킴으로써 미국 군대의 능력에 큰 변화를 가져왔으며, 전투 사령관들의 권위를 높였다. 이런 조치로 각 군 간 장벽을 제거하여 '합동' 작전의 힘을 증대시킬 수 있었다. Goldwater-Nichols Department of Defense Reorganization Act of 1986, Pub. L. No. 99~433, 1986.

안 시 주석은 중앙군사위원회는 중국공산당, 그리고 나아가 개인적으로 그에게 충성해야 된다는 점을 분명히 했다. 이런 절대적 충성 요구는 시 주석이 인민해방군에 보낸 메시지에 일부 나타나 있다. 그는 자신이 실시하는 조직개편과 현대화 비전에 대한 어떤 반대도 용납하지 않을 것이라고 했다. 시 주석은 당대회에서 장유샤 장군을 중앙군사위 부주석으로 승진시켰다. 그는 이전에 중앙군사위의 장비발전부 부장이었으며 어릴 때부터 시 주석의 친한 친구이자 '의형제'였다고 한다. 장 장군은 개인적으로 "시 주석에게 충성을 맹세했다"라고 하며 경력을 쌓으면서 시 주석의 승진 궤도를 따라다녔다. 중앙군사위원회 구성에서 또 다른 중요한 변화는 장성민의 임명이다. 그는 최근에 강화된 중앙군사위 기율검사위원회 책임자이다. 그가 최고 기구[6]의 위원이 된 것은 시 주석의 반부패 운동이 광범위한 인민해방군 조직개편과 인민해방군에 대한 개인적인 통제 강화에서 수행하는 역할의 중요성을 돋보이게 한다.

2018년에 중앙군사위원회는 조직 개편을 몇 번 더하여 더 큰 권한을 갖게 되었다. 1월 1일 국가의 준군사조직인 인민무장경찰부대도 중앙군사위

---

6   중앙군사위원회 기율검사위원회는 중국군 최고의 기율 담당 기구이다. 여기에서 장교들이 중국공산당에 충성을 바치고 군대의 규칙과 규정을 지키는지 감시한다. 2015년 말에 설치된 이 위원회는 더욱 독립적이 되었으며(중국공산당의 해당기관과 유사함) 기율과 감사업무를 포괄한다. 이전에는 총정치부(인민해방군 조직개편에서 중앙군사위원회 정치공작부가 됨)와 업무를 공유했다. 2016년 중반 이래 위원회는 전구와 각 군을 포함한 모든 수준의 인민해방군에 감사 인원을 파견하기 시작했다. Yancheng CCP Discipline Inspection Committee, *The CMC's New Round of Inspections Has Begun*, April 2, 2018. Translation; Xia Guodong, Huang Chao, and Yin Hang, "Remember the Mission Is to Trust in Loyally Performing Supervision Duties: A Review of the First Anniversary of the CMC Discipline Inspection Group," *PLA Daily*, May 19, 2017. Translation; U.S. Department of Defense, *Directory of PRC Military Personalities*, March 2017, 9~10, 14; Roy Kamphausen, "The General Political Department" in Kevin Pollpeter and Kenneth Allen, eds., *The PLA as Organization v2.0*, Defense Group Inc., December 2015, 162, 167, 170; U.S. Department of Defense, *Directory of PRC Military Personalities*, March 2014, 10, 30.

원회 직속으로 들어갔다(이전에는 중앙군사위원회와 국무원 양쪽에 소속). 7월에 중국 해안경비대도 중앙군사위원회 산하로 들어가 인민무장경찰부대를 통해 보고하게 되었다(이전에는 국가 해양국 소속). 이와 같이 최근에 취해진 구조 개편 이전의 인민해방군 4개 총부(총참모부, 정치공작부, 총장비부, 총후근부)를 2016년 1월 15개 직능부서로 개편했다.[7] 2016년에 실시한 구조개편의 더 중요한 결과 중 하나는 중앙군사위원회 산하에 두 개의 지휘 라인을 확립했다는 것이다. 첫 번째 라인은 연합참모부를 통해 합동전구 사령부와의 지휘관계를 창출했다. 두 번째 라인은 인민해방군을 유지, 개선하기 위한 군사력 건설에 집중하여 진정한 군종(軍種) 구조를 확립했다(〈그림 1-1〉과 〈그림 1-2〉).

(2) 각 군 내부에서의 개편

중국은 2016년에 지상군을 인민해방군 육군으로 명명하고 육군 사령부를 설치하는 한편, 제2포병 – 중국의 핵 및 재래식 미사일 운용 – 을 로켓군으로 격상시킴으로써 군 구조를 변환했다. 육군 사령부를 설치하기 이전의 지상군 지휘부는 중앙군사위원회의 4개 총부로 통합되었었다. 또한 중국은 새로운 전략지원부대를 창설했다.[8] 이로써 해군, 공군과 더불어 군 숫자가 다섯이 되었다. 모두 다 '병력 양성'에 역점을 둘 것이다.

---

7 2016년에 이루어진 개혁활동의 좀 더 심도 있는 내용을 파악하려면 미-중 경제·안보 검토 위원회, 「2016 대의회 연례 보고서」 참조. 2016. 11, 203~207쪽.

8 전략지원부대는 엄밀히 말하면 군이 아니다. 하지만 그렇게 취급되는 것은 미사일부대가 2016년의 인민해방군 구조개편 결과 군으로 승격하기 이전의 제2포병과 유사하다. John Costello, "The Strategic Support Force: Update and Overview," *China Brief*, December 21, 2018.

〈그림 1-1〉 인민해방군 개혁 이전 조직 구조

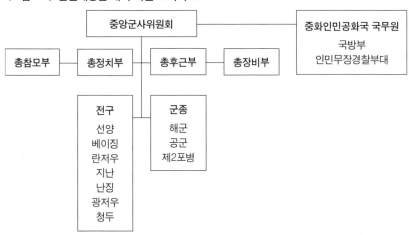

자료: 미국 국방부, 인민해방군 군사 인물 디렉토리, 2014. 3, xiv.

〈그림 1-2〉 인민해방군 개혁 이후 조직구조

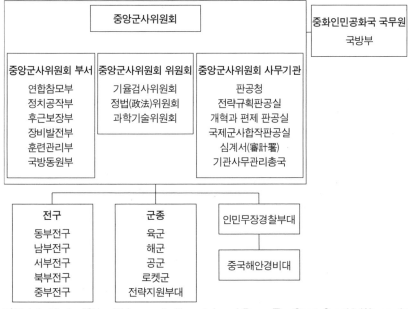

자료: Lyle Morris, "China Welcomes its Newest Armed Force: The Coast Guard," *War on the Rocks*, April 4, 2018; U.S. Department of Defense, *Directory of PRC Military Personalities*, March 2017, xvi.

중국 해안경비대 및 인민무장경찰부대의 완전 군사화

2018년 중앙군사위원회가 무장경찰부대와 중국 해안경비대를 직접 통제하게 됨으로써 두 부대에 남아 있던 민간 지위를 모두 제거하고 본질적으로 군대로서의 성격을 명확하게 했다. 또한 이 조치는 시 주석과 중앙군사위원회에서 일선의 해안경비대 및 무장경찰부대에 이르기까지 분명한 군사 명령 계통을 확립했다. 베이징이 무장경찰부대를 중앙군사위원회의 단독 관할하에 두기로 한 결정은 준군사부대에 대한 군의 통제를 강화하고 성과 지방 관리들이 승인을 받지 않고 무장경찰부대를 출동시키지 못하도록 하여 안보 업무에 더욱 집중토록 하기 위함이다. 해안경비대를 무장경찰부대 산하에 둔 일차적인 이유는 중국의 해양 영토 주장을 진전시키는 데 해안경비대의 역할을 강화시키기 위해서였을 것이다. 중국 군부 지도자들은 해안경비대를 직접 지휘함으로써 해양 영토 주장을 진척시키기 위해 '회색지대' 작전에서 군의 역할을 정교하게 조정할 수 있게 된 반면, 여타 국가들이 대응조치에 나설 한계에 도달하지 않고 활동을 유지할 수 있을 것이다. 다시 말하면 해안경비대를 (무장경찰부대를 통해) 중앙군사위원회 지휘구조하에 둔 것은 해군을 '해양법 집행' 또는 해양권리 보호란 미명하에 중국의 억압 활동을 위한 도구로서의 효과를 증대시킬 뿐만 아니라 중국 동해 및 남해의 일본 및 여타 영토주장 국가들이 해안경비대를 민간의 사법집행 기관이라기보다 군대로 볼 수 있다는 것을 시사한다. 그 이유는 이제 해안경비대가 명백하게 군사 명령을 받기 때문이다. 하지만 중국은 무장경찰부대와 해안경비대가 법집행 책임을 계속 갖게 함으로써 오산의 가능성이 늘어나는 상황을 조성했다.

(3) 합동전구 지휘구조

구조개편의 중심적인 특징은 중국 서부와 주변부를 따라 합동작전을 향상하고 안보 도전에 대응하기 위한 의도로 전구의 지리적 경계 내에서 전투 책임을 갖는 합동전구 구조의 탄생이다. 이런 구조로 인민해방군은 예상되는 특정한 지역 전쟁 시나리오에서의 요구사항에 이전 구조보다 더욱 신속하고 효과적으로 대응할 수 있게 되었다. 이전에는 위기에 대처하기 위해 행정 구조에서 작전지휘 구조로 전환할 필요가 있었다.[9] 하지만 필요 시 구역 외 지휘 책임을 전구 사령원들이 갖게 될 것인지 여부는 여전히 불분명한 상태이다.

2) 합동 연습 및 작전을 개선하는 전구사령부들

2018년 1월 중앙군사위원회는 새로운 훈련 규정을 공식적으로 발표했는데, 이는 중국이 '세계 일류 군대' 건설을 지속함에 따라 합동 작전을 수행할 능력을 제고하는 방향을 군부에 제시하는 것이다. 훈련 지침의 의도는 ① 합동 작전과 훈련 사이 및 새로운 지휘구조의 기본 틀 내에서 일관성을 개선하는 데 일조하고, ② 관리 표준에 추가하여 실전적 훈련을 위한 표

---

9 전구사령부의 작전 초점과 구조는 다음과 같을 것이다. ① 동부전구: 타이완 독립 저지, 타이완 통일 강제, 타이완 분쟁 시 외세의 개입에 대응, 동중국해에서의 해상 주권 주장 방어, ② 남부전구: 남중국해에서 해상 주권 주장과 중국의 해상통제선 방어 및 베트남과의 국경 방어, ③ 서부전구: 신장과 티베트의 국내 극단주의 및 테러리즘 퇴치, 인도와의 국경 분쟁 긴급사태 처리, 중앙아시아 극단주의자 및 테러리스트 집단의 침투에 대한 경비, ④ 북부전구: 한반도 안정화 및 북한 비상사태 발생과 관련된 국경 안정 작전 수행, 그리고 아마도 일본이 개입된 비상사태 시 동부전구와 책임을 분담하고, 몽고 및 러시아가 개입된 북부 국경에서의 비상사태를 담당, ⑤ 중부전구: 수도방어 작전 수행 및 국내의 긴급사태에 대응. U.S.-China Economic and Security Review Commission, *2016 Annual Report to Congress*, November 2016, 206.

〈그림 1-3〉 인민해방군 전구사령부

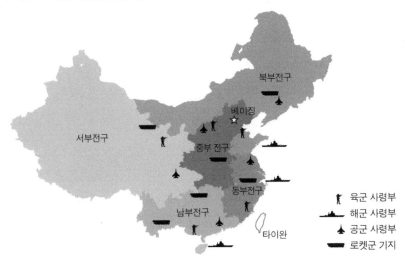

자료: U.S.-China Economic and Security Review Commission, *2017 Annual Report to Congress*, November 2017, 217.

준을 진작하고 도입하며, ③ 훈련주기를 전투태세와 단계적인 훈련에 초점을 두도록 조정하고, ④ 현대전을 위한 임무 및 과업지향형 훈련을 실시하는 것이다.

다섯 개 합동전구 사령부를 설치한 이후 시 주석은 각 군이 인민해방군의 구조개편을 제대로 시행하기 위해 합동 훈련과 군별 훈련을 해야 된다는 점을 강조했다. 특히 인민해방군은 훈련과 연습을 통해 합동전구와 각 군 수준에서 지휘능력, 전력화(force integration), 작전계획에서의 결함을 파악하고 있다.[10]

---

10   인민해방군은 합동훈련을 실시했다. 특히 2005년 이래 그렇게 했는데 역점은 실전을 시뮬레이션하는 데 두었다. 그 목적은 실질적인 전투 역량을 배양하는 한편 재발하는 문제점들을 찾아내서 시정하는 것이었다. 2015년에 시 주석은 '5대 무능력'을 찾아 일부 인민해방군 간부들의 지휘 능력을 비판했는데, 그때의 질책은 오늘날까지도 지속되고 있다. 그중에는 지휘 상황 판단 실패, 상급 부대 의도의 이해 부족, 작전 결정 실패, 군대 배치 및 예기치 못

• 합동작전 및 전구 훈련   합동전구 수준 훈련은 실시 목적이 합동지휘부를 실험하고 지역을 초월한 기동성과 합동 작전 실행을 향상시키는 것이다. 중앙군사위원회 연합참모부는 새로운 작전 계획 요구사항을 파악하기 위해 전구 수준 훈련 행사에 참관단을 파견했다. 예를 들면 2017년 가을 연합참모부 참관단은 남부전구 사령부 공군과 해군 항공부대의 합동 훈련을 점검하였는데, 이는 여러 군에서 온 이종 항공기의 작전에 대한 공군의 지원능력을 시험하기 위한 것이었다. 2018년 6월부터 8월까지 인민해방군은 전구 및 지역 초월 작전의 개선에 훈련을 집중했다. 이번에는 해군의 해병대 여단이 북부전구 사령부에서 실시된 지역 초월 연습기간 동안 공중 강습 훈련을 실시했다. 공군은 공중 방어 훈련인 청방패-18[11] 연습을 주도했다. 여기에는 모든 군의 공중 방어가 포함되었다. 그리고 육군의 과월(跨越) 군사 훈련[12]은 작전 참여군대의 전구 지휘 및 통제에 집중했다.

한 상황에의 대처 실패 등이 포함된다. 랜드 연구소의 선임 국제 국방정책 분석가인 마크 코자드는 이 문제를 다음과 같이 강조한다. "합동 연습에서 개선된 현실주의는 부분적으로 인민해방군 내의 광범위한 전투 경험 부족을 경감시키려는 목적이다. 하지만 [중국의] 역량 개발에 대한 군사과학 기반 접근방법은 가장 어려운 목적을 충족할 수 있는 정도인지 여부가 여전히 불확실한 상태이다." Liang Pengfei and Wu Xu, "Focus on the Three Major Bottleneck Problems and Implement Resolution of Measures and Methods: Vigorously Push Forward Solving Difficult Problems Plaguing Combat-Realistic Training PLA-Wide," *PLA Daily*, July 30, 2018. Translation; Dennis J. Blasko, "The New PLA Joint Headquarters and Internal Assessments of PLA Capabilities," *China Brief*, June 21, 2016; U.S.-China Economic and Security Review Commission, *Hearing on Developments in China's Military Force Projection and Expeditionary Capabilities*, Mark R. Cozad의 서면 증언, January 21, 2016, 12.

11 인민해방군 공군의 청방패 훈련은 2002년 이래 실시되었는데 연례적으로 개최되는 지상 기반의 공중 방어훈련으로 부대가 배치되어 실탄사용 대치 훈련을 하는 동안 지대공 미사일부대의 전투 역량을 시험한다. Jana Allen and Kenneth Allen, *The PLA Air Force's Four Key Training Brands*, China Aerospace Studies Institute, May 31, 2018.

12 과월(跨越)은 장거리 지상군 기동훈련으로 2009년부터 2018년 사이에 여섯 번 실시되었다. 연습에 포함된 기술에는 지휘 및 통제, 병참, 민-군 합동, 합동 군사작전 계획, 장거리 화력

● 전구 수준의 군 훈련　각 군은 전구 수준에서 새로운 지휘 구조로의 통합을 향상시키기 위해 훈련을 실시하고 있다. 예를 들어 서부전구 사령부 공군은 새로운 전구사령부 구조를 시험하기 위해 대규모 합동 훈련을 실시하기 이전에 작전상의 결함을 파악하고 해결하는 훈련을 실시했다. 공군과 같이 해군도 해상 위협에 대처하기 위한 역량을 시험할 의도로 전구 수준 훈련에 임하고 있다.

타격, 특수 작전 병력 배치, 도시 전투, 정찰, 정보전쟁 및 전자전이 포함된다. 과월 시리즈 훈련은 전투 병력의 시험과 평가를 했으며, 2014년 이래 현실성을 높이기 위해 대응군을 사용했다. 과월-2018 기간 동안 인민해방군은 장거리 기동작전 주제를 계속했으며 대응군을 이용하여 실제 전투훈련을 시뮬레이션했다. Wang Zhiguo, He Zhibin, and Hu Yanhua, "Honing the Skills of Crack Troops through Hard Battles North of the Great Wall: A Direct Look at the 'Stride-2018 Zhurihe' [Kuayue-2018 Zhurihe] Real Troop Exercises," *PLA Daily*, August 16, 2018. Translation; Wu Yuanjin and Wu Keru, "The 'Stride-2017 Zhurihe' Gets to the Phase of a Real-Troop Confrontation Drill," *PLA Daily*, September 10, 2017. Translation; Li Qinghua and Wang Ting, "'Stride-2016 Zhurihe' Exercise Series Begins," *Xinhua*, July 15, 2016; Zhang Jie and Shao Min, "The Curtain Goes up on the 'Stride-2016 Zhurihe' Real-Troop Confrontation Exercise Series; Five Elite Brigades under the Army Commands of the Five Major Theater Commands Will Take Turns Marching to the Northern Desert to Fight against the Professional 'Blue Force,'" *PLA Daily*, July 16, 2016. Translation; Wang Jiayin, "'Stride 2016-Zhurihe A' Exercise Enters Position Attack Phase," *China Military Online*, July 20, 2016. Translation; Zhu Da and Hu Chunlei, "The PLA Army Trans-Regional Base Training Moves toward Normalization: The 'Stride-2014 Sanjie' Confrontation Exercise Begins," *PLA Daily*, September 9, 2014. Translation; Ji Yuan and Guo Chongde, "47th Group Army Brigade Focuses on Shortcomings in Combat Power Development: Focus on Problem Solving Hones Unit's True Fighting Ability," *PLA Daily*, October 23, 2014. Translation.

6. 인민해방군 현대화: 지역 지배 목표

1) 국가수준 지침 및 군 육성 우선사항

시 주석이 인민해방군에 내린 지시는 금세기 중반까지 '세계 일류' 군을 완성하라는 것이었지만, 각 군은 현대화 노력을 배가하기 위한 권위 있는 지침으로서 새로운 목표를 수용했다. 각 군 수준에서 현대화는 전략으로 추동되고 있는데 그 전략은 국가 수준의 군 요구사항으로 형성된다. 육군과 공군 내에서 현대화 노력은 '새로운 유형의 육군'[13]과 '전략 공군'[14] 개념에 의해 각각 형성된다. 그 궁극적인 목표는 세계 일류 군대가 되는 것이다. 해군의 현대화 노력은 작전지역을 원양까지 확장해야 된다고 요구한 2015년 국방백서에 의해 형성되고[15] 시 주석의 세계 일류 해군이 되라는 지침에 의해 뒷받침된 것이다.

---

13 시 주석은 인민해방군 육군이 공중 강습, 신속 대응, 장거리 이동 작전을 수행하기 위한 '새로운 유형의 육군' 역량을 개발할 필요성을 논의했다. Li Xuanliang and Li Huaqing, "Xi Jinping Inspects Headquarters of PLA Army on Eve of Army Day," *Xinhua*, July 27, 2016. Translation.

14 『전략학』의 2013년판은 다음과 같이 지적하고 있다. "공군의 미래 발전 목표는 중국의 국제적 입지에 걸맞은 현대 공군을 건설하는 것이다. 이는 국가안보와 개발 이익을 보호하는 데 적합하고 전략적 임무와 전투 임무를 종합적으로 수행할 능력이 있으며 '공격과 방어[능력]을 갖고 공중과 우주를 통합한다." 랜드 연구소의 정책 분석가인 크리스티나 가라폴라는 이러한 인민해방군 공군의 목표는 "공식적인 국가 매체나 기타 소스에서 '전략 공군'을 육성하는 것으로 언급되어왔다"라고 언급하였다. Cristina L. Garafola, "The Evolution of PLAAF Missions, Roles, and Requirements," in Joe McReynolds, ed., *China's Evolving Military Strategy*, Jamestown Foundation, April 2016, 83; Shou Xiaosong, ed., *The Science of Military Strategy*, Military Science Press, 2013, 221. Translation.

15 중국의 2015년 국방백서, 「중국의 군사 전략」은 전적으로 근해 중심에서 '연안 방어'와 '공해 보호'를 결합하는 것으로 점차 이행할 것임을 지적했다. China's State Council Information Office, *China's Military Strategy*, May 2015.

중국의 군 현대화는 베이징의 국가안보 목표와 결합되어 있고 인민해방군이 국가의 안보 요구를 충족시키기 위한 준비태세를 갖추려는 의도이다. 그렇게 하기 위해 '정보화된 국지 전쟁'에 승리하고 '다양화된 군사 임무'를 [성취하기 위한] 역량을 구축해야 한다.[16] 중앙군사위원회의 장비발전부는 총장비부가 시작한 무기개발계획을 계속 발전시켜나갈 것이다. 제12차 5개년 계획(2011~2015년)으로부터 제13차 5개년 계획(2016~2020년)으로의 이행에 포함된 것은 다목적 전함[17]과 보급 선박, 공군 중량화물기 및 정찰 항공기의 현장 배치 그리고 재래식 및 핵 타격 능력의 개선이다. 제13차 5개년 계획을 논의하는 자리에서 당시의 중앙군사위원회 장비발전부장인 장유샤는 다음과 같이 말했다.

국방과 무기 장비를 위해 과학과 기술 혁신을 추진하고 군-민 간 융합의 심도 있는 발전에 속도를 내고 … [그리고] 국방과 무기 장비 … 발전을 위해 과학 기술 육성을 촉진하기 위한 적극적인 노력이 필요하다.

---

16 중국의 2006년 국방백서에서 소개된 '다양화된 군사임무'의 개념은 인민해방군이 전통적인 군사임무뿐만 아니라 전쟁 이외의 군사작전 등의 비전통적 군사작전을 준비할 필요성을 강조한다. China's State Council Information Office, *China's National Defense in 2006*, December 2006.

17 미국 국방부는 인민해방군 해군이 "노후화되고 일반적으로 단일 목적의 함정을 선진 대함, 대공, 대잠수함 무기와 센서를 갖춘 대형 다목적 전투함을 선호하는 방향으로 급속하게 대체하고 있다"라고 지적한다. 이들 함정은 일반적으로 해안에서 더 넓은 범위의 작전을 수행하고 개선된 대함, 대공, 대잠수함 무기와 센서 덕분에 두 개 이상의 영역에서 전쟁을 수행할 수 있다. U.S. Department of Defense, *Annual Report to Congress: Military and Security Developments Involving the People's Republic of China 2018*, May 16, 2018, 28; Michael S. Chase et al., "China's Incomplete Military Transformation: Assessing the Weaknesses of the People's Liberation Army(PLA)," *RAND Corporation*(prepared for the U.S.-China Economic and Security Review Commission), 2015, 13~18.

2) 중국의 선진 국방기술 추구

2018년 동안 인민해방군은 차세대 국방기술과 무기 체계의 영역에 걸쳐 선진화를 계속 추구했다. 베이징은 인민해방군을 현대적이고 정보화된 통합군으로 변환하는 작업을 추진하면서 또한 극초음속 무기,[18] 지향성 에너지 무기,[19] 전자기 레일건,[20] 대우주 무기, 무인 및 인공지능 장착 무기에서 미국을 뛰어넘으려고 시도하고 있다.[21] 베이징은 이와 같은 (향후 인민해방군, 미국 및 여타 열강이 완전히 개발하고 배치할) 잠재적 와해성(disruptive) 국방 기술들을 미국의 취약점을 이용할 수 있는 분야로 보고 있다. 미국의 취약점은 정밀 타격, 항법, 정보, 감시 및 정찰 작전을 하는 데 정보시스템과 우주기반 자산에 의존하고 있다는 것이다. 중국은 미국과 기술경쟁을 벌이기 위해 거국적인 자원을 투입하고 있다. 예를 들면 정부의 강력한 자금지원,

---

18 극초음속 무기는 다음과 같이 정의된다. ① 극초음속 글라이드 비행체는 대형 로켓에서 상대적으로 낮은 궤도로 발사된다. 로켓은 대기권을 벗어나지 않거나, 대기권에 재진입한 직후에 목표물에 무동력으로 활강하는 비행체를 발사한다. ② 극초음속 순항 미사일은 동력이 초음속 내연 램제트, 즉 '스크램제트' 엔진이다. 이 엔진은 미사일이 지상, 바다, 공중 발사기에서 발사된 다음 작동된다. U.S.-China Economic and Security Review Commission, *2017 Annual Report to Congress*, November 2017, 560.

19 지향성 에너지 무기는 집중된 에너지를 사용해 표적에 손상을 입히거나 파괴한다. 예를 들면 고에너지 레이저, 고출력 마이크로웨이브 무기 및 입자 빔 무기이다. 지향성 에너지 빔은 발사와 거의 동시에 표적에 도착하여 현재 야전에 배치된 가장 빠르게 움직이는 무기조차 능가한다. U.S.-China Economic and Security Review Commission, *2017 Annual Report to Congress*, November 2017, 563.

20 전자기 레일건은 폭발추진체보다는 전자기력을 이용하여 탄알을 발사한다. 레일은 한 쌍의 평행 도체로서 그것을 통해 외부 근원에서 발생한 전자기 전류가 통과하는데, 레일을 따라 설치된 발사체를 이용한다. U.S.-China Economic and Security Review Commission, *2017 Annual Report to Congress*, November 2017, 565.

21 중국이 선진 무기 시스템을 추구하는 내용을 보다 상세히 알아보려면 다음 자료 참조. Tate Nurkin et al., "China's Advanced Weapons Systems," *Jane's by IHS Markit*(prepared for the U.S.-China Economic and Security Review Commission), May 12, 2018.

상업적 기술 교환, 외국 투자 및 인수, 인재 유치 – 많은 경우 민·군 이중용도 –
등이다. 시진핑 주석은 이 과정을 '군-민 융합'이라고 부른다. 특히 인민해
방군은 인공지능이 정보화 전쟁에서 '지능화' 전쟁[22]에 이르기까지 군사문
제에서 차세대 혁명을 주도할 것으로 예상하고, 이 분야에 상당한 노력을
집중하고 있다. 만약 중국이 이와 같이 새로 등장한 국방 기술에서 미국을
능가하는 데 성공한다면 인민해방군의 공격 역량을 더욱 증강하고 인도-태
평양 지역에서 미국과 그 동맹국 및 협력국들에게 작전상의 위험을 초래할
것이다.

중국의 선진 군사기술 연구개발의 최근 주목할 만한 발전 동향을 보면
다음과 같다.

● **극초음속 무기**　미국 국방부 연구 및 엔지니어링 담당 차관 겸 국방
부 기술 책임자인 마이클 그리핀은 2018년 3월 다음과 같이 지적했다. 지
난 10년 동안 중국은 미국보다 극초음속 미사일 기술 실험을 20배 더 많이
했다. 2018년 8월 중국은 '웨이브라이더(waverider)' 극초음속 운반체 실험을
실시했다. 이는 분리 시 발사용 로켓이 생성하는 공기 충격파를 이용하여
표적에 성공적으로 활공했다. 중국 국영 미디어는 이 실험에 대해 두드러
지게 보도했다 – 중국이 공개적으로 인정한 최초의 극초음속 무기 실험이다. 2017년
11월 ≪디플로매트≫의 보도에 의하면 중국은 극초음속 글라이드 운반체
– DF-17 중거리 탄도 미사일 – 를 이용한 최초의 두 개 탄도미사일 실험을 실

---

22 '지능화' 전쟁이란 인공지능 및 그것의 각종 애플리케이션을 전투에 활용하는 것을 말한다.
　중앙군사위원회 산하 과학기술위원회 주임 류궈치(劉國治)에 의하면 "인공지능은 군 변환
　과정을 촉진할 것이며 군 조직, 작전 양식, 장비 체계, 전투 효율성 모델 등에 대한 변화를
　가져올 것이다." *China National Radio Military*, "Lieutenant General Liu Guozhi, Deputy to
　the NPC and Director of the Science and Technology Commission at the Central Military
　Commission: Artificial Intelligence Will Accelerate the Process of Military Transformation,"
　March 7, 2017. Translation.

시했으며, 탄도 범위는 1800~2500킬로미터에 이르는 것으로 보도되었다. DF-17은 핵 및 재래식 탄두를 운반할 수 있을 것으로 예상되며, 극초음속 글라이드 운반체 대신 기동탄도 재진입체[23]와 교체 가능해 보인다. 그 외에도 중국은 2014년 이래 Wu-14(DF-ZF) 극초음속 글라이드 운반체를 이용한 실험을 7차례 한 것으로 알려졌다. 이 중 6회는 성공했다.

● 대우주 무기　2018년 2월 중국은 민간과 군사용의 이중 임무를 가진 중국 최초의 재사용 가능 극초음속 우주 비행기의 비행 실험을 했다. 하지만 '규모가 작은 모델'인 것으로 알려졌다. 이론상으로 우주 비행기는 비행장에서 발사되어 가까운 우주(고도 약 12~60마일)를 비행하고 전통적인 공중 방어 영역을 벗어나 수 시간 동안 지구를 선회할 수 있으며 잠재적으로 미국 우주 자산을 위협할 수 있다. 중국과학원에 있는 기계연구소는 극초음속 미사일과 우주 비행기에 사용될 스크램제트의 상업적인 생산을 위해 허베이에 공장을 세울 준비가 되어 있음을 시사했다. 보도에 의하면 미국은 비슷한 우주 비행기의 비행 실험을 2020년에 실시할 계획이라고 한다.

● 무인운송수단　중국은 자율적인 집단 운행 무인 시스템에 대한 연구개발을 지속하고 있다. 2018년 5월 중국은 시안에서 회전익 무인 항공기 1374대의 기록적인 편대 비행을 보여줬다. 2018년 5월 실시된 또 다른 실험에서 중국은 남중국해에서 56개의 소형 비무장 보트의 집단 운행을 보여줬다. 이 실험이 있기 전에 중국은 무인 선박 연구를 위한 세계 최대 시설

23　기동탄도 재진입체(MaRV)는 지구 대기에 재진입한 후 기동할 수 있는 탄도 미사일 재진입체이다. 이는 진로를 수정하는 능력 없이 궤도를 따라 계속 비행하는 표준 재진입체와 비교된다. MaRVs는 요격하기가 더 어려울 수 있다. 그래서 적의 미사일 방어망을 더 잘 뚫을 수 있다. MaRV는 또한 이동하는 표적을 타격하는 데 표준 재진입체보다 잠재력이 더 크다. 그렇게 하도록 설정되어 있으면 말이다. Lauren Caston et al., "The Future of the U.S. Intercontinental Ballistic Missile Force," *RAND Corporation*, 2014, 67~69; U.S. Department of Defense, *Ballistic Missile Defense Glossary Version 3.0*, June 1997, 168.

계획을 발표했다. 이 시설은 마카오 근처에 있는데 225평방 해리에 걸쳐 있다.

• 전자기 레일건　2018년 1월 말 인터넷에 타입 072III급 탱크 상륙함의 뱃머리에 올려놓은 레일건을 묘사하는 이미지가 나타났다. 알려진 바에 의하면 이 무기 체계의 바다 실험을 위한 것이라고 한다. 이 프로젝트를 주도하는 인민해방군 해군공정대학의 연구원은 5만 번 이상의 실험과 '수백 번의 실패'를 거듭한 다음에야 돌파구가 마련되었다며 레일건 실험을 확인해 주었다.

단기적으로 볼 때 박차를 가하고 있는 중국의 국방기술은 장기간에 걸친 미국의 기술 우위에 이미 도전하고 있다. 미국 국방부의 전·현직 관리에 의하면 중국은 일부 분야에서 신속하게 미국을 따라잡고 있는 한편, 다른 분야에서는 앞서가고 있다. 2018년 6월 미국 합동참모본부 차장 겸 공군 대장인 폴 셀바는 미국은 극초음속 무기와 전자전에서 중국에 뒤떨어졌다고 평가했다. 전(前)국방부 부장관 로버트 O. 워크(2014~2017년 재임)는 인공지능 분야에서 미중 경쟁은 "승패를 가리기 어렵다"라고 했다. 2018년 5월 우리 위원회를 위해 계약을 체결한 IHS 마키트의 ≪제인스 보고서≫(영국의 민간 군사정보 업체인 제인스 인포메이션 그룹을 미국의 기술정보 업체인 IHS사가 2007년에 인수하였는데, IHS사는 2016년에 영국의 마키트사와 합병하였다. 제인스는 국방 및 안보 관련 정보를 수집, 분석하여 정부나 군부, 방위산업체에서 의뢰한 문제에 대한 해결책을 제공하는 세계 유수의 업체이다 ─ 옮긴이)에 의하면 중국이 추구하고 있는 선진 무기체계는 우주와 미사일 방어의 연관된 영역을 차지하고 있다. "이 영역은 [미국] 군사우위의 중심으로서, 중국의 행보는 잠재적으로 '미국의 군사우위뿐만 아니라 미국인이 전쟁을 준비하고 전투하는 방식의 가치'를 떨어뜨린다." 중국이 네트워크로 연결되고 정밀 타격을 강조하는 종합적인 합동 지휘 구조로 이행함과 동시에, 공격능력을 제고하는 선진 무기 체계의 급속한 발전과 개선을 추진함으로 인해 장기간에 걸쳐 인도-태평양 지역에서 국방기술과 군사 우위를 지켜온 미국이 상당한 도전을 받게 되었다. 최근 수년 동안 국방부 관리들과 안보 분석관들은 중국이 제기한 도전과 국방 기술 분야에서 미국의 우위를 보호할 필요성을 강조해 왔다.

참고 자료

자원승수로서 '군-민 융합' 강조

'군-민 융합'은 중국의 군사 역량을 개발하고 경제 성장을 지원하는 데 일조하기 위해 민간과 국방 자원의 협력을 두루 촉진함으로써 국방 과학과 기술 부문의 오래된 장벽을 제거하고자 하는 개념이다. 과거에도 중국 지도자들은 민-관 통합을 촉진했지만, 2013년 말 시 주석은 군-민 융합 개념을 국가 전략으로 끌어올리고 국방산업을 넘어 경제의 모든 분야를 포함하도록 확장했다. 제13차 5개년 계획(2016~2020년)은 이 전략을 재확인하고 다음과 같이 언급했다. 중국 정부는 "경제 및 국방 부문 간 기술, 인력, 자본 및 정보 등 요소들의 흐름을 권장하고 선진 기술, 산업, 제품 및 사회간접자본을 형성하는 데 군과 민간 부문 간의 조정"을 강화하고자 한다. 또한 군-민 융합은 중국의 전쟁이나 재난 구제를 위한 동원에 일조할 것이다. 2017년 1월에 중국공산당은 이런 조정을 심화시키기 위해 중앙 군-민 융합발전위원회를 설립했다. 이 기구의 설립 이래 시 주석 – 위원회의 주임 – 은 세 차례 회의를 소집하여 각종 국가적 지침과 계획에서 군-민 융합의 시행을 승인했다. 여기에 포함되는 것은 시범 지역, 군수, 국방, 과학, 기술 및 산업 부문이다.

중국이 추구하는 군-민 융합 전략은 미국에 중요한 경제적 및 국가안보적 함의가 있다. 중국의 민간과 군 기관들 간의 긴밀한 통합은 미국 기업과 중국 상업 파트너 간에 공유한 기술, 전문지식 및 지식재산권이 인민해방군에 넘겨져 군의 역량을 제고하는 데 일조할 수 있다는 우려를 자아낸다. 인공지능, 로봇공학, 생명 공학과 같은 최첨단 분야의 경우 군부보다 상업 기관들이 점점 더 세계적 연구개발의 돌파구를 추동하고 있으며, 최선진 기술에의 접근을 미국의 수출통제 체제로 보호하는 것이 더욱 어렵게 되고 있다. 더구나 중국이 국방 연구개발 분야 내에서 고유의 혁신을 진척시키기 위해 군-민 융합을 이용하려는 추동 결과 인공지능 등의 분야에서 미국을 뛰어넘을 수 있게 되었다. 앞으로 이 분야의 기술 격차가 줄어들 것이다.

3) 해군 구조 개편과 현대화: 인도-태평양 지역에서 미국의 해군 우위에 도전

중국의 2015년 국방백서인 「중국의 군사 전략」은 중국의 전략적 사고에서 해상 영역을 승격시키고, "바다보다 육지를 중시하는 [중국의] 전통적 의식구조는 버려야 된다"라고 주장했다. 백서는 중국이 근해에만 집중하던 것에서 점차 "'연근해 방어'와 '공해 보호'를 결합"하는 것으로 이행하고 있음을 언급했다. 시 주석은 2017년 5월 인민해방군 해군 본부를 시찰하면서 이런 변화를 재확인했다. 당시 그는 "중국의 꿈과 강한 군대의 꿈을 실현하기 위해" 강력하고 현대화된 해군을 육성하고, '세계 일류 전략군'을 양성하기 위해 현대화를 신속하게 해야 될 필요성을 되풀이해서 말했다. 중국은 해군을 신속하게 계속 증강하고 있기 때문에 그 결과 대양군 투사 역량을 2025년에 갖게 될 것이다. 그렇게 되면 2035년까지 군 현대화를 추진하겠다는 계획보다 상당히 앞당겨서 실현되는 셈이다.

시 주석은 2013년 중반 중국공산당 정치국에서 행한 연설에서 중국은 '위대한 해양 대국'이 될 것이라고 천명하고 이런 비전이 성공적으로 실천되면 '중화민족의 위대한 부흥'에 직접 관련이 있을 것이라고 주장했다. 오늘날 중국의 해군 현대화 노력은 그 의도가 인민해방군 해군이 적을 해안에서 더 멀리 떨어진 곳에서 대응할 능력을 향상시키고, 미국과 같은 기술적으로 우세한 적을 격퇴하여 미국이 장기간 동안 서부 태평양에서 누린 해양 지배에 근본적으로 도전하는 것이다. 미국 해군대학의 해상전략 J. C. 와일리 의장인 제임스 홀름스 박사는 2018년 2월에 개최된 위원회의 청문회에서 다음과 같이 증언했다. 중국은 "인내력을 갖고 체계적이며 순차적인 방법으로 해군력에 접근했다." 그 결과 인민해방군 해군은 장거리 지상 발사 미사일의 지원을 받아 미국 해군을 능가할 수 있고 이 지역에서 미국 해군이 숫자상으로 불리한 입장에 서게 될 잠재성이 있다.

홀름스 박사에 의하면 잠재적인 분쟁 시나리오에서 중국의 점증하는 해군 역량 — 위상 배열 레이더와 장거리 대함 순항 미사일 등의 선진 시스템을 장착한 수상 전투함이 주도하는 — 은 미국 해군의 전술적 이점의 일부를 점진적으로 훼손하거나 무력화시키고 있다. 인민해방군 해군 함정에 있는 대함 순항 미사일의 다양성은 종종 미국 함정의 것보다 더 커서 중국이 미군의 접근을 저지할 수 있는 능력을 갖게 한다. 비록 중국 함정이 함 대 함 기준으로 보면 열세인데도 그렇다는 말이다. 간단히 말해서 홀름스 박사가 내린 결론은 "미 해군의 수상 전투 능력은 시대에 뒤떨어졌다"라는 것이며 그의 요지를 다음과 같이 충분히 납득시키고 있다.

미국 해군이 더 우월하다는 오랜 가정은 중국 해군이 지속적으로 대양해군으로 탈바꿈함에 따라 점점 더 압박을 받고 있다. 중국이 해양에 진출할 때 과거의 경쟁국들보다 실력이 못할 것이라고 생각할 이유는 전혀 없다. 해양 전략을 수립하는 데 오만하면 형편없는 지침을 만들게 된다. 미국과 그 아시아 동맹국들은 과도한 자만심에 빠지지 않아야 된다 — 자만심이 몰락의 전조가 되지 않도록 말이다.

2018년 2월 하원 군사위원회에서 행한 청문회에서 미 태평양사령부[24] 사령관 해리 해리스 제독은 중국의 증강된 해상 능력이 이 지역에서 이미 미군의 존재에 도전하고 있는 사례를 제공했다. 그는 다음과 같이 말했다.

남중국해 전체에서 중국 공군, 해군, 해안경비대, 해상민병대는 모두 활발하게 움직이고 있다. 정기적인 초계 및 훈련으로 중국군이 주둔하고 있는 곳뿐만 아니라 모든 곳에 확실하게 나타나고 있다. 중국은 여타 영토권을 주장하는 다른 국가 및 특히 미국을 포함한 비중국군의 존재에 정기적으로 도전하고 있다. 종종 자신들의 권한을 과장하기도 하고 외국군에게 물러서 있거나 중국으로부터 작전 허가를 받으라고 강요하기도 한다.

최근 수년 동안 중국 해안경비대와 인민무장역량(人民武裝力量)[25] 해상민병대는 숫자와 자질 면에서 모두 확장되었으며, 이 지역에서 활동하는 미국과 인근 국가들이 당면하는 도전이 증가하고 있다. 국방부에 의하면 2010년 이래 중국 해안경비대의 대형 선박(1000톤 이상)은 60척에서 130척 이상으로 증가하여 세계 최대가 되었으며 여러 분쟁 지역에서 동시에 작전

---

24 제임스 N. 매티스 미국 국방장관은 2018년 5월 30일 필립 S. 데이비드슨 제독이 해리 B. 해리스, Jr.를 이어받은 태평양사령부 사령관 이취임식에서 국방부는 이 전투사령부를 미국 인도-태평양 사령부로 이름을 바꿀 것이라고 발표했다. Jim Garamone, "Pacific Command Change Highlights Growing Importance of Indian Ocean Area," *DoD News*, May 30, 2018.

25 중국에서 인민해방군, 인민무장경찰부대, 민병대를 통칭하여 부르는 용어이다. 영어로는 People's Armed Forces라고 번역한다. — 옮긴이

을 할 수 있게 되었다. 중국 해안경비대가 보유한 최신 선박들은 헬리콥터 도크가 있고 더 큰 총기와 살수포 장착을 포함하여 더 많은 능력을 갖고 내구성이 향상된 것이다. 중국의 해상민병대는 민간 어선과 여타 인민해방군이 훈련하고 지시하며 설비를 해준 선박들로 구성되었다. 해상민병대는 또한 살수포와 강화된 선체를 갖춘 더 크고 성능이 좋은 선박들을 건조했다. 인민해방군 해군과 더불어 중국 해안경비대와 해상민병대는 이웃나라들의 해양 전력을 수적으로 크게 압도한다.

참고 자료

인민해방군 해병대 확장

인민해방군 해병대를 개편하기 전에는 병력이 두 개 여단으로 해군 남해함대에 배속되어 있었다. 2017년에 육군은 적어도 한 개 여단을 해병대에 양도한 것으로 보이며, 해병대는 북부전구 사령부의 북해함대에 해병여단을 창립했다. 국방부에 의하면 인민해방군 해병대는 2020년까지 일곱 개 여단으로 늘어나고 임무는 해외 원정작전까지 포함하게 될 것이다. 해리스 제독은 2018년 2월 의회에서 다음과 같이 증언했다. "해병대는 확장을 지속해, 두 개 여단에서 어쩌면 여덟 개 여단으로 늘어나 대부분의 전구사령부에 두 개 여단씩 배치되었다." 해리스 제독은 계속해서 말하기를 2017년 늦여름 이래 인민해방군 해병대는 지부티에 설치된 인민해방군 최초의 해외 기지에 주둔하고 있다. 하지만 중국은 구조개편이 완성되는 2020년까지 해병대를 얼마나 늘릴지에 대한 계획을 공식적으로 발표하지 않았다.

해병대의 임무도 확장되었다. 해병대의 1차적인 임무는 전통적으로 타이완 연안도서와 중국 동해 및 남해의 섬과 산호섬을 장악하는 것이다. 이제는 해병대가 육해공에서 작전하고 해상, 도시, 정글, 열대, 사막, 냉한 환경에서 작전을 할 수 있는 '새로운 유형의 전투력'으로 묘사되고 있다. 이런 환경은 2014년 이래 해병대의 초(超)지역 훈련에 반영되었다. 훈련 환경의 확장과 더불어 전반적인 인민해방군 구조개편의 일부로 해병대를 확장하겠다는 발표에 기초하여 보면, 인민해방군은 해병대를 수륙 양용 공격 임무뿐만 아니라 다양한 작전을 지원하는 모든 조건과 환경하에서 작전을 수행할 수 있는 신속 대응 부대로 사용할 가능성이 있다.

(1) 임무

인민해방군 해군의 임무는 중국의 해양 이익을 방어하는 것이다. 여기에 포함된 것은 영해에서 중국 주권을 보호하고 중국의 해상 주변을 따라 해양 권리와 이익을 지키는 것이다. 나아가 인민해방군 해군은 중국의 해양 통신선을 지키고 바다로부터의 본토 침략을 막고 핵 억지를 수행하기 위해 실제 순양을 실시한다. 2015년판 『전략학』에 의하면 근해와 원양에서 실시되는 이런 임무는 접근 저지 임무와 함께 중국의 해군 전력 증강 계획을 형성하는 '여러 계층 및 여러 지점으로 구성된' 활동을 반영한다.

(2) 훈련

인민해방군 해군은 복잡한 전자기 환경에서 작전을 하고 실전 군사 대치 연습을 실행하고 초지역 합동 훈련에 참여함으로써 실전 군사훈련에 집중하고 있다. 이런 유형의 훈련을 하는 의도는 향후 분쟁에서 당면하게 될 전투 환경의 유형에서 중국 해군이 작전하는 능력을 개선하려는 것이다.

〈그림 1-4〉 제1 및 제2도련선

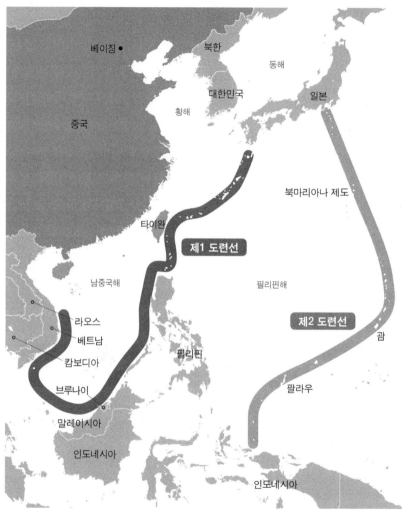

자료: U.S. Department of Defense, *Annual Report to Congress: Military and Security Developments Involving the People's Republic of China 2012*, May 2012, 40.

(3) 전력증강 우선순위

인민해방군 해군의 우선순위는 항공모함을 개발하고 잠수함 전력, 다양한 임무를 수행하는 해상군(대공, 대함, 대잠수함 전쟁 수행 가능), 원정 및 수륙 양용 공격, 재난 구조 및 해적퇴치 작전을 위한 수륙 양용 함정을 현대화하는 것이다. 베이징은 이 같은 해군 우선사항을 여타 해상 병력(그것 역시 양적으로 급증했다)이 더욱 건실한 역량을 갖추게 함으로써 보충하려고 한다. 그렇게 하는 것은 영토주권 주장을 방어하기 위해서다.(인민해방군이 개발 중이거나 야전 배치가 가까운 인민해방군 해군 장비를 개관하려면 〈표 1-1〉을 참조하라.)

4) 공군 구조개편 및 현대화: 공군의 우위 모색

2017년 시 주석은 "공중과 우주를 통합하고 공격과 방어 작전을 동시에 준비하는 강력한 인민의 공군 건설에 박차를 가할" 필요성을 강조했다. 2013년판 『전략학』은 인민해방군 공군의 현대화 목표를 "중국의 국제적인 입장에 적합하고 국가안보와 개발 이익을 지키기 위해 조정되고 … 전략적 및 전쟁 임무를 수행할 수 있으며 … 공격과 방어[역량]을 모두 갖고 있는 현대 공군을 건설하기 위해" 필요한 것으로 정의하고 있다.

인민해방군 공군은 현대화 노력을 통해 발전을 하고 중국 주변부에서의 미국의 공군 우위를 저하시키고 있다. 중국항공우주연구소(미국국방대학교 산하 ― 옮긴이)의 브렌단 멀바니 소장에 의하면 "[미국과] 그 동맹국들은 더 이상 공군의 우위를 계획하거나 확신할 수 없다. 더군다나 현재처럼 순식간에 공군의 우위를 확보하는 것은 더욱 불가능하다." 인민해방군 공군과 해군 항공대가 연안으로부터 더 멀리 공격과 방어 능력을 제고하려는 현대화 목표는 지역의 공중 영역에서 다툼이 많아지는 원인이 되고 있다. 공군에서 우선순위를 두고 있는, 가까운 주변을 초월하여 작전을 지원할 수 있는 개선된 공중 재급유 및 전략적 양력 능력을 갖춘 현대 제트 전투기, 타격항공기, 사거리가 연장된 지대공 미사일 시스템은 모두 이런 추세의 원인이 되고 있다. 2015년 이래 공군과 해군항공대의 장거리 수상 훈련은 빈

〈표 1-1〉 이전 배치 중이거나 개발 중인 선진 인민해방군 해군 체계 (자료: 종합)

장비	임무 분야	추정 이전 배치	함의
055형 RENHAI(刃海)급 순양함	대공 전투(AAW), 대함 전투(ASUW), 대잠수함전(ASW)	2018~2019년	중국은 055형 순양함 4척을 생산해 현재 해상 시운전 중임. 이들 순양함은 위상배열 안테나와 함대공 및 함대함 순양미사일과 대잠수함 미사일을 위한 다목적 수직 발사 시스템을 장착함. 이 함정들로 중국은 항공모함, 전투력 투사 및 원정 능력을 증강시킴.
CV-17, 001A형, 항공모함	AAW, ASW	2019~2020년	최초의 항공모함 라오닝보다 약간 크고 라오닝의 36대보다 8대 많은 항공기를 수용할 것으로 예상되며 CV-17은 중국의 군사력 투사 능력을 제고시킬 것임.
J-31(FC-31) 5세대 스텔스 전투기	제공권 확보	2022년	J-31(수출용 변형: FC-31)은 현대 시스템과 스텔스 특성을 갖출 것임. 이 특성으로 미국 F-35 전투기와 대적하고 서태평양에서 미국 공군기에 도전 가능. 일부 중국 해설자들은 중국이 항공모함 작전용 전투기로 사용할 수 있을 것으로 예상함.
075형 다목적 강습상륙함	수송, 상륙작전, 인도주의 원조, 재난 구조(HA/DR)	2020년	075형은 중국의 YUZHAO(玉洲)급 수륙 양용 수송 도크보다 크다고 하며 헬리콥터를 운반하는 능력이 더 크고 인민해방군에 증가된 원정 능력을 제공함.
096형 해 추진 대륙간 탄도 미사일 잠수함(SSBN)	억지	2020년대 초 (건조 중)	중국의 4개 JIN(晉)급 해추진 대륙간 탄도 미사일 잠수함(중국 해양내 기지를 둔 제2 타격 능력을 보유하는 것은 차세대 096형)이 될 것임. 국방부에 의하면 이것은 JL-3(쥐랑巨浪) 3호 잠수함 발사 대륙간 탄도 미사일로 무장해 중국 주변에서 미국 본토를 타격할 수 있을 것임.
093형 SHANG(商)급 유도미사일 해 공격 잠수함(SSGN)	ASUW, A2/AD, 타격	2020~2030년 (건조 중)	국방부에 의하면 093B형 SSGN 잠수함은 인민해방군 해군의 대함전 전략력을 제고하고 "인민해방군 해군이 더 은밀한 지상공격 선택지를 제공할 것임."
072 III급 전차 상륙함에 장착된 레일건	ASUW	미상	2018년 1월 중국 SNS에 072형 전차 상륙함에 장착된 전자기 레일건의 원형 이미지가 등장함. 중국 선박에서 레일건이 쓰이면 인민해방군의 대함 전쟁 능력이 제고될 것임. 레일건은 미사일에 비해 빠른 속도로 비용으로 발사체를 발사할 수 있음
중화물 인양 헬리콥터 (중-러 공동생산)	수송, HA/DR, ASW	2023년	이 헬리콥터가 실용화되면 인민해방군은 적은 중화물을 인양하는 능력을 갖게 되고 현재의 헬리콥터보다 장거리, 더 중량이 있는 수송 능력을 가질 것임. 해군의 경우 075형 헬리콥터 착륙 도크, 055형 구축함과 항공모함으로부터 자동화될 수 있음
AG-600 수상 비행기	수송, HA/DR, 탐색 및 구조, ASW, 해상 정찰	2022년	초대 유효 탑재량이 60톤에 달한다고 보도된 AG-600은 세계 최대 수상 비행기임. 이 비행기로 중국이 남중국해에서 통제하고 있는 지세에 재공급을 증대시킬 것임. AG-600은 수상 착륙 능력을 증대시키고 전쟁 이외의 군사작전 수행 능력을 제고시킬 것임.

도가 많아지고 다양한 항공기가 참여하고 지리적 범위가 확장되었다.

(1) 임무

인민해방군 공군의 임무는 타이완(중국의 '주요 전략 방향')[26]으로부터의 도전에 대해 '공격과 방어 작전'을 수행하고 본토를 공중 방어하며 중국의 해양 권리와 이익을 지키고 국내의 안정을 유지하는 것이다. 공군은 마찬가지로 영공을 방어하는 임무에 추가하여 제1도련선을 초월하여 잠재적인 적에 대한 공격작전을 수행하는 등 여러 가지 임무를 수행할 것으로 예상된다. 더구나 중국은 공군 H-6K 폭격기로부터 괌을 타격할 수 있는 장거리 지면 공격 순항 미사일의 개발을 통해 서태평양의 많은 지역을 통한 외국 군대의 작전을 막을 수 있도록 범위를 확장하고 있다(〈그림 1-4〉 참조).

(2) 훈련

인민해방군 공군은 인민해방군의 구조개편과 관련된 새로운 임무의 수행과 전구를 넘나드는 작전지원의 진척상황을 파악할 의도로 훈련과 연습을 지속하고 있다. 훈련은 세계 일류 공군을 건설하고자 하는 목표를 달성하는 데 좀 더 근접하기 위해 공군의 공격 및 방어 능력 향상, 실전 훈련 강화, 합동훈련 개선 및 원양 훈련에 집중하고 있다.

(3) 전력증강 우선사항

인민해방군 공군은 장거리 지대공 미사일의 제작과 구매, 4세대 항공기

---

26 타이완은 인민해방군의 주요 전략 방향인 반면 중국의 2015년 국방백서에서는 인민해방군에게 여러 영역과 지리적 지역에서 위기에 대비할 것을 요구하고 있다. Xiao Tianliang, ed., *The Science of Military Strategy*, National Defense University Press, 2015, 375. Translation; China's State Council Information Office, *China's Military Strategy*, May 2015.

의 야전배치, 5세대 전투기의 개발 및 장거리 폭격기 제조와 — 2025년경 새로운 전략 폭격기가 포함될 것으로 예상된다 — 새로운 중량물 수송기의 배치를 지속한다. 인민해방군 공군은 점점 더 선진적인 항공기의 개발, 획득, 배치를 지속함으로써 서태평양으로 전력을 투사할 능력을 제고하고 미국과 같이 인민해방군이 '강적'이라고 한 나라에 도전하고 있다. 〈표 1-2〉는 현재 개발 중이거나 야전 배치가 가까운 인민해방군 공군 장비를 개관한 것이다.

5) 육군의 구조개편과 현대화: 동원 가능한 군대의 육성

인민해방군 육군은 진행되고 있는 조직 개편에 따라 대폭적인 구조조정이 단행되었고 병력감소(strength reduction)를 경험했지만, 지상군은 다수의 인민해방군 임무에 여전히 매우 중요하다. 예를 들면 국경을 방어하고 타이완과 그 연안도서 침공의 선봉장이며 원정작전을 수행한다. 인민해방군 육군 현대화는 공격과 방어 작전과 아울러 증대하는 해외 배치에 적합하도록 규모가 작고 기동성이 높은 모듈 방식 군대의 육성에 집중하고 있다. 모듈 방식 군대를 육성하려면 네트워크 중심 특수 작전, 헬리콥터, 전자전, 경기계화 및 장거리 포병 능력의 향상과 증진이 요구된다. 이전 주중국 미국 무관보인 벤 로우센이 2018년 2월 위원회에서 증언한 바에 의하면 이런 발전 동향은 "[인민해방군의] 이전 작전개념인 '[정보화된] 국지전 승리'의 근본적인 변화를 나타낸다. 이전에 계획한 소규모의 국지전보다 규모가 크고 지리적으로 산재해 있으며 기술 지향적인 전투 능력을 암시한다." 그렇기 때문에 인민해방군 육군의 이런 능력 개발은 육지 국경과 해상 주변을 따라 임무를 지원할 뿐만 아니라 중국 영토의 경계를 넘어 원정 작전을 수행할 수 있는 능력을 제고시킬 것이다.

〈표 1-2〉 실전 배치되거나 개발 중인 선진 인민해방군 공군 시스템 (자료: 종합)

장비	임무 분야	추정 이전 배치	함의
J-20 5세대 전투기	제공권 확보	2017년	J-20은 2017년 9월 공식적으로 실전 배치되었는데 중국에서 자체적으로 생산된 가장 선진적인 전투기임. 스텔스 특성과 선진 레이더 측면에서 J-31과 유사한 능력을 가짐. J-20은 서태평양에서 미군기에 도전하게 될 것임.
Su-35 4.5세대 전투기	제공권 확보	2017~2018년	러시아에서 구입함(총 24대, 마지막 10대는 2018년 말까지 수령) Su-35는 선진 항공 전자 기기와 레이더를 갖추고 인민해방군에 개선된 대공 및 공습 능력을 제공함. 이 기종은 서태평양에서 인민해방군이 공중 작전을 수행하는 능력을 제고시킬 것임.
J-31(FC-31) 5세대 스텔스 전투기	제공권 확보	2022년	J-31(수출기종은 FC-31)은 미국의 F-35 전투기에 필적하는 현대적 시스템과 스텔스 특성을 갖추고, 서태평양에서 미군기에 도전할 수 있을 것임. 일부 중국의 해설가들은 중국이 항공모함 작전에 이 전투기를 이용할 수 있을 것으로 추측함.
H-20 장거리 스텔스 폭격기	공습, 핵 억지, A2/AD	2025년	국방부에 의하면 중국의 차세대 폭격기는 5세대 기술을 통합하고 해무기를 운반할 수 있을 것임. H-6을 대체한 H-20은 최소 5000킬로까지 작전 반경을 늘려 근해에서 멀리 나가 하와이도 위협에 처하게 할 정도로 능력을 배가할 것임.
Y-20 전략 중화물 수송기	수송	2016년	Y-20은 최대 유효 탑재량이 66톤에 달한다고 하며, 러시아의 IL-76 및 미국의 C-17과 동일한 범주임. 중국은 이런 항공기를 더 많이 생산하면서 원정 능력을 확장할 것임.
AN-225 전략 중화물 수송기	수송	2019~2020년	중국 우크라이나 협의의 일부로 우크라이나 항공기 수송기 AN-225를 중국에 다시 시작하고 기술을 중국에 이전. 세계 최대 수송기인 AN-225는 최대 유효 탑재물 280톤에 달함. 이 수송기는 인민해방군의 최대 전략 중화물 수송기가 될 것이며 원정 능력을 증대할 것임.
S-400 지대공 미사일(SAM) 시스템	공중 방어, A2/AD	2018년	2018년 4월 러시아로부터 다수의 S-400 SAM 시스템을 받고 중국은 2014년 거래의 일부로 4~6개 대대분을 받은 것으로 보도됨. S-400의 항속거리 250마일의 미사일이 배치되면 남중국해와 타이완에 대한 중국의 공중작전 범위를 확장할 것임.
HQ-19 SAM 시스템	공중 방어, A2/AD, 미상 탄도미사일 방어	미상	국방부의 HQ-19에 대한 평가는 "중국의 탄도미사일 방어 네트워크의 중간 단계를 처리하는 것일 것임." "지금까지의 실험은 3000km 거리 탄도미사일을 요격하는 네 차례 진행했음. 이 시스템으로 중국은 적이 공중을 통제하거나 중국 주변에서 타격 작전을 수행하려는 시도에도 전달할 수 있는 능력을 제고할 것임."

인민해방군 육군: 주요 구조변경의 사례

인민해방군 육군은 조직 개편 시 최대의 구조 변경을 겪었다. 육군 사령부를 설치하기 이전의 지상군 지휘부는 네 개 일반 부서로 통합되었었다. 이런 변경이 의미하는 바는 최초로 인민해방군 육군이 병력 관리와 장비를 갖추는 책임을 지는 데 여타 군종과 제휴하고 있다는 것이다. 더구나 인민해방군 육군 사령부 설치가 혁명적인 것이 아닌 반면, 중앙군사위원회가 통합구조의 일부로서 육군의 임무와 사령부를 가질 필요성을 보고 있다는 것을 나타낸다.

또 다른 중대한 발전 동향은 다섯 개의 집단군이 해체되었다는 것이다 (집단군의 숫자가 18개에서 13개로 줄어듦). 그리고 2017년 4월에 집단군의 구조가 개편되었다. 해체된 집단군이 갖고 있던 병력과 신병기는 현존 집단군으로 이양되었으며, 구식 병기와 여타 부대는 해체되거나 퇴역했다. 더구나 일부 집단군은 77 기동 보병여단 등 일부 부대를 다른 군종으로 이전하였다. 이 여단은 2017년에 해병대로 옮겼다.

(1) 임무

인민해방군 육군의 임무에는 도서의 상륙작전과 국경 방어 등의 전통적인 임무가 포함된다. 또한 베이징에 안보 도전을 야기하는 전략적 장소와 육지 회랑을 방어한다. 나아가 중국에 심각한 동요사태가 발생하면 질서를 회복할 마지막 수단이 되며, 심각한 국가적 재앙에 대응할 수 있는 주요한 물리력의 제공자였다. 육군의 육해 공동작전 능력은 타이완이 독립을 추구하지 못하도록 하거나 궁극적으로 통일을 강요하고 아울러 만약 이웃 나라가 동중국해나 남중국해에서 중국의 영토권 주장을 침해하면 '해상 주권'을 보호할 수 있는 수단이다. 한반도 또는 인도의 비상사태(또는 중국 서부에서 비상사태 발생 시)에 따라 내습이 일어나면 육군이 공격적인 지상 작전에 임할 것이며, 아울러 외부의 위기에 개입하는 등의 여타 정치적 목적으로 국경을 넘어 작전을 수행할 수 있는 능력을 갖게 될 것이다.[27] 전략적 육로와 에너지 루트를 보호해야 하는 새로운 요구사항은 육군이 일대일로 및 대테러 작전과 관련된 임무를 개발하고 있음을 시사한다. 또한 육군은 해외에서 인도적 원조/재난 구조(HA/DR) 및 평화유지 등의 각종 군사 활동을 수행하고 있다. 이런 활동은 평시와 전시에 작전을 지원하는 경험을 제공한다.

(2) 훈련

육군은 전구 수준에서 구조개편 노력을 강화하려는 의도로 연습과 훈련을 지속했다. '실전 훈련'에 집중하라는 시 주석의 훈련 지침을 이행하기 위해 2018년에 육군은 지역을 초월한 합동전구 및 전구 훈련을 실시했다. 이런 유형의 훈련 행사는 여단 수준에서의 문제를 식별하고 결함을 시정하기 위한 해결책을 개발하는 데 사용되었다.

---

27 중국은 1979년 베트남과의 국경 분쟁을 인민해방군이 국경을 넘어 침공을 한 구실로 삼았다. 침공 의도는 '베트남에 교훈을 가르쳐' 캄보디아에 개입하는 정책을 바꾸고 베트남이 이웃 나라들을 지배하지 못하도록 하는 것이었다. Henry J. Kenny, "Vietnamese Perceptions of the 1979 Vietnam War with China," in Mark A. Ryan, David M. Finkelstein, and Michael A. McDevitt, eds., *Chinese Warfighting: The PLA Experience since 1949*, Routledge, 2003, 218.

<표 1-3> 사용 중 또는 개발 중인 특정한 선진 육군 시스템

장비	임무 분야	추정 야전 배치	함의
Z-20 중거리 인양 헬리콥터	수송	2018~ 2019년	Z-20은 육군과 해군 항공대의 장거리 임무 시 추가된 유연성을 제공하고 원정 능력을 제고할 것임.
ZTQ-15 경전투 탱크	본토 및 국경 방어, 상륙작전	2017년	이 탱크는 산악과 고도가 높은 환경에서 활동할 수 있도록 설계되어 중국 서부 국경 지역에서 작전을 지원할 것임. IHS 제인스의 보도에 의하면 2018년 7월 중국 인터넷에 나타난 이미지는 해병대 무늬로 페인트칠한 탱크를 보여주는데 이는 상륙작전을 지원할 수 있음을 시사함.
중화물 인양 헬리콥터(중국-러시아 합작 생산)	수송	2023년	이 헬리콥터가 야전에 배치되면 인민해방군은 현재 보유하고 있는 헬리콥터보다 작전 반경이 넓고 인양 능력이 더 큰 중화물 인양 헬기를 갖게 됨.

자료: 종합.

(3) 병력 증강 우선사항

인민해방군 육군 현대화의 초점은 육군 항공, 포병 시스템, 장갑차, 공중 방어 시스템에 두고 있다. 현재 개발 중이거나 야전에 배치될 핵심적인 육군 장비 개관은 〈표 1-3〉에 나타나 있다.

6) 로켓 부대 구조개편 및 현대화
  : 미군 기지와 해상 함정이 더 큰 위험에 처함

인민해방군 로켓부대는 지상 기지의 재래식 및 핵 타격 능력을 갖추고 있다. 시 주석은 로켓부대를 "전략적 억지의 중핵이며 강대국으로서의 국가 지위에 대한 버팀목이고 국가안보의 중대한 측면"이라고 묘사했다. 로켓부대의 현대화 계획은 장거리 타격과 억지력을 증강하기 위해 중국의 재래 전력과 핵전력을 개선하는 데 집중하고 있다. 아울러 재래식 및 핵미사일 시스템 모두의 신뢰성과 효율성을 높이는 데 역점을 두고 있다.

중국의 증가하는 탄도 및 순항 미사일은 서태평양 전역에서 미군의 기지와 항공모함을 포함한 해상 함정에 다다를 수 있고 표적으로 삼을 수 있다. 인민해방군 로켓부대가 재래식 및 핵 미사일 시스템 개선을 통해 중국의 장거리 타격 및 억지 능력의 개발에 더욱 집중하고 있는 것은 평시에 이 지역에서의 미군의 존재를 복잡하게 만들고 지역에서 군사적 갈등이 발생할 경우 미군의 개입을 억제하거나 그 수준을 낮추거나 혹은 개입한 미군을 패퇴시킨다고 하는 인민해방군의 더 광범한 목표를 충족시키는 것을 목표로 한다. 로켓부대가 DF-26 중거리 탄도 미사일(재래식 및 핵탄두 운반 가능)을 배치했다고 2018년 4월 발표한 것에서 알 수 있듯이 중국은 괌의 미군 기지에 도달할 수 있는 재래식 능력을 증강했는데, 이 기지는 아시아 비상사태 발생 시 개입하게 될 가능성이 있다. 랜드 연구소의 선임 정치학자인 마이클 S. 체이스에 의하면 "중국의 재래식 미사일 전력도 미국이 중국과 관련된 분쟁에 군사적으로 개입할 시 이 지역의 미군에 심각한 도전이 될 것이다." 이런 능력을 지속적으로 현대화함으로써 중국 해안에서 더 멀리 떨어져 있는 미국의 해상 함정과 자산을 더욱 위험에 처하도록 할 수 있다. 더구나 다탄두 각개목표 재돌입 비행체(MIRV)를 가진, 그리고 극초음속 글라이드 비행체를 운반할 수 있는 DF-41 ICBM의 개발은 미국 본토에 대한 로켓부대의 핵 위협을 크게 증대시킨다.

(1) 임무

인민해방군 로켓부대는 핵 억지와 재래식 타격 임무 모두를 갖고 있다. 핵 억지는 부대의 기본 임무로 생각되며 대규모 분쟁을 억지하거나 제한하는 중심이다. 중국은 핵 공격 시 적국에 감내할 수 없는 피해[28]를 입히는 보

---

28 2001년판 『전략학』은 오늘날 여전히 사용되고 있는, 세 등급의 핵 억지를 제시한다. 첫째 등급은 '최대 핵 억지'이다. 이 경우 어느 국가가 최초의 타격으로 적을 무장해제시킴으로써

복 타격을 가할 수 있는 핵전력을 유지하려고 한다. 억지가 실패한다면 이 부대는 핵 반격 작전을 수행할 임무를 띠고 있다. 핵 억지에 추가하여 인민해방군 로켓부대는 재래식 정밀 타격 임무도 맡고 있다. 체이스 박사는 다음과 같이 주장한다. "인민해방군 전략가들은 재래식 탄도 및 순항 미사일이 인민해방군의 합동 작전 시 수행할 중요한 역할에 추가하여 압박 외교의 강력한 수단으로 이바지할 수 있다고 믿는다." 재래식 역량을 증강함으로써 적의 자산을 위험에 빠트리는 중국의 능력을 제고할 수 있다 – 특히 중국 해안선에서 원거리에 위치한 고정 기지, 핵심 연결점 및 대형 함정에 그렇게 할 수 있다.

(2) 훈련

2018년에 인민해방군 로켓부대는 억지, 장거리 타격, 초(超)지역 작전 및 합동전구 작전을 지원하는 훈련 및 연습을 실시했다. 로켓부대 훈련은 실제 전투 여건하에서의 미사일부대 연습에 추가하여 합동작전을 지원하기 위해 전구사령부 정보 시스템을 미사일부대와 연결하는 작업을 했다. 로켓부대 훈련은 미사일부대가 개선할 필요가 있는 분야를 노출시켰다. 가령 비상 수리 능력과 배치된 군대에 대한 군수지원 같은 것이다.

적의 선제적 핵 타격을 억지하여 적국을 위협할 수 있는 충분한 핵전력을 갖고 있다. 둘째 등급은 '최저 핵 억지'이다. 이 경우 어느 국가가 공격을 억지하기 위해 적의 도시들을 위험에 빠트릴 수 있는 소규모 무기고에 의존한다. 세 번째 등급은 '적당한 강도의 억지'이다. 이 경우 어느 국가가 적을 '견디기 어려운 파괴'로 위협할 수 있는 '충분하고 효과적인' 핵전력에 의존한다. 2001년판 『전략학』은 '적당한 강도의 억지'란 강도가 '최대 핵 억지'와 '최저 핵 억지' 사이에 있다고 언급한다. 이 세 가지 핵 태세 선택지 중에서 '적당한 강도의 억지'는 확실한 보복을 할 수 있는 핵전력을 유지하고자 하는 중국의 소망과 가장 잘 맞는다. Peng Guangqian and Yao Youzhi, eds., *The Science of Military Strategy*, Military Science Press, 2005, 218. (PLA's Academy of Military Science English translation of the 2001 edition of *The Science of Military Strategy*).

(3) 군사력 증강 우선사항

2016년에 인민해방군 로켓부대는 전략적 억지력을 증강하기 위해 장기 현대화 계획을 시행했다. 이 부대는 몇몇 새로운 변형 미사일을 개발 및 실험하고 있으며, 미사일부대를 추가 창설하고 낡은 미사일 시스템을 퇴역시키거나 업그레이드하고 탄도미사일 방어에 대응하기 위한 방법을 개발하고 있다. 인민해방군 로켓부대의 장비부는 부대의 현대화 우선사항을 관리하고 있다. 여기에 포함되는 것은 핵 반격 및 재래식 장거리 정밀 타격 능력의 향상이다. 현재 개발 중이거나 야전 배치된 로켓부대의 장비 개관은 〈표 1-4〉를 보면 알 수 있다.

7) 전략지원부대: 미국의 정보 지배에 도전

전략지원부대(SSF)는 인민해방군의 우주 및 사이버 역량을 감독하고 그런 영역에서 직접 작전을 수행하기 위해 창립되었다. 전략지원부대는 인민해방군 구조개편 이전의 총참모부 산하 부서들을 흡수했다. 여기에 포함된 것은 제1부(작전), 제2부(정보), 제3부(기술 정찰), 제4부(레이더 및 전자대응책)이다. 이런 구성으로 볼 때 이 부대는 전략적 수준의 전쟁에서 우주전 및 감시, 사이버전, 신호정보 및 전자전 역량을 담당하고 있다. 이런 역량으로 전략지원부대는 우주와 사이버 영역에서 직접 작전을 수행할 수 있고 적의 전자기 스펙트럼 사용을 못 하게 하는 작전을 수행하고, 이런 영역을 통해 여타 부대가 수행하는 작전을 지원한다. 해리스 제독이 2017년 4월 의회에서 증언한 바에 의하면 전략지원부대의 창설은 "여타국들이 우주, 전자기 스펙트럼 및 네트워크를 사용하지 못하도록 하는 데 성공한다면 잠재적인 게임 체인저이다."

전략지원부대는 전자기 스펙트럼에 대한 미국의 통제에 도전을 제기하

<표 1-4> 야전배치되거나 개발 중인 특정 선진 로켓부대 시스템 현황

장비	임무 분야	추정 야전 배치	함의
DF-41 대륙간 탄도 미사일(ICBM)	억지, 확실한 보복	2018년	DF-41은 중국의 첫 MIRV-가능, 도로 이동 ICBM임. 이 고체연료 미사일은 중국의 억지력을 향상시킬 것임.
DF-17 중거리 탄도 미사일(MRBM)[Wu-14(DF-ZF) 극초음속 글라이드 비행체 보위]	타격, 억지, A2/AD	2020년	DF-17은 극초음속 글라이드 비행체[Wu-14(DF-ZF)로 실험]를 사용하도록 디자인됨. 재래식 및 핵 무기의 탑재와 운반이 가능함. 도달거리는 1800~2500km에 달한다고 알려짐. 이 시스템은 미국과 동맹국의 미사일 방어 시스템에 도전할 것임.
CH-AS-X-13 핵 능력 공중 발사 탄도미사일	타격, 억지	2025년	국방부에 의하면 중국은 "두 개의 신규 공중 발사 탄도미사일을 개발 중이고 그중 하나는 핵 탑재임." 핵 능력 버전은 2단계, 고체연료 탄도미사일로 사거리가 3000km에 달한다고 알려짐. 개량된 H-6N 폭격기에 쓸 계획이며 이 폭격기의 전투 반경은 6000km임. 이 미사일은 중국의 억지력을 보강할 것임.

자료: 종합.

고 군사작전에 결정적으로 중요한 미국의 지휘, 통제, 통신, 컴퓨터, 정보, 감시, 정찰 시스템을 위험에 처하게 한다. 여기에는 위성, 레이더 및 컴퓨터 네트워크가 포함된다. 2017년 3월의 국방과학위원회 연구에 의하면 "선진 전자전, 동역학(kinetic), 우주 및 사이버 역량의 발전과 확산은 [미국의] 정보 우월성을 유지할 능력을 위협하고 있다." 이 연구에 의하면 미국의 위성 통신에 대한 전자 위협은 급속도로 증가하고 있으며, 전파방해가 일어나면 대부분의 미국 국방 위성이 작동을 멈출 수 있다. "이런 상황은 즉각적으로 대처해야 할 위기로 고려되어야 한다."

(1) 임무

이미 언급한 바와 같이 전략지원부대는 1차적인 전쟁영역으로 우주, 사이버스페이스 및 전자기 스펙트럼을 사용하는 한편, 인민해방군의 작전 목표를 달성하기 위해 그런 영역의 사용을 통해 여타 부대가 전투를 벌일 수 있게 한다. 우주 기반의 정보지원과 전장 평가를 제공할 수 있는 이 부대의 능력은 합동군을 위해 공통의 정보 상황을 확립함으로써 전장 사령부를 지원한다. 뉴 아메리카 사이버안보 정책 펠로우이며 중국 사이버 및 정보 연구소 소장인 존 코스텔로는 "인민해방군이 '[정보화된] 국지전'에 승리하기 위해서는" 그것이 필요하다고 주장한다. 나아가 전략지원부대는 다음과 같이 정보 및 합법적 전쟁을 수행하는 데도 역할을 담당할 것이다.

● 우주 및 항공우주 임무　전략지원부대의 우주시스템부는 인민해방군의 우주 작전을 담당하고 있다. 여기에는 다음과 같은 것이 포함된다. 우주 발사 및 지원, 원격 측정, 추적 및 통제, 우주 공격 및 방어 그리고 정보, 감시, 정찰 작전.

● 사이버 임무　전략지원부대의 사이버 군은 네트워크 시스템부에 속한다. 이 부서는 컴퓨터 네트워크 이용, 사이버 감시, 컴퓨터 네트워크 공격 및 컴퓨터 네트워크 방어 임무를 담당한다. 코스텔로에 의하면 이런 역량의 결합은 전략지원부대가 '통합된 사이버공격, 방어 및 정찰' 작전을 수행하려는 것을 나타낸다.

● 전자전 임무　전략지원부대는 또한 전자전[29]을 담당하고 있으며, 국가 수준의 전자전 작전을 수행하고 있다.

(2) 훈련

2015년 12월 31일의 전략지원부대 창설 이래 이 부대는 자체의 작전 기술과 아울러 여타 부대를 지원하는 데 필요한 것을 개발하기 위해 작업을 했다. 지원에는 위성 정찰, 전자전, 사이버작전, 우주기반 정보 지원 및 전

---

[29]　전략 수준의 전자전을 담당한 이전 총참모부 제4부의 역할은 부대 창설 후 전략지원부대로 이전되었다. John Costello, "The Strategic Support Force: Update and Overview," *China Brief*, December 21, 2016.

장 평가가 포함된다. 전략지원부대는 인민해방군에 통합하기 위해 합동전구와 지원 수준에서 훈련을 실시함으로써 자체의 작전 준비 능력을 개발하고자 한다. 인민해방군은 전략지원부대 요소를 전구사령부에 장착시키는 것이 성공적인 통합을 보장하기 위해 지속적으로 실험을 계속해야 하는 과정이라는 것을 인정한다. 예를 들어 2018년 5월 전략지원부대는 결함을 가려내기 위한 훈련에 참여했는데, 전투력 생성에 대한 제약, 작전 계획 결함 및 지휘 통제 문제를 찾아내기 위한 것이었다. 실전 훈련 기간 중 노출된 이런 유의 결함을 해결하는 것은 전략지원부대가 좀 더 강력하고 운영을 잘 하는 부대가 되는 데 일조한다.

(3) 군사력 증강 우선사항

인민해방군은 합동작전을 수행하기 위해 지휘, 통제, 통신, 컴퓨터, 정보, 감시 및 정찰 역량을 계속하여 향상시키고 있다. 우주, 사이버, 전자기 스펙트럼 작전을 위한 전략지원부대의 전력 증강 우선사항은 다음을 포함한다..

• 우주   우주 기반의 정찰 업무 향상은 여전히 전략지원부대의 개발 우선사항이다. 그리고 대(對)우주 작전과 무기 개발에서 전략지원부대의 역할은 여전히 분명하지 않은 상태인 반면, 인민해방군은 DN-3 대(對)위성 미사일 등의 대위성 무기개발을 계속하고 있다. 이 미사일은 2017년 8월 전략지원부대의 주취안(酒泉) 위성발사센터에서 발사되었다. 그리고 시험 공공전(co-orbital) 궤도 위성 시안-7도 발사되었다.

• 사이버   전략지원부대는 사이버전력의 발전을 강화하기 위해 공격 및 방어 역량 개선 작업을 하고 있다. 전략지원부대는 인민해방군 부대의 실험과 평가를 수행하고 군 정보 네트워크 전체에 걸친 시스템에 적용할 사이버보안 표준을 개발하고 있다.

• 전자기 스펙트럼　　전략지원부대는 적의 전자기 작전환경을 이용하고 공격하기 위한 역량에 집중하고 있는 것으로 보이는 한편, 인민해방군을 위한 스펙트럼을 보호하고 관리한다. 전략지원부대는 작전 능력을 실험하고 방어 문제를 해결하며 미래 역량을 구축하기 위해 필요한 것을 식별하기 위한 것으로 보이는, 자체 훈련과 합동 훈련에 열중했다.

참고 자료

전력 승수로서의 합동군수부대

2016년 9월 인민해방군은 또한 합동 작전, 모든 군에 공통적인 일부 지속 기능 그리고 인민해방군의 해외 작전을 지원하기 위한 합동군수부대를 창설했다. 이 부대는 군수를 합동부대에 통합함으로써 각 군에 중복되는 부분을 감소시키려 한다. 나아가 합동군수부대는 항공, 철도 및 해운 산업으로부터의 자산으로 인민해방군의 공수 및 수송 능력을 보완하기 위해 군-민 융합을 통해 민간 수송 부문과 협력관계를 형성하고 있다. 합동군수부대의 목표는 인민해방군의 전구 작전을 지속할 수 있는 능력을 강화하고 궁극적으로는 서태평양 및 그 이상에서의 원정 작전과 전투 임무를 지원하는 것이다. 이런 부대의 발전은 인민해방군이 인도-태평양 지역을 초월하여 작전하는 능력에 큰 영향을 미치는 성숙한 군수 능력을 개발하기 위한 노력을 시사한다.

(1) 임무

합동군수부대 - 중앙군사위원회의 새로운 군수지원부(後勤保障部)의 산하 부대 - 는 합동작전을 지원하기 위한 인민해방군의 1차적인 군수부대로 기능하기 위해 설립되었다. 이 부대는 이런 업무를 달성하기 위해 전구사령관과 합동군의 군수 기능을 관리하고, 전구 내의 각 군의 군수 작전을 감독한다. 합동군수부대는 이 부대와 각 군을 연결하는 다리 역할을 하는 산하 부대로서 각 전구사령부에 합동군수지원센터(聯勤保障中心)를 두고 있다.

(2) 군수 현대화 우선사항

중국은 해외주둔 미군이 어떻게 지속성을 유지하는지 연구했다. 이는 인민해방군의 군수와 지속 기능에 영향을 미쳤다. 인민해방군은 배치된 부대에 대한 합동 군수지원 능력을 국내뿐만 아니라 ― 더욱 중요하게 ― 원정군의 전투 작전을 지속하는 데 결정적인 것으로 보고 있다. 인민해방군과 타이완의 군사문제에 관해 글을 쓰고 있는 독립적인 분석가인 케빈 맥콜리는 다음과 같은 결과에 의해 통합능력 개발 필요성을 주장한다. 즉, "중앙군사위원회가 2007년에 발행한 '현대 군수의 종합적 구축 개요' … [이는] 통합된 선진 군수 공급 구조, 민간 군수 공급 모델의 통합, 정보기술의 응용 및 가속화된 군수 건설" 프로그램이다. 맥콜리는 위원회에서 언급하기를 정보화 전쟁을 위한 합동 군수를 최적화하기 위한 인민해방군의 전략에는 다음과 같은 지침이 들어 있다고 했다.

- 정밀 군수 및 기동성을 지원하기 위해 정보기술을 군수 장비에 통합.
- 혁신 및 전략, 군사작전 및 전술지원부대들의 '시스템의 시스템'[30] 통합 가속화.
- 전통적인 구획화 및 다층 관료주의 제거.
- 민-군 … 전략자산과 투사력[통합]. 여기에는 민간 항공 수송 및 대형 수송선 포함.
- 해외의 국익 보호와 아울러 국제 및 평화유지 임무 수행을 위해 해외 지

원 수단 및 설비 건설 가속화.

- 전구 요구사항을 충족하기 위해 일반 목적 및 특수한 통합 군수 지원 기제에 집중한 기지 시스템을 갖춘 합동전구 구축.

- 유연하고 기동성 있는 전략 군수 비상 지원 부대의 집단화 [구축]. 여기에는 대규모 공급선, 인민해방군 [공군] 비상 기동 지원 그룹 및 공중 재급유 부대 포함.

- 소규모, 경량, 기동성의 모듈라 전술 군수 그룹 [설치].

7. 미국과 미국의 동맹국 및 협력국들에 미치는 함의

중국의 군대개편 및 현대화는 미국과 대등하게 되고 인도-태평양 지역 전체에서 중국의 영향력을 제고하고자 하는 의도이다. 현재와 같은 추세로 현대화를 이루면 인민해방군은 2035년까지는 인도-태평양 지역의 모든 전투 영역에서 경쟁할 수 있는 역량을 갖게 될 것이며, 따라서 모든 잔여 영토주권 분쟁을 중국에 유리하도록 해결하기 위해 더욱 강압적인 노력을 시작하고, 21세기 중반까지[31] 중국의 '위대한 부흥'을 달성할 것이다. 최근 수

---

30 인민해방군의 '시스템의 시스템'이란 용어는 전투역량을 증진하기 위해 통합하고 정보를 공유할 수 있는 합동의 지휘, 통제, 통신, 컴퓨터, 정보, 감시 및 정찰 구조를 통해 군사작전을 지원하는 역량을 말한다. 케빈 맥콜리는 다음과 같이 지적한다. "인민해방군은 전투 효율성 증대를 발생시키는 완벽한 네트워크 정보 시스템을 창출하고자 정보기술을 통해 전략수준까지 여러 부대를 통합하기 위해 시스템의 시스템 작전을 이용한다." Kevin McCauley, *PLA System of Systems Operations: Enabling Joint Operations*, Jamestown Foundation, January 2017, 10.

31 2018년 1월 발간된 국방부의 국방전략에 의하면 중국은 "지속적으로 군 현대화 계획을 추구하여 가까운 장래 인도-태평양 지역의 패권을 모색하고 향후 미국을 대체하여 세계적 우위를 달성하려고 한다." 국방전략은 미국 국가안보에 대한 주요 도전으로서 수정주의 국가인

년 동안 중국은 이런 노력을 가속화했으며, 특히 해상 능력을 강조했는데, 그 의도는 오랫동안 갖고 있는 미국에 대한 작전 열등 공포를 극복하려는 것이다. 그 결과 중국은 곧 초기 해군 원정 역량을 갖게 될 것이다. 그렇게 되면 늦어도 2025년까지는 전 세계적으로 가능하게 될 것이다. 시 주석의 대폭적인 인민해방군 개편은 베이징의 더 광범위한 군부 현대화 노력의 중대한 요소이며, 예정대로 2020년에 완성되면 현재 미국과 그 동맹국 및 협력국들이 인도-태평양 지역에서 당면하고 있는 것보다 훨씬 더 큰 위협을 가까운 기간 내에 안겨주는 결과를 가져올 것이다.

인민해방군이 전환하는 기간 동안 미국에게는 우려와 기회 모두의 분야가 있을 것이다. 단기적으로 중국은 위기 시 신중한 '회색지대' 작전에서 경쟁적이고 고도로 위험한 제한적 군대 사용에 이르기까지 군사적 선택지 사이에서 선택을 하면서 계속해서 선택지가 제한된 느낌을 가질 것이다. 인민해방군의 개편과 훈련 노력은 제한적 작전 경험을 시정하려고 한다. 이런 경험은 중국 지도자가 갖고 있는 군대의 '평화 병'에 대한 우려와 결합하여 중국으로 하여금 국가 이익을 추구하면서 군사력에 의존하지 않도록 설득하는 데 미국에 중요한 경쟁우위를 준다. 하지만 인민해방군의 현대화 진전과 자신감이 증대됨에 따라 이 지역에서 미국은 분쟁 발발 후 모든 전투 영역에서 중국을 억지하거나 우월성을 되찾을 수 없을 것이다.

중국의 군대개편 및 현대화 노력은 육지, 해상, 공중 및 정보 영역에서 작전을 수행하는 인민해방군의 능력을 이미 크게 향상시켰으며, 미국과 그 동맹국 및 협력국들이 인도-태평양 지역에서 자유롭게 활동하는 능력에 분명히 도전을 제기하고 있다. 장기전략그룹의 사장인 재클린 N. 딜은 위원

중국 및 러시아와의 '장기적인 전략적 경쟁의 재등장'을 최초로 거론했다. 미국 국방부, 국방전략, 2018. 1, 2.(박행웅 편역, 『트럼프의 미국 우선주의』, 한울엠플러스, 2018, 147~168쪽에 그 요약문이 실려 있다. 전문은 비공개이다. ─ 옮긴이)

회에서 다음과 같이 증언했다. 인민해방군의 목적은 "중국을 위해 더 넓은 '전략 공간'을 창출하는 것이다." 인민해방군은 이 개념을 대부분 방어적인 용어로 논의했지만, 딜 박사의 주장은 인민해방군이 이 전략 공간을 "중국이 지역 강국을 압박하는 데 안전하게 만들고 시간이 흐르면 중국공산당 자체의 규칙과 규범을 확산하려고" 모색하고 있다는 것이다.[32] 딜 박사는 다음과 같이 덧붙였다. "이런 목표를 달성하기 위한 전제조건은 미국의 동맹국들을 혼란에 빠트리고 아시아-태평양에서 미국의 군사적 존재와 영향을 밀어내거나 중화시키는 것이다." 인민해방군의 개편과 현대화 노력은 다음 영역에 걸쳐 미국과 그 협력국들에게 도전을 제기한다.

• 해상영역의 도전   인도-태평양에 있는 중국의 해상 전력은 이 지역의 미국 동맹국과 협력국들에게 가장 급한 우려 분야이다. 그들은 이 지역의 이웃국가들보다 숫자가 많고 몇몇 분야는 더 선진적이다. 인민해방군의 해상 작전은 빈도가 더 많아지고 있으며 미국의 지역 주둔과 작전에 도전하고 있는 반면, 사고와 오판의 잠재성을 높이고 있다. 서태평양과 그 이상에서 미국의 정기적인 공중과 해상 작전은 중국의 현대적인 함정과 항공기에 의해 감시를 받고 있으며 점점 더 경쟁이 되고 있다. 더구나 중국은 탄도 미사일 및 순항 미사일 능력이 증대되어 인민해방군이 제2도련선(second island chain)에서 활동하는 미국의 인도-태평양 사령부의 능력에 도전할 수 있으며, 이런 군대의 지속적인 현대화로 제2도련선 너머의 미국과 동맹국을 곧 위험에 처하게 할 것이다.

• 공중영역의 도전   인민해방군 공군 및 해군항공대의 현대화를 고려할

---

32   2013년판 『전략학』에 의하면 "전략 공간은 외부개입의 국가 경쟁과 저항 그리고 자기 생존과 발전의 유지를 위해 요구되는 분야이다." 전략 공간은 서태평양과 북인도양을 포함하기 위한 중국의 '전략 공간'의 확장을 요구한다. Shou Xiaosong, ed., *The Science of Military Strategy*, Military Science Press, 2013, 105, 241~249. Translation.

때 미국과 그 동맹국들은 인도-태평양 분쟁 시 더 이상 공중 우위를 확보할 수 있는 능력을 갖췄다고 생각할 수 없다. 중국의 공격 능력을 해안에서 더 멀리까지 가도록 증강하려는 인민해방군 공군의 현대화 목표는 이 지역에서 공중 영역의 다툼이 증가하는 원인이 될 것이다. 왜냐하면 이 목표는 현대식 제트 전투기, 타격 항공기, 사거리가 확장된 선진 지대공 미사일 시스템과 아울러 중국 주변을 훨씬 초월한 작전을 지원할 수 있는 개선된 공중 재급유 및 전략적 공수 능력을 개발하고 야전 배치하는 데 우선순위를 두고 있기 때문이다.

● 정보영역의 도전 중국이 우주, 사이버, 전자전 능력을 통합한 전략지원부대를 창설함으로써 이런 영역들을 넘나들며 독립적인 작전을 수행할 수 있는 새로운 전력을 갖게 되었으며 인민해방군 전체에 걸쳐 합동 작전을 촉진할 수 있게 되었다. 전략지원부대는 인민해방군 합동 작전을 촉진할 자체의 여력과 능력을 추가로 발전시키고 있기 때문에 전자기 스펙트럼에서 정보지배와 통제를 구축할 수 있는 미국의 능력에 도전할 수 있을 것이다.

중국이 인도-태평양 지역에서 미국의 군사적 존재와 다툼을 벌인다는 것으로 인하여 베이징은 인근 국가들을 암암리에 힘으로 위협함으로써 압박을 가할 수 있다. 이로 인하여 미국이 안정적인 지역 균형을 유지하고 국제법과 규범을 지속적으로 준수하며 자유롭고 개방된 지역 질서를 유지하는 데 방해를 받는다. 또한 베이징의 군사력 증강으로 인하여 미국의 동맹국 및 협력국들의 미국은 중국을 억지할 수 있는 능력을 갖고 있다는 믿음이 약화되고 있다. 이는 미국의 이익에 부정적인 결과를 초래할 수 있다. 예를 들면 미국의 동맹네트워크가 퇴화되고 중국과 그 협력국들이 공세적인 행태를 강화할 것이며, 지역 국가들에 의한 위험 분산이 더욱 커지고 중국의 군수품 판매가 증대할 것이다. 또한 중국 인민해방군의 핵전력 증강으로 미국의 확장된 억지력에 대한 신뢰성에 관해 동맹국과 협력국들 사이에서 우려가 높아질 수 있다. 끝으로 중국이 인민해방군의 현대화와 공격 능력 개발에 주력하고 있는 점은 이 지역의 미국 동맹국과 협력국들 – 일본, 한국, 인도 포함 – 에 심각한 위협을 제기하며, 타이완의 생존에 위협이 되고 있다.

미국은 힘이 솟구치는 중국을 직면하고 있다. 이에 따라 인도-태평양 지역의 안보구조와 정치 질서가 균형을 잃고 있으며 중국의 힘과 영향력을 제한해야 하는 상황을 맞고 있다. 중국은 미국 및 그 동맹국들 그리고 협력국들과의 경쟁을 통해 그런 질서를 바꿀 수 있는 능력을 갖고 있다는 확신이 점점 커지고 있다. 전략 및 국제 연구센터의 헨리 A. 키신저 체어 수석 부주임이고 국제안보 프로그램 이사인 캐드린 힉스는 위원회에서 다음과 같이 증언했다. "중국의 파워는 얌전하게 성장하고 있지 않다. 중국은 투자와 의도에 있어서 결정적으로 투명성이 결여된 상태에서 명백하게 일련의 억압적이고, 때에 따라서 사이버, 공중, 해상 영역에서 법의 영역 밖의 행동을 하면서 대체로 협력하기보다 경쟁하려는 의사를 나타냈다."

가까운 장래 중국이 새로운 군사 구조에 의해 가속화된 현대화 노력을 통해 경쟁우위를 강화하게 되면 미국은 이 지역에서 자유롭게 활동할 수 있는 능력에서 점점 더 커지는 불확실성에 직면하게 될 것이다. 경쟁이 격화되는 시기를 맞이하여 미국의 동맹국과 협력국들도 중국의 군사력 증강에 의해 점점 더 많은 위협을 받게 될 것이며, 이 지역의 세력균형을 유지하는 데 미국의 리더십에 계속 기대게 될 것이다. 2018년 싱가포르에서 개최된 샹그릴라 대화에서 미국의 제임스 매티스 국방장관은 다음과 같이 언급했다. "미국의 [인도 - 태평양] 전략은 어느 한 나라가 인도-태평양을 지배할 수 없고 또한 지배해서도 안 된다는 것을 인정한다."

2장

일대일로(一帶一路)

1. 핵심 조사결과

● 2013년에 중국의 주석 겸 공산당 총서기 시진핑은 그의 간판 경제 및 대외 정책인 일대일로의 개시를 선언했다. 이 사업의 목적은 전 세계의 사회간접자본과 연결에 자금을 대고 건설하는 것이다. 역점은 유라시아와 인도-태평양 지역에 두고 있다.

● 비록 일대일로에 대한 공식적인 정의는 없다고 할지라도 사업 발표 후 5년이 지난 지금 중국이 일대일로를 추진하는 목적은 다음과 같이 분명하게 드러났다. 즉, 국내 개발을 촉진하고 중국의 변경 지방에 대한 통제를 강화하며 시장을 확대하는 한편, 기술 표준을 수출하고 경성(hard) 및 디지털 사회간접자본을 건설하고 중국의 군사 영역을 확장하며 중국을 세계질서의 중심으로 이동시킴으로써 지정학적 영향력을 확대하려는 것이다.

● 일대일로의 중심은 전략적 이익이다. 하지만 중국 정부는 일대일로가 중국의 지정학적 야망을 펼치는 것이라는 점을 부정하고 있다. 동시에 일대일로는 또한 중국을 커다란 위험에 노출시킬 것이다. 예를 들면 테러리즘, 불안정 및 파트너 국가들의 정치적 낙진 같은 것이다. 일대일로는 미국

의 이익과 가치에 커다란 도전을 제기할 수 있다. 왜냐하면 중국은 일대일로를 통해 권위주의 거버넌스의 모델을 수출하며 해외의 권위주의 행위자들을 고무하고 인증할 수 있기 때문이다.

● 베이징은 일대일로를 침체되는 경제를 부양하고 인근 국가들과의 경제통합을 통해 세계적 가치 사슬을 끌어 올리는 데 일조하는 대외지향 개발 계획으로 본다. 중국의 계획자들은 일대일로 국가들의 사회간접자본 개발로 중국 제품에 대한 새로운 시장이 열리고 해외수요가 늘어날 것으로 믿고 있다. 특히 고급 제조 상품에 대한 수요가 증대할 것으로 생각한다. 일대일로가 개방적이고 포용적이라는 베이징의 수사에도 불구하고 중국의 국유기업들이 일대일로 프로젝트의 가장 큰 몫을 수주하고 있다.

● 중국이 일대일로를 통해 국제적인 경제 참여를 증진함에 따라 중국 회사들은 광범위한 기술 응용을 위해 표준을 정의하고 수출하려고 한다. 여기에 포함되는 것은 이른바 디지털 실크로드를 통한 것이다. 이는 다른 것과 합치면 세계적인 경쟁 지평을 바꿀 수 있다. 일대일로는 미국 기업들과 시장 접근 및 전 세계적으로 자유시장과 민주 거버넌스의 광범위한 확장을 잠재적으로 위협하고 있다.

● 일대일로는 파트너 국가들에게 절실하게 필요한 사회간접자본 파이낸싱을 제공할 뿐만 아니라 상당한 위험을 안겨준다. 일대일로 국가들이 중국과 맺은 관계는 대부분 중국의 직접투자보다 정책 및 상업 은행이 돈을 댄 사회간접자본 프로젝트를 통한 것이다. 중국의 대출로 몇몇 일대일로 국가들은 부채 지속가능성 문제가 야기된 반면, 베이징은 경제적 레버리지를 쥐고 중국의 이익을 고취한다. 어떤 경우에는 주관 국가의 주권을 위협하기도 한다. 일대일로 국가들이 겪는 부채 고통의 문제에 대한 베이징의 대응은 채무 불이행을 회피하기 위해 차입국에 추가 신용을 제공하는 데서 전략적으로 중요한 자산의 지분을 차지하는 데 이르고 있다.

• 인민해방군의 해외 주둔이 일대일로로 촉진되고 정당화되어 증대함으로써 결국 중국의 근해 주변을 초월하여 미국과 그 동맹국 및 협력국들에게 안보 문제를 안겨줄 수 있다. 중국은 연료공급과 보급을 위해 항구시설과 여타 기지에 접근함으로써 인도-태평양에서 영향력과 존재를 보강하고자 일대일로를 이용하려고 시도하는 한편, 지역 군대와 더불어 작전과 연습을 확대하고 있다.

• 중국은 유라시아를 가로질러 연결성을 촉진하고 영향력을 확산하려는 계획을 독점하고 있지 않으며 일대일로는 홀로 전개되고 있지 않다. 다른 주요 국가들 ― 미국, 일본, 인도, 유럽 국가들 및 러시아 포함 ― 은 자체 계획을 추진하면서 다양하게 일대일로와 경쟁하며 협력하고 있다. 좀 더 광범위하게 보면 일대일로의 목적과 방법에 대한 회의론이 전 세계적으로 확산되고 있는 것처럼 보인다. 왜냐하면 사업이 시행되면서 계획의 난제들이 점점 더 명백하게 되기 때문이다.

2. 제안사항

위원회는 다음과 같이 제안한다.

• 의회는 중국의 경제적·외교적 압력의 표적이거나 취약한 국가들, 특히 인도-태평양 지역 국가들에 대한 양국 간 추가 원조를 제공하기 위한 기금을 조성해야 한다. 이 기금은 디지털 연결성, 사회간접자본 및 에너지 접근을 진작하는 데 사용되어야 한다. 또한 이 기금은 지속적인 발전을 촉진하고 부패를 퇴치하며 투명성을 제고하고 법치를 개선하며 인도주의 위기에 대응하고 시민사회와 미디어의 능력을 구축하는 데 사용될 수 있다.

• 의회는 국무부로 하여금 중국이 일대일로 사업에 대해 벌이는 선전활

동에 대응하여 그 대안이 되고 사실에 입각한 담론을 제공하기 위해 취하고 있는 활동을 의회에 보고하도록 요구해야 한다. 또한 그런 보고는 일대일로 프로젝트가 국제표준을 어기는 지점 및 중국이 신장 위구르인의 인권 유린에 관한 정보를 억제하고 오도된 보고를 하려고 시도하는 것과 일대일로의 연관성을 부각시키는 조사를 해야 한다.

● 의회는 국가정보장에게 국가정보판단 보고서를 작성하도록 요청해야 한다. 보고서는 비밀로 분류된 부록과 함께 일대일로를 따라 시설에 현재 또는 앞으로 접근하거나 그런 시설을 설치하는 것이 항해의 자유와 해양 통제에 미치는 영향을 평시와 분쟁 기간 모두에 걸쳐 상세히 수록해야 한다. 국가정보판단 보고서는 미국과 동맹국 및 지역의 정치적 및 안보 이익에 미치는 영향을 다뤄야 한다.

3. 머리말

중국의 광범위한 일대일로는 중국의 국가 주석 겸 공산당 총서기 시진핑의 대외정책 및 지리경제학적인 간판 프로젝트이다. 그는 이 사업을 '세기의 프로젝트'라고 격찬했다. 2013년의 개시 이래 일대일로는 지역과 세계를 연결하는, 자원이 풍부하고 범정부적인 개념으로서 베이징의 대외 정책의 톱에 올라 있다. 실질적으로 일대일로가 무엇을 의미하는지는 아직도 뚜렷하게 보이지 않지만 베이징이 이 계획에 대해 품고 있는 열망은 다음과 같이 분명하다. 즉, 국내 개발을 진작하고 중국의 외곽 지방의 통제를 강화하며 시장을 확대하고 기술 표준을 수출하고 경성 및 디지털 사회간접자본을 건설하며 에너지 안보를 보강하고 해외 이익을 보호하기 위해 중국 군대의 영역을 확장하며 지정학적 영향력을 제고하려는 것이다. 이 계획은 미국과 그 동맹국 및 협력국들에게 안보 함의를 지닌다. 여기에는 중국 군대의 영향력, 해외 존재 및 외국 항구에 대한 접근 확대가 포함된다.

중국은 일대일로를 이용하여 미국과 그 동맹국들의 이익 그리고 공개 시장과 민주적이고 투명한 거버넌스에 입각한 규칙을 기반으로 한 국제질서에 도전하고 있다. 수많은 국가들이, 일대일로가 참여하는 국가들에 제기하는 위협에 대해 우려를 표했다. 예를 들면 부채 부담이 악화되고 투명성, 양호한 통치 및 주권을 훼손한다는 것이다. 미국 정부와 뜻이 맞는 정부들은 대응책을 개발하기 위한 작업을 하고 있다. 대응책은 세계적인 사회간접자본 필요성을 충족하기 위한 수단으로서 일대일로에 참여하는 것과 경제적·전략적 위험에 대처하는 것 사이에서 절충점을 찾는 것이다.

이 장에서는 일대일로가 시작된 지 5년이 흐른 뒤의 현황과 이 사업이 세계 경제의 규범을 재편성하고 이 과정에서 미국의 영향력을 축소시킨 정도 — 또는 이 프로젝트가 향후 그렇게 할 수 있는지 — 를 분석한다. 또한 이 장에서는 일대일로와 대안적으로 경쟁하고 보충하는 여타 국가들의 연결성 및 무역 계획에 관해 상세한 내용을 기록한다. 문서를 작성하는 데 이 장은 다음과 같은 자료를 이용했다. 즉, 2018년 1월에 개최된 위원회의 청문회인 「중국의 일대일로 계획: 5년이 지난 후」와 미국 관리들의 브리핑 자료, 위원회의 2018년 5월 타이완과 일본 조사 여행 및 지역 정치와 미국 정책 관련 전문가들의 자문 그리고 공개자료 조사 및 분석이다.

4. 중국의 일대일로 추진 목표

2013년에 착수된 일대일로의 발표된 목적은 "정책 조정, 시설 연결성, 방해받지 않는 무역, 금융 통합 및 인민 대 인민 유대 진작"이라고 했다. 이 사업은 시 주석의 대외 정책의 핵심이고 중국의 경제개발 계획의 주요한 요소이다. 중국의 지도자들은 2017년 10월 일대일로를 헌법에 적어 넣었을 때 이 사업에 대한 중요성을 실증했다. 크게 보면 일대일로의 육지를 기반으로 한 '대(帶)'는 중국으로부터 중앙 및 남아시아, 중동, 그다음 유럽을 횡단한다. 바다를 기반으로 한 '로(路)'는 중국을 해로를 통해 남아시아, 중동, 동아프리카 그리고 유럽과 연결한다. 이 해로는 남중국해, 인도양, 홍해, 수에즈 운하, 동지중해를 가로지른다(〈그림 2-1〉 참조). 하지만 일대일로의 야망은 두 개의 지리적 통로로만 한정되어 있지 않다. 중국의 일대일로 비전에는 남미, 카리브, 극지방과 우주까지도 포함된다 – 하지만 이런 지역에 대한 프로젝트 계획은 개발이 별로 되지 않았다.

중국은 거대한 사회간접자본이 필요한 지역에서 일대일로를 개발하고 있으며 이 계획은 초기의 지역 연결성의 비전을 훨씬 뛰어넘는 규모로 확장되고 있다. 아시아개발은행은 아시아 개도국들이 2016년에서 2030년까지 사회간접자본 투자에 모두 합해서 26조 달러가 필요할 것이라고 추정한다. 5년 동안 일대일로는 참여국가가 80개국 이상으로 늘어났는데(163쪽의 〈부록 2-1〉 참조) 이들 나라의 GDP를 합치면 세계 GDP의 약 30%에 달한다.

일대일로는 중국의 지정학적 이익과 권위주의 정치제도에 부합되도록 세계 정치 및 경제 질서를 수정하려는 베이징의 목표와 밀접하게 관련되어 있고 그에 이바지하도록 하려는 의도이다. 일부 경제 목표 – 국내 개발 촉진, 시장 확대 및 기술 표준 수출과 경성 및 디지털 사회간접자본 건설 등 – 는 중국의 공식 정책 코뮈니케에 명시적으로 언급되어 있다. 여타 목표 – 에너지 안보를 보강하고 해외 이익을 보호하기 위한 중국 군대의 영역 확장 및 지정학적 영향력 증진 – 는 공식적으로 분명하게 밝혀지지 않았다. 시 주석이 2017년 5월에 개최된 일대일로 포럼에서 연설할 때 "일대일로 계획을 추진하면서 우리는 구식의 지정학적 술책에 의존하지 않을 것이다"라고 언급한 것처럼, 중국 지도자들

〈그림 2-1〉 일대일로 유라시아 및 인도양 회랑 지도

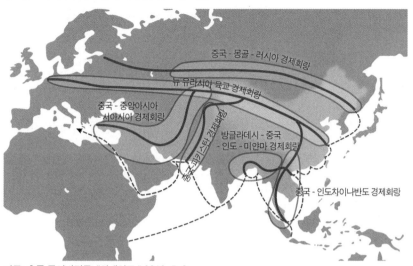

중국 - 몽골 - 러시아 경제회랑

뉴 유라시아 육교 경제회랑

중국 - 중앙아시아
서아시아 경제회랑

중국 - 파키스탄 경제회랑

방글라데시 - 중국
- 인도 - 미얀마 경제회랑

중국 - 인도차이나반도 경제회랑

자료: 홍콩 무역발전국, "일대일로," 2018. 5. 3.

은 일대일로가 경제적 족적을 초월한 전략적 목적을 갖고 있다는 주장을 일축해 버릴 때가 많다. 하지만 뒤이어 나온 언급은 중국이 일대일로를 세계질서의 중심으로 이동하기 위한 실험장으로 분명하게 보고 있다는 것을 실증해 준다. 2018년 8월 일대일로의 5주년 기념 연설에서 시 주석은 다음과 같이 강조했다. 이 계획은 "중국이 세계적인 개방과 협력에 참여하고 세계적인 경제 거버넌스를 개선하며 공동 개발과 번영을 촉진하고 인류가 공유하는 미래를 가진 공동체를 건설하는 해결책으로 이바지할 것이다."[1]

일대일로를 추진한 지 5년이 된 현실 — 국제적 회의론 증대, 자금 및 실행 난제 및 긴급한 국내 균형 — 은 베이징으로 하여금 이 프로젝트의 재조정을 고려하지 않을 수 없게 만들고 있다. 하지만 중국이 일대일로 프로젝트를 선택하

---

1   '인류가 공유하는 미래를 가진 공동체'란 구절은 중국 지도자들이 이른바 중국이 주도하는 세계질서를 우회적으로 말하는 것이다. *Xinhua*, "Xi Pledges to Bring Benefits to People through Belt and Road Initiative," August 27, 2018.

고 추진하는 기제를 수정하는 것이 아니라 근본적으로 과정을 바꿀 계획을 갖고 있다는 징후는 없다. 외국 관찰자들이 일대일로 프로젝트의 특성과 영향을 논의하고 있는 바와 같이 일부 중국 시민들은 이 나라의 해외 개발 지출을 비판하기 시작했다. 그들의 주장은 일대일로를 위해 지출하는 돈은 국내에서 더 잘 사용될 수 있다는 것이다. 여타 국내 비판가들은 시 주석의 야심찬 대외 정책은 주요 특징이 일대일로인데 이로 인해 세계의 지도자 역할을 떠안게 된다고 주장하고 있다. 중국은 아직 그런 역할을 할 태세가 되어 있지 않고 궁극적으로 다른 국가들이 베이징에 대응하는 행동을 취하는 계기가 된다는 것이다.

1) 경성 사회간접자본 건설과 과잉 생산능력 수출

사회간접자본은 일대일로의 주요한 요소이며 수송과 에너지 부문이 총 일대일로 관련 투자의 80%를 차지한다. 대규모 사회간접자본 프로젝트의 건설을 통해 일대일로는 또한 중국의 거대한 과잉 산업 능력의 일부를 흡수할 수 있는 기회를 제공한다.

미국의 기업연구소와 헤리티지 재단의 중국 글로벌 투자 추적자는 2014년에서 2017년까지 일대일로의 영향을 대략 3400억 달러에 달하는 것으로 보고 있다. 일대일로 참여 국가에서 중국 회사들이 체결한 새로운 엔지니어링과 건설 계약액은 대폭 증가했다. 2017년에 중국 기업들은 일대일로 국가들과 7200건의 신규 계약을 체결했는데 금액으로는 1440억 달러에 달했다. 이는 2015년의 4000건의 계약에 금액으로는 926억 달러보다 크게 늘어난 것이다. 체결된 계약의 규모가 큰 데도 불구하고 중국 밖에서의 일대일로 프로젝트는 완만하게 진척되었다. 국제전략문제연구소의 아시아 재연결 프로젝트 담당 이사인 조나단 힐만에 의하면 중국 자체가 일대일로의 최대 부분이며 거기서 대부분의 투자가 진행되고 있다.

위원회에서 행한 증언에서 힐만은 어떤 조건을 갖추어야 일대일로 프로젝트가 되는지 공식적인 정의가 없다는 점을 주목했다. 그는 덧붙여서 다음과 같이 말했다. "일대일로는 구상될 때부터 엄밀한 기준을 갖고 있는 프로그램이라기보다 느슨한 브랜드이다." 비록 일대일로 프로젝트의 공개적으로 구할 수 있는 공식 목록은 없다고 할지라도 5년이 지난 현재 어떤 추세는 분간할 수 있다. 일대일로 프로젝트의 큰 부분은 여전히 계획 단계에 있으며, 완성하는 데 수년이 걸릴 것이다. 일대일로의 여섯 개 무역 회랑 중 중국-파키스탄 경제 회랑은 진행이 가장 많이 되었지만 다수의 관련 프로젝트가 일대일로보다 선행했다. 지리적으로 대부분의 일대일로 건설 계약과 투자는 남아시아(예: 파키스탄과 방글라데시) 및 동남아(예: 말레이시아 및 인도네시아)로 갔다(〈표 2-1〉 참조). 정치 및 안보 리스크, 재정난, 환경 우려 및 중국과 일부 주관 국가들 간의 정치적 신뢰 미흡으로 베이징은 상당한 도전에 처하게 되었으며, 일대일로의 가장 이목을 끄는 사업 중 어떤 것은 교착상태에 빠졌다. 예를 들면 말레이시아의 고속철도와 버마(미얀마)의 차우크퓨에 항구가 그런 경우이다. 연구 및 자문회사인 RWR 자문그룹에 의하면 2013년 이래 발표된 66개 일대일로 국가의 중국 사회간접자본 프로젝트 1814개 중 270건 – 총금액의 32% – 은 문제에 봉착해 있다.[2]

---

2   RWR 자문그룹의 분석에는 아프리카 혹은 중남미의 일대일로 프로젝트가 포함되어 있지 않다. James Kynge, "China's Belt and Road Projects Drive Overseas Debt Fears," *Financial Times*, August 7, 2018; RWR Advisory Group, "RWR Statistics Targeted by Chinese State-Run Tabloid, Global Times," July 16, 2018.

〈표 2-1〉 추정 비용에 의한 최대 일대일로 프로젝트(자료: 종합)

국가(일대일로 회랑)	프로젝트	회사	비용(억 달러)	파이낸싱	현황
러시아 (신 유라시아 육교)	모스크바-카잔흐스탄 고속철도	미정	214	미상	2018년 건설 착수, 2022년 완성 예정
말레이시아 [중국-인도차이나 반도 경제 회랑(CICPEC)]	동해안 철도 링크	중국통신건설 집단공사	200[3]	중국수출입은행 20년간 양허성 차관으로 85% 자금 지원	2016년 11월 계약자 선정, 프로젝트 검토 중[4]
말레이시아(CICPEC)	말라카 게이트웨이	중국전력건설(중국), KAJ Development (말레이시아)	110	민간 자금, 조건은 알려지지 않음	2016년 9월 양해각서 체결, 2025년 완성 예정
캄보디아(CICPEC)	프레야 비헤아르-코꽁 철도[5]	중국철도 그룹(중국)	75	미상	2012년 12월 양해각서 체결, 자금 부족으로 건설 지연
파키스탄(CPEC)	카라치-라호르 페샤와르 철도 선로 재건 및 업그레이드	계약이 아직 체결되지 않음	62[6]	중국 자금 85% 제공, 조건은 알려지지 않음	2018년 7월 타당성 조사 완료, 2022년 완성
라오스(CICPEC)	쿤밍-비엔티안 철도	중국철도총공사(중국)	62.7	중국 자금 70% 제공, 나머지는 라오스 자금	건설 중, 2021년 완공 예정
태국(CICPEC)	방콕-나콘라차시마 고속철도	계약이 체결되지 않음	55	태국, 중국과 자금 관련 협의 중	수차례 연기 후 2019년 공사 착수 예상
인도네시아	자카르타-반둥 고속철도	중국-인도네시아 컨소시엄(KCIC)[7]	50	중국개발은행 자금 75% 제공, 나머지는 KCIC가 조성	수차례 연기 후 공사 중, 2019년 완공 예정
방글라데시 (방글라데시-중국-인도-미얀마 경제 회랑)	파드마 다리 철도 연결	중국철도 그룹(중국)	31.4	중국수출입은행 특혜 구매자 차관을 통해 80% 자금 제공, 나머지는 방글라데시 자금	수차례 연기 후 공사 중, 2022년 완공 예정
파키스탄(CPEC)	페샤와르-카라치 고속도로 물탄-수쿠르 섹션	중국건축공정총공사	29.8	중국 양허차관 제공, 조건은 알려지지 않음	건설 중, 2019년 완공 예정

중국의 국유기업들이 계약의 대부분을 차지하고 있다. 일대일로 사업은 개방적이고 포괄적이라는 베이징의 상투적인 말에도 불구하고 그렇게 되었다. 국제전략문제연구소의 아시아재연결 프로젝트는 일대일로 사업이 어느 정도 공정 경쟁이 되고 있는지 검토한 결과 중국 자금에 의한 운송 사회간접자본 사업의 89%가 중국 계약자에 돌아갔다는 것을 발견했다.

이는 다자간 개발은행 자금 사업에서 29%를 차지한 것과 비교된다.[8] 중국의 국유기업들은 나름대로 경쟁력 있는 세계적 사회간접자본 기업들이

---

3   2018년 7월 말레이시아 재무장관은 정부가 프로젝트 비용 추정치를 200억 달러로 수정했다고 말했다 — 이전 정부에서 추정한 130억 달러에서 증액한 것이다. 재무부에 의하면 프로젝트의 기본비용은 130억 달러 정도이지만 토지 획득, 이자, 수수료, 여타 운용 경비를 요인으로 포함하면 비용이 200억 달러에 달할 것이다. *Reuters*, "Major Malaysian Rail Link to Cost \$20 Billion, Finance Minister Says, up 50 Percent from Estimates," July 3, 2018.

4   2018년 7월 21일 말레이시아의 마하티르 모하메드 총리는 비용이 과다해 동해안 철도 링크 사업을 포기한다고 발표했다. 하지만 8월 24일 마하티르 총리는 그의 정부가 프로젝트 비용이 협상에 의해 내려갈 수 있다면 취소할지 또는 연기할지 여부를 결정하기 위해 검토 중이라고 말했다. *Straits Times*, "East Coast Rail Link Not Cancelled Yet, All Options Still Being Studied: Malaysian PM Mahathir," August 25, 2018; Amanda Erickson, "Malaysia Cancels Two Big Chinese Projects, Fearing They Will Bankrupt the Country," *Washington Post*, August 21, 2018.

5   철도는 중국철도총공사와 중국이 소유한 캄보디아 제철산업 그룹 간 96억 달러에 달하는 합작사업의 일부로 프레아 비헤아르에 건설 예정인 제철소와 꺼꽁도의 신규 항구를 연결하는 것이다. Center for Strategic and International Studies, "Preah Vihear-Kaoh Kong Railway," *Reconnecting Asia Database*; Daniel de Carteret, "Lack of Funds Delays Railway," *Phnom Penh Post*, April 22, 2014.

6   2018년 10월 파키스탄은 사업 규모를 82억 달러에서 62억 달러로 줄였다. 이유는 이 나라가 부채 부담을 우려하고 있기 때문이다. Mubasher Bukhari, "Pakistan Cuts Chinese 'Silk Road' Rail Project by \$2 Billion Due to Debt Concerns," *Reuters*, October 1, 2018.

7   KCIC는 인도네시아의 네 개 국영기업과 중국국제철도공사 간의 합작기업이다.

8   이 연구는 중국의 국유기업이 일대일로 건설 사업의 95% 이상을 차지하고 있다는 미국기업연구소의 연구 결과와 부합한다. Cecilia Joy-Perez and Derek Scissors, "The Chinese State Funds Belt and Road but Does Not Have Trillions to Spare," *American Enterprise Institute*, March 2018, 1.

지만[9] 국가 보조금과 신용 보증을 이용할 수 있기 때문에 외국 경쟁자들이 위험성이 너무 높다고 생각하는 프로젝트를 떠맡을 수 있는 것이다.

2) 디지털 실크로드 건설

'디지털 실크로드' – 중국이 통신, 사물인터넷, 전자상거래와 같은 디지털 부문을 지역 연결성을 위한 비전으로 통합하고자 하는 계획 – 는 분석이 제대로 되어 있지 않지만 일대일로의 매우 중요한 요소이다. 중국 공업정보화부의 천 짜오시웅 차관에 의하면 디지털 실크로드는 '사이버 공간에서 공동운명체를 건설하는 데' 일조할 것이다 – 중국이 원하는 세계질서를 위해 선호하는 비전을 묘사하는 데 사용하는 언어를 반영하는 구절이다. 일대일로의 2015년 행동계획은 국제 통신 연결성을 개선하기 위해 초국경 광케이블과 여타 통신 네트워크의 건설을 요청했다. 2017년 일대일로 포럼에서 나온 공동 코뮈니케는 "전자상거래, 디지털 경제, 스마트 시티 및 과학과 기술 파크를 위한 혁신 행동계획을 지원함으로써 혁신에 대한 협력을 강화할 것"에 대해 언급했다.[10]

이 개념은 구체성이 결여되어 있지만 디지털 실크로드는 그 목적이 기술 및 소비 지향 부문에 투자를 유도하여 중국의 기술회사들을 위한 새로운 시장을 창출하고 중국 회사들이 이런 부문을 주도할 수 있도록 하고 중국의 기술 표준을 진흥시키고자 하는 것이다. 중국 회사들이 섬유광케이블을 깔고 스마트 시티 프로젝트를 공급하며 전자상거래 매물을 확장함으로써 그들은 베이징의 인터넷 거버넌스 비전과 더욱 긴밀하게 제휴하여 세계

---

9   2017년에 톱 10 세계 계약 업체 중 일곱 개 업체(본국 이외 계약금액으로 측정)는 중국 회사였다. *Engineering News-Record*, "ENR 2017 Top 250 Global Contractors," August 2017.

10   스마트 시티는 에너지, 공공 안전 및 운송 등의 도시 서비스를 개선하기 위해 선진 정보통신 기술과 사물인터넷을 통합하는 도시 지역이다.

디지털 경제에 대한 중국의 영향력을 확장하고 있다.

● **통신 사회간접자본 구축**　중국의 통신회사들은 통신 사회간접자본을 구축하고 네트워크 서비스를 제공하며 일대일로 국가들에 통신장비를 판매하기 위한 노력을 확대하고 있다. 다수의 일대일로 국가에서 디지털 사회간접자본에 대한 수요가 높다. 2015년에 중국의 거대 통신회사인 ZTE의 전 회장인 허우웨이궤이(侯爲貴)가 한 말에 의하면 일대일로 참여 국가들 대부분의 인터넷 속도는 선진국의 10분의 1에도 미치지 못한다. 아시아개발은행의 추정에 의하면 아시아 국가들을 개발하는 데 2016년부터 2030년까지 통신 사회간접자본 투자에 2.3조 달러가 필요할 것이다. ZTE와 화웨이는 중앙아시아 네트워크에 장기간 동안 존재해 왔으며 아프리카, 중남미, 동남아시아로 진출하고 있다. 2015년에 중국은 5G 개발을 위한 공동 연구 기회를 탐색하기 위해 EU와 협정을 체결했다. 또한 차이나 유니콤, 화웨이, ZTE와 같은 중국의 통신회사들은 일대일로 국가들 모두에서 해저 섬유 광케이블과 지상 기지의 케이블 링크를 구축하는 데 역할을 증대하고 있다. 2017년에 화웨이는 파키스탄과 케냐를 연결하는 케이블 시스템 건설 공사를 수주했다. 이 케이블은 남아프리카와 유럽으로 연장될 수 있을 것이다.

● **전자상거래 매물 확대**　알리바바, JD닷컴과 같은 중국의 거대 전자상거래 기업들은 글로벌 확장을 일대일로와 연결시켜, 자사의 확장 계획을 위해 가장 중요한 시장 가운데 하나로서 일대일로에 참여하는 국가들을 찾았다. 중국 회사들은 특히 동남아 및 인도 – 세계에서 가장 빠르게 성장하는 몇몇 전자상거래 시장의 본거지 – 에 역점을 두었다. 여기서 중국과 미국 기술회사들은 새로운 소비자들을 자기들 각자의 생태계에 끌어들이기 위해 경쟁하고 있다. 이런 시장에서 중국 회사들은 전자상거래, 클라우드 컴퓨팅, 물류, 지불 능력을 확장하기 위해 막대한 투자를 쏟아붓고, 소비자 시장을 지배

하기 위해 디지털 사회간접자본을 깔았다. 알리바바는 한 걸음 더 나아가 지역 정부와 동반자 관계를 맺고 중소규모 기업들을 위한 초국경 전자상거래를 촉진했다. 이 회사는 2017년 11월 말레이시아에 세계 최초의 디지털 자유무역지대를 개시하고 그 다음 2018년 4월 태국에서 두 번째 것을 열었다. 디지털 자유무역지대는 외국 바이어와 공급상, 물류 서비스, 세관 통관, 무역금융, 지불 플랫폼을 이용하는 원스톱 상점을 중소기업에 제공한다. 하지만 일부 분석가들은 그와 같은 공공-민간 파트너십 – 주최국 정부와 긴밀한 협조하에 개발 – 은 알리바바에게 너무나 많은 통제권을 주어 이 회사가 실질적으로 지역 상거래 시장을 독점하게 만들 수 있다는 점을 우려하고 있다.

● 스마트 시티 프로젝트 공급　　2017년 5월 베이징에서 개최된 일대일로 포럼에서 시 주석은 다음과 같이 말했다. "우리는 그것들을 21세기 디지털 실크로드로 변환시키기 위해 빅데이터, 클라우드 컴퓨팅, 스마트 시티를 발전시켜야 한다." 중국은 스마트 시티 기술을 해외로 수출하는 것을 목표로 하고 있다. 이 나라는 정부와 민간 부문 수준 모두에서 일대일로의 기치 아래 몇몇 스마트 시티 프로젝트에 착수했다. 중국과 필리핀 정부는 마닐라만 진주 도시라고 하는 새로운 스마트 '도시 내의 도시'를 창조하기 위해 파트너 관계를 맺었다. 알리바바와 말레이시아는 2018년 1월 쿠알라룸푸르에 스마트 시티 플랫폼 시티 브레인(City Brain)을 배치하기 위한 거래를 성사시켰다. 이 플랫폼은 빅데이터 수집 및 가공 능력, 클라우드 컴퓨팅 및 인공지능을 이용하여 교통 운영 및 비상사태 서비스 대응을 개선하기 위한 것이다.[11]

11　시티 브레인을 최초로 채택한 것은 2016년의 항저우 시청이다. 말레이시아는 중국 밖에서 이 플랫폼을 최초로 사용한 것이다. Jon Russell, "Malaysia's Capital Will Adopt 'Smart City' Platform from Alibaba," *TechCrunch*, January 2018.

중국 지도자들이 디지털 실크로드를 추진하는 계획은 '군-민 융합'을 추진하는 계획과 딱 맞아떨어진다. 이 전략의 개념은 중국의 군사적-상업적 역량을 통합하고 경제성장을 지원하기 위한 수단으로 부상했다. 비록 중국 지도자들이 1980년대 덩샤오핑 이래 군-민 통합을 촉진해 왔다고 할지라도 시 주석은 이 개념을 국가 전략적 우선사항으로 올리고 국방산업을 초월하여 경제의 모든 분야를 포함시키도록 확장했다(중국이 군-민 융합을 강조하는 데 대한 논의를 보려면 1장 「중국의 군대개편과 현대화: 미국에 미치는 함의」 참조).

3) 시장 확대와 표준 수출

중국의 계획자들은 일대일로 참여국들의 사회간접자본 개발로 중국제품의 새로운 시장이 열리고 외국 수요가 부양될 수 있다고 믿는다. 특히 고급 제조상품이 그렇다(예: 통신 장비, 건축 기계 및 고속철도 설비). 이런 과정에서 베이징은 중국의 기술 표준을 받아들이도록 밀어붙이는 데 일대일로를 이용하고 있다. 예를 들면 고속철도, 에너지 및 통신 부문에서 그렇다. 이런 부문은 경쟁적인 미국과 외국 회사들의 능력에 도전하고 있다.

(1) 중국과 일대일로 국가들의 무역

중국 상무부 데이터에 의하면 중국과 일대일로 국가들[12]의 쌍무무역은 2017년에 1.1조 달러(7.4조 위안)에 달했다.[13] 이는 전년 대비 18% 증가한 실적으로 전체 무역 증가율을 능가했다. 수출은 전년 대비 12% 증가한 6500억 달러(4.3조 위안)에 달한 반면 수입은 전년 대비 27% 증가한 4700억 달러

---

12   중국 상무부는 어느 나라가 일대일로 국가에 포함되는지 명기하지 않는다.
13   달리 언급하지 않으면 이 장에서는 다음의 환율을 사용한다. 1달러=6.62위안.

(3.1조 위안)에 달했다. 중국의 일대일로 국가에 대한 수출이 증가한 요인은 부가가치가 높은 수출로 전환한 것을 반영한다. 주요 수출 품목은 전기 설비와 기계류이다. 한편 중국의 대(對)일대일로 수입품은 주로 광물과 연료 및 전기 설비이다.

(2) 중국의 일대일로 국가에 대한 투자

일대일로가 중국과 관련 국가 간 투자 연계를 강화하려는 목적인 반면 중국의 일대일로 국가에 대한 참여는 대부분 외국인 직접투자보다 오히려 중국의 정책 및 상업 은행 차관으로 자금을 확보한 사회간접자본 프로젝트를 통한 것이다. 중국의 일대일로 국가들에 대한 투자는 총 해외직접투자에서 차지하는 비율이 미미하다. 2017년에 중국의 일대일로 국가에 대한 투자는 전체의 12%에 불과했다.[14] 중국의 일대일로 국가에 대한 직접투자는 2017년에 총 144억 달러에 달했다. 이는 2016년과 비교하면 1.2% 줄어든 것이다. 이런 국가들에 대한 감소는 중국의 대외 직접투자가 전반적으로 하락한 것과 비교하면 약간 줄어든 것에 불과하다. 연간 기준으로 해외 투자가 29.4% 감소했다. 베이징이 자본통제를 철저히 하고 해외 기업 인수에 대한 심사를 강화했기 때문이다. 중국의 일대일로 관련 투자는 충격이 적었다. 왜냐하면 그런 투자는 정책에 의해 추동될 때가 많았고 국유기업이 주도했기 때문이다. 더구나 일대일로 관련 사회간접자본 프로젝트에 대한 대외 투자는 중국 대외 투자 정책의 '권장' 범주에 속했기 때문이다. 2018년 상반기 중국 기업들은 일대일로 국가들에 74억 달러를 투자했는데

---

14 중국의 대외 투자 데이터는 총 일대일로 투자의 신뢰할 수 없는 척도이다. 왜냐하면 상당한 액수의 중국 대외 투자가 최종 목적지에 도착하기 이전 중간 국가 또는 영토(종종 홍콩)를 통해 중국으로부터 빠져나가기 때문이다. Gabriel Wildau and Ma Nan, "China New 'Silk Road' Investment Falls in 2016," *Financial Times*, May 10, 2017.

이는 전년 동기 대비 12% 증가한 것이다.

(3) 표준 수출을 위한 수단으로서의 일대일로

중국이 일대일로를 통해 해외 투자를 늘리자 중국 회사들은 광범위한 유형의 기술 응용을 위한 표준을 정의하고 수출하는 방안을 모색하고 있다. 이런 응용은 통합적으로 세계적 경쟁지평을 변경시킬 수 있다. 중국 국가표준화관리위원회의 2017년 행동 계획에 의하면 중국은 일대일로 참여 국가에서 중국 표준 – 5G 및 스마트 시티 포함 – 의 시행을 촉진할 것이다. 동서센터의 2017년 보고서에서는 다음과 같이 설명하고 있다. "표준은 혁신 개발과 그런 혁신의 시장화와 산업화 사이의 다리 역할을 한다." 따라서 중국이 기술 표준을 수출하고자 기울이는 노력은 일대일로 시장과 기타 시장에서 기술을 수출하려는 미국과 외국 기업들의 능력에 도전장을 내밀 수 있다. 이런 노력의 대표적인 사례는 고속철도와 통신이다.

● 베이징은 고속철도의 수출을 추진하면서 중국의 기술과 엔지니어링 표준을 채택하도록 일대일로 참여국에 권장하고 있으며 태국과 인도네시아에서 일부 성공을 거두었다.[15] 중국의 고속철도는, 만약 중국의 고속철도 프로젝트를 주관하는 일대일로 국가가 이 기술을 국가 표준으로 만든다면, 지역 표준이 될 수 있다. 이렇게 되면 중국 기업들은 외국 경쟁사들보다 핵심적인 우위를 확보할 수 있다. 특히 일본과 유럽의 고속철도 제조업체들에 비해 그렇다.

● 중국 통신회사들은 일대일로 국가에서 통신 사회간접자본을 구축하

---

15 중국은 철도 발전을 위해 강력한 정치적·재정적 참여를 통해 세계적으로 경쟁력 있는 고속철도를 개발했다. 그리고 중국 국유철도 회사들과 중국시장에 진출하고자 하는 일본 및 유럽 철도회사들 간 체결된 기술 이전 협정이 중요했다. 중국의 고속철도 개발과 수출 야심에 대해 좀 더 자세히 알아보려면 다음 자료 참조. Michelle Ker, "China's High-Speed Rail Diplomacy," *U.S.-China Economic and Security Review Commission*, February 21, 2017.

고 네트워크 서비스를 제공하며 통신설비 판매를 위한 노력을 확장하고 있다. 화웨이, 중국이동통신(차이나 모바일), ZTE는 5G 개발에 긴밀하게 개입되었으며 5G의 국제표준 설정에 적극 참여하고 있다(5G 표준 설정과 그것이 미국에 미치는 경제적 함의에 관해 좀 더 상세한 내용을 보려면 본서 6장 참조).

4) 중국의 에너지 안보 보강

중국의 민간인 관리와 학계는 일대일로가 유럽까지 가는 모든 길[대(帶)]을 연장한 철도와 도로를 통해 그리고 해운[로(路)]을 통해 상품과 에너지를 위한 대체 선적 루트를 제공함으로써 중국의 상업 및 에너지 안보를 개선하는 데 일조할 것으로 전망하고 있다. 해상 루트를 확장하는 하나의 목표는 베이징이 해상 관문을 통해 이송하고 분쟁 발생 시 금지를 당할 수 있는 에너지 수송에 대한 의존을 줄이려는 것이다(〈그림 2-2〉 참조). 중국이 우려하고 있는 점은 이런 해상 관문을 거의 모두 미국과 그 동맹국 및 협력국들이 초계 및 확보하고 있어서 베이징 당국의 해상 통신선이 분쟁 발생 시 모두 잠재적으로 위험에 처한다는 것이다.

새로운 일대일로 루트는 버마와 파키스탄에서의 항구 투자와 인도양으로부터 직접 중국으로 에너지와 상품을 선적하기 위한 관련 파이프라인 및 수송 사회간접자본을 포함한다. 육지에 기반한 유사한 일대일로 프로젝트는 러시아와 중앙아시아로부터 중국에 이르는 에너지 파이프라인을 포함한다.[16] 아시아정책연구소의 에너지안보프로그램 연구부장인 미칼 헤르버

---

16 버마를 통한 파이프라인은 말라카 해협을 통과하는 사회간접자본을 건설함으로써 중국의 에너지 안보 증진 노력에 중대한 역할을 수행한다. U.S.-China Economic and Security Review Commission, Chapter 3, Section 1, "Chinese Economic Engagement with Continental Southeast Asia," in *2017 Annual Report to Congress*, November 2017, 286~287; Joel Wuthnow, "Chinese Perspectives on the Belt and Road Initiative: Strategic

〈그림 2-2〉 세계 해상 관문을 통한 일간 유류 수송 수량

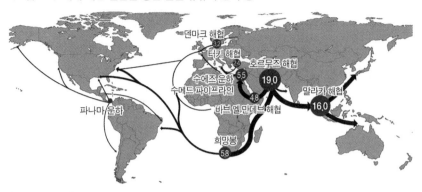

주1: 일간 100만 배럴, 2016.
주2: 말라카 해협, 호르무즈 해협, 바브엘만데브 해협 그리고 수에즈 운하 관문은 모두 주요 일대일로 루트와 중첩된다. 원유와 액화석유가스를 포함한다.
자료: U.S. Energy Information Administration, *World Oil Transit Chokepoints*, July 25, 2017.

그가 발견한 바에 의하면 일대일로는 "중국의 에너지 족적의 규모, 범위 및 영향을 확장하고 유라시아 대륙을 가로지르고 중대한 인도-태평양 해로를 통해 미래 에너지 안보 환경을 점점 더 형성하는 힘을 베이징에 실어준다."

5) 국내 개발, 연결성 및 통제 촉진

베이징은 일대일로를 중국의 침체되고 있는 경제를 부양하고 부가가치 사슬을 상향시키는 것을 목적으로 하는 대외지향적 국내 개발 프로그램으로 본다. 일대일로는 중국의 제13차 5개년 계획에 포함되어 있고 중국의

Rationales, Risks, and Implications," *Institute for National Strategic Studies*, October 2017, 11; Christopher Len, "China's Maritime Silk Road and Energy Geopolitics in the Indian Ocean: Motivations and Implications for the Region," in Erica Downs et al., "Asia's Energy Security and China's Belt and Road Initiative," *National Bureau of Asian Research*, November 2017, 41~53.

핵심 경제 개발 계획과 연결되어 있다. 예를 들어 '메이드 인 차이나 2025' 와 '인터넷 플러스' 계획 같은 것이다.[17] 일대일로는 중국 회사들의 국제적 활동영역을 확장하고 세계적으로 경쟁력을 갖추고, 특히 베이징이 진흥을 모색하고 있는 고부가가치 산업의 경쟁력 향상 방안이다(예: 정보기술 및 선진 제조업).

또한 일대일로는 국내 투자와 이웃 나라들과의 경제 통합을 통해 잘사는 해안지역과 미개발된 동북부 및 서부 성들 간의 격차 해소를 목표로 하고 있다. 중국의 모든 성은 일대일로 사업 계획을 갖고 있으며 중국 성의 80%는 이 계획에 참가하고 있는 국가들과 일대일로 협력 협정을 체결했다(중국의 성들이 일대일로에서 수행하는 역할에 대해 자세히 알아보려면 이 장의 제5절 '일대일로 조정 및 파이낸싱 메커니즘' 참조).

베이징의 지도층은 특히 서부 신장 자치구의 발전에 관심이 많다. 이는 위구르 인민의 불안정을 불식시키기 위해 경제성장을 이용하려는 전략의 일부이다(전략의 다른 일부는 체계적이고 기술로 가능한 억압이다).[18] 중국의 국경 밖에서 일대일로 프로젝트는 인근 국가들과의 안정과 선린을 진작하기 위한 의도이다(중국이 '주변 외교'라고 하는 개념). 한편 중국 정부가 보기에 박탈감에서 비롯된 극단주의를 퇴치하는 데 일조한다.

---

17 일대일로 프로젝트는 메이드 인 차이나 2025 전략의 10개 핵심 선진기술 부문 중 적어도 절반을 직접 겨냥하고 있다. 항공우주 설비, 전력 설비, 새로운 정보기술, 철도 설비, 해상 기술. 인터넷 플러스는 일대일로의 '디지털 실크로드' 요소와 연결된다. 이 요소는 정보기술 네트워크 구축과 지역 전자상거래의 증가를 통해 개발될 것이다. U.S.-China Economic and Security Review Commission, *Hearing on China's Belt and Road Initiative: Five Years Later*, written testimony of Nadege Rolland, January 25, 2018, 5.

18 중국 당국은 국가 전복 음모를 꾸미는 것으로 의심받는 신장의 위구르인들을 감시하고 때로는 체포하고 구속하기 위해 스마트폰, 보안 카메라 및 여타 데이터 추적 도구와 같은 첨단 감시 장비를 이용한다. *Economist*, "China Has Turned Xinjiang into a Police State Like No Other," May 31, 2018.

신장: 일대일로 허브 및 경찰국가

신장 — 중국이 서쪽 국가들과 접하는 전략적 십자로에 자리한 일대일로의 중대한 지역 — 은 중국공산당 정부가 이 지역의 다수인 이슬람 위구르족과 여타 소수 민족을 대상으로 광범위하게 억압활동을 펼치는 장소이다. 그들 중 다수는 문화적 또는 정치적으로 중국과 일체감을 갖지 못한다. 오스트레일리아 국립대학교 국가안보대학의 부교수인 마이클 클라크가 지적한 바와 같이 "시 [주석]는 천명하기를 신장 — 일대일로에서 중국과 남아시아, 중동 및 유럽을 연결하는 여섯 개의 제안된 '경제 회랑' 중 세 개의 허브 — 은 이 계획의 성공에 필수적이라고 했다. 중국의 관점에서 볼 때 신장의 안정은 일대일로의 성공에 결정적이며, 일대일로의 성공은 공산당의 정당성을 지속하는 데 필수적이다. 중국 지도자들의 마음속에 이 민감한 지역을 처리하는 데 걸린 것이 많다. 일대일로 루트를 따라 무슬림 인구가 상당히 많은 국가들 — 파키스탄, 인도, 방글라데시, 카자흐스탄 포함 — 은 중국이 위구르인들을 학대하는 데 대해 우려의 목소리를 내기 시작했다. 중국의 위구르 정책에 대한 반발 증대로 일부 국가들은 일대일로 프로젝트에 관해 베이징과 협력할 의사가 없게 될 수 있다.

현재 유엔의 추정에 의하면 신장 자치구 소수민족 총인구의 8%에 해당하는 위구르인과 여타 소수민족 100만 명 이상이 강제수용소에 잡혀 있다.[19] 억류된 위구르인들은 정기적으로 무슬림 종교 신앙, 자신들의 행동 및 가족의 행동을 비판하고 중국공산당에 감사하도록 강요받고 있다. 미국 국무부 보고에 의하면 중국은 "무보수 노동을 강요하고 세뇌교육을 시키고 위구르인들의 이동을 면밀히 감시하고 제한을 계속하고 있다. 이것은 공산당이 생각하는 신장의 '종교적 극단주의'에 대한 대응조치이다. 중국 정부는 첨단기술을 십분 활용하여 억압활동을 하고 있다. 휴먼라이츠 워치(Human Rights Watch)가 기록한 바에 의하면 "당국은 음성 샘플, DNA 등의 생체측정 데이터를 대량으로 수집하여 신장 자치구 내의 모든 사람을 식별하고 프로필을 작성하며 추적하기 위해 인공지능과 빅데이터를 이용한다."

또한 중국 당국은 국외에서 일어나는 반대활동을 억압하기 위해 위구르인들을 체포하여 해외의 친척들을 협박한다. 다른 사람들은 베이징을 위한 스파이 활동을 강요받고 있다. 그렇게 하지 않으면 가족이 체포되거나 장기간의 처벌을 받게 된다. 또한 당국은 이 지역 상황에 대한 부정적인 보도의 보복으로 라디오 자유아시아 위구르 서비스 저널리스트들의 신장 거주 가족을 구금했다. 중국이 이런 억압활동을 하는 기구에 배정하는 예산은 그 규모가 막대하다는 것을 보여준다. 2016년부터 2017년까지 신장에서의 국내 보안 지출은 46억 달러에서 88억 달러로 배증했다. 전체적으로 인구가 2360만 명인 성에 대한 보안 지출은 2007년 이래 거의 10배로 늘었다.

19 신장은 1130만 위구르인의 본거지이다. 이들은 이 지역 인구의 48%를 차지하고 있다. Statistics Bureau of the Xinjiang Uyghur Autonomous Region, *Population by Ethnicity in Major Years*, March 15, 2017. Translation. http://www.xjtj.gov.cn/sjcx/tjnj_3415/2016 xjtjnj/rkjy/201707/t20170714_539451.html; China's National Bureau of Statistics, *China Statistical Yearbook 2016*. http://www.stats.gov.cn/tjsj/ndsj/2016/indexeh.htm.

6) 중국의 해외 이익을 보호하기 위한 군사 영역 확대

일대일로를 지원하기 위한 인민해방군의 역할은 공개 발표와 인민해방군 장교 및 학자들의 저술에 근거해 볼 때 아직은 개발 초기 단계에 있다. 하지만 최근 수년 동안 인민해방군의 해외 이익 보호를 지향한 기획, 훈련, 장비 및 작전은 급속도로 진전되었다. 일대일로와 연관된 해외 이익을 보호하려면 그런 능력의 추가 확장이 필요할 수 있다. 하지만 베이징은 격차를 메우기 위해 민간 및 주관 국가 보안군에 의존할 수 있다. 부분적으로 이런 수요를 충족하기 위해 인민해방군은 해외에서 늘어나는 숫자의 민간인, 자산 및 투자를 보호하기 위한 임무 수행을 준비하고 있다.[20] '중국의 군사 전략'이란 표제가 붙은 중국의 2015년 국방백서는 인민해방군의 핵심 업무로서 '중국의 해외 이익 안전 보호'를 최초로 목록에 올렸다.[21]

지난 5년 동안 일대일로가 모습을 드러내면서 인민해방군은 해외에서 전력 투사를 위한 능력 개발 및 현장배치를 하는 데 동시적으로 상당한 진

---

20 중국의 해외 활동에 관한 공식적인 사고와 준비는 일대일로에 선행하며 이를 초월하는 추동 체들과 함께 주요한 전략적 트렌드를 구성한다. 인민해방군이 해외 활동에 관해 어떻게 준비하고 생각하는지에 대한 배경을 알아보려면 다음 자료 참조. Timothy R. Heath, "China's Pursuit of Overseas Security," *RAND Corporation*, March 2018, 33~37; U.S.-China Economic and Security Review Commission, Chapter 2, Section 2, "Developments in China's Military Expeditionary and Force Projection Capabilities," in *2016 Annual Report to Congress*, November 2016, 255~288; Ely Ratner et al., "More Willing and Able: Charting China's International Security Activism," *Center for a New American Security*, May 2015, 38~42.

21 중국의 해외 이익을 보호해야 된다는 최초의 공식적인 언급은 2004년 당시 중국의 주석 겸 공산당 총서기 후진타오의 연설에서 나왔다. Alexander Sullivan and Andrew S. Erickson, "The Big Story behind China's New Military Strategy," *Diplomat*, June 5, 2015; China's State Council Information Office, *China's Military Strategy*, May 26, 2015; Hu Jintao, Tenth Conference of Chinese Diplomatic Envoys Stationed Abroad Held in Beijing, Beijing, China, August 25~29, 2004.

척을 이룩했다. 인민해방군 해군은 초점을 광역화하여 '연안 수역 방위'와 더불어 '공해 보호'를 포함했다. 공식 미디어와 군사학자들은 '원양'에서 작전할 수 있는 '대양 해군'을 사용하는 좀 더 확장된 임무 준비를 공개적으로 논의하고 있다. 중국의 해병대를 현재의 2만 명 수준에서 늘릴 계획이다. 해병대를 늘려야 될 이유는 해외 이익을 보호하는 데 일조한다는 것이다. 인민해방군 육군은 대테러 연습을 실시하고 평화유지군 활동에 참여한다. 이런 활동은 지상군이 일대일로 경비 활동을 취하도록 준비하여 베이징이 해외에 파병하지 않을 수 없다고 생각할 때 이용될 수 있을 것이다. 인민해방군은 평화 시 해외 활동의 빈도와 복잡성을 증가시켜 미래의 해외 일대일로 지원 작전에 적용할 수 있는 유용한 작전 경험을 획득할 수 있을 것이다.[22] 또한 인민해방군은 해외의 불안정한 국가들로부터 중국 국민을 철수시킨 이전 경험으로부터 교훈을 얻었다. 2011년 리비아와 2015년 예멘으로부터 그런 경험을 했다.[23]

또한 인민해방군은 군사용으로 해외 시설을 이용하는 데 진척을 이루

---

22 그런 활동에 포함되는 것은 아덴만에서의 해적단속 초계, 유엔 평화유지군 활동 기여 확장 및 양자 간과 다자간 훈련을 통한 군 대 군 활동 증가이다. Timothy R. Heath, "China's Pursuit of Overseas Security," *RAND Corporation*, March 2018, 66; U.S.-China Economic and Security Review Commission, Chapter 2, Section 1, "China's Global Security Activities in 2017," in *2017 Annual Report to Congress*, November 2017, 170~178, 184~186; Ely Ratner et al., "More Willing and Able: Charting China's International Security Activism," *Center for a New American Security*, May 2015, 83.

23 2011년에 실시한 리비아 작전은 중국이 최초로 해군 함정을 동원하여 철수작전을 한 것이다. 2015년의 예멘 작전에서는 2척의 해군 호위함과 해상 보급함이 아덴만에서 해적 퇴치 작전을 수행했다. U.S.-China Economic and Security Review Commission, Chapter 2, Section 2, "Developments in China's Military Expeditionary and Force Projection Capabilities," in *2016 Annual Report to Congress*, November 2016, 261~262; Jane Perlez and Yufan Huang, "Yemen Evacuation Shows Chinese Navy's Growing Role," *New York Times*, March 31, 2015; Gabe Collins and Andrew S. Erickson, "Implications of China's Military Evacuation of Citizens from Libya," *China Brief*, March 11, 2011.

었다 ─ 중국이 1998년 발간한 최초의 국방백서에서 결코 추구하지 않을 것이라고 한 주장과 다른 진전 상황이다. 중국의 최초 해외 기지 ─ 베이징은 이를 가리켜 '군사 지원시설'이라고 한다 ─ 는 2017년 10월 지부티에 설치되었고 인민해방군 작전을 위한 지역 허브가 될 잠재성을 갖고 있다. 많은 분석가들이 생각하기에 중국은 파키스탄의 과다르 항구 근처에 두 번째 해군기지를 설치할 계획이다. 하지만 중국 정부는 그렇게 할 의도를 부인하고 있다. 중국의 경제와 여타 이익이 전 세계적으로 확산되고 있기 때문에 베이징은 증가된 인민해방군의 작전이나 또는 일대일로 관련 지역에서의 상시적인 주둔을 지원하는 해외기지 개발, 시설 및 배치에 투자를 지속할 것으로 보인다.

참고 자료

중국의 일대일로 관련 항구 및 해상 사회간접자본 투자

항구 및 여타 해상 사회간접자본은 일대일로의 주요한 역점사항이다. 이로 인해 베이징은 경제적 이해관계를 전략적 전초지 또는 심지어 기지로 전환시키려고 한다는 우려가 제기되었다. 베이징이 채무 잔고를 지배지분으로 전환하고 스리랑카의 함반토타 항구를 99년간 임차하자 중국의 의도에 대한 의구심이 커졌다. 콜롬보의 경험에 비추어 버마 정부는 차우크퓨에 심해항구 건설을 중국과 함께 하기로 한 유사한 프로젝트를 신속하게 검토하게 되었다. 고급국방연구센터의 분석가들은 중국의 항구 투자와 이런 투자의 합리성을 논하는 비공식적이지만 권위 있는 국가 및 중국공산당 계열 출판물을 검토했다. 그 결과 "이런 투자들은 정치적 레버리지를 발생시키며 베이징의 군사적 존재를 증가시키고 중국에 유리하게 전략적 작전 환경을 재편하고 있다 ─ 종종 수혜받는 국가를 희생시키면서 그렇게 하고 있다."

국제전략문제연구소가 작성한 보고서에서 내린 결론은 중국의 해상 사회간접자본 프로젝트의 경제 전망은 잘해야 엇갈린다. 잠재적인 군사 혜택에 관해서는 이렇게 본다. "평화 시 이런 노력은 분명히 이 지역에서 중국의 영향력을 확장할 것이다. 어쩌면 해군함정의 재급유 또는 재보급을 위한 항구시설의 이용을 통해서 그리고 해적 퇴치 작전 및 여타의 지역 군대와의 우호 관계란 면에서 그렇다." 그러나 전시에는 이런 중국의 전초지가 "[중국을 위해] 무역 루트, 기지 및 선박을 보호한다는 면에서 기회가 되는 만큼 많은 취약점을 창출할 가능성이 있다."

7) 중국의 지정학적 영향력 확대

중국은 일대일로를 통해 자국의 지정학적 영향력을 아시아, 중동, 아프리카 및 유럽에 걸쳐 그리고 결국은 중남미와 카리브해까지 확장할 것을 상상하고 있다. 중국 지도자들이 그와 같은 확장적인 비전을 취하는 전략적 동기에 대해 공개적으로 언급한 것을 보면 의도적으로 모호하게 하고 있다. 하지만 일부 중국 전략가들의 주장은 베이징이 광대한 유라시아 대륙을 가로질러 '서방으로 행진하는 것'은 ─ 베이징 대학교의 학자 왕지스(王緝思)의 표현을 빌리면 ─ 중국의 동쪽으로 더욱 확장할 경우 여타 열강, 즉 미국과의 사이에서 초래될 갈등을 피하면서 전략적 영향력을 확대할 수 있을 것이다. 국방대학교의 조엘 우스노우 박사가 '중국어로 된 일대일로 분석 문건'을 검토한 바에 의하면 한 주요 학파는 "중국은 유라시아에서 전략적 영향력을 확대하기 위해 일대일로를 이용하는 한편 미국과의 직접적인 경쟁을 회피할 수 있다"라고 주장한다. 일대일로 추진 초기에 중국 학자들은 자주 이 계획을 오바마 행정부의 '아시아 재균형' 정책에 대한 지정학적 대응으로 묘사했다.

또한 일대일로를 기존의 국제기관과 연결시키고 일대일로 포럼 및 아시아 사회간접자본투자은행과 같은 새로운 기관을 고안함으로써 중국은 국제기관의 폭넓은 격자 내에서 스스로 더 큰 역할을 개척하고 일대일로의 영향을 크게 증대시킨다. 그렇게 함으로써 베이징은 자국의 이익과 가치를 더욱 면밀하게 반영하도록 글로벌 거버넌스의 구조와 규범의 재편을 노리고 있다. 시 주석은 일대일로 포럼에서 행한 연설에서 다음과 같이 언급했다. "유엔총회와 안보이사회에서 통과한 중요한 결의안은 [일대일로]에 관한 언급을 담고 있다." 중국 관리들은 일대일로에 관한 언급을 넣거나 몇몇 유엔기관과 추가적으로 공식적인 연계를 확립하기 위한 로비에 성공했다. 이런 기관에 포함된 것은 유엔경제사회이사회, 유엔개발프로그램 및 세계보건기구이다. 국무위원 겸 외교부장인 왕이는 2017년 6월에 행한 연설에서 일대일로를 상하이협력기구와 공개적으로 연결시켰다. 또한 중국의 공식 미디어는 일대일로를 G20과 비교하고 일대일로를 "세계의 경제 발전을 추동하는 … 세계의 주요한 두 개의 플랫폼 중 하나"라고 했다.

베이징은 또한 해외에서 인정을 받기 위해 분쟁 해결 과정을 추진하고 있다. 일대일로 관련 분쟁 숫자가 늘어나고 있는 데 대응하여 최고인민법원은 이런 사건들을 취급하기 위해 시안과 선전에 두 개의 새로운 법원을 설치했다.[24] 이런 법원들은 당사자들에게 광범위한 분쟁 해결 서비스를 제공한다 – 조정, 중재 및 소송 등. 그리고 법원의 관할권은 상업적 투자자들 간

---

24 선전 법원은 해상 실크로드 관련 사건을 취급하는 한편 시안 법원은 육지에 기반한 실크로드 경제 벨트 관련 사건을 다룰 것이다. Yang Sheng, "China to Set up International Courts to Settle Belt and Road Disputes," *Global Times*, June 28, 2018; He Quanlin and Chen Xiaochen, "Belt and Road Requires New Global Dispute Regime," *Global Times*, February 1, 2018.

의 분쟁을 다루고 국가 간 또는 투자자와 국가 사이의 문제는 다루지 않는다. 임명된 판사들은 모두 중국 최고인민법원 출신들이며, 법원은 특정한 국제 상사 조정 및 중재 기관과 국제 상사 전문가 위원회가 조정과 중재 과정에 참여하는 것을 허용할 것이다. 중국의 분석가들은 새로운 국제 상사 법원이 필요하다고 주장한다. 왜냐하면 기존의 분쟁 해결 체제는[25] 비용이 너무 비싸고 시간이 많이 걸려 해외에서 중국 기업들의 이익을 보호하지 못하기 때문이다.

상업 당사자들이 분쟁해결을 위한 재판 장소를 선택할 권리를 갖고 있지만 서방 분석가들이 우려를 표명한 점은 중국이 새로운 중국 상사법정에서 분쟁을 해결하거나 프로젝트 계약의 분쟁 해결 조항에 적혀 있는 법원에서 해결하도록 압력을 행사하리라는 것이다. 이런 점은 외국 기업에 불리하게 작용할 것이다. 이런 법원들은 중국의 사법제도에 속해 정부로부터 독립적이지 않다. 따라서 규제기관 및 중국공산당 관리들의 간섭을 받고 있다.

---

25 현재 기업들은 상사분쟁을 국내 법원, 국제 중재기관들(예: 런던 국제중재법원과 홍콩국제중재센터) 또는 국제상사재판소(예: 싱가포르국제상사재판소 및 두바이 국제금융센터법원)을 통해 해결할 수 있다. Matthew S. Erie, "The China International Commercial Court: Prospects for Dispute Resolution for the 'Belt and Road Initiative,'" *American Society of International Law Insights*, August 31, 2018; Nicholas Lingard et al., "China Establishes International Commercial Courts to Handle Belt and Road Initiative Disputes," *Freshfields Bruckhaus Deringer*, July 20, 2018.

5. 일대일로 조정 및 파이낸싱 메커니즘

중국은 일대일로를 위해 새로운 조정 및 파이낸싱 메커니즘을 만들었다. 이는 더욱 광범위한 국가적 목표를 지원하기 위해 이 계획을 제휴하는 베이징의 능력을 제고한다. 아시아정책연구소의 선임 연구원인 나데쥬 롤랜드는 위원회에서 행한 증언에서 일대일로를 "모든 관료 수준으로 침투한 수뇌부의 계획"으로 묘사했다. 수뇌부에서 일대일로의 감독은 2015년 3월 설치된 일대일로 건설공작 영도소조[26]에서 하고 있다. 국가발전개혁위원회 내의 한 부서에서 이 계획과 관련된 업무에 대해 상무부, 외교부 및 여타 관련 기관들을 조정하고 있다. 정부의 주요 기구개편의 일부로서 2018년 3월 설립된 중국 국제개발협력기구(國家國際發展合作署)는 일대일로를 지원하는 데 핵심적인 역할을 할 것으로 예상된다. 이 기구는 중국의 해외 원조 계획을 감독하는 업무를 맡고 있으며 외교부와 상무부의 해외 원조 업무를 통합하고 있다.

중국의 성급(省級) 정부는 일대일로 추진 시 대부분의 책임을 지고 있다. 일대일로와 연관된 무역 및 투자 기회와 중앙정부의 자금을 이용하고자 이 나라의 31개 성급 정부는 모두 일대일로에 관한 사업계획을 발표했다. 중국의 성급 정부들은 자기들의 이익을 도모하기 위해 일대일로를 이용하고 있으며, 그들 간의 경쟁으로 역효과가 발생하는 경우 중앙정부가 개입하여 중재한다.

중국은 일대일로를 위해 막대한 재원을 투입했다. 대부분은 전통적인 국가 채널을 통해 제공된 반면 여타는 AIIB 및 실크로드 기금 등의 베이징

---

[26] 영도소조는 중국 관료체제를 통해 정책 결정을 조정하는 고위 중국공산당 기관들이다. 일대일로 건설공작 영도소조는 일대일로 관련 정책의 지도와 조정 책임을 맡고 있다. The Rise of Leading Small Groups," *Center for Strategic and International Studies*, October 17, 2017.

이 주도한 새로운 금융기관에 의해 제공되었다. 일대일로 관련 자금을 분석하는 일은 어려운 작업이다. 왜냐하면 중국 정부는 일관성이 있고 세분된 통계를 발표하지 않기 때문이다. 이와 마찬가지로 민간 자금도 포괄적이지 않다. 하지만 중국 정부 데이터를 통해서도 일대일로 자금의 규모를 추정하는 것은 가능하다. 현재까지 중국의 정책은행들 및 주요 국유 상업은행들은 일대일로를 위한 자금의 거의 전부를 부담했다(〈그림 2-3〉 참조). 베이징은 단독으로 일대일로 자금을 댈 수 없다는 것을 인정하고 정부와 민간 부문에서 외국의 투자자를 유치하려고 한다. 민간 자금은 일대일로의 막대한 자금 수요를 충당하는 데 필수적이지만 민간 행위자들은 투자를 꺼리고 있다 왜냐하면 계획된 투자 다수가 상업적인 생존가능성이 부족하기 때문이다.

• 중국의 정책은행   중국의 정책은행인[27] 국가개발은행과 중국수출입은행은 중국 기업들이 개입한 일대일로 사업의 주요 자금원이다. 국유이며 비상업적인 이 두 은행은 양자 간 대출을 통해 일대일로 프로젝트의 자금을 대고 여타 중국은행들보다 저리 장기 대출을 해줄 수 있다 ─ 그리고 또한 베이징이 자신의 광범위한 정책 목표에 따라 프로젝트에 대한 자금 지원을 용이하게 할 수 있다. 국가개발은행은 특정하지 않은 기간 동안 60개국에서 900개 이상의 프로젝트에 8900억 달러 이상을 투자할 것이라고 2015년에 발표했다. 2017년 5월에 개최된 일대일로 포럼에서 국가개발은행은 향후 3년 동안 일대일로 사업에 370억 달러를 투자할 것이라고 발표했다. 2017년 말 현재 국가개발은행이 일대일로 프로젝트를 위해 대출하고 있는 금액이 1800억

---

27 중국 정부는 정부의 직접 지출을 상업 금융에서 분리하기 위해 1994년에 세 개 은행 ─ 국가개발은행, 수출입은행, 농업개발은행 ─ 을 설립했다. 국가개발은행과 수출입은행은 공공부문 투자와 해외지향 투자를 촉진하는 한편 농업개발은행은 중국의 농업부문 개발을 지원한다. Zhang Yuzhe and Han Wei, "China Steps up Supervision of Policy Lenders," *Caixin*, August 29, 2017.

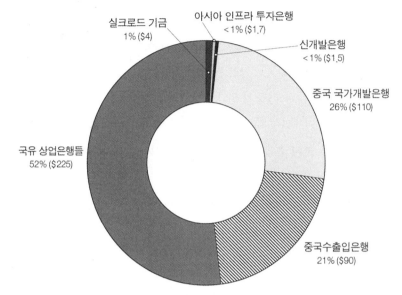

〈그림 2-3〉 일대일로의 재원별 자금 현황

실크로드 기금
1% ($4)

아시아 인프라 투자은행
< 1% ($1.7)

신개발은행
< 1% ($1.5)

중국 국가개발은행
26% ($110)

국유 상업은행들
52% ($225)

중국수출입은행
21% ($90)

주: 2016년 말 현재 미상환 대출금 또는 지분 투자(단위 10억 달러).
자료: 종합

달러에 달하고 수출입은행은 1100억 달러를 대출했다.

● 중국의 국유 상업은행　중국의 3대 국유 상업은행들 – 중국공상은행, 중
국은행, 중국건설은행 – 은 2016년 말 현재(데이터 입수 가능한 가장 최근) 800개 이
상의 일대일로 프로젝트를 위해 총 2250억 달러를 대출했다.

● 실크로드 기금　실크로드 기금은 등기자본금 400억 달러로 2014년에
설립된 국유 투자기금이다. 기금의 자본금은 65%가 국가외환관리국에서,
15%는 국부펀드인 중국투자공사에서 각각 나온 것이고 나머지는 수출입
은행과 국가개발은행에서 출연한 것이다. 이 기금의 회장 진치(金琦)는
2015년에 기금이 지원하는 프로젝트는 상업적으로 지속가능할 필요가 있
으며, "프로젝트가 시장에 나오면 기금을 회수할 수 있어야 한다"라고 언급

했다. 2016년 말까지 기금이 투자하기로 한 금액은 40억 달러에 달했다.

● 다자간 개발은행   중국이 주도하는 다자간 금융기관인 아시아인프라
투자은행(초기 자본금 1000억 달러로 2015년에 설립)과 신개발은행(BRICS 국가들[28]의
사회간접자본 투자를 지원하기 위해 창업 자본금 1000억 달러로 2014년 설립)은 전통적
인 다자간 개발은행들과 더불어 일대일로 자금 지원에 중요한 역할을 수행
할 것이다. 아시아인프라투자은행과 신개발은행의 자금지원은 지금까지는
별로 많지 않지만 늘어날 것으로 예상된다. 아시아인프라투자은행은 대출
이 2016년에 17억 달러에서 2017년에 25억 달러로 늘어났지만 2018년에
100억 달러를 투자할 계획이다. 신개발은행은 2016년에 15억 달러를 대출
했고 2017년에 25억 달러, 2018년에 40억 달러를 대출할 계획이다.

6. 세계의 반응과 경쟁 비전

일부 국가들은 중국의 막대한 재정 공약에 비추어 일대일로를 환영하
는 반면, 여타 국가들은 중국에 경제적으로 의존하게 될 것을 걱정하고 있
다. 일부 일대일로 국가들은 또한 상호 간 자국에 유리하도록 지역 패권국
이 될 수 있는 기회를 노리고 있다. 예를 들어 파키스탄과 걸프 국가들은
중국 덕에 미국을 무시할 수 있고 동구는 중국 덕에 EU를, 중앙아시아는
중국 덕에 러시아를 무시할 수 있다.

주요국들은 일대일로를 원칙적으로 지지하고 유라시아에서 연결성과
안정을 촉진하는 데 관심을 공유하고 있지만, 여전히 이 사업의 상업적 타
당성과 투명성 및 환경 영향과 아울러 해외의 정치적, 경제적 및 안보상의

---

28   BRICS는 브라질, 러시아, 인도, 중국 및 남아프리카공화국의 다섯 개 신흥국가를 비공식적
      으로 지칭하는 것이다.

이익을 위한 전략적 함의에 대해 우려하고 있다. 중국은 미국, EU, 오스트 레일리아, 인도 및 일본을 포함한 주요국들이 갖고 있는 우려를 충분히 불식시키지 못하고 있다. 이런 국가들은 일대일로 프로젝트가 환경 및 사회 보호, 투명성, 공정경쟁에 대한 국제표준을 준수할 것인지 여부에 대해 염려하고 있다. 부분적으로 이런 우려 때문에 주요국들은 일대일로에 대한 대안으로 그들 자체의 경쟁적인 연결성 계획을 추진하기 시작했다.

1) 위험한 비즈니스: 일대일로 프로젝트의 부채 지속가능성

일대일로는 해당 국가들 내에서 이 프로젝트의 부채 지속가능성에 대해 중대한 의문을 제기한다. 핵심적인 우려사항은 일대일로 프로젝트 배후에 상업적 조건이 결여되어 관련국들이 부채의 부담을 지게 되고 건전한 공공 투자를 저해하며, 더욱 광범위하게 경제성장의 장애가 될지 모른다는 것이다. 중국은 투자 등급이 낮은 국가들에 대출을 해주고 있다. 일대일로에 참가한 27개국의 국가부채는 세 개 주요 신용평가기관들이 '쓰레기(junk)'로 평가하고 있는 한편 여타의 14개국은 평가가 전혀 이뤄지지 않고 있다. 일부 일대일로 국가들은 프로젝트 평가를 수행할 능력이 부족하며, 취약한 거버넌스와 부패에 시달리는 국가에서 현지 엘리트들은 일대일로를 특히 좋아하는 사업에 돈을 대는 데 활용하고 개인적인 이득을 위해 자금을 유용하려고 할 것이다. 또한 부채 문제로 인해 중국에 대한 의존도가 높아지고, 그것을 베이징이 전략적 목적으로 악용할 수 있다는 우려가 존재한다.

설상가상으로 중국의 대출 관행은 국제표준과 거리가 있을 때가 종종 있다. 중국이 해외에서 시행하는 국가 대출 대부분은 상업적이고 비양허적인 조건에 기반을 두고 있다. 윌리엄 메리 대학교 연구소인 원조 데이터에 의하면 2000년부터 2014년 사이 중국의 개발 파이낸스의 5분의 1만 OECD 개발원조위원회의 공적개발원조(ODA: official development assistance) 기준을 충족시켰다.[29, 30] 또한 다자간 기관과 대부분의 개발 금융기관들은 주권 정부에 제공하는 차관의 금융조건을 발표한다. 하지만 중국의 정책은행들은 개별 국가에 대한 차관을 발표하지 않는다 – 차관조건은 더욱 밝히지 않는다. 그래서 어느 국가가 현재 중국에 부채를 얼마나 지고 있는지 평가하기가 어렵다. 언론 분석과 IMF 보고서에 근거해 볼 때 중국 정책은행들의 차관 조건은 무이자에서 상업적 이자율에 이르기까지 폭이 넓어 보인다.[31] 끝으로 여타의 주요한 국제 신용제공자와 달리 중국은 국가채무 문제를 시정하고 또는 여타의 주요 신용제공자와 조정하기 위한 다자간 메커니즘에 공식적

---

29   OECD개발원조위원회는 ODA의 정의를 다음과 같은 공적 기관이 제공하는 자금으로 하고 있다. ① "주요 목적은 개도국의 경제개발 및 복지 증진"이고, ② "성격이 양허적이며 적어도 25%(할인율 10%로 계산) 증여율을 나타낸다." OECD, "Official Development Assistance: Definition and Coverage."

30   비교해 보면 2000년부터 2014년까지 미국이 다른 국가에 제공한 공적자금의 93%가 양자간 ODA이고, OECD 개발원조위원회 국가들이 전체적으로 제공한 공적자금의 80.6%가 ODA 이다. 같은 기간 동안 세계은행의 공적 자금의 35.6%가 ODA이다. Axel Dreher et al., "Aid, China, and Growth: Evidence from a New Global Development Finance Dataset," Aid Data Working Paper, October 2017, 14.

31   중국의 정책은행들은 혼합 해외 금융을 제공한다. 여기에 포함된 것은 양허 및 비양허 차관, 우대 수출구매자 신용 및 수출구매자 신용이다. 양허 차관은 보조금을 받은 이자율(약 2%)이 제공되는데 일반적으로 5년 거치 10년 상환이며, 런민비로 표시되어 있다. 비양허 차관은 시장기반 이자율로 제공된다. 우대 수출구매자 신용은 상업적 이자율보다 더 관대한 조건으로 제공되는 중국산 상품구입에 자금을 제공하는 외국 차입자에 대한 차관이다. 일반적으로 거치기간 3~6년에 만기 8~12년이다. 신용은 외화로 표시되는데 대개 달러로 표시된다. 수출구매자 신용은 중국 회사로부터 상품과 서비스를 구입하는 외국 정부에 제공된다. China-CELAC Forum, "Introduction of the Preferential Loans Announced to Latin American and Caribbean Countries," June 2, 2015; European Parliament Directorate-General for External Policies, "Export Finance Activities by the Chinese Government," 2011, 6~7; Deborah Brautigam and Jyhjong Hwang, "China-Africa Loan Database Research Guidebook," SAIS China-Africa Research Initiative, 6~7.

으로 참여하지 않고 있다. 중국은 파리클럽의 옵서버이지 회원국은 아니다. 파리클럽은 주요 신용제공 국가들의 비공식 그룹으로서 IMF와 조정하면서 국가채무 재조정의 조건을 협상하는 데 일조하고 있다.

글로벌개발센터의 2018년 3월 보고서는 잠재적인 일대일로 차입국으로 분류된 국가들의 현 채무 취약성을 평가했다. 채무악화에 상당히 또는 대단히 취약한 것으로 판단되는 23개국 중 여덟 개 국가를 "일대일로가 잠재적으로 채무지속성 문제를 야기한 것으로 보이고, 중국이 이런 문제를 시정할 수 있는 핵심적인 위치에 있는 지배적인 신용제공국"이라고 밝혔다 (〈표 2-2〉 참조).[32]

위에서 파악한 여덟 개 국가 중 하나인 파키스탄은 국제수지 위기로 치닫고 있다. 그 이유는 중국-파키스탄 경제회랑[33] 프로젝트를 위한 중국 차관과 자본재 수입증대 때문이다.[34] 그 결과 파키스탄은 2018년 7월 선거에

---

[32] 23개국은 아프가니스탄, 알바니아, 아르메니아, 벨로루시, 부탄, 보스니아 헤르체고비나, 캄보디아, 지부티, 이집트, 에티오피아, 이라크, 요르단, 케냐, 키르기스스탄, 라오스, 레바논, 몰디브, 몽골, 몬테네그로, 파키스탄, 스리랑카, 타지키스탄, 우크라이나이다. John Hurley, Scott Morris, and Gailyn Portelance, "Examining the Debt Implications of the Belt and Road Initiative from a Policy Perspective," *Center for Global Development Policy Paper*, March 2018, 8, 11.

[33] 중국-파키스탄 경제회랑은 파키스탄 전역에 걸쳐 도로, 항구, 발전소, 여타 대규모 사회간접자본 프로젝트 건설을 계획한 것으로 베이징은 일대일로의 '주력 프로젝트'로 내세우고 있으며, 비용이 620억 달러에 달할 것으로 추정된다. Drazen Jorgic, "Pakistan Dismisses U.S. Concerns about IMF Bailout and China," *Reuters*, August 1, 2018; *Xinhua*, "Belt and Road Initiative Reshaping Asia's International Relations: Report," April 8, 2018; Katharine Houreld, "China and Pakistan Launch Economic Corridor Worth $46 Billion," *Reuters*, April 20, 2015.

[34] 2018년 6월 말 수출입의 광범위한 측정치인 파키스탄의 경상수지 적자는 기록적인 180억 달러에 달했으며 외환보유고는 100억 달러로 떨어졌다. 이는 파키스탄의 2개월 치 수입에 미치지 못하는 액수이다. Jeffrey Gettleman, "Imran Khan's First Test: Pakistan's Troubled Economy," *New York Times*, August 4, 2018; Salman Siddiqui, "Pakistan's Current Account Deficit Peaks at $17.99 Billion," *Express Tribune*, July 20, 2018; Farhan Bokhari

〈표 2-2〉 일대일로로 인해 채무 악화에 처한 주요 국가

국가	GDP(10억 달러, 2016)	공적 및 공적 보장 채무[36](10억 달러, 2016; GDP 비율)[37]	일대일로 차관 파이프라인[38] (10억 달러)	세계거버넌스지표-법 치(모든 국가 가운데 백분비율 순위, 2017)	투명성 국제 부패인식지 수(2017)[39]
지부티	1.73	1.50(87%)	1.46	16.8	31
키르기스스탄	6.55	4.07(62%)	4.56	14.4	29
라오스	15.90	10.78(68%)	5.47	20.7	29
몰디브	4.22	2.78(66%)	1.11	36.5	33
몽골	10.95	9.59(88%)	2.47	45.7	36
몬테네그로	4.37	3.41(78%)	1.54	53.9	46
파키스탄	278.91	195.24(70%)	40.02	20.2	32
타지키스탄	6.95	2.91(42%)	2.81	10.6	21

자료: John Hurley, Scott Morris, and Gailyn Portelance, "Examining the Debt Implications of the Belt and Road Initiative from a Policy Perspective," *Center for Global Development Policy Paper*, March 2018, 28; Transparency International, "Corruption Perceptions Index 2017," February 21, 2018; World Bank, "World Governance Indicators, 2018 Update," September 21, 2018. http://info.worldbank.org/governance/wgi/index.aspx#home.

서 새로 총리로 선출된 임란 칸이 IMF에 구제 금융을 요청할 것으로 예상된다.[35] 파키스탄의 새로운 정부가 IMF로부터 차관을 받으려면 기존 중국-파키스탄 경제회랑의 파이낸싱 조건을 밝히고 아울러 이 사업을 축소시킬 수 있는 공공지출에 대한 제한을 포함해야 할 것이다. 중국은 단기 차관으로 파키스탄의 도산을 막아주었다 — 2018년 6월까지의 재정연도에 상업차관으로 40억 달러를 제공했다. 그리고 파키스탄의 줄어드는 외환보유고를 안정화시키기 위해 추가로 20억 달러를 빌려준 것으로 보도되었다.

and Kiran and Kiran Stacey, "Pakistan Seeks More Loans from China to Avert Currency Crisis," *Financial Times*, July 5, 2018; International Monetary Fund, 2017 Article IV Consultation, IMF Country Report No. 17/212, July 2017, 4.

35 파키스탄은 1980년대 이래 12번에 걸쳐 구제 금융을 받았다. 가장 최근의 사례는 2013년 67억 달러의 원조 패키지였다. Faseeh Mangi, "Why Pakistan Is on the Road to Another IMF Bailout," *Bloomberg*, July 26, 2018; Jeremy Page and Saeed Shah, "China's Global Building Spree Runs into Trouble in Pakistan," *Wall Street Journal*, July 22, 2018.

지부티는 또 다른 교훈적인 예를 제공한다. 중국은 주요 사회간접자본 프로젝트를 지원하기 위해 14억 달러를 제공했다. 이 금액은 지부티 GDP의 75%에 해당한다. 지부티의 중국에 대한 채무증가로 인해 미국 정부는 지부티 정부가 전략 항구[40]의 관리를 중국 회사에 넘기지 않을까 우려하고 있다. 그렇게 되면 이 나라에 있는 미국 및 동맹국의 주요 군사 기지를 포함한 미국의 국가안보 이익을 위협하게 될 것이다.

일대일로의 부채 지속가능성에 대해 경고 발언을 하는 국제적인 이해당사자들의 숫자가 늘어나고 있다. 2018년 4월 IMF 총재 크리스틴 라가르드는 일대일로 관련 사회간접자본 프로젝트가 "부채 증가 문제를 초래하고 잠재적으로 채무원리금 상환이 증대되어 여타 지출을 제한할 가능성이 있으며 국제수지의 난제를 발생시킬 것이다"라고 경고하였다. 아시아개발은

---

36 공적 및 공적으로 보장한 채무는 공공 채무자의 장기적인 대외 책임과 공공기관이 상환을 보장한 민간 채무자의 대외 책임으로 구성된다.

37 그 지점을 넘어가면 경제성장이 크게 하락하는, 정부 채무 비율의 티핑 포인트가 있는지 여부를 검토한 IMF의 2015년 실무 보고서는 채무 대 GDP 비율이 50~60%를 초과하는 국가들의 경우 통계적으로 중요한 문턱효과를 발견한다. Alexander Chudik et al., "Is There a Debt-Threshold Effect on Output Growth?" *IMF Working Paper*, September 2015, 5.

38 글로벌개발센터는 일대일로 파이프라인 프로젝트의 특징을 "2016년 말까지 어느 나라의 파이낸싱을 최신 공식 숫자로 파악할 수 없는 프로젝트"라고 했다. John Hurley, Scott Morris, and Gailyn Portelance, "Examining the Debt Implications of the Belt and Road Initiative from a Policy Perspective," *Center for Global Development Policy Paper*, March 2018, 10.

39 투명성 국제부패인식지수는 공공부문 부패에 대한 인식수준을 180개 국가와 영토에 대해 순위를 매기고 있으며, 0에서 100까지의 등급을 사용하는데 0은 부패수준이 높은 것이고 100은 매우 청정하다.

40 이 항구는 중요하다. 왜냐하면 이 항구는 지부티에 있는 미국, 프랑스, 일본의 군사기지에 접근할 수 있는 주요한 지점이기 때문이다. 그리고 중국의 유일한 해외 군사기지에 근접하고 있기 때문이다. Josh Rogin, "Can the Trump Administration Stop China from Taking over a Key African Port," *Washington Post*, March 7, 2018; Idrees Ali and Phil Stewart, "'Significant' Consequences if China Takes Key Port in Djibouti: U.S. General," *Reuters*, March 6, 2018.

행 총재 타케히코 나카오는 5월에 개최된 은행의 연례회의에서 이런 우려에 다음과 같이 공감했다. "만약 국가들이 어떤 사회간접자본에 대해 심각하게 실행가능성과 타당성을 검토하지 않고 빚을 너무 많이 진다면 상환에 더 많은 문제를 야기할 것이다 … 우리는 부채 지속가능성을 매우 심각하게 보아야 한다."

국제금융기관들과 주요 신용제공 국가들은 일대일로의 부채 지속가능성 리스크에 관해 특별히 우려하고 있을지 모른다. 왜냐하면 그런 기관과 국가들은 이미 부채가 많은 국가들에 수십억 달러의 구제 금융을 제공했기 때문이다. 제공방법은 IMF와 세계은행의 부채가 많은 빈곤국 이니셔티브를 통한 것이었다.[41] 이런 이니셔티브를 통해 부채 탕감 조치를 받은 국가 36개국 중 다음 여섯 개 국가가 일대일로에 참여하고 있다. 아프가니스탄, 볼리비아, 에티오피아, 가이아나, 마다가스카르, 세네갈.

미국 양당의 상원의원 16명은 2018년 8월 IMF에 서신을 발송하여 '중국으로부터 약탈적인 사회간접자본 금융을 받은' 국가들이 요구한 긴급 구제 요청에 대해 우려를 표명했다. 서신에서는 "중국의 개도국에 대한 부채 함정 외교와 [일대일로의] 위험성"을 열거하고 므느신 재무장관과 폼페이오 국무장관에게 미국의 협력국들과 공동으로 중국의 투자와 사회간접자본 금융지원에 대한 대안을 개도국에 제공할 것을 요청했다. 이 상원의원들에 의하면 "일대일로의 목표는 궁극적으로 중국이 지배하는 세계경제질서를 창조하는 것이다. 중국이 다른 국가들을 금융의 볼모로 잡고 지리전략적 목적의 추진이라고 하는 몸값을 받아내려고 하므로 미국이 이를 반드시 저

---

[41] 부채가 많은 빈곤국(HIPC: Heavily Indebted Poor Country) 이니셔티브는 1996년 IMF와 세계은행이 부채가 많은 빈곤 국가들의 부채 경감을 위해 제공하기 시작한 것이다. 현재까지 이 이니셔티브에 따른 부채 경감 패키지에 의해 36개국에 대해 760억 달러의 부채 경감이 이루어졌다. International Monetary Fund, "Debt Relief under the Heavily Indebted Poor Countries(HIPC) Initiative," March 8, 2018.

지해야 한다." 폼페이오 장관은 2018년 7월에 가진 인터뷰에서 IMF의 파키스탄에 대한 긴급원조가 중국의 차관을 상환하기 위한 자금을 제공하는 것이어서는 안 된다고 경고하면서 다음과 같이 말했다. "구제 금융을 받아 중국 채권의 소지자 또는 중국 자체에 주려는 나라를 위해 IMF가 달러 특히 IMF 기금의 일부인 미국 달러를 지출할 이유는 없다."

2) 주관 국가 주권 우려

일대일로 프로젝트가 급격하게 늘어남에 따라 중국이 다른 국가들의 국내 정치에 관여를 많이 하게 될 것이다. 이에 따라 중국이 오랫동안 설파해온 다른 나라 문제에 '개입하지 않는다'라는 주장이 도전을 받게 될 것이다. 또한 다음과 같은 경우 일대일로로 인해 주관 국가에서 중국이 정치적 리스크에 노출될 수 있다. 즉, 프로젝트의 품질수준이 낮다거나 지속 불가능한 부채 부담을 가져오거나 혹은 부패한 엘리트들이 자금을 빼돌릴 경우이다. 또한 중국이 투자를 이용하여 주관 국가들로 하여금 중국이 선호하는 대로 잠자코 따르도록 강요하려고 하는 경우 베이징은 일대일로에 대한 협력 담론을 훼손할 수 있다. 만약 일대일로 참여국들이 동등한 파트너라기보다 속국처럼 대접받는다고 느낀다면 중국이 불평등한 외교 관계를 거부한다는 수사는 공허하게 들리기 시작할 것이다. 스리랑카의 함반토타 항구 프로젝트, 버마의 차우크퓨에 항구와 인근 특별 경제지대에 관한 정부 및 야당 인사들의 성명은 이런 반발을 예시한다. 예를 들어 ≪파이낸셜타임스≫는 버마 정부 관리가 한 다음과 같은 걱정스러운 말을 인용했다. "만약 [차우크퓨에가] 잘못되면 채무불이행 상태에 빠질 위험이 있고 중국이 항구를 소유하게 될 것이다.

말레이시아 선거에서 정치적 쟁점이 된 부채와 주권

일대일로 프로젝트가 부채 수준과 주권에 미치는 영향은 일부 참여국에서 국내 정치의 논란거리가 되었다. 2018년 실시된 말레이시아의 총선에서 중국의 영향력이 돌출된 화제가 되었다. 이 선거에서 현 총리 마하티르 모하메드가 승리하여 많은 옵서버들을 놀라게 했다. 선거운동 기간 동안 마하티르는 말레이시아의 부채 증가를 중국과 구체적으로 연결시켜 주권을 상실할 잠재성이 있다며 다음과 같이 말했다. "중국은 돈을 많이 갖고 와서 이 돈을 빌릴 수 있다고 합니다 … 그러나 여러분은 생각해 봐야 합니다. '어떻게 갚을 것인가?' 어떤 나라들은 프로젝트만 보지 갚을 것을 보지 못합니다. 그렇게 해서 나라의 큰 덩어리를 잃어버리고 맙니다. 우리는 그런 상황을 원치 않습니다." 그런 접근방법은 선거 당시의 총리인 나지브 라자크의 말과 대조를 이루었다. 그는 선거에서 패배했다. 그가 선거에서 진 이유의 일부는 중국의 투자와 일대일로를 지지하는 것으로 보였기 때문이다. 선거가 끝난 후 마하티르가 이끄는 정부는 검토 중인 수십억 달러에 달하는 중국 관련 프로젝트를 일시 중지했다. 하지만 말레이시아와 동남아 전체에서의 중국의 경제적 영향력 때문에 말레이시아가 베이징으로부터 독립을 주장하는 정도에 한계를 보일 가능성이 있다.

3) 경쟁적인 비전

베이징이 일대일로를 통해 여타 열강의 전통적인 영향력 행사 영역이라고 생각하는 지역을 잠식함에 따라 중국의 팽창하는 이익은 갈등을 유발하고 점점 더 첨예한 비판을 불러일으키고 있다. 동시에 중국만이 세계적인 연결성과 무역을 촉진하는 계획을 가지고 있는 것은 아니다. 여타 열강들은 경제성장과 사회간접자본 개발을 강화하는 한편, 지리정치적 영향을 유지 또는 확장하는 데 초점을 맞춘 자체계획을 갖고 있다. 이 절에서는 열강들이 자체의 경쟁적인 비전을 갖고 일대일로에 어떻게 대응하고 있는지를 자세히 살펴본다.

(1) 일본

일본은 처음 일대일로에 대해 신중한 자세를 취했지만 최근 제한된 범위에서 참여할 의사를 표시했다. 일본이 태도를 바꾼 것은 이 계획의 지역발전을 위한 중요성을 실용적으로 고려했기 때문이며, 참여를 중국과의 긍정적인 관계 구축에 필요한 것으로 보고 있기 때문이다. 2017년 7월 일본의 아베 총리는 일대일로와 협력할 의사가 있다고 언급했다. 조건은 이 계획이 "국제공동체의 모두가 갖고 있는 아이디어를 받아들여 지역 및 세계평화와 번영에 기여해야 한다"라는 것이다. 지금까지 일본의 참여는 정부의 금융지원을 받아 민간이 주도하는 투자로 제한되어 있다.[42]

---

[42] 2017년 12월 일본 정부는 환경 분야, 산업현대화 및 물류에 집중한 공공-민간 파트너십의 금융지원을 통해 일대일로를 지원할 것이라고 발표했다. 일본의 원조에 포함되는 것은 제삼자 일대일로 국가의 프로젝트를 위한 일본 및 중국의 민간 기업들에 대한 정부 지원 금융기관을 통해 제공하는 차관이다. 2018년 5월 일본과 중국은 제삼국에서 민간 경제협력을 촉진하는 메커니즘 수립을 위한 양해각서를 체결했다. 일본 외무장관, 위원회와의 면담, Tokyo, May 25, 2018; Chris Gallagher, "Japan to Help Finance China's Belt and Road Projects:

동시에 미국 사사카와 평화재단의 경제, 무역, 비즈니스 펠로우인 토비아스 해리스가 위원회에서 행한 증언에서 언급한 바와 같이 일본은 "아시아에서 보다 부유한 민주주의 국가들이 일대일로 참여국들의 중국 의존도를 최소화하고 자유를 최대화하는 데 일조하기 위해 자체의 개발 전략을 추구하는 것이 가능하고 필요하다"는 것을 예시한다. 일대일로에 대응하여 일본 ─ 동남아와 중앙아시아에서 수십 년간의 투자경험을 갖고 있는, 아시아의 장기 사회간접자본 투자국 ─ 은 2015년 5월에 착수한 우수 사회간접자본을 위한 파트너십[43]을 통해 이 지역에서 '고품질과 지속가능한 사회간접자본'을 확장하기 위한 자금지원을 늘렸다. ASEAN의 연결성 마스터플랜 2025와 함께 일본은 벵골만과 남중국해 사이의 연결성을 제고하는 몇몇 새로운 육지 및 해상 회랑을 위한 지원을 제공하고 있다. 일본의 연결성 구축 접근방법은 2016년 G7에서 승인된 이세-시마 원칙을 강조함으로써 차이를 나타낸다. 여기에는 안전, 신뢰성, 투명성, 사회 및 환경 고려, 현지 개발 목표와의 제휴, 경제적 생존능력이 포함된다.

일본은 또한 중국의 일대일로를 통한 사회간접자본 개발에 대한 대안을 촉진하기 위해 핵심 협력국들과 공동 작업을 하고 있다. 2017년 5월 일본과 인도는 아시아-아프리카 성장회랑에 착수했는데 이는 아프리카와 태평양 사이의 연결성을 구축하는 합작사업이다.[44] 2017년 11월 미국해외민

Nikkei," *Reuters*, December 5, 2017.

43 이 이니셔티브는 2020년까지 아시아에서 1100억 달러를 지출할 것이다. 그 절반은 일본국제협력기구와 일본국제협력은행에서 나오고 나머지 절반은 아시아개발은행에서 나온다. 2016년에 이 이니셔티브는 전 세계적으로 2000억 달러로 확대되었다(아프리카 및 남태평양 포함). David Brewster, "A Little-Noticed Player Goes Big in the Indo-Pacific," *War on the Rocks*, May 30, 2018; Official, Japan Ministry of Foreign Affairs, meeting with Commission, Tokyo, May 25, 2018; Masaaki Kameda, "Abe Announces $110 Billion in Aid for 'High-Quality' Infrastructure in Asia," *Japan Times*, May 22, 2015.

44 이 이니셔티브의 비전 문서에 의하면 아시아-아프리카 성장회랑은 네 개 핵심 분야에 집중

간투자공사는 일본국제협력은행, 닛폰 수출 및 보험공사와 협정을 체결, "인도-태평양 지역에서 고급 미국-일본 사회간접자본 투자 대안을 제공한다." 2018년 7월 미국, 일본, 오스트레일리아는 인도-태평양 지역에서 사회간접자본 프로젝트용 투자를 동원하기 위한 3자 파트너십을 발표했다.

일본은 남아시아 및 동남아시아 국가들과 안보유대를 심화시킴으로써 일대일로의 전략적 측면에 대응했다. 일본은 2014년 9월 인도와 '특수한 전략적 글로벌 파트너십'을 맺기로 합의했다. 도쿄는 인도와 국방협력을 강화하고 인도 안다만 니코바르제도의 민간 사회간접자본 개량 등의 전략적 프로젝트에 대한 자금지원을 했다. 또한 일본은 '비엔티안 비전' 국방협력 이니셔티브와 추가 무기판매를 통해 동남아 국가들과 안보협력을 강화하고 있다.

(2) 인도

인도는 육지와 해상 양쪽에서, 특히 인도양에서 일대일로로부터 강력한 전략적 압박을 받고 있다. 뉴델리는 일대일로를 강력하게 비판하고 2017년 5월에 개최된 일대일로 포럼을 배척하고 인도에서 일대일로 프로젝트를 허용하지 않았다. 하지만 뉴델리는 아시아인프라투자은행의 주요 출연국이고 신개발은행의 창립회원국이다. 인도가 일대일로에 대해 주로 우려하는 것은 중국-파키스탄 경제회랑이다. 뉴델리는 중국-파키스탄의 전략적 협력에 대해 우려하고 있으며 일대일로가 분쟁지역인 카시미르 지

할 것이다. 즉, 개발 및 협력 프로젝트, 우수 사회간접자본 및 디지털과 규제 연결성, 역량 및 기술 향상 그리고 국민 대 국민 파트너십이다. Research and Information System for Developing Countries, Economic Research Institute for ASEAN and East Asia, and Japan External Trade Organization, "Asia Africa Growth Corridor: Partnership for Sustainable and Innovative Development: A Vision Document," African Development Bank Meeting, Ahmedabad, India, May 22~26, 2017, 3~4.

역을 통과하는 것을 반대하고 있기 때문이다. 인도는 '동방'정책의 범위와 시야를 확대함으로써 일대일로가 제기하는 지리정치적 도전에 대응했다.[45] 그 정책은 인도와 ASEAN 국가들 간의 경제적 유대강화를 목표로 하고 인도의 육지로 둘러싸인 미개발의 동북 지역을 남부 항구에 더 잘 접근하도록 하며 버마를 통해 인도와 태국을 연계하는 새로운 육지 회랑을 구축하는 것이다(예: 인도-미얀마-태국 삼국 고속도로).

또한 인도는 미국, 일본과의 안보 유대를 돈독히 하고 인도, 오스트레일리아, 일본 및 미국으로 구성된 아시아 해상 민주국가의 4자 간, 즉 '쿼드(Quad)' 집단화 맥락에 참여할 강력한 의사를 보였다.[46] 쿼드는 중국과 인도가 부상하는 상황하에서 아시아의 지역 안보 문제에 관해 조정한다는 의도이다. 2005년 경의 쿼드 국가 간 조기 논의는 베이징으로부터의 반대에 부딪혀 회원국들이 발을 빼는 바람에 실패했지만 최근 수년 동안 중국이 다시 공격적으로 나옴에 따라 이 아이디어는 소생하게 되었다. 하지만 4자 간 협력에 대한 우려는 여전히 남아 있다. 이는 2018년에 실시한 말라바 훈련에 뉴델리가 오스트레일리아를 초청하지 않기로 한 결정에서 입증되었다.[47] 인도의 나렌드라 모디 총리는 2018년 6월에 싱가포르에서 개최된 샹

---

45 중국과 남아시아 관계에 대해 추가적인 배경을 알아보려면 다음 자료 참조. U.S.-China Economic and Security Review Commission, Chapter 3, Section 1, "China and South Asia," in *2016 Annual Report to Congress*, November 2016, 314~344; Dhruva Jaishankar, "Actualizing East: India in a Multipolar Asia," *Institute of South Asian Studies, National University of Singapore*, May 23, 2017; Anubhav Gupta, "How Modi Is Broadening the Range and Scope of India's 'Act East' Policy," *World Politics Review*, June 11, 2018.

46 쿼드로 알려지게 된 이 아이디어는 2007년 일본의 아베 신조 총리가 최초로 제안한 것이다. Emma Chanlett-Avery, "Japan, the Indo-Pacific, and the 'Quad,'" *Chicago Council on Global Affairs*, February 2018; Tanvi Madan, "The Rise, Fall, and Rebirth of the 'Quad,'" *War on the Rocks*, November 16, 2017.

47 말라바 훈련은 미국, 인도, 일본이 주도하는 연례 3자 간 훈련이다. 미국과 인도는 1992년에 1차 훈련을 실시했고 일본은 2015년에 정식 참가국이 되었다. 훈련은 참가 군대의 상호작전

154 미-중 분쟁의 실상

그릴라 대화에서 일대일로를 다음과 같이 비판했다.

이 지역에는 많은 연결성 이니셔티브가 있다. 이런 것들이 성공을 거두려면 사회간 접자본뿐만 아니라 신뢰의 다리를 놓아야 한다. 그리고 그렇게 하기 위해 이런 이 니셔티브들은 주권 존중과 영토보존, 협의, 우수한 거버넌스, 투명성과 실현 및 지 속가능성에 기반을 두어야 한다. 국가들을 강화시키고 불가능한 부채 부담을 지워 서는 안 된다. 또한 무역을 촉진해야지 전략적 경쟁을 부추겨서는 안 된다.

(3) 유럽

유럽은 유라시아의 연결성과 안정을 촉진하는 데 관심을 공유하고 다 수의 유럽 국가들은 원칙적으로 일대일로를 환영한다.[48] 하지만 유럽의 주 요 국가들과 초국가적인 EU는 일대일로의 상업적 타당성, 투명성, 환경 영 향 및 해외에서 EU의 경제, 정치 및 안보 이익에 미치는 전략적 함의에 대 해 여전히 우려하고 있다(중국과 유럽의 관계에 관해 자세히 살펴보려면 3장 「중국과 미국의 동맹국 및 협력국들의 관계」 참조).

유럽 국가들이 중국과 갖고 있는 다양한 이해관계 때문에 일대일로에

가능성을 제고시키며 고급의 전쟁 기술과 해상 우월성 및 전력 투사를 강조한다. William McCann, "U.S., Japan Maritime Self-Defense Force, Indian Naval Forces Conclude Malabar 2018," *U.S. Navy News Service*, June 20, 2018; Emanuele Scimia, "Malabar 2018: India Deals a Blow to Australia and 'the Quad,'" *Asia Times*, May 1, 2018.

48 EU의 외교를 담당하고 있는 유럽대외관계청은 특정한 조건하에 일대일로를 지지한다고 다 음과 같이 언급했다. "우리[EU 회원국들]는 천명한 목표의 이행을 근거로 '일대일로' 계획에 관해 중국과의 협력을 지지한다. 중국은 시장 규칙, EU 및 국제 요구사항과 표준을 준수하 며 EU 정책과 프로젝트를 보충하는 공개된 이니셔티브를 만들 것을 목표로 한다고 했다. 이 는 관련된 모든 당사자들과 계획된 루트에 연접한 모든 국가에 혜택을 주기 위함이다." Delegation of the European Union to China, "Belt and Road Forum: EU Common Messages," May 14, 2017; *World Politics Review*, "Will Europe Embrace China's 'One Belt, One Road' Vision?" May 5, 2017.

대한 통일된 반응을 내지 못하는 경우가 많다. 중국 지도자들은 유럽 국가들과 양자 간 또는 소지역 그룹과 상대하는 전략을 추구하고 있다. 가장 중요한 것은 베이징이 중부 및 동부 유럽 국가들과 중국으로 구성된 16+1 그룹을 창출한 것이다.[49] 이 그룹에는 헝가리, 체코공화국과 같은 국가들이 포함되어 있는데 이 두 나라의 정치는 최근 수년 동안 점점 자유를 제한하고 있다. 16+1 그룹에 참가한 16개 중부 및 동부 유럽 국가 중 11개국만이 EU 회원국이다. 이 사실로 인해 브뤼셀에서 제기되는 우려는 일대일로 사회간접자본 프로젝트가 EU 자체 내와 주변에서 모두 EU의 엄격한 표준을 덜 준수하게 될 수 있다는 점이다.

또한 일부 분석가들은 베이징이 일대일로 프로젝트를 이용하여 EU 내부의 정치 기구에서 EU의 인권에 대한 입장을 약화시키거나 1989년에 발생한 천안문 학살 이후 부과된 무기 금수 해제 등의 목적을 달성코자 할 것임을 경고했다. 분석가들은 중국이 EU로 진출하는 데 잠재적인 접근과 영향 지점으로 특히 그리스를 지목하고 있다. 피레에프스 항구에 일대일로의 대규모 투자가 이뤄지고 중국이 그리스의 관리와 정치인들을 잘 구슬리고 있는 점을 감안할 때 그렇다. 또한 중국은 영국에 구애를 보내고 있다. 런던이 브렉시트 이후의 무역정책을 수립하려고 노력함에 따라 잠재적인 투자와 무역 협정을 맺자고 권유하고 있는 것이다.

이와 같은 유럽의 이익과 가치에 대한 도전에 직면하여 유럽의 주요 국

---

49 16+1 그룹의 회원국은 중국, 11개 EU 회원국(불가리아, 크로아티아, 체코공화국, 에스토니아, 헝가리, 라트비아, 리투아니아, 폴란드, 루마니아, 슬로바키아 및 슬로베니아) 그리고 다섯 개 비EU 국가(알바니아, 보스니아 헤르체고비나, 마케도니아, 몬테네그로 및 세르비아)이다. China-Central and Eastern European Countries Cooperation, "6th Summit of Heads of Government of Central and Eastern European Countries and China," November 27, 2017; China's Ministry of Foreign Affairs, *The Budapest Guidelines for Cooperation between China and Central and Eastern European Countries*, November 28, 2017.

가들은 일대일로에 대해 좀 더 의혹의 눈을 갖고 대하기 시작하였다. 유럽
위원회의 2018년 대외관계보고의 결론에 의하면 "유럽은 중국으로부터 오
는 현금의 신기루를 극복하고 중국과 현실주의적인 참여로 전환하고 있
다." 프랑스의 에마뉘엘 마크롱 대통령은 중국이 유럽에서 일대일로가 환
영받기 위해서 지켜야 할 조건을 명백하게 제시함으로써 유럽 국가 원수
가운데 지도자의 지위를 분명히 표시했다. 마크롱 대통령은 중국을 국빈방
문하면서 다음과 같이 말했다. "고대의 실크로드는 결코 중국만의 것이 아
니었다 … 그 길은 일방통로일 수 없다. 새로운 패권의 길일 수 없다. 패권
은 그 길이 지나는 나라들을 속국으로 탈바꿈시키고 말 것이다." 2018년 4
월 베이징 주재 EU 대사 28명 중 27명은 다음과 같은 EU 내부 보고서에 서
명했다. 일대일로는 "EU의 무역자유화 의제에 역행하며 보조금을 받고 있
는 중국 회사에 유리하도록 세력 균형을 밀고 나간다." 2018년 9월 EU는
유럽과 아시아 간 연결성을 촉진하기 위한 공동 코뮈니케를 발표했다. 유
럽연합 대외관계 고위대표 페데리카 모게리니는 설명하기를 유럽의 접근
방법은 "모든 부문에 걸쳐 공통의 규칙을 존중하는 데 근거하여 더욱 강력
한 네트워크를 구축하고 지속가능한 연결성을 위한 파트너십의 강화"를 모
색하는 것이라고 했다.

(4) 러시아

중국과 러시아는 각자의 지역 프로젝트를 통해 중앙아시아에서 영향력
을 확대하려고 경쟁하고 있다.[50] 따라서 지금까지 베이징과 모스크바는 좀

---

50 중국과 중앙아시아 관계를 상세하게 살펴보려면 다음 자료 참조. U.S.-China Economic
and Security Review Commission, Chapter 3, Section 1, "China and Central Asia," in *2015
Annual Report to Congress*, November 2015, 391~427; International Crisis Group,
"Central Asia's Silk Road Rivalries," July 27, 2017.

더 밀접한 전략적 유대관계를 추구하기 위해 양자 관계의 경쟁적인 측면을 관리했다. 특히 2015년 5월 쌍방은 러시아의 무역 연결성 이니셔티브인 유라시아 경제연합을 일대일로의 육상 요소인 실크로드 경제 벨트와 제휴하기로 합의했다. 하지만 러시아는 여전히 중앙 및 남아시아에서 중국의 영향력이 증대하는 데 대해 우려하고 있다. 특히 러시아의 지역 안보 블록인 집단안보조약기구가 응집력과 효율성 문제로 고심하고 있는데, 중국이 이지역에 경제적·정치적으로 침투를 계속하고 있기 때문이다.

7. 미국에 미치는 함의

1) 트럼프 행정부의 일대일로에 관한 견해

트럼프 행정부의 고위 관리가 최근에 언급한 바에 의하면 이 행정부의 "아시아에 대한 미국의 지역 전략의 자유롭고 개방적인 인도-태평양 기본틀은 적어도 부분적으로 일대일로에 대한 대응이다." 2018년 7월 마이크 폼페이오 국무장관은 '미국의 인도-태평양 경제 비전'에 관한 연설에서 다음과 같이 언급했다. "미국은 국가 주권, 지역 통합과 신뢰를 발전시키는 연결성에 참여한다. 이런 일은 사회간접자본이 물리적으로 확보되고 재정적으로 실행 가능하며 사회적으로 책임을 질 때 발생한다." 그와 같은 언급은 다음과 같은 더 큰 미국 정책을 선보이면서 그 일환으로 이루어졌다. 그것은 "미래의 토대가 되는 분야인 디지털 경제, 에너지 및 사회간접자본을 지원하기 위한 미국의 새로운 이니셔티브에 1억 1300만 달러를 지원한다"라는 발표였다. 또한 8월 4일 폼페이오 장관은 해상안보 강화, 인도적인 원조와 평화유지 능력 개발 및 초국가 위협에 대응하는 프로그램을 증강하기 위해 이 지역에 대한 안보원조로 3억 달러를 지원한다고 발표했다.

권위 있는 ≪인민일보≫의 사설은 미국의 정책 발표에 대해 미국의 이 니셔티브는 일대일로를 "불구로 만들지 못할 것이라는 점을 강조하고, [미국 이 우려하는] 주요 이유는 제국주의가 서방국가들의 정치적 사고에 깊이 뿌리 박고 있으며 그들은 이 시대를 신흥국가들과 다르게 이해하고 있기 때문" 이라고 주장했다. 하지만 그 사설은 또한 경제발전에 도움이 된다는 의미 에서 미국이 이 지역에 투자하는 것을 환영한다고 했다. 이는 일대일로 배 후의 경쟁 충동을 실증하는 것이다.

이와 같은 트럼프 행정부의 행동은 초기의 공식 성명을 기반으로 한 것 이다. 2017년 10월 제임스 매티스 국방장관은 일대일로에 대해 다음과 같 이 평가했다. "'일대일로'에 관해 내가 생각하기에 지구화된 세계에서 수많 은 벨트가 있고 도로가 있다. 어느 나라도 '일대일로'를 운운할 위치에 있지 않다." 더구나 2017년 12월에 발표된 트럼프 행정부의 「국가안보전략」은 다음과 같이 언급하고 있다.

미국은 자유롭고 개방된 해로, 투명한 기반시설 파이낸싱 관행, 방해를 받지 않는 상업과 분쟁의 평화적 해결을 유지하기 위한 지역 협력을 고무할 것이다. 우리는 공정하고 호혜적인 기반에서 양자 간 무역협정을 추구할 것이다. 우리는 미국의 수 출에 대한 동등하고 신뢰할 만한 접근을 모색할 것이다. 우리는 협력국들과 함께 자유시장에 이바지하고 주권을 전복시키려는 세력으로부터 보호를 받는 국가들의 네트워크를 구축할 것이다. 우리는 고품질의 기반시설에서 동맹국들과의 협력을 강화할 것이다.[51]

---

51   박행웅 편역, 『트럼프의 미국 우선주의』, 한울엠플러스, 2018, 126~27 쪽.

2) 미국의 경제적 이익

미국은 미국 기업들을 위한 상업 기회부터 세계적인 개방된 무역 및 금융 시스템에 이르기까지 다양한 경제적 이익이 걸려 있다. 미국 회사들은 중국 내와 중국 국경을 넘어 상당한 일대일로 관련 기회를 보고 있다. 지정학적·재정적 운영상의 위험이 도사리고 있음에도 불구하고 그렇게 보고 있다. 중국 회사들은 일대일로 프로젝트를 놓고 서방의 다국적 기업들과 협력하기를 열망하고 있다. 왜냐하면 서방 기업들의 기술 전문성, 국제 시장에서의 장기간에 걸친 운영 경험 및 신뢰성을 높이 평가하고 있기 때문이다. 2015년 중국-영국 비즈니스 위원회 보고서에 의하면 초기 일대일로 관련 기회는 사회간접자본, 물류, 선진 제조업과 금융 및 전문 서비스 부문에 있지만 추가로 2차적인 기회는 농업, 식품 가공, 전자상거래, 교육 및 관광부문에 존재한다.

비록 베이징이 일대일로 사업이 외국 회사에 개방되었다는 점을 강조하는 데 주의를 기울이고 있다고 할지라도 이 계획은 미국과 여타 외국 회사들이 중국 기업들과 경쟁하는 데 공평한 경쟁의 장을 제공하지 않는다. 대부분 중국이 자금을 댄 일대일로 프로젝트는 공개 입찰이 아니고 중국 계약자들에게 돌아가며, 외국 회사들을 중국 회사들의 하청업자가 되도록 지위를 떨어뜨린다. 미츠 그룹의 운영 파트너인 랜달 필립스는 위원회에서 행한 청문회에서 다음과 같이 언급했다.

외국 기업들이 '최고 지원 행위자' 범주에 참여할 기회는 상당히 있다 … 지금까지 그리고 가까운 장래에 가능성이 있는 순효과는 [외국] 회사들이 주요 중국 기업들의 하청업자 역할을 하는 것이다. 특히 상업보험, 컨설팅, 물류, 기술 서비스 제공 등과 같은 서비스 부문에서 그렇다.

몇몇 주요 미국 회사들은 일대일로 프로젝트에 참가하고 있다(이 장의 164쪽 〈부록 2-2〉 '일대일로에 참여하고 있는 주요 미국 기업' 참조). 2016년 GE가 받은 중국 건설 및 엔지니어링 회사들이 해외, 주로 일대일로 국가들에 설치할 설비 주문액이 23억 달러에 달했다.[52] 캐터필라는 일대일로 국가들에서 활동하는 중국 회사들과 파트너 관계를 형성했다고 발표했다. 하지만 외국 업체들을 위한 기회는 장기적으로 볼 때 줄어들 것이다. 왜냐하면 현재 서방의 다국적기업들이 지배하고 있는 부문(예: 엔지니어링, 통신 및 물류)에서 중국 회사들의 경쟁력이 향상될 것이기 때문이다. 더구나 베이징이 기술 표준을 성공적으로 수출할 정도에 이르면 일대일로는 해당 시장에서 미국의 무역과 투자에 새로운 장벽을 세울 수 있다.

3) 정치적 영향력 행사를 위한 경쟁

일대일로는 수많은 함정을 내포한 사업임에도 불구하고 정치적 영향력을 행사할 수 있는 유력한 수단을 중국에 제공할 것이다. 이에 대응하여 2017년 미국의 「국가안보전략」은 아시아, 유럽, 아프리카에서 개발과 사회간접자본 파이낸싱에 대한 수요를 충족하는 데 일조할 수 있는, 일대일로에 대한 현실적인 대안 찾기를 요구했다.[53] 내용이 구체적으로 밝혀지지 않은 일대일로는 미국이 주도하는 자유주의적인 국제질서를 대체하지는 못한다고 할지라도 수정은 할 수 있는, 야심찬 목적을 가진 중국의 더욱 글로벌화된 외교정책의 최첨단을 구성하고 있다. 미즈 롤랜드가 설명한 바와

---

[52] 2014년에 중국의 건설 및 엔지니어링 회사들은 해외 건설과 관련하여 4억 달러 상당의 설비를 GE에 주문했다. Keith Bradsher, "U.S. Firms Want in on China's Global 'One Belt, One Road' Spending," *New York Times*, May 14, 2017.

[53] 박행웅 편역, 『트럼프의 미국 우선주의』, 한울엠플러스, 2018, 123~39쪽 참조.

같이 "일대일로는 또한 중국 중심의 유라시아 질서를 건설하는 광범위한 지역 야망에 이바지한다는 것을 의미한다."

4) 잠재적 미래 안보 도전

일대일로 계획에서 인민해방군의 역할이 아직 완전하게 드러나지 않았다고 할지라도 결국은 유라시아와 인도양 지역에 걸쳐 인민해방군의 존재와 활동을 더욱 드러내는 길을 닦을 수 있다. 중국의 가까운 해외를 넘어 인민해방군의 활동영역 확장은 이론적으로 전쟁에 시달리는 중앙 및 남아시아와 중동에서 안정을 찾는 데 기여할 수 있다. 이런 목적을 진척시키기 위해 베이징은 향후 광범위한 경제 및 정치 이익을 더 잘 보호할 수 있는 군대를 기대하고 있다. 하지만 일대일로 덕분에 규모가 더 크고 능력이 향상된 중국 군대의 존재는 미국 또는 여타 지역의 주요 국가들과 갈등을 악화시키고 지리정치적 경쟁에 기름을 부을 수 있다. 인민해방군이 세계 문제에의 참여를 확대하면 미중 군사 경쟁 지역을 동아시아 밖으로 확장하는 실질적인 효과를 가질 수 있으며, 그 결과 긴장이나 분쟁 발생 시 전장을 가로지르고 전장 사이에 연계될 가능성과 함께 경쟁이 더욱 지구적으로 확대될 것이다.

〈부록 2-1〉 현재 일대일로에 참여하고 있는 국가

동아시아 및 태평양 (5개국)	유럽 및 중앙아시아 (31개국)	중남미 및 카리브해 (8개국)	중동 및 북아프리카 (17개국)	남아시아 (7개국)	동남아시아 (11개국)	사하라 이남 아프리카 (5개국)
중국 몽골 뉴질랜드 니우에 파푸아 뉴기니	알바니아, 아르메니아, 오스트리아, 아제르바이잔, 벨로루시, 보스니아 헤르체고비나, 불가리아, 크로아티아, 체코 공화국, 에스토니아, 조지아, 그리스, 헝가리, 카자흐스탄, 키르기스스탄, 라트비아, 리투아니아, 마케도니아, 몰도바, 몬테네그로, 폴란드, 루마니아, 러시아, 세르비아, 슬로바키아, 슬로베니아, 타지키스탄, 터키, 투르크메니스탄, 우크라이나, 우즈베키스탄	앤티가 바부다 볼리비아 코스타리카 가이아나 트리니다드 토바고 파나마 우루과이 베네수엘라	바레인 이집트, 이란 이라크 이스라엘 요르단 쿠웨이트 레바논 리비아 모로코 오만 카타르 사우디아라비아 시리아 튀니지 아랍 에미리트, 예멘	아프가니스탄 방글라데시 부탄 몰디브 네팔 파키스탄 스리랑카	브루나이 버마 캄보디아 인도네시아 라오스 말레이시아 필리핀 싱가포르 태국 동티모르 베트남	지부티 에티오피아 마다가스카르 르완다 세네갈

주: 중국은 일대일로를 지리로 제한되지 않은 개방된 이니셔티브로 묘사하고 있다. 2017년 4월 중국 외교부 장관 왕이는 기자회견에서 다음과 같이 언급했다. "중국은 일대일로에 대해 명백한 지리적 경계를 지정할 의도가 없다 … 이 계획은 회원제 클럽이 아니다." 위의 국가들은 중국국가정보센터의 일대일로 포털에 수록된 국가 목록에 근거한 것이다. 이 국가들은 일대일로에 협력하기로 중국과 양해각서를 체결했다. 이 국가들은 세계은행의 지역분류에 근거해서 그룹화한 것이다. *Xinhua*, "Full Text of President Xi's Speech at Opening of Belt and Road Forum," May 14, 2017; Wu Gang, "SOEs Lead Infrastructure Push in 1,700 'Belt and Road' Projects," *Caixin*, May 9, 2017.

자료: 중국국가정보센터, 일대일로 포털. 국제협력-프로파일. https://eng.yidaiyilu.gov.cn/info/iList.jsp?cat_id=10076; *Xinhua*, "China Focus: Xi, Maduro Agree to Promote Sino-Venezuelan Ties to Higher Level," September 14, 2018; Embassy of the People's Republic of China in Costa Rica, *Costa Rica Signs with China the Belt and Road Initiative*, September 3, 2018; *CGTN*, "China, Djibouti Sign New Agreements under Belt and Road," September 2, 2018; Government of the Republic of Rwanda, *Rwanda and China Sign Multiple Agreements as President Xi Jinping Concludes His Visit*, July 23, 2018; Embassy of the People's Republic of China in New Zealand(Cook Islands, Niue), *China and Niue Sign Memorandum of Understanding on Cooperation within the Framework of the Silk Road and the 21st Century Maritime Silk Road*, July 27, 2018.

〈부록 2-2〉일대일로에 참가하고 있는 주요 미국 기업

기업	참가 내역
AECOM [엔지니어링, 구매 및 건설 (EPC)]	**EPC 파트너십:** 2017년 5월 AECOM은 중국의 건설 3D 프린팅 회사 윈순과 양해각서를 체결함. 이 협정에 따라 회사들은 건축 디자인과 건설 프로젝트, 특히 중동에서 3년 동안 3D 프린팅에 협력할 기회를 탐사할 것임.[54] 2018년 1월 중국교통건설유한공사는 말레이시아 동해안 철도 링크 프로젝트의 역, 고가도로, 터널, 창고의 현장 감독 업무를 제공하는 업체로 AECOM을 선정함.
Black & Veatch (EPC)	**EPC 파트너십:** 2017년 10월 Black & Veatch와 중국의 텐진엔지니어링(TCC)은 아시아 전역에서 가스, 화학제품 및 비료 사회간접자본 프로젝트에 협력하는 양해각서를 체결함. 아시아에는 인도네시아, 태국, 베트남, 싱가포르, 버마, 방글라데시, 파키스탄, 카자흐스탄 및 타지크스탄을 포함함.[55]
Caterpillar (EPC)	**건설기계 공급:** 2016년 Caterpillar는 '[일대일로의] 성공 공유의 비전과 참여'에 관한 백서를 발표함. 여기서 이 회사는 일대일로 국가에서 중국 회사들과 협력할 수 있는 잠재 분야의 대강을 밝힘. 예를 들어 사회간접자본 프로젝트의 파트너 형성과 프로젝트 파이낸스를 제공함. 2017년 9월 Caterpillar CEO 짐 움플비는 다음과 같이 말함. 우리 회사는 "중국 국유기업들과 20개 [일대일로] 국가들에서 도로, 항만, 광산과 유전에 이르는 프로젝트 관련 작업을 하고 있음." 여기에 포함되는 것은 2016년 7월 완공된 벨로루시 Zhrobin-Bobruisk 고속도로 보수 공사를 위해 중국교통건설유한공사에 기계공급, 훈련 및 유지 서비스를 제공한 것임. 2017년 11월 Caterpillar와 중국 국유기업 중국에너지투자공사는 5개년 전략적 협력 기본틀 협정을 체결함. 그 대강은 캐터필라가 제공하는 광산 설비 판매 및 렌탈, 기술 응용 및 제품 지원을 위한 미래의 협정임. **파이낸싱:** 회사 임원들에 의하면 캐터필라는 일대일로 판매를 증대하기 위해 중국 회사들을 위해 프로젝트 파이낸스를 제공하고 있음. 이 회사는 그런 대출에 대한 데이터를 공개하지 않음.
Fluor(EPC)	**EPC 파트너십:** Fluor China의 사장 루 야밍은 2017년 5월 에너지 산업 출판물과의 면담에서 Fluor와 중국의 한 EPC 회사가 최근 중동에서 가스 화력발전소를 수주했다고 밝혔음. "우리는 또한 [일대일로가] 연료를 대는 프로젝트를 인도네시아에서 작업하고 있으며, 여타 국가에서 파이프라인의 매우 흥분되는 프로젝트를 몇몇 갖고 있음. 이 프로젝트 모두는 중국 투자이거나 중국 파이낸싱을 이용하고 있음." 이런 프로젝트에 관한 정보는 이 회사의 웹사이트 또는 여타 뉴스 보도에서 구할 수 없음.
Honeywell (EPC)	**EPC 파트너십:** 2017년 5월 Honeywell은 중국의 Wison Engineering과 파트너십 협정을 체결함. 중국 밖, 특히 일대일로[56] 포함 국가의 고객들에게 메탄올을 올레핀으로 전환하는 기술을 공동으로 제공함.
General Electric(GE) (EPC)	**전력생산 설비 공급:** 2016년 GE는 중국의 EPC 기업들로부터 받은 해외에 설치할 천연가스 터빈 및 여타 전력생산 설비 수주액이 23억 달러에 달함. 여기에 포함된 국가는 파키스탄, 방글라데시, 케냐, 라오스임. 2014년에 GE는 중국 기업들로부터 받은 해외에 설치할 설비의 수주액이 4억 달러에 달했음. GE China CEO 라켈 두안에 의하면 "아프리카는 GE와 중국 EPC 기업들을 위해 최대의 시장 잠재력을 제공하는 시장이고, 그다음은 중동, 남아시아, 동남아시아, 중남미임". **파이낸싱:** 2017년 11월 GE 에너지 파이낸셜 서비스와 중국의 실크로드 펀드는 일대일로 국가들의 전력망, 재생 에너지, 오일 및 가스 사회간접자본에 투자하기 위해

기업	참가 내역
	에너지 사회간접자본 투자 플랫폼에 착수할 협력 협정을 체결함. 이와는 별도로 GE Africa의 CEO인 제이 아일랜드는 2016년에 아프리카의 프로젝트 파이낸스를 지원하기 위해 10억 달러의 사회간접자본 기금을 설립했다고 발표함. 아일랜드에 의하면 2016년에 중국 EPC 회사들이 GE에 주문한 설비의 3분의 1은 아프리카에서 시행되는 프로젝트를 위한 것임.
Citigroup (금융서비스)	금융서비스: Citigroup은 58개 일대일로 국가들에서 활동하는 중국 기업들과 다국적 기업들에게 다양한 금융서비스(예: 인수합병, 무역금융, 헤징, 현금관리)를 제공함. 2015년 6월 중국은행은 일대일로 프로젝트에 자금을 대기 위해 최초의 공공채권 발행을 시작해 35.5억 달러를 조성함. Citigroup은 중국은행과 함께 거래를 주도하는 4대 세계 금융서비스 회사들 중 하나임. 2018년 4월 Citigroup은 중국은행 및 중국상업은행과 양해각서를 체결해 일대일로와 관련된 고객의 투자와 프로젝트 지원에 대한 협조를 강화함.
Goldman Sachs (금융서비스)	금융제공: 2016년 9월 골드만삭스는 중국은행, DBS은행, Standard Chartered와 함께 일대일로 국가들이 좀 더 광범위한 자금 출처를 타진하는 데 일조하기 위해 국제적으로 거래될 수 있는 표준화된 '실크로드 채권'의 개발을 지원하기 위한 실무 그룹을 구성함.

자료: 종합. 위원회 스탭이 편집함.

---

54 AECOM의 움직임은 대규모 사회간접자본 회사가 전문 적층제조 기술을 획득하고자 하는 추세의 일부이다. AECOM, "AECOM Signs Memorandum of Understanding with Winsun to Collaborate on 3D Printing for Building Design and Construction," May 18, 2017; Global Construction Review, "Aecom Forms Alliance with Chinese 3D Printer WinSun," May 19, 2017.

55 TCC 부사장 덩 쟈오징은 회사의 언론 보도문에서 다음과 같이 말했다. "Black & Veatch의 세계적 계약과 오일 및 가스 부문에서의 명성과 경험은 TCC가 고객을 위해 요긴한 국제 EPC 솔루션을 확보하는 데 일조할 것이다. 이 파트너십은 중국의 일대일로 계획에 따라 우리가 세계의 여타 지역에서 활동을 계속 확장할 수 있도록 해줄 것이다." Black & Veatch, "Black & Veatch and China's TCC to Target Gas, Chemical and Fertilizer Projects," October 12, 2017.

56 Honeywell의 언론보도문에 의하면 "Honeywell UOP의 선진 기술과 Wison의 강력한 EPC 서비스 역량을 결합해 고객들이 올레핀 생산능력을 개선하는 데 도움을 줄 수 있는 한편, 에너지 소비와 생산 비용을 줄일 수 있음." Honeywell, "Wison Engineering to Collaborate with Honeywell UOP on International Methanol to Olefin Projects," May 25, 2017.

3장

중국과 미국의 동맹국 및 협력국들의 관계

1. 핵심 조사결과

● 베이징은 인도-태평양에서 자국에 유리하도록 지역 질서를 재편하기 위해 미국의 동맹과 협력관계를 훼손하고자 한다. 중국은 아시아에서 지배적인 역할을 추구하고 미국의 군사 동맹과 영향력을 이런 목표를 달성하는 데 일차적인 장애로 보고 있다.

● 중국이 유럽 여러 나라와 맺고 있는 관계는 대중국 정책에 관한 유럽의 단결에 영향을 미쳤다. 최근 수년 동안 몇몇 계기에 EU는 중국의 인권에 관해 합의를 도출하거나 남중국해에서의 베이징의 활동과 주장에 관해 확고한 입장을 취할 수 없었다. 그런 쟁점들에 관해 베이징이 민감하게 반응하기 때문에 특정한 정부들이 뒤로 미루는 바람에 그렇게 되었다.

● 오스트레일리아와 뉴질랜드는 중국공산당의 집중적인 영향력 행사를 위한 활동의 표적이 되었다. 그들이 펼친 활동 중에는 정치 헌금, 지역 중국어 미디어에 대한 거의 독점적인 지위의 확보가 포함된다. 캔버라는 당시 턴불 총리의 관심하에 적극적으로 대응하고 외국의 체제전복 영향에 관하여 몇몇 입법안을 통과시키거나 논의했다. 이런 도전에 대해 웰링턴에서

는 고위급 반응이 별로 없었지만 중국이 커지는 데 대해 뉴질랜드 정부가 우려한다는 징후가 있었다.

● 서유럽 국가들은 베이징이 정책과 인식에 영향을 미치려고 하는 노력에 직면하여 민주제도와 경제의 힘 때문에 좀 더 탄력적이다. 하지만 일부 중앙, 동부 및 남부 유럽 국가들은 베이징의 영향력에 좀 더 취약하다. 그 이유는 이런 국가들의 민주제도가 상대적으로 허약하고 경제에 문제가 많으며 베이징이 이런 나라들을 EU와 분리시키기 위해 노력을 기울이고 있기 때문이다.

2. 제안사항

위원회는 다음과 같이 제안한다.

● 의회는 미국과 유럽 및 인도-태평양의 동맹국과 협력국들 사이에 중국과 관련된 경제 및 안보 이익 공유와 정책에 관한 협력 강화를 행정부에 지시한다. 협력 강화를 위해 다음과 같은 조치를 취해야 한다.

    ○ 행정부에 중국의 투자활동에 대해 정기적으로 정보를 공유하고 합동으로 모니터하며 심사 메커니즘을 위한 공동 표준 개발을 포함한 국가안보 함의를 갖고 있는 외국인 투자의 심사에 관한 모범경영을 공유하도록 행정부에 촉구한다.

    ○ 중국에 대한 민군 겸용 기술 수출을 줄이고 국가안보에 필수적인 여타 근본 기술을 식별하는 데 대한 자문을 강화한다.

● 의회는 법무부에 다음과 같이 지시한다.

    ○ '불법 공모(conspiracy against rights)'법을 포함한 현행 미국법의 적용을 검토하고 미국 거주자를 위협, 강압 또는 그 이외로 협박하는 중국

공산당 관계자를 기소한다.

ㅇ 《차이나 데일리》 등의 외국 본사를 대신하여 배포하는 정보물에 관한 외국 에이전트 등록법에서 요구하는 라벨을 그런 자료의 첫 페이지의 머리 부분에 잘 보이도록 나타낼 것을 명확하게 한다.

● 의회는 국가방첩안보센터에 중국공산당의 미국 내에서의 영향 및 선전활동에 관해 비밀 부록과 함께 비밀이 아닌 연례 보고서를 작성하도록 지시한다.

● 의회는 중국과 러시아의 점점 더 밀착되고 있는 군사 유대가 갖는 함의 및 범대서양 안보 이익에 대한 증대되는 중요성에 관해 EU 및 NATO와 논의하도록 행정부에 지시한다. 그런 논의에는 유럽과 나토가 중국과 러시아가 제기하는 공동 방어 및 여타의 도전에 관한 정보교환을 촉진할 수 있는 방안이 포함되어야 할 것이다. 여기에는 양국의 영향력 증대 활동이 포함된다.

3. 머리말

미국은 전 지구상에 걸쳐 동맹과 협력관계의 네트워크를 통해 경제, 안보 및 외교적 이익을 유지하고 있다. 지난 수년 동안 인도-태평양 – 유럽과 기타 지역에서도 – 의 몇몇 미국 동맹국과 협력국들의 정부와 사회에서 베이징이 우선시하는 사항에 더욱 유리하도록 정책과 인식에 영향을 미치고자 기울이는 노력에 대한 우려가 크게 높아지고 있다. 중국의 종합적인 국력과 영향력이 증가함에 따라 베이징은 국익을 추구하는 각종 수단을 확장하고 다양화하는 한편, 국력의 수단을 더욱 예리하게 하고 사용 빈도를 높였다. 베이징이 사용하는 이런 수단들은 핵심적으로 미국의 동맹과 협력관계를 훼손하고 전복시킬 것을 목표로 하고 있다.

이 장에서는 베이징이 미국의 동맹국 및 협력국들과의 관계에서 갖고 있는 목표를 검토한다. 이런 목표를 달성하기 위해 베이징이 사용하는 수단과 기울인 노력의 결과 및 그에 대한 반응을 다룬다. 이 장에서는 다음과 같은 각종 자료를 활용하고 있다. 2018년 4월 위원회에서 개최한 유럽과 인도-태평양의 미국 동맹국 및 협력국들과의 관계에 관한 청문회, 공개 자료 연구 및 분석, 위원회의 2018년 5월에 실시한 타이완 및 일본 조사여행 그리고 외부 전문가로부터 받은 자문이다. 이 장에서 중점적으로 다룬 지역은 주로 위원회가 2018년 4월에 개최한 청문회에서 검토한 국가들이며, 어느 나라가 여기에 포함되지 않았다고 해서 미국이 그 관계를 중요시하지 않는다는 암시로 받아들여서는 안 된다.

4. 베이징이 미국의 동맹국 및 협력국들과의 관계에서 노리는 목표

최근 수년 동안 베이징은 전 세계적으로 정책 및 인식에 영향을 미치기 위해 다양한 수단을 동원하는 노력을 강화했다. 이로 인해 미국에, 그리고 또 미국과 그 동맹국 및 협력국들의 관계에 유해한 경우가 종종 있다. 비록 베이징이 이런 수단들을 모든 국가와의 관계에서 다양하게 적용하고 있다고 할지라도 미국의 동맹국 및 협력국들을 표적으로 할 경우, 미국의 세계적인 안보 이익과 자유주의적인 국제질서에 특히 부정적인 영향을 미칠 것이다. 장기전략그룹의 회장인 재클린 딜은 위원회에서 다음과 같이 증언했다. 자유주의적 국제질서는 "모든 참가국들의 이익에 기여하는 … 일련의 제도이고 … 국제평화를 유지토록 유도하는 것이다. 국제법에 따라 모든 국가의 기본적 권리와 평등성을 존중하면서 전개되며, 자유무역을 보호하고 진흥하며, 국제분쟁을 해결하기 위해 법적 수단을 사용한다." 비록 이런 질서는 목적이 모든 당사국의 이익을 도모하는 것이라고 할지라도 베이징은 그것을 미국이 부당하게 지배하는 것으로 인식하고, 이런 상황을 바꾸기 위해 새로 획득한 힘을 사용하려고 한다.

베이징은 유럽과 인도-태평양에서 미국의 동맹국 및 협력국들과의 관계를 다음과 같이 성취하려고 모색하고 있다.

• 인도-태평양에서 미국의 영향력을 약화시키고 이 지역을 중국에 유리하도록 재편하려고 한다. 중국은 아시아에서 지배적인 역할을 수행하려 하며 미국의 군사 동맹과 영향을 이런 목적 달성에 1차적인 장애로 보고 있다. 따라서 중국은 이 지역에서 미국이 기울이고 있는 협력 네트워크의 유지와 확장을 밀어내려 하고 있다. 미국 과학자연맹의 선임연구원인 안키트 판다는 2018년 4월에 개최된 위원회 청문회에서 다음과 같이 증언했다. 중국은 자국을 아시아의 '중핵'으로 보고 2049년까지 아시아 제일의 패권국으로 자리를 공고히 할 의도이다.

• 유럽에서 결정적인 기술과 정치적 영향력을 획득한다. 베이징은 유럽 투자에서 결정적인 민군 겸용 기술,[1] 전문기술 및 전략적 사회간접자본의 통제를 획득하려고 하며 아울러 중국 회사들의 유럽시장 접근과 표적 국가에서 정치적 영향력을 증대시키려고 한다. 이런 투자활동으로 유럽에서 중국의 지정학적·외교적 이익을 진척시키는 한편, 핵심적인 하이테크 지식재산을 획득하고 군 현대화를 추진하며 군산복합체에 투입을 제공하고자 하는 베이징의 목표에 이바지한다.

---

1   유럽위원회가 1989년 이래 시행한 대중국 무기판매 금지는 민군 겸용 기술을 언급하지 않고 다만 "군사적 협력 그리고 … 무기"라고만 했다. European Council, *Council of Ministers Declaration on China*, June 26~27, 1989.

• EU의 중국 정책 조정 능력을 약화시킨다. 중국은 EU 개별 국가의 정책을 자국에 유리한 쪽으로 영향을 미치고 대중국 통일 정책을 위한 각국 간 조정을 방해하고 중국의 이익에 반하는 통일된 행동을 취하지 못하도록 하려고 시도한다. 브루킹스연구소의 미국 및 유럽 센터장인 토마스 라이트와 독일 소재 글로벌 공공정책연구소 소장 도스텐 베너는 위원회에서 다음과 같이 증언했다. "중국은 안정된 - 하지만 유순하고 파편화된 - EU 그리고 그것을 떠받치는 대규모의 통합된 유럽 단일 시장에 관심이 있다. 중국공산당 지도층이 내린 결론은, 관리가 제대로 되면 유럽의 부분들은 중국의 이익을 추가할 수 있는 유용한 도관이 될 수 있다는 것이다."

• 중국공산당에 대한 비판을 억제하고 긍정적인 견해를 선전한다. 중국공산당은 다양한 수단으로 베이징에 중요한 쟁점사항에 대한 논의를 조종하기 위한, 외국에서의 중앙집중화되고 정교한 노력을 감독한다. 이런 목표를 달성하기 위해 중국은 공자 학원을 세우고 주류 미디어에 선전물을 삽입하며 외국 기관, 기업 및 미디어가 자체 검열을 하도록 유도하고 학술적인 논의를 지배하기 위해 베이징에 유리한 견해를 갖도록 학자들을 지원하고, 베이징의 담론을 더욱 확산하고 증폭시키기 위한 도관으로서 주관국가 시민들을 이용한다.

• 일대일로 계획을 추진한다. 일대일로는 국제협력을 위한 중국 자체의 모델을 촉진하고 세계적인 목표를 추진하기 위해 중국의 국유 및 상업 기업들을 이용하고 있다. 라이트 박사와 베너 씨는 위원회에서 증언하기를 EU의 일대일로 참가는 이 계획 및 중국의 여타 세계적인 정치적·경제적 활동에 정당성을 부여한다고 했다(일대일로에 대해서 더 자세히 알아보려면 2장「일대일로」참조).

5. 베이징이 영향력을 행사하는 각종 수단

베이징은 국가 목표를 달성하기 위해 대상 국가를 미국으로부터 멀리 하고 중국 편으로 끌어들이기 위해 다양한 전술을 구사하는 한편, 그런 국 가들의 중국에 반대하는 능력과 정치적 의지를 와해시킨다. 베이징은 다음 과 같은 전술을 선호한다. 즉, 대규모의 선별 투자, 집중적인 외교 활동, 경 제 제재, '샤프 파워(sharp power)'와 인식관리, 여타 영향력 행사 활동 및 '통 일전선' 작업 선정, 전복 및 적대자를 중립화시키는 것이다. 이런 전술들 하 나하나에 대해 아래에서 상세하게 다룬다. 가령 중국이 핵심적인 미국의 동맹국 및 협력국들에 미치는 영향과 아울러 이런 국가들이 베이징이 기울 이는 노력에 반응하는 ─ 성공하기도 하고 실패하기도 함 ─ 사례를 살펴본다.

1) 대규모 투자: 적극적이고 수동적인 영향의 잠재적 수단

베이징은 유럽과 인도-태평양에서 미국의 동맹국 및 협력국들의 인식 과 정책에 영향을 미치기 위한 시도로 차관과 공여를 통해 대규모의 표적 투자를 이용하고 있다. 윌리엄 메리 대학교의 원조 데이터가 2018년 6월에 발표한 보고서에 의하면 베이징은 동아시아와 태평양에서 정부 관리들과 공중 사이에 중국에 관한 견해를 형성하기 위한 핵심 수단으로 금융외교를 이용하고 있음을 밝혔다. 원조 데이터의 추정에 의하면 베이징의 '금융외 교' ─ 사회간접자본 투자, 예산 지원, 인도적 원조, 채무 감면 ─ 중 2000년부터 2016 년 사이 동아시아와 태평양에서 사용한 총 480억 달러의 95%는 사회간접 자본 투자였다. 이 지역에 있는 미국의 동맹국과 협력국들 중 베이징이 금 융외교를 전개하지 않은 국가는 오스트레일리아, 일본, 싱가포르 및 한국 이고 소액이 관련된 국가는 태국(1500만 달러) 및 뉴질랜드(100만 달러)이다.

베이징이 큰 액수의 금융외교를 전개한 국가는 필리핀(11억 달러), 말레이시아(134억 달러), 인도네시아(90억 달러), 몽골(23억 달러), 피지(9억 달러), 사모아(4억 달러), 나우루(3억 달러), 통가(3억 달러), 브루나이(2억 달러) 및 동티모르(1억 달러)이다.

필리핀에서 2016년 로드리고 두테르테 대통령이 집권한 이후 베이징은 투자를 이용하여 남중국해 관련 필리핀과 중국 간 분쟁 해결에 영향력을 행사하고 필리핀을 동맹조약을 체결한 미국으로부터 떼놓으려 하고 있다. 중국의 남중국해 주장에 확고한 입장을 취한 이전 대통령 베니그노 아키노 3세 시절 중국-필리핀 관계는 긴장상태였으나 두테르테 대통령은 선거 유세 시 중국이 필리핀의 사회간접자본에 투자하는 조건으로 이 문제를 유보하겠다고 시사했다. 2016년 10월 두테르테 대통령은 베이징을 방문했다. 그의 방문 기간 동안 필리핀 대표단은 양국 회사 간 150억 달러의 거래를 체결했으며, 90억 달러에 달하는 개발 프로젝트, 각종 사업과 사회간접자본 거래를 체결했다. 베이징에 체류하는 동안 두테르테 대통령은 미국과의 방위 및 경제 '분리'를 선언했다. 그럼에도 불구하고 미국-필리핀 방위협력은 계속되고 있다. 왜냐하면 중국이 남중국해에서 벌이고 있는 위협적인 활동에 대해 필리핀의 우려가 점점 더 커지고 있기 때문이다. 그리고 필리핀 국민들이 두테르테 대통령이 필리핀의 주권을 내세워야 한다고 아우성을 치기 때문에 중국에 대해 훨씬 더 거친 수사를 동원하고 있다.

유럽에서 중국의 대(對)그리스 투자 ─ 가장 눈에 띄는 것은 피레에프스 항구 투자이다 ─ 는 중국의 남중국해 주장과 인권침해 행위에 대한 아테네의 대응에 영향을 미쳤다. 2016년 그리스 정부는 ─ 크로아티아 및 헝가리 정부와 함께 ─ 중국의 남중국해에서의 주권 주장 및 활동과 관련된 국제 중재 소송 결과에 대한 EU 성명이 베이징을 직접적으로 언급하지 않는 것을 옹호했다. 2017년 아테네는 UN 인권위원회에서 중국의 인권 기록을 비판하는 EU 성명에 대해 지지하기를 거부함으로써 EU의 합의를 좌절시켰다.

중국의 투자 전망조차 여타 국가들의 정책에 영향을 미칠 수 있다. 체코공화국에서 밀로시 제만 대통령은 극적으로 방향을 전환하여 중국에 접근했는데 표면상의 이유는 베이징이 보상책으로 투자해 주기를 희망한다는 것이었다. 2013년 제만이 정권을 잡기 이전에 체코 정부는 베이징의 인권침해를 비판하는 목소리를 높였고 달라이 라마를 강력하게 지지했다. 2015년에 중국의 복합 기업 중국에너지는 프라하에 유럽 본부를 새로 설치했으며, 체코 총리는 예진밍 회장을 고문으로 기용했다.[2] 중국에너지는 같은 이름의 싱크탱크를 후원하고 있다. 워싱턴 DC의 싱크탱크인 프로젝트 2049연구소는 이 중국 싱크탱크를 "[이전 인민해방군 총정치국 및] 중국공산당 선전 및 이념 부서 산하의 정치전쟁 플랫폼"이라고 평가했다. 제만 대통령 하에서 체코 외무장관은 이전 정부에서 달라이 라마와 만난 것을 사과했으며, 제만 대통령은 베이징에서 말하기를 "시장 경제 또는 인권을 가르치기 위해" 오지 않았다고 했다. 2016년 달라이 라마가 프라하를 방문, 부총리와 의회 양원의 부의장들을 만났을 때 제만 대통령과 양원 의장은 공동 성명서를 발표했는데, 거기에서 체코 정부는 중국의 "주권과 영토보전을 존중한다"라고 천명했다. 또한 제만 대통령은 베이징의 일부 최고위급 이니셔티브를 지지했는데, 2015년에 거행된 중국의 대규모 군사 퍼레이드에 서방에서 유일하게 참석한 지도자였으며 일대일로를 "현대사에서 가장 매력적

---

2   예진밍은 2016년 9월의 인터뷰에서 중국에너지는 "[중국의] 국가 전략을 철저하게 뒤따르며" 중국의 전략적 우선순위에 따라 기업 전략을 짠다고 밝혔다. 체코의 중국 전문가 마틴 하라는 다음과 같이 말했다. "중국에너지는 예진밍 회장이 밝혔듯이 중국의 국가 정책을 철저하게 뒤따를 뿐만 아니라 그 자체가 중국공산당과 [인민해방군의] 가장 보수적인 부류와 제휴하고 있다." Martin Hala, "CEFC: Economic Diplomacy with Chinese Characteristics: A Mysterious Company Paves the New Silk Road in Eastern Europe and Beyond," *China Digital Times*, February 8, 2018; Scott Cendrowski, "The Unusual Journey of China's Newest Oil Baron," *Fortune*, September 28, 2016.

인 프로젝트"라고 극찬했다.

베이징은 민감한 사안에 대한 중국의 입장을 지원하도록 여타국들을 유도하거나 압력을 가하는 데 경제력에서 비롯된 영향력을 노골적으로 사용해야만 하는 것은 아니다. 일부 유럽 국가들은 글로벌 공공정책연구소가 '선제적 복종'이라고 한 행위를 하고 있는데, 경제적 이득을 바라고 베이징의 기대에 부응하고자 정책을 조정함으로써 비위를 맞추지만, 어떤 경우에는 순전히 정치적 신념 때문에 그렇게 한다.[3] 예컨대 그리스 의회의 외교·국방위원회 위원장인 코스타스 두지나스에 의하면 베이징은 아테네에 남중국해 또는 인권에 대해 중국을 비난하는 EU의 성명을 반대하라고 요청한 적이 없다는 것이다. 그는 다음과 같이 말했다. "만약 당신이 넘어졌을 때, 누군가 당신을 때리고 다른 누군가가 구호품을 준다면 … 당신이 무언가를 갚을 수 있게 되었을 때 당신은 누구를 도울 것인가. 당신에게 도움을 준 사람인가 아니면 당신을 때린 사람인가?" 유럽위원회 외교분과위원회의 프랑수아 고드망과 아비게일 바세리어는 다음과 같은 글을 썼다. "특히 중앙과 동유럽에서 중국 외교관들이 지시하지 않아도 교섭 상대자들은 할 말과 하지 않을 말을 잘 알고 있다는 논평이 자주 들린다." 그들의 설명에 의하면 유럽의 교섭 상대자들은 "타이완, 티베트, 인권 그리고 이제는 남중국해에 관해 언급하면 외교적 위기를 촉발하는 것을 알고 있다. 중국인이 지시했다는 움직일 수 없는 증거가 발견되는 일은 별로 없다. 왜냐하면 그런 것은 존재하지 않기 때문이다." 전반적으로 EU의 통일된 대중국 정책은 유럽에서 중국의 영향력 증대로 크게 약화되었으며, 중국에 대한 대서양 양

---

3   예를 들어 헝가리의 빅토르 오르반 총리는 EU의 자유민주주의 모델과 반대되는 '민족 기반 위의 자유제한 국가' 건설에 앞장서고 있다. 그는 베이징의 보편적 가치 부인을 지지했다. Thorsten Benner et al., "Authoritarian Advance: Responding to China's Growing Political Influence in Europe," *Global Public Policy Institute* and *Mercator Institute for China Studies*, February 2018, 18.

안의 협력이 더욱 난관에 처할 잠재성이 있다.

(1) 유럽에서 논의되고 있는 투자 심사 메커니즘

중국의 대유럽 투자는 최근 두 가지 면에서 일부 서방국가들의 우려를 촉발했다. 첫째는 국내 회사들이 전략기술을 팔아넘김으로써 중국 회사에 경쟁우위를 상실할 잠재성이 있으며, 둘째는 투자로 인해 정치적 영향력을 증대할 잠재성이 있다는 것이다. 2016년 중국의 대EU 투자액은 2015년 대비 77% 증가하여 총 372억 달러에 달했다.[4] 독일에서 2016년 중국의 투자는 2015년보다 아홉 배 늘어났으며 중국 회사들은 58개 독일 회사를 인수했다. 그중에는 로봇 메이커 쿠카가 들어 있다. 중국 회사들의 유럽 기업 인수 열풍이 지난 다음 독일, 프랑스, 이탈리아 정부는 유럽위원회 내에서 외부의 대EU 투자 심사 메커니즘 개발에 관한 논의에 착수했다. 이 과정은 아직 진행 중이다. 하지만 2018년 10월 새로운 이탈리아 정부는 이전 행정부의 심사 메커니즘 계획을 지지하지 않으며 그 대신 일대일로 관련 중국의 이탈리아 철도, 항공, 우주 및 문화 부문에 대한 투자 확장을 위해 중국과 양해각서를 체결할 것이라고 발표했다. 이탈리아의 경제개발부 차관인 미켈레 제라시는 블룸버그에 다음과 같이 말했다. 이탈리아는 중국의 "일대일로에서 유럽연합의 주요한 파트너"가 될 것을 모색하는 한편, "EU [및] NATO와의 기존 동맹의 범위 내에서" 중국과 비즈니스를 추구할 것이다.

2) 외교활동: 태평양 섬에서 중앙 유럽까지 고위급 인사 방문

공식 방문과 회담을 통한 외교활동은 베이징이 타국의 정책에 영향을

---

4   2016년 중국의 연간 대미 투자는 465억 달러에 달했다. Rhodium Group and National Committee on U.S.-China Relations, "The U.S.-China FDI Project."

미치기 위해 이용하는 또 다른 수단이며 투자약속과 병행해서 행해질 때가 종종 있다. 원조 데이터의 연구원들이 피지, 말레이시아, 필리핀에서 정부, 민간부문, 시민사회 및 여타 그룹과 논의하면서 다음과 같은 것을 발견했다. "사례연구 대상인 3개국에서 모두 면담자들은 중국의 엘리트 대 엘리트 외교(즉, 공식방문)는 베이징이 정치 엘리트들과의 긴밀한 유대를 구축하고 우선순위를 알려주며 지도자들로 하여금 이런 포지션을 자신들의 것으로 받아들이도록 설득하는 가장 강력한 도구 중 하나임을 강력하게 느꼈다." 상대적으로 소국인 사모아, 파푸아뉴기니, 바누아투 및 통가 – 2000년에서 2016년까지 이들 나라는 중국으로부터 금융외교로 각각 3억 달러에서 4억 달러를 받았다 – 는 2000년에서 2015년까지 중국으로부터의 공식 방문이 각 100회 이상이었다.

공식적인 양국 간 방문 이외에 베이징은 '중국과 중앙·동부 유럽국가 간 협력' 포럼 – '16+1' 포맷으로 알려진 – 을 통해 유럽의 정책에 영향을 미치려고 시도했다. 이 포럼은 2012년에 창립되었으며 회원국은 중국과 11개 EU 국가와 다섯 개 가맹 단계에 있는 국가들로 구성되어 있다.[5] 비록 16+1 이니셔티브에는 모든 회원국들이 참여하는 회의가 포함되어 있다고 할지라도 체코의 중국학자 마틴 할라는 다음과 같이 썼다. 현실적으로 "베이징과 16개 양자 간 관계를 위한 플랫폼으로 중국이 압도적 우위를 차지한다. 양자 간 파트너십은 중국이 기존 동맹을 우회하고 새로운 중국 중심 시스템을 지향하여 각국을 재편성하기가 훨씬 용이하다." 결국 16+1 포맷으로 인하여 중국 정치인들과 사업가들은 EU 상대편과 거래를 하기 위해 EU의

---

[5]   16+1 국가들은 알바니아, 보스니아 헤르체고비나, 불가리아, 크로아티아, 체코공화국, 에스토니아, 헝가리, 라트비아, 리투아니아, 마케도니아, 몬테네그로, 폴란드, 루마니아, 세르비아, 슬로바키아 및 슬로베니아 플러스 중국이다. 중국과 중부·동부 유럽 국가들 간 협조, '대사관.'

투명성과 책무성 메커니즘을 우회할 수 있게 되었다. 따라서 이런 국가들의 '과두정치 요소'를 강화시킨다. 또한 16+1 이니셔티브는 참가국들이 베이징이 선호하는 파트너가 되기 위해 서로 경쟁하도록 부추긴다. 예를 들어 제만 대통령과 세르비아 정치인들은 중국을 얼마나 적극적으로 유치하는지를 자랑하는 공개 성명을 발표했다.

(1) 유럽의 우려 및 탄력성의 징후

최근 수년 동안 서부 유럽과 EU 지도자들은 16+1 이니셔티브가 중국에 유리하도록 유럽을 분열시키고자 하는 것에 대해 우려하게 되었다. 2017년 9월 당시 독일 외무장관 지그마르 가브리엘은 다음과 같이 말했다. "우리가 중국에 대한 단일 전략을 개발하는 데 성공하지 못한다면 중국은 유럽을 분열시키는 데 성공할 것이다." 그와 여타 독일 관리들은 베이징의 활동과 그것이 유럽에 정치적 영향을 발생시키고 자유로운 국제질서를 재형성할 잠재성에 대해 우려를 표명했다. 2018년 1월 프랑스의 에마뉘엘 마크롱 대통령은 일부 유럽 국가들이 유럽의 이익을 희생시키고 중국의 이익에 좀 더 개방적인 데 대해 우려를 제기했다.

서부 유럽의 여타 국가들처럼 독일은 민주적인 제도와 경제력 덕분에 정책과 인식에 영향을 미치려는 베이징의 노력에 직면하여 더욱 탄력성이 있다. 이와 대조적으로 전미민주주의 기금의 연구 및 분석담당 부이사장인 크리스토퍼 워커는 위원회에서 증언하기를, 중부와 남부 유럽의 여러 나라들은 "근본적으로 베이징이 벌이고 있는 영향력 행사 활동에 특별히 취약하다." "그 이유는 이런 사회에서 민주주의의 뿌리가 깊이 박히지 않았기 때문이다." 베이징이 EU 국가들에게 인권기록을 비판하지 말라거나 또는 달라이 라마를 만나지 말라고 압력을 가하는 데도 불구하고 — 또는 적어도 그렇게 하지 않으면 경제적 인센티브가 있다는 데도 — 베를린은 이것과 여타 유사한 사안에서 중국에 협조적이지 않았다. 예를 들어 2017년에 독일 정부는 중국의 법률가들과 인권 활동가들에게 고문을 자행한 데 대해 베이징을 비난하는 서신에 서명한 11개국 중 하나였다.[6] 그리고 2018년에 독일 정부는 반체제 인사이자 노벨상 수상자인 류샤오보(劉曉波)의 미망인 류샤(劉霞)의 석방을 추진했다. 베이징은 중국 총리 리커창이 안젤라 메르켈 독일 총리를 만난 다음 날 그녀를 가택연금에서 해제했다. 고드망과 바세리어에 의하면 이미 인권과 법치의 강력한 후원국인 "독일 정부는 과거보다 더 빈번하게 인권문제에 대해 비판을 제기한다." 동시에 2017년 이후 베를린과 베이징은 트럼프 행정부의 파리 기후변화 협정 탈퇴와 EU 및 중국으로부터의 수입품에 대한 관세부과를 반대하는 데서 공동 목표를 발견했다.

3) 베이징을 반대하는 국가에 대한 경제보복

베이징은 지난 10년 동안 타국의 정책에 영향을 미치는 수단으로 경제적 압박을 동원했는데 그 빈도가 많아지고 효과가 컸다. 베이징이 효율적으로 사용한 경제적 압박의 메커니즘에는 수출입의 제한, 해외여행 자국 관광객 감소, 회사에 대한 압력 및 불매가 포함된다. 이런 경제보복 수단들은 대부분 공식적으로 발표되지 않은 비공식 제재로서, 미국 정부의 경우 제재를 가할 때 공식화되고 공적인 과정과 법적인 틀 내에서 이뤄지는 것과 현저하게 대조를 보인다.

한국은 최근 베이징이 경제적 압박 조치를 취한 유명한 사례이다. 2016년과 2017년 한국이 북한의 핵 위협에 대처하기 위해 미국의 탄도탄 요격 유도탄 체계(THAAD: Terminal High Altitude Area Defense)를 설치하기로 결정하

---

6   기타 10개국은 오스트레일리아, 벨기에, 캐나다, 체코공화국, 에스토니아, 프랑스, 일본, 스웨덴, 스위스 및 영국이다.

자 중국 정부는 공격적인 경제보복 조치를 취하기 시작하여 엔터테인먼트, 소비상품 및 관광을 포함한 광범위한 분야에서 한국산 상품과 서비스의 시장 접근을 차단했다. 또한 베이징은 소비자들이 한국제품을 불매하도록 조용히 부추겼다. 그 결과 한국의 대중국 식품 수출은 2017년 3월 현재 연간 기준 5.6% 감소했으며 2017년 6월 중국 관광객의 한국 방문은 전년 동기 대비 60% 감소했다. 한국산 현대와 기아 자동차의 중국 내 판매는 2017년 3월 현재 연간기준으로 52% 줄어들었다. 베이징은 또한 한국의 재벌 기업인 롯데를 표적으로 삼아 중국 내 사업을 제대로 하지 못하도록 응징 조치를 취했다. 롯데는 2016년 11월 회사가 소유하고 있는 골프장 중 하나를 THAAD 설치 장소로 쓸 수 있도록 한국 정부 소유의 대지와 교환하는 데 합의했다. 바로 다음 달 중국 당국은 롯데그룹의 상하이, 베이징, 선양, 청두 사업장에 대한 조사에 착수하고, 2017년 3월 롯데그룹과 허쉬가 공동 운영하던 초콜릿 공장의 생산이 중단되었다. 2017년 4월 초까지 롯데그룹의 보고에 의하면 중국 내 99개 롯데마트 중 75개가 중국 규제 당국에 의해 폐쇄되었다. 표면상의 이유는 안전규정을 위반했다는 것이다.

베이징은 2010년부터 정책 수단으로 경제보복을 더욱 빈번하고 상황에 맞춰 사용하기 시작했다. 2010년 일본 해경이 중국 어선의 선장을 억류한 다음 베이징은 대일본 희토류 수출을 금지했다. 이런 조치는 많은 사람들이 볼 때 선장 억류에 대한 보복으로 취해진 것이었다.[7] 그해 말 노르웨이의 노벨위원회가 노벨평화상을 류샤오보에게 수여하자 베이징은 노르웨이산 연어에 대한 수입규제 조치를 새로 취했다. 2012년 베이징은 해상 분쟁

---

[7]   오스트레일리아 국립대학교의 에이미 킹과 시로 암스트롱은 대일본 희토류 수출 금지는 어선 선장이 억류되기 이전에 결정되었다는 증거가 있다고 했다. Amy King and Shiro Armstrong, "Did China Really Ban Rare Earth Metals Exports to Japan?" *East Asia Forum*, August 18, 2013.

으로 필리핀과의 관계가 긴장상태에 이르자 필리핀산 농산물 수입에 대한 품질 표준을 좀 더 엄격하게 적용하는 것으로 대응했으며, 필리핀에 대한 여행 주의보를 발동한 결과 중국으로부터의 관광이 줄어들었다. 2016년 이래 차이잉원 타이완 총통이 중국이 긍정적인 양안관계를 위해서 요구하는 '하나의 중국' 정책을 명시적으로 지지할 의사가 없다고 하자 이에 대한 대응으로 광범위한 강압조치를 취했다.[8] 이런 조치 중 다수는 경제영역에서 발생했다. 예를 들면 관광객 및 타이완 방문 학생 수 감소, 타이완산 특정 상품 수입 금지 그리고 중국에서 사업하는 타이완 음식점 체인이 양안관계에 관한 베이징의 입장을 지지하도록 압력을 가하기 위해 식품 안전규정을 위반했다는 혐의와 벌금을 이용했다. 나아가 2016년 달라이 라마가 몽골을 방문한 이후 베이징은 몽골 정부에 대한 차관협상을 취소했다.

(1) 대응에 부심하는 표적 국가들

최근 수년 동안 중국의 경제적 강압조치를 당한 나라의 정부는 여러 가지 방식으로 대응했다. 가령 WTO에의 제소를 모색하고 양국 관계의 재설

---

8 베이징은 양안 커뮤니케이션과 회담이 '하나의 중국' 원칙에 기초해야 한다고 강조한다. 타이베이와 베이징은 차이 총통의 전임자인 중화민국 국민당의 마잉주 집권 기간 이루어진 이른바 '1992 컨센서스'— 1992년 타이완과 중국 대표들 사이에 도달한 묵시적 양해로 '하나의 중국'만 있고 실질적으로 각 측이 '하나의 중국'의 의미에 대한 각자의 해석을 유지하기로 했다 —를 지지했다. 차이 총통의 소속 당인 민주진보당은 '1992 컨센서스'를 지지하면 베이징이 이 당을 '하나의 중국'에 대한 자신들의 해석을 받아들이도록 함정에 빠트릴 수 있다고 우려하며, 타이완 해협의 평화와 안정을 추구하기 위한 중국 측의 전제조건을 거부하고 있다. Joseph Wu, "Assessing the Outcomes and Implications of Taiwan's January 2016 Elections," Center for Strategic and International Studies, Washington, DC, January 19, 2016; *Focus Taiwan*, "United Daily News: DPP Should Accept '1992 Consensus,'" December 22, 2014; Richard C. Bush, "Taiwan's January 2016 Elections and Their Implications for Relations with China and the United States," *Brookings Institution*, December 2015, 5~6, 17.

정을 시도하며, 중국의 민감성과 정책 포지션을 인정하고 사과하는 성명을 발표하거나 또는 양보를 거부하고 새로운 행정부가 집권하면서 정책을 바꿨다.

• 도쿄는 중국의 희토류 수출 금지에 대응하여 EU 및 미국과 함께 WTO에 제소했다. WTO 분쟁해결 패널은 2014년 3월 중국은 합법적인 보존 또는 환경보호 조치로 제한조치를 취했다고 했지만 이를 정당화하지 못하는 것을 발견하고 수출쿼터는 "보존보다 산업정책 목표를 달성하기 위한 계획"이라고 했다. 중국은 이 결정에 항소했지만 WTO 상소기구는 그해 8월 항소를 기각했다.[9] 2015년 1월 중국 정부는 희토류 수출에 대한 제한 쿼터를 종료한다고 발표했다. 그해 5월 중국은 판결을 이행했다고 발표했지만 미국은 완전히 이행했다는 데 동의하지 않고, 양측이 WTO 절차에 따라 분쟁을 해결하기로 합의했다.

• 오슬로는 베이징의 노르웨이산 연어 수입금지에 대응하여 WTO에 협의를 요청했으나 2013년부터 베이징과의 관계개선을 위해 여러 가지 시도를 했다. 2016년에 오슬로는 베이징을 만족시키는 성명을 최종적으로 발표하고 "하나의 중국 정책에 충실할 것"을 되풀이해서 말했다. 그리고 노르웨이는 "중국의 주권과 영토 보전을 완전히 존중하고 중국의 핵심 이익과 주요한 우려에 높은 중요성을 둘 것이며, 이를 훼손하는 행동을 지원하지 않으며 향후 양국 관계에 유해한 일을 회피하기 위해 최선을 다할 것"임을 발표했다.

---

9   중국이 항소한 다음 미국도 이 사건을 뒷받침하기 위해 제출한 일부 증거를 패널이 기각한 결정에 대한 우려 때문에 항소를 제기했다. 하지만 미국의 항소는 조건부였으며 조건 중 하나가 충족되지 않았기 때문에 항소기구는 그에 대해 판정하지 않았다. U.S.-China Economic and Security Review Commission, *2014 Annual Report to Congress*, November 2014, 64; Tom Miles, "China Loses Appeal of WTO Ruling on Exports of Rare Earths," *Reuters*, August 7, 2014.

● 두테르테 대통령이 2016년 6월 집권하기 이전에 마닐라는 중국에의 농산물 수출과 중국 관광객 감소에 직면해서도 중국과의 해양 분쟁에 대한 자신들의 입장을 유지했다. 두테르테 대통령의 중국에 대한 유화적인 태도는 보상을 받아 관광 주의보와 농산물 수입 제한이 해제되었다. 그때 이래 두테르테 대통령의 입장은 중국에 대한 아첨과 날카로운 비판 사이를 왔다 갔다 했다.

● 차이 총통은 양안관계에 대해 '하나의 중국' 정책을 구체적으로 표현하라는 베이징의 요구에 양보하지 않고 양안관계의 '현상유지' 정책을 계속 추구했다. 타이완 정부는 중국관광객 감소를 상쇄하기 위해 동남아 국가들로부터의 관광객 유치 증대를 위한 정책을 폈다.

● 중국이 몽골에 가하고 있는 경제적 압박이 미치는 장기 효과는 불분명하다. 울란바토르는 초기에 중국의 보복 조치에 저항했지만 결국 달라이 라마를 몽골로 초청한 데 대해 유감을 표명하고, 다시는 초청하지 않을 것이라고 했지만 후임 지도자는 그렇게 하는 데 관심을 표명했다.

● 서울은 여전히 사드를 배치하고 있으며 중국이 유아용 유동식과 의료장비 판매에 내린 제한조치를 예로 들어 중국이 한국의 경제적 이익에 반하는 보복을 한 데 대해 WTO에 우려를 제기했다. 하지만 한국은 또한 중국과 협의하여 '3불(3NO: 사드 추가배치 불가, 한미일 삼각 군사동맹 비추진, 미국 미사일 방어체계 불참)'로 알려진 합의에 도달했다. 그런데 합의의 조항 해석을 놓고 양측에 상당한 간격이 여전히 존재한다.

4) '샤프 파워(sharp power)'와 인식 관리

베이징은 중국공산당에 대한 여론과 인식을 형성하기 위해 '샤프 파워'라고 하는 수단을 다양하게 이용하고 있다. 그 목적은 중국공산당의 안정을 강화하고 여타 국가들이 따를 수 있는 대안으로서 중국의 정치·경제 시스템을 제시하고자 하는 것이다. 이런 접근방법에 포함되는 것은 컨퍼런스의 자금을 지원하고 국영 매체의 기사 및 외교부의 공식성명을 신문에 게재토록 하고 암암리에 여타국의 중국어 미디어에 영향을 미치는 행위이다. 중국공산당이 중국어 미디어에 영향을 미치려고 노력을 기울이는 목적은 "세계적으로 [중국의] 의제에 유리한 여론을 조성코자 하는 것이다." 독자가 많은 뉴스레터 ≪시노시즘≫의 편집자인 빌 비숍이 한 말이다.

참고 자료

소프트, 하드 및 '샤프' 파워

2017년에 전미민주주의 기금(National Endowment for Democracy)은 중국과 같은 권위주의 정권이 타국의 민주 제도를 어떻게 훼손하는지 묘사하기 위해 '샤프 파워'란 용어를 제안했다. 이런 활동의 대부분은 강압적인 힘이나 설득하는 힘—하드 파워와 소프트 파워—에 의존하지 않는다. 왜냐하면 그런 활동은 국가의 정책에 직접 영향을 미치는 것을 목표로 하지 않고 오히려 정보 환경을 "꿰뚫고 침투하며 관통하려고 하기" 때문이다. 각 용어에 대한 추가 설명은 다음과 같다.

● 하드 파워   하드 파워는 어느 나라가 다른 국가들에게 위협을 가하거나 돈을 제공함으로써 원하는 바를 실행토록 공개적으로 강요하거나 압박하는 능력이다. 하지만 하드 파워만 사용해서 달성할 수 있는 것에는 한계가 있으며 언제나 영향력을 발휘하는 것은 아니다.

● 소프트 파워   정치학자 조셉 나이에 의하면 소프트 파워 ― 어느 나라가 "다른 국가들에게 압박과 지불에 의한 하드 파워를 통하지 않고 오히려 매

력과 설득에 의해 영향을 미치는 능력" - 는 타국의 태도와 선호를 형성하고 자기 나라의 목표가 타당하다는 인식을 조성하기 위해 문화, 정치적 이상, 정책 및 시민사회의 긍정적인 매력에 의존한다. 국제외교에 적극적으로 참여하는 것도 그 나라의 소프트 파워에 기여할 수 있다. 소프트 파워만 갖고 효과적인 대외 정책을 형성할 수 없지만 하드 파워와 결합하면 전력승수가 될 수 있다. 예를 들어 나이 박사는 미국이 냉전 시대 소련을 억제하기 위한 군사력과 아울러 공산주의를 약화시키기 위해 그 정치적 이상을 동시에 이용한 전략은 하드 파워와 소프트 파워, 즉 '스마트' 파워를 성공적으로 결합한 것이라고 주장한다.

● 샤프 파워   권위주의 정권은 자국 내에서 자유주의화하는 영향을 억제하는 한편 투자를 통해 민주국가의 개방사회를 활용하고 국제 미디어, 문화기관, 싱크탱크, 대학 등을 프로그램에 입각하여 지원하는 데 샤프 파워를 이용한다. 이런 유형의 영향은 드러내놓고 강압적이지 않고 매력에 입각한 것도 아니다. 그 목적은 적법한 양식으로 대안이 되는 아이디어를 제시하기보다 혼란과 조종 및 사회적 분열을 격화시키는 것이다. 개인의 자유보다 국가권력에 특권을 부여하고 표현의 자유와 공개 토론에 적대적인 권위주의 정권은 그들이 선호하는 정치적 담론을 진작하고 그들의 목적에 유리한 여건을 조성하는 데 이런 접근방법을 이용한다. ≪엘 에코노미스타≫ 기자이며 「샤프 파워」 리포트의 공동 필자인 후안 파블로 카르데날은 소프트 파워가 샤프 파워보다 더 확실하다고 주장했다. 소프트 파워는 "중국이 하는 것처럼, [외국인] 수천 명을 미국으로 데려와서 그들을 국가 선전에 접하게 하는 국가전략에 의존하지 않아도 된다." 그리고 소프트 파워 문화 기관들은, 공자 학원이 하는 것처럼 민감한 주제에 관한 '토론을 금지'하지 않고 문화적 행사를 제한하지 않는다.

(1) 미디어 압력 및 파트너십

베이징은 전 세계적으로 선전을 확산하고 합법적인 미디어 출처에 그들의 메시지를 넌지시 비치기 위해 미디어를 이용한다. 라이트 박사와 베너 씨는 위원회에서 다음과 같이 증언했다. 세계적인 미디어 협력을 통해 중국의 이미지를 개선하는 것은 베이징이 "중국에 대한 더욱 긍정적인 인식을 [창출하고] 중국의 정치 및 경제 시스템을 자유민주주의에 대한 실행 가능한 대안으로 [제시하며] 중국의 독재적인 모델을 [위해] 세계를 안전하게 [만드는]" 데 이용하는 하나의 방법이다.

베이징의 미디어활용 전략은 현지의 인식을 개선하는 목적을 갖고 국영 메시징을 확산하기 위해 외국 미디어와의 협력에 의존한다. 글로벌 공공정책연구소에 의하면 중국의 대유럽 미디어활용 전략에는 공식 견해를 확산하기 위해 다음과 같은 방법을 동원한다. 즉, 신문 특집판 이용, 중국 국가 미디어와 유럽 미디어 간 협력증진 및 자기 검열을 조장하기 위해 중국시장을 이용한다. 왜냐하면 출판사들과 영화 제작사들은 중국시장 접근이 필수적인 것으로 생각하기 때문이다. 중남미에서 중국공산당의 미디어활용 전략은 다음과 같은 3단계 접근책으로 구성된다. 즉, 중국 국가 미디어의 현지 진출, 파트너십 형성, 콘텐츠 교환 및 중국 국가 미디어와 현지 미디어 간 협력, 저널리스트에 대한 훈련기회 제공이다. 또한 중국이 중남미 파트너들과 체결한 협정은 양국 관계를 증진하는 데 미디어와 커뮤니케이션의 중요성을 강조했다.

크리스토퍼 워커에 의하면 중국은 "국가 지시 프로젝트를 상업미디어 또는 민초협회로 가장하고 외국 선전 혹은 외국 조종 수단을 위한 도관으로 현지 활동가를 [이용한다]". ≪파이낸셜타임스≫에 의하면 공산당 산하 기관이 제공한 콘텐츠는 전 세계적으로 적어도 200개의 명목상 독립적인 중국어 매체에서 재방송되거나 재출판된다. 베이징은 미국, 영국, 오스트레일리아 주류 미디어 출처에 중국 국영 《인민일보》의 영문판인 《차이나워치》 특집판을 제공하는 등의 조치를 지속하고 있다. 이런 조치에서 각각의 매체는 발간하는 중국어 콘텐츠에 대한 편집을 통제하지 않는다.[10] 잠재적으로 새로운 유형의 파트너십에서 《폴리티코》와 홍콩에 본사를 두고 있는 신문 《사우스차이나모닝포스트》는 2018년 5월 각기 상대방의 기사를 발간하는 콘텐츠 공유 계약을 체결했다. 《포스트》의 편집장인 태미 탐에 의하면 이 파트너십은 "근본적으로 《차이나워치》 스타일의 게재물과 성격이 다르고" 본토 신문이 외국 미디어와 이런 유형의 거래를 하기는 '절대적으로' 불가능하다.[11]

---

10 2016년 5월 중국과 오스트레일리아 미디어 기관 간 여섯 개의 주요 협정이 체결되었다. 존 피츠제랄드와 와닝선에 의하면 '중국의 선전을 위한 승리'였다. 피츠제랄드는 스윈번 대학교의 아시아-태평양 투자 및 박애를 위한 사회 영향 스윈번 프로그램 센터의 이사장이다. 와닝선은 테크놀로지 시드니 대학교의 미디어 및 커뮤니케이션학과 교수이다. 2018년 10월 오스트레일리아 파이낸셜 리뷰와 카이신 미디어는 새로운 상호 콘텐츠 공유 파트너십을 발표하였다. *Australian Financial Review*, "Financial Review Seals China Media Partnership," October 8, 2018; *Caixin*, "Content Partnership between Caixin Global and the Australian Financial Review," October 8, 2018; U.S.-China Economic and Security Review Commission, *2017 Annual Report to Congress*, November 2017, 470, 477; Cao Yin, "China Watch to Reach More Online Readers," *China Daily*, April 29, 2015.

11 《차이나워치》 거래와 달리 《폴리티코》와 《포스트》는 각각 상대편의 어떤 기사를 공유할 것인지 선택할 수 있다. 미즈 탐은 위원회에 말하기를 양측은 "공유한 콘텐츠 양의 비대칭을 … 예상하지 않는다." 외환 환율과 특정한 스타일의 변경을 예외로 하고 양측은 상대편 콘텐츠를 수정할 수 없으며, 출판의 양, 주제 또는 빈도에서 비대칭적인 거래 양상은 없다. 2018년 5월 말과 7월 말 사이 계약에 따라 각각이 발행한 기사 수는 대략 동등한 것으로 보였다. 《폴리티코 프로》의 편집국장이며 《포스트》 파트너십의 매니저인 마티 케이디는 위원회에 다음과 같이 말했다. 《폴리티코》는 "《폴리티코》 독자들이 [기사들을] 의미 있고 정보가치가 있으며 유용하다고 할 것인지 여부에 따라 사례별 기준으로" 어떤 《포스트》 기사를 발행할 것인지 결정한다. 미즈 탐에 의하면 《포스트》 팀은 독자들에게 "가장 정보가치가 있다"라고 믿는 것을 근거로 《폴리티코》 기사를 선정한다. 케이디에 의하면 《폴리티코》와 《포스트》의 편집팀은 상호간 특별한 기사를 알려주지만 "그런 기사를 발간할 의무는 없다." Tammy Tam, Chief Editor, *South China Morning Post*, 위원회 스탭과의 면담, July 27 and 30, 2018; Marty Kady, Editorial Director of *Politico Pro*, 위원회 스탭

미디어 배포 파트너십을 추진하는 데 더하여 중국공산당은 전 세계적으로 중국어 미디어에 영향을 미쳤다. 그렇게 하는 방법은 드러내 놓고 또는 암암리에 미디어를 인수하거나 광고수익을 얻지 못하도록 함으로써 파산이 되도록 시도하는 것이다 — 그리고 심지어 특정한 콘텐츠에 관해 직접 압력을 행사한다. 이는 표적 국가에서 수용자가 받는 중국에 대한 정보를 통제하기 위함이다. 2015년 로이터의 조사에 의하면 미국을 포함한 14개국의 적어도 33개 라디오 방송국들은 대주주가 국영 차이나 라디오 인터내셔널인 것을 모호하게 하는 구조로 된 네트워크의 일부이다. 이런 방송국들은 영어, 중국어, 현지어로 콘텐츠를 방송한다. 독립적인 오스트레일리아 중국어 신문 ≪비전차이나타임스≫의 편집국장인 얀시아는 중국의 이민 관리가 베이징 소재 이민 대행사에 압력을 넣어 그의 신문에 광고를 싣지 말라고 했다는 글을 썼다. 얀에 의하면 오스트레일리아의 중국어 미디어는 "[중국의 국가 주석 겸 당 총서기] 시진핑과 베이징의 외교정책을 지원하라는 압력을 받고 있다." 2018년 6월 주캔버라 중국대사관 미디어 업무 책임자인 사시앤 차오는 오스트레일리아의 〈60 미니츠〉 프로그램 제작 책임자인 커스티 톰슨에게 전화를 하여 '공격적이고 위협적이며 목소리가 큰' 매너로 중국의 남태평양에서의 외교, 재정 및 군사 영향력에 대해 내보낼 보도에 항의를 한 것으로 알려졌다. 〈60 미니츠〉가 바누아투 주재 중국대사관의 외부를 불법적으로 촬영했다고 주장하면서 — 미즈 톰슨은 이를 부인했다 — 차오는 톰슨에게 [해당 콘텐츠를] 내리라고 요구하고 "향후 다시는 위법행위가 없을 것"을 요구했다. 그럼에도 불구하고 〈60 미니츠〉는 화면을 내보냈다.

체코의 싱크탱크인 국제문제연구소의 연구에 의하면 "중국의 [미디어 기

과의 면담, July 26, 2018; *Politico*, "South China Morning Post"; *South China Morning Post*, "Politico": John F. Harris and Carrie Budoff Brown, "Editor's Note: A POLITICO Partnership in China," *Politico*, May 22, 2018.

188 미-중 분쟁의 실상

권] 오너십은 이 나라에 대해 부정적인 논평을 전혀 할 수 없다는 말과 동일하다"라고 했다. 이는 앞으로 베이징과 관련된 기관들이 미디어 회사들을 인수할 때 우려되는 점이다. 이 연구에 의하면 체코 미디어의 중국에 관한 보도가 일반적으로 중립적이거나 부정적이지만, 중국기관들이 현지 미디어를 소유하거나 공동 소유할 경우 중국에 유리하도록 영향을 끼친다. 예를 들어 중국에너지가 ≪타이든 위클리≫와 TV 바란도프 – 체코 신문과 텔레비전 방송국 – 를 인수한 이후 두 미디어의 중국에 관한 보도는 '전적으로 긍정적'이 되었다.

(2) 독점 금지 및 투명성 조치는 어떤 가능성을 보인다

몇몇 국가들은 중국의 미디어 이용 전략에 직·간접적으로 대응하는 조치를 취했다. 체코 국제문제연구소에 의하면 미디어의 교차 소유를 금지하는 슬로바키아의 법률은[12] 중국의 미디어 매입의 전략적 함의로 고심하고 있는 여타 국가들에 영감을 줄 수 있다. 비록 이 법률은 외국의 오너십을

---

12 관련법에 의하면 슬로바키아의 방송과 재송신에 관한 법률은 '방송에서 정보의 다양성 및 오너십과 개인관계의 투명성'을 보장하도록 되어 있다. 이 법은 슬로바키아 영토의 절반 이상에서 1주일에 다섯 번 이상 발행되는 공중 정기간행물의 발행자는 여러 지역이나 전국적으로 방송하는 것을 금지한다. 그리고 개인이나 회사가 어떤 조건하에서 방송사와 관련이 되는 것을 제한하며 그런 조건이 충족되었음을 증명하는 서류 제출이 요구된다. 또한 개별 방송프로그램은 총인구의 50% 미만에서 받아들여질 것을 허용한다. 하지만 이 법은 여러 종이 신문 또는 다수 방송 미디어의 소유를 금지하지 않는다. 그리고 온라인 미디어를 포함하지 않으며 이 법의 시행을 감독하는 위원회는 투자 및 소유의 원천에 근거하여 법적인 조치를 취할 수 없다. 더구나 비록 위원회가 공식적으로는 독립적이라고 할지라도 현실적으로 "대단히 정치화되었다." 체코 국제관계연구소의 연구원 이바나 카라스코바에 의하면 그렇다. 그는 본 위원회 직원과 2018년 7월 31일 면담을 했다. Matej Šimalčík, Executive Director, Institute of Asian Studies, interview with Commission staff, July 30 and 31, 2018; Act on Broadcasting and Transmission(Slovakia), as amended by 2015, Part Ten; Commission of the European Communities, *Commission Staff Working Document: Media Pluralism in the Member States of the European Union*, January 16, 2007, 77.

시정하지는 못한다고 할지라도 미디어 오너십 집중을 방지하도록 만들어져 있다. 체코 국제문제연구소의 두 명의 연구원에 의하면 특정 담론이 미디어 보도를 지배하는 것을 방지하는 데 이 법률이 일조할 수 있다. 현재 고려되고 있는 EU의 심사 메커니즘 초안은 미디어 투자에 관해 언급하고 있지만, 이 연구소 연구원인 이바나 카라스코바에 의하면 초안의 조치는 충분히 확고하지 못하다. 왜냐하면 보도 절차만 만들었지 규제의 기본 틀을 창출하지 않았기 때문이다.[13]

미국 의회 의원들은 중국이 취하고 있는 이런 유형의 미디어 영향에 대응하기 위해 2018년에 몇몇 조치를 취했다. 마르코 루비오 상원의원(공화당, 플로리다주)과 의회 중국위원회 공동위원장인 크리스 스미스 하원의원(공화당, 뉴저지주)은 다른 의원들과 함께 2018년 6월 상원과 하원에 관계 부처로 구성된 태스크포스 설치를 요구하는 공동 법안을 제출했다. 이 기구는 미국과 특정한 미국의 동맹국들에서 중국공산당이 '미디어와 여론, 시민사회, 학계 및 화교들'을 대상으로 영향력을 행사하고 있는 상황에 관한 비밀이 아닌 보고서를 작성하는 임무를 맡게 된다. 하원의원 조 윌슨(공화당, 사우스캐롤라이나주), 상원의원 루비오와 톰 코튼(공화당, 아칸소주)은 2018년 3월 외국영향 투명법이란 제목의 법안을 제출했다. 이 법은 외국 정부의 정치적 의제를 홍보하는 기관은 외국 에이전트[14]로 등록해야 하며 대학이 외국 출

---

13 조치의 초안에는 '중대한 전략적 사회간접자본'의 정의에 '커뮤니케이션과 미디어'가 들어 있으며 전망되는 투자의 함의를 평가할 때 "안보 또는 공공질서, 미디어의 다양성과 독립에 대한 잠재적인 효과를 근거로" EU회원국들이 고려하도록 허용하는 수정안을 담고 있다. European Parliament, *On the Proposal for a Regulation of the European Parliament and of the Council Establishing a Framework for Screening of Foreign Direct Investments into the European Union*, June 5, 2018.

14 1938년의 외국 에이전트 등록법은 "정치 및 준정치 영역에서 외국 주체의 에이전트로 활동하는 사람은 외국 주체와의 관계, 활동, 수령액 및 그러한 활동을 지원하기 위한 지출에 관해 정기적으로 공개할 것을 요구한다." U.S. Department of Justice, FARA: Foreign Agents

처로부터 어떤 기부금과 선물을 받으면 내용을 밝힐 것을 요구한다. 국방수권법 2019는 몇 가지 방법으로 악의적인 외국의 영향력 행사 활동과 캠페인, 특히 중국이 수행하는 활동에 미국 정부의 대응을 조정하고자 하는 것이다.[15]

5) 적대자를 끌어들이거나 와해시킨다

중국은 외국의 미디어를 통제하거나 영향력을 미치는 행위를 넘어 베이징에 비판적인 목소리를 끌어들이거나 와해시키고 중립화하기 위해 다른 광범위한 영향력 공작을 수행함으로써 중국에 대한 타국의 정책을 변경시키려고 한다. 베이징이 영향력 공작을 수행하기 위해 구사하는 중요한 방법은 대상 국가의 시민들에 대한 메시지 전달업무를 하청 주는 것이다. 이는 부분적으로 출처가 중국이 아닌 것으로 보이면 외국인들이 선전을 받

Registration Act.

15 2019년 국방수권법은 '악의적인 외국의 영향력 활동과 캠페인'을 "적대적인 외세가 미국 내에서 태도, 행동, 결정 또는 결과에 영향을 미치기 위해 국가의 외교, 정보, 군사, 경제, 비즈니스, 부패, 교육 및 여타 역량을 조직적으로 사용하는 직·간접적 행동"이라고 정의한다. 이 법에 의해 대통령은 악의적인 외국의 영향에 대처하기 위해 부처 간 조정을 책임질 직원을 국가안전보장회의에서 지정해야 하며, 그렇게 하기 위한 전략의 대강을 담은 보고서를 제출해야 한다. 이 법은 대통령에게 중국에 관한 정부 전체의 전략을 상세하게 기록한 보고서를 의회에 제출하도록 지시한다. 보고서에는 다음과 같은 내용이 담겨야 한다. 무엇보다도 중국이 "민주 제도와 과정 및 언론, 표현의 자유를 훼손하기 위해 정치적 영향력, 정보활동, 선전을 이용하는 데" 대한 전략적 평가와 대응이 있어야 한다. 그리고 이 법은 국방부에 군사 및 안보 동향에 관한 연례 보고서에 중국 관련 절을 추가하도록 지시한다. 여기서 언급할 사항은 중국이 "자국의 안보와 군사 전략과 목표에 더욱 유리하도록 미국의 미디어, 문화기관, 업계 및 학계 그리고 정책 공동체에 영향을 미치기 위한 노력"과 아울러 "정보활동을 포함한 여타국에서의 비군사적 수단"을 사용한 것이다. 또한 이 법은 국방부 자금을 공자 학원의 중국어 교육에 사용하는 것을 금지한다. John S. McCain National Defense Authorization Act for Fiscal Year 2019, Pub. L. No. 115~232, 2018.

아들일 가능성이 더 높다고 믿기 때문이다. 중국은 외국 엘리트들을 엄선하여 중국에 데려다 교육을 시키는데 막상 대상자들은 중국의 교섭 상대자들이 국가와 관련이 있다는 것을 모르고 있다. ≪엘 에코노미스타≫ 특파원 후안 파블로 카르데날에 의하면 학계 인사들만이 자기가 상대하는 인사가 누구인지를 완전히 파악할 때가 종종 있다. 그들은 일반적으로 무엇이 레드라인인지 알고 있고, 중국에서 동료를 상실할지도 모른다는 두려움 때문에 이 선을 넘지 않으려 한다.[16] 중국의 교섭 상대자들은 주로 중국공산당과 중국 정부 관리들이고 학계 인사, 정보요원 및 중국의 '우호협회' 회원들이다. 그들은 통상적으로 중국공산당 엘리트로서 중국의 외교 정책목표를 이해하고 외국인을 관리하는 훈련을 받는다.

참고 자료

중국공산당의 영향력 공작과 통일전선

외교부와 같은 알려진 공식 채널을 통한 전통적인 외교 및 영향에 추가하여 중국공산당은 '통일전선' 활동을 이용하여 자신들의 이익을 옹호한다. 이는 미국 중앙정보국이 평가한 중국공산당의 목표에 이바지하기 위해 비(非)중국공산당 기관들을 '통제하고 동원하며 이용하기 위한' 전략이

---

16 지난 10년 동안 중국을 연구한 500명 이상의 학계 인사들을 대상으로 한 2018년 8월의 조사에 의하면 중국시민이 아닌 응답자의 5.1%는 중국 방문 비자 취득에 문제가 있었다고 보고했다. 1.2%는 특정한 비자 신청을 거부당했다고 보고했다. 2.1%는 장기간 동안 중국 방문을 공식적으로 금지당했다고 믿는다고 보고했다. 연구 보고서 작성자들은 다음과 같이 주장했다. "중국 자체에 접근하는 문제, 주제와 자료에 대한 접근 및 감시/모니터링을 당하는 문제는 우려하기에 충분할 만큼 흔한 일이다. Sheena Chestnut Greitens and Rory Truex, "Repressive Experiences among China Scholars: New Evidence from Survey Data," August 1, 2018, 2, 6~7.

다. 통일전선 전략은 중국공산당에 대한 지지를 조성하기 위해 선전, 첩보활동, 인식 관리, '우호협회'를 통한 로비활동, 정치후원금, 학술기관 자금지원을 활용한다. 공산주의 희생자 기념재단의 연구원인 피터 매티스에 의하면 이런 유형의 영향력 공작은 "중국공산당이 일상적으로 수행하는 정규 업무의 일환이다 … 통일전선과 중국공산당의 선전부분은 당의 가장 오래되고 지속적으로 시행되고 있는 요소다." 통일전선공작부[17]는 중국인민정치협상회의가 정한 보다 더 광범위한 통일전선 전략에 따른 공작 수준에 맞도록 통일전선 공작을 조정한다. 이 중국인민정치협상회의는 중앙정치국 상무위원회의 위원이 이끌고 있다. 그 상무위원은 중국공산당의 전반적인 지도하에 중국의 여타 이익 집단의 대표자들을 소집한다.

시진핑 주석은 집권한 이후 통일전선 활동을 계속 강조했으며, 그 결과 통일전선공작부 출신들이 중국공산당과 정부의 상층부 자리를 많이 차지하게 되었다. 그가 국가 주석이 된 다음 최초 수년 동안에 대략 4만 명의 간부가 신규로 임용되었다. 애들레이드 대학교의 부교수인 게리 그루트에 의하면 신규로 임용된 통일전선공작부 간부 대부분은 중국 내에서 통일전선 업무를 수행한다. 하지만 베이징은 해외 통일전선 업무를 강화하여 거의 모든 중국대사관에는 현재 통일전선공작부 업무를 수행하는 직원이 있다. 워싱턴 소재 초당파 싱크탱크인 전략 및 예산 평가센터는 2018년 5월에 다음과 같이 평가했다. "[시진핑] 주석은 통일전선공작부의 해외 활동에 자원을 열심히 쏟아붓고 있다 … 따라서 서방의 정책 입안가들은 통일전선이 중국공산당 외교정책의 항구적인 수단임을 인식해야만 한다."

최근 중국 지도자들이 행한 공식적인 언명과 중국공산당의 문서에 의하면 중국공산당의 광범위한 통일전선 전략의 일부로 해외 거주 중국인의 행동과 견해에 영향을 미치기 위해 '해외의 중국인 활동'에 관해 더욱 강조하고 있다. 제19차 중국공산당 전국대표대회[18]에서 행한 연설에서 시 주석은 다음과 같이 천명했다. 당은 "화교, 귀국한 화교 및 그들의 친척들과 광범위한 접촉을 유지할 것이며 그들을 통합하여 나라를 부흥시키기 위한 [당의] 노력에 함께할 수 있도록 할 것입니다." ≪파이낸셜타임스≫가 검토한 2014년 통일전선공작부 교재에 있는 정보에 의하면 화교를 대상으로 한 통일전선 활동을 강화시키는 것으로 나타나고 있다. 여기에서 다음과 같은 말이 나온다. "국내에 살고 있는 중국인들의 단결은 해외 화교 자손들의 단결을 필요로 한다." 2015년 중국공산당 중앙위원회의 잠정 규정[19]에 의하면 통일전선 활동의 1차 임무에는 해외 화교의 '지도'가 들어 있다.[20] 중국 학생 및 학자 연합회와 같은 기관들은 통일전선 전략과 일맥상통하는 화교 활동을 적극적으로 수행하고 있으며, 어떤 기관들은 중국 정부와 직접 조정을 하고 활동가들을 괴롭히는 데 개입되어 있고 보안요원들과 직접 협력하는 것으로 보였다. 국제학자를 위한 윌슨센터의 쉬발츠만 펠로우인 아나스타샤 로이드-댐냐도비치에 의하면 "중국 학생 및 학자 연합회 임원들은 정권 반대자에 대한 대응이 조직의 핵심적인 책임인 것으로 이해하고 있다."[21] 중국은 민족, 정치, 국가 정체성 등의 민감한 이슈들과 결부된 영향력을 획득하려고 하며, 그런 영향력의 부정적인 측면을 식별하려고 하는 자들을 편견을 가졌다는 비난을 받기 쉽도록 만들고 있다.

---

17 중국공산당 중앙위원회 산하의 통일전선공작부는 국내의 통일전선 활동과 외국의 중국인 사회를 대상으로 한 해외 통일전선 활동을 책임지고 있다. 좀 더 자세한 내용은 다음 자료 참조. Alexander Bowe, "China's Overseas United Front Work: Background and Implications for the United States," *U. S. -China Economic and Security Review Commission*, August 24, 2018.

18 5년마다 열리는 전국대표대회에서 대표자들은 중국공산당의 국가정책 목표를 정하고 새로운 최고 지도부를 선출한다. *Brookings Institution*, "China's 19th Party Congress."

19 비록 그것이 '잠정' 규정이라고 할지라도 성, 도시, 지역 수준의 통일전선공작부에서 공식 지침으로 사용되고 있는 것 같다. 또한 대학교들은 잠정단계인데도 이 규정에 대한 연구회를 열었다. 2015년 통일전선공작부의 공식 위챗 계정에 올려진 주요 통일전선 행사의 '톱 10' 목록에 이 잠정 규정을 널리 알리는 것이 중국공산당 중앙위원회의 통일전선 활동에 관한 회의 바로 다음의 두 번째에 올라 있다. Baoshan City United Front Work Department, "Concentrating the Will of the People, Assembling Power, Innovation and Reform: 2017 Baoshan United Front Work Summary," August 2, 2018. Translation. http://www.zytzb.gov.cn/tzdkt/293143.jhtml; CCP Central Committee United Front Work Department, "Guangzhou City Tianhe District Makes Solid Progress on Multiparty Cooperation: Highlights Brilliant, Results Clear," July 9, 2018. Translation. http://www.zytzb.gov.cn/tzcx/291102.jhtml; Tongji University United Front Work Department, "'Chinese Communist Party's United Front Work Regulation(Trial)' Study," June 17, 2016. Translation. https://tzb.tongji.edu.cn/82/7e/c3405a33406/page.htm; *United Front New speak*, "United Front Major Events: TOP 10," January 5, 2016. Translation. http://www.zytzb.gov.cn/tzb2010/wxwb/201601/51aa90eae1bd4c6bb4d2990bf06d25de.shtml; Tianjin University, "Tianjin University Holds Lecture to Study 'Chinese Communist Party's United Front Work Regulation(Trial)'," November 16, 2015. Translation. http://news.tju.edu.cn/info/1003/23835.htm; Central United Front Work Department, "Guangdong Province Party Committee Standing Committee Studies the Spirit of the Central United Front Work Meeting," May 25, 2015. Translation. http://www.zytzb.gov.cn/tzb2010/xxgc/201505/02ff11f4d1a470d93be3328088f730d.shtml.

20 중국공산당은 1940년에 최초로 특별히 화교와의 연락책임을 진 기관을 설립했다. 현재는 통일전선공작부의 제3국이 홍콩, 타이완, 마카오 및 해외 화교를 대상으로 한 통일전선 업무를 관장한다. James Kynge, Lucy Hornby, and Jamil Anderlini, "Inside China's Secret 'Magic Weapon' for Worldwide Influence," *Financial Times*, October 26, 2017; James Jiann Hua To, *Qiaowu: Extra-Territorial Policies for the Overseas Chinese*, Brill Academic Publishers, 2014, 57

21 하지만 모든 중국 학생 및 학자 연합회가 동일한 정도로 정치적으로 적극적이지는 않다. 로이드-댐냐노비치에 의하면 "영사관 근접성, 개별 임원의 야망 그리고 회원 규모는 모두 특정한 학생 및 학자 연합회가 정치적으로 적극성을 띠는 요인이 될 수 있다. 어떤 경우에는 이런 차이 때문에 이 연합회에 대한 영사관의 통제가 과장될 수 있다. Anastasya Lloyd-Damnjanovic, "A Preliminary Study of PRC Political Influence and Interference Activities in American Higher Education," *Wilson Center for International Scholars*, August 2018, 24~25.

(1) 오스트레일리아, 뉴질랜드 및 중남미에서 중국 정책이 미치는 영향

오스트레일리아, 뉴질랜드 및 여타 국가에서 베이징은 이런 나라들의 정치제도에 개입하고 중국에 대한 경제적 의존을 정치적 영향으로 전환시킴으로써 중국에 불리한 정책을 억압하고 이런 국가들의 대미 관계를 훼손할 방법을 모색한다. 이런 활동은 특히 오스트레일리아와 뉴질랜드에서 두드러졌다. 전략국제문제연구소의 중국연구 프리맨 의장인 크리스토퍼 존슨은 "서방 민주주의의 민초 정치 수준에서 사람들을 육성하고 그들이 영향력을 행사하는 위치에 도달하도록 돕고, 그것을 향후 여타 국가에서 공작하는 시험대로 사용하는 데" 미국보다 뉴질랜드를 더 만만한 대상으로 보고 있다고 주장한다. 오스트레일리아 뉴사우스웨일스의 찰스 스터트 대학교 공공윤리 교수인 클리브 해밀턴과 그의 연구 보조원이었던 알렉스 조스크에 의하면 중국공산당 대리인들은 오스트레일리아에서 중요한 자리를 차지하려고 시도하고 있는데 이는 "중국에서의 공산당 지배에 대한 부정적인 인식을 불식하고 호의적인 인식을 진작시킴으로써 표적의 선택과 방향 및 충성에 영향을 미치려는 것이다." 또한 마티스 씨에 의하면 오스트레일리아와 뉴질랜드에 있는 통일전선은 "정부의 의사결정권자에게 영향을 미치고 그들의 눈으로 볼 때 당의 정당성을 [구축할 수 있는] 외국인들을" 끌어들이는 작업을 한다. 캐나다의 안보정보부 학술 워크숍 결과 나온 보고서의 평가에 의하면 뉴질랜드는 국제 포럼에서 투표권을 네 개 갖고 있기 때문에[22] 베이징에 전략적으로 중요하다. 그리고 중국공산당이 볼 때 뉴질랜드는 오스트레일리아, 여타 태평양 국가들 그리고 더 광범위하게 서방 국가들에게 영향을 미칠 수 있는 본보기이다.

---

[22] 뉴질랜드는 국제 포럼에서 자신의 투표권에 추가하여 남태평양의 쿡제도, 니우에, 토켈라우 제도의 대외 및 국방정책을 책임지고 있다. Canadian Security Intelligence Service, "Re-thinking Security: China and the Age of Strategic Rivalry," May 2018, 77.

마티스는 2018년 4월 위원회에서 중국공산당은 오스트레일리아와 뉴질랜드 양국의 "정치적 중핵의 매우 가까이 또는 그 안에" 들어갔다고 증언했다. 이런 영향의 결과 "중국인의 목소리는 협소하게 되고 중국공산당이 미디어 출구를 본질적으로 독점했으며 공동체 기구들을 장악하고 ⋯ 오스트레일리아 및 뉴질랜드 화교들의 권리, 즉 결사의 자유와 ⋯ 언론의 자유를 부정하게 되었다." 현재 독립적인 오스트레일리아 화교는 몇몇 그룹만 남아 있고, 거의 모두 파룬궁 같은 강력한 반중국공산당 그룹과 연관을 갖고 있다. 베이징은 뉴질랜드에서 합심하여 영향력 캠페인을 벌였고, 통일전선은 실질적으로 화교들을 지배했다. 예를 들어 중국 태생 뉴질랜드 의회 의원인 양지안은 뉴질랜드에 귀화하기 전 15년 동안을 중국의 군사정보기관에서 지냈으며 영주 및 고용신청서에서 이전 인민해방군 소속을 감췄다. 오스트레일리아에서 2000년대 초 중국공산당에 동조한 인사들이 대부분의 주류 화교 공동체와 전문가 기구를 장악했다. 오스트레일리아에서의 중국공산당의 영향에 관해 쓴 해밀턴 박사의 책은 처음에 세 개 출판사에서 발간이 취소되었다. 이유는 베이징으로부터 소송을 당할 것이 겁나서였다. 그는 중국공산당 관리들이 이런 기관들을 "직접 통제하기보다 오히려 지도하는 것을 목표로 하는 경우가 일반적이다. 하지만 그들은 많은 경우 공공연한 중국공산당 전선은 아니다"라고 말했다.

베이징은 다른 곳에서 중국을 위한 선의를 구축하기 위해 비공식 사절을 육성하는 등 대규모의 통일전선 전략을 적용했다. 예를 들면 베이징은 학계, 정계, 업계, 미디어, 사회 및 문화계의 미래 엘리트들과 연계를 구축하기 위해 '미래로 가는 다리' 프로그램의 일부로 2024년까지 젊은 중남미 지도자 1000명을 훈련시키기로 했다. 전미민주주의 기금에 의하면 이 '훈련'은 다음에 이른다.

편리하게 친[중국] 정부 의제를 따르는 중국 무료 PR 여행 … 미디어 부문에서 그런 노력은 중국의 소프트 파워 전략의 중심이다. 따라서 중남미 언론인 수백 명을 '훈련시키고자 하는' 중국의 의도는 … 베이징의 선전에 영향력 있는 여론 메이커들을 노출시키는 방안이라고 하는 것이 어쩌면 가장 적당할지 모른다.

미디어 훈련에 추가하여 중국국제우호연합회와 같은 기관은 적극적으로 국민 대 국민 교환을 장려한다. 이 협회는 표적 국가의 순진해 빠진 중재자들에게 중국 정책의 긍정적인 견해를 소개하고 중국공산당의 메시지 전달 작업을 외부에 위탁하기 위해 "정부기관, 정당, 중요한 정계 및 군부 인사들과 긴밀한 유대관계"를 집중적으로 확립한다. 이런 말을 한 존 가르노는 전 총리 턴불의 고문으로 일했다.

(2) 정치적 영향력 매수

중국공산당이 관련된 정치 헌금은 외국인의 헌금을 허용하는 특정 국가에서는 효과적인데, 특히 오스트레일리아와 뉴질랜드에서 그렇다. 양국에서 통일전선과 유대관계가 있는 개인이 주요 정당에 헌금을 많이 했다. 2018년 5월 앤드류 헤이스티 – 오스트레일리아 의회의 정보 및 안보 합동위원회 위원장 – 는 의회에서 다음과 같이 연설했다. "오스트레일리아에서 분명한 것은 [중국공산당이] 암암리에 우리나라의 미디어와 대학교에 개입하고 또한 우리나라의 정치 과정 및 공공 토론에 영향을 미치고 있다는 것이다." 헤이스티는 세간의 이목을 끄는 정치 헌금을 한 중국 태생 오스트레일리아 시민인 차우착윙에 대해 논의하는 상황에서 이런 발언을 했다.

오스트레일리아에서 통일전선 활동은 "중국에서의 공산당의 지배에 대한 부정적인 인식을 불식하고 호의적인 인식을 고양함으로써 표적으로 삼은 대상의 선택과 방향 및 충성에 영향을 미치고자" 시도했다는 것이 해밀턴 교수와 조스크의 견해이다. 오스트레일리아와 뉴질랜드 양국에서 중국 공산당 관련 기관으로부터의 정치 헌금이 급격하게 증가했다 — 심지어 통일 전선과 인민해방군 산하기관들은 사무실까지 갖고 있다. 이 두 나라에서 중국공산당 대리인들이 공공 토론과 정책성과에 영향을 미치고자 시도하는 간섭에 대한 우려가 제기되었다. 2015년에 오스트레일리아 안보정보부는 경고하기를 오스트레일리아 정당에 헌금을 많이 하는 황시앙모와 차우착윙은 "[중국 공산당과] 관계가 깊으며" 그들의 헌금은 "조건이 달려 있을지 모른다"라고 했다. 예를 들어 샘 다스티아리 — 오스트레일리아 상원의원으로서 미스터 황과 긴밀하게 지낼 때 남중국해 영토분쟁에서 중국의 입장을 지지했다 — 는 미스터 황에게 오스트레일리아 정보기관들로부터 감시를 받고 있을 가능성이 있다고 경고한 것이 폭로된 다음 결국 의원직을 사퇴했다. 이전에 상원의원 다스티아리는 자신의 사무실에서 발생한 부채를 미스터 황의 회사가 갚도록 했다는 비난을 받았다. 이런 인물들과 여타 주요 인사들이 영향을 미친 활동에 대해서는 아래에서 더 상세히 밝힌다.

- 황시앙모는 2014년부터 2017년까지 중국평화통일촉진위원회[23]의 오스트레일리아 지부 책임자였다. 이 기구는 통일전선공작부의 직속 산하 단체이다. 미스터 황은 오스트레일리아의 영주권자이며, 그의 대변인에 의하면 2012년 이래 헌금 총액은 약 150만 달러로서 자유당과 노동당에 나눠서 기부했는데 오스트레일리아 법에 의하면 합법이다.

---

23   중국평화통일촉진위원회는 현재 화교 공동체를 대표한다고 주장하는 가장 중요한 그룹 중 하나이며 베이징의 정책을 지지하는 국제 화교 공동체를 동원하는 주요 기관이다. John Dotson, "The United Front Work Department in Action Abroad: A Profile of the Council for the Promotion of the Peaceful Reunification of China," *China Brief*, February 13, 2018; China Council for the Promotion of Peaceful National Reunification, "Anti-'Independence' Reunification This Year," September 28, 2016. Translation. http://www.zhongguotongcuhui. org.cn/hnyw/201609/t20160928_11581794.html.

● 차우착윙은 중국공산당과 긴밀한 유대관계를 갖고 있는데[24] 오스트레일리아 내 통일전선 공작에서 돋보이는 인물이다. 활동은 헌금과 이전에 활발했던 오스트레일리아에서의 중국어 미디어계에 영향력을 행사하는 것을 통해서 했다. 차우 박사는 2004년 이래 자유당과 노동당에 300만 달러 이상을 헌금했으며, 오스트레일리아 대학교들에 3500만 달러를 기부했다. 그는 당시의 유엔총회 의장인 존 애쉬에게 준 14만 8000달러의 뇌물과도 연계되었다.

● 뉴질랜드의 양당 의원들은 통일전선 및 중국공산당과 연계된 기관들로부터 자금을 마련했다. 예를 들어 중국 군사정보기관에서 근무한 적이 있는 의회 의원 양지안 박사는 오클랜드 화교 사회의 중요한 국민당 모금자이다.

(3) 캔버라는 공격적으로 대응하고 웰링턴은 위협을 심각하게 생각하기 시작

오스트레일리아 안보정보부와 오스트레일리아 총리부 및 내각은 비밀 보고서를 제출했는데, 이 보고서는 중국공산당의 영향 공작이 모든 수준의 오스트레일리아 정부와 정책 결정을 표적으로 삼았다는 것을 밝혔다. 그 후 오스트레일리아 정부는 대간첩 및 대외국영향 입법을 함으로써 공격적으로 대응했다. 2017년 7월 당시 총리 턴불은 내무부 – 새로운 정보, 법집행 및 정책 허브 – 설치를 발표했다. 그의 설명에 의하면 이 부처는 "[영국의] 내무부

---

24 차우 박사는 중국공산당원이 아니라고 했지만 중국인민정치협상회의 광둥성 위원회 위원이다. 연구원 제임스 토에 의하면 광둥성은 해외이주자가 많기 때문에 화교 공작을 위해 가장 중요한 성급 단위 중 하나이다. Rebecca Trigger, "Chinese Businessman Subject of ASIO Warning Donated $200,000 to WA Liberals," *Australian Broadcasting Network*, June 10, 2017; China Federation of Overseas Returned Chinese Entrepreneurs, "Chau Chak Wing," May 9, 2016. Translation. http://www.qiaoshang.org/staticpages/ryhz/20160509/2993.html; James Jiann Hua To, *Qiaowu: Extra-Territorial Policies for the Overseas Chinese*, Brill Academic Publishers, 2014, 85.

- 국경 기구와 안보 기관들의 연합체 - 와 유사한 것이다."[25] 2017년 대간첩 및 대외국영향 입법을 하며 턴불은 명시적으로 "은밀하고 강압적이며 또는 부패한" 외국의 영향력 행사 활동은 용납될 수 없다고 지목해 말했지만, 합법적인 소프트 파워에 기초한 투명한 유대관계는 환영했다. 턴불은 오스트레일리아는 개방적이고 낙관적이지만 어리석지는 않다고 말했다.

두 개의 법안이 2018년 6월 통과되고 외국인의 정치 헌금을 금지하는 세 번째 법안이 현재 의회에 계류되어 있다. 당시 턴불 총리가 "1970년대 이래 [오스트레일리아의] 방첩활동 기본 틀의 가장 중요한 개편"이라고 한 새로운 법률들은 외국의 정치 간섭, 경제 스파이, 무역비밀 도용을 대상으로 하며, 외국 로비스트들의 공적 등록기관을 설치하고 등록자 또는 외국의 본인을 대신하여 자금을 지출하는 자로부터 정치 헌금의 신고를 요구한다. 첫 번째 법률인 외국영향 투명제도법의 공적 등록기관을 설치했으며 몇몇 미디어 기구는 이 법에 반대했는데, 그 이유는 외국 소유 회사 직원들은 정부에 등록이 요구되기 때문이다.[26] 두 번째 신규 법률인 국가안보법 수정(간

---

25 내무부는 중앙 부처 그 자체, 오스트레일리아 국경 수비대, 오스트레일리아 안보정보부, 오스트레일리아 연방경찰, 오스트레일리아 범죄정보위원회, 오스트레일리아 거래 보고서 분석센터, 사회간접자본 및 지역개발부 수송안전실로 구성된다. 오스트레일리아 의회도서관 조사부 - 미국의회 조사부와 유사한 기관 - 의 캣 바커와 스티븐 팰론에 의하면 미국의 국토안보부와 달리 각급 기관은 법적 독립성을 보유한다. Cat Barker and Stephen Fallon, "What We Know So Far about the New Home Affairs Portfolio: A Quick Guide," *Parliamentary Library Research Service*, August 7, 2017, 1~2; David Clune, "Research Services and Parliamentary Libraries: Some Lessons from the New South Wales Experience," *Australian Academic & Research Libraries*, 27:3(1996): 200~203.

26 외국영향 투명제도법은 부분적으로 미국의 외국에이전트 등록법에 기초한 것이다. 외국의 본인을 대신하여 특정한 유형의 활동을 수행하는 - 또는 그들이 실제로 수행하는지를 불문하고 그런 일을 수행하기로 합의한 - 자들은 일부 예외와 함께 그런 제도하에 등록을 해야 하는 법적 책임이 있다. 등록해야 되는 활동에 포함되는 것은 어떤 종류의 외국 본인을 대신하여 정치적으로 또는 정부에 영향을 미치기 위해 오스트레일리아에서 행하는 대의회 및 일반적인 정치적 로비활동, 외국의 본인을 대신하여 정치적 또는 정부 영향을 위해 오스트레

첩행위 및 외국 간섭)법 2018은 외국의 본인을 대신하거나 협력하에 행하는 비밀 행위나 강압 행위 및 부패 행위를 범죄로 규정했다. 그리고 이 법은 방첩법을 확대하여 민감한 정보를 전송하는 이외에 그런 정보를 소유하거나 받는 행위를 범죄로 했다. 기자의 업무를 범죄로 간주할 우려에 대응하여 관리들은 언론인의 보호를 보장하기 위해 이 법을 수정했다.[27] 2018년 5월 캔버라는 또한 정보기관들에 대한 40년 역사상 가장 중요한 검토를 명령했다. 검찰총장실에 의하면 해당 기관들은 "명백하고 정연하고 시종일관한 권력, 보호 및 감독하에 수행하는 활동을 보장하기 위해 … [오스트레일리아 정보기관들의] 입법 기본 틀을 조화롭게 하고 현대화하기 위한 선택지를 고려

일리아에서 행하는 통신 또는 지불 행위, 외국의 본인을 대신하여 이전 내각 장관 또는 최근에 지정된 직위 보유자가 취한 행동이다. 지정된 직위 보유자에 포함되는 것은 각료, 의회 의원, 일부 의회 직원, 기관장 및 부기관장(및 동등한 기관) 그리고 해외 주재 대사 또는 고등판무관이다. 등록의 목적을 위해 회사는, 만약 외국 본인이 발행 자본 주식 또는 의결권의 15% 이상을 보유한다면, 외국 본인이 회사 임원의 20% 이상을 임명한다면, 회사의 임원이 "외국 본인의 지시, 교육 또는 희망에 따라 행동하는 데 익숙해져 있거나 그런 책임하에 있다면", 또는 외국 본인이 회사에 대해 "어느 다른 방식으로 전체 또는 상당한 통제를 할 수 있다면," "외국 정부 관련 기관"으로 여겨진다. Foreign Influence Transparency Scheme Act 2018(Australia), 2018, Part 1, Division 1, 4; Part 1, Division 2, 10, "Designated Position Holder," "Foreign Government Related Entity"; Part 2, Division 3, 20~23; Part 2, Division 4, 24~30; Parliament of the Commonwealth of Australia, *Foreign Influence Transparency Scheme Bill 2017 and Foreign Influence Transparency Scheme(Charges Imposition) Bill 2017*, 2018.

27 이 법은 다음과 같이 명기한다. 만약 문제의 인물이 "뉴스 보도 업무, 시사 진행 또는 뉴스 미디어에서 사설이나 여타 콘텐츠를 표현하는 업무에 종사하는 인물로서 그 업무에 따라 관련 정보를 소통하고 제거하며, 보유하거나 다른 방식으로 처리한다면 … 그때 해당자가 합리적으로 믿기를 … 그런 행위가 공익적이고 … 또는 … 그때 기관의 행정요원이 … 뉴스 보도 업무, 시사 진행 또는 사설이나 뉴스 미디어의 여타 콘텐츠를 표현하는 데 종사하고 … 기관의 직원인 언론인, 편집자 또는 법률가의 지시하에 행동한 그리고 그런 행위를 한 것이 공익적이라고 합리적으로 믿는다면" 민감한 정보를 처리하거나 교신한 데 대한 혐의를 유효하게 방어한다. 피고인은 이 문제에서 "입증책임을 진다." National Security Legislation Amendment(Espionage and Foreign Interference) Act 2018(Australia), Part 5.6, Division 122, Section 122.5(6) a-b.

할 것이다." 검토 작업에는 18개월이 소요될 것으로 예상된다.

중국공산당의 개입이 폭로되자 오스트레일리아가 입법 대응책으로 가장 최근에 취한 외국영향 방지 법안인 선거입법 수정(선거 자금 및 발표 개혁) 법안 2017은 외국 정부와 국유기업으로부터 자금지원을 받은 공공 토론회의 개최를 금지토록 하는 것이다. 그리고 이 법안은 여타 헌금에 대한 보고를 하도록 요구하고 있다.[28] 하지만 일부 인사들은 이 법안의 정치적 후원에 대한 금지가 너무 광범위하여 시민사회 단체의 후원을 위협할 수 있다는 우려를 표명했다. 오스트레일리아 의회의 선거문제에 관한 합동 상임위원회는 2018년 4월 자문 보고서를 발행했다. 이 보고서는 무엇보다도 "비정치적 이슈의 후원을 규제하면 안 되니까 투표 시 특정한 행동을 취하도록 유권자에 영향을 미칠" 의도의 정치적 지출에 집중하도록 정부가 법안을 수정하라고 권고했다.

뉴질랜드는 중국공산당이 자국 내에서 영향을 미치고 개입을 하는 행위에 대해 고위층의 대응이 별로 없지만 베이징에 대한 태도를 강화하는 징후가 보였다. 《오스트레일리안》의 정치 담당 기자인 프림로즈 리오단은 2018년 9월 위원회에서 다음과 같이 말했다. 뉴질랜드 총리 저신다 아던의 행정부는 "중국에 대해 이전 정부보다 강경노선을 취했다." 캐나다 안보정보부가 개최한 학술 워크숍에서 나온 보고서에 응답하면서 뉴질랜드 의원 앤드류 리틀 – 이 나라의 정보기관들을 감독 – 은 다음과 같이 말했다. "이

---

28 이 법안은 "오스트레일리아와 합법적인 관계를 갖지 않은 외국인 또는 외국 기관에 의한 정치 헌금을 … 제한하여 … 선거결과에 부당한 또는 부적합한 영향을 미치는 (또는 미칠 것으로 인식되는) 외국인과 외국 기관의 위험을 줄임으로써 오스트레일리아 선거과정의 온전성을 촉진하도록" 계획된 것이다. 현재의 형태로 여기에는 "외국의 정치적 통일체 또는 어느 국가의 일부, 그런 정치적 통일체의 일부 또는 외국 공기업이 포함된다. 이 법안은 현재 오스트레일리아 상원에 상정되어 있다. Electoral Legislation Amendment(Electoral Funding and Disclosure Reform) Bill 2017(Australia), 287AA 3; 302C, 1~2.

른바 경고는 … 재미있지만 문제의 기저에 있는 명제에는 아무 일도 벌어지지 않았다." 하지만 전략국제문제연구소 동남아 프로그램의 수석고문이며 이사인 아미 시어라이트는 위원회에서 행한 증언에서 뉴질랜드 정부 내에서 "관료층은 실질적으로 중국에 등을 돌리고 미국과 오스트레일리아와의 관계를 그들의 중국에 대한 정책[과] 사고를 선명하게 하는 데 매우 중요시하고 있다"라고 언급했다. 2018년 7월 발표된 뉴질랜드의 새로운 전략국방정책 성명은 베이징의 "국제질서에 대한 기여 증가"를 칭찬했지만 중국의 지역적 자기주장을 전에 없이 비판하고 있다. 중국은 "때때로 이웃 국가들 및 미국과 긴장을 조성했다"[29]는 것이다. 이 보고서는 또 2016년도의 국방백서에서와 달리 중국을 '중요한 전략적 동반자'라고 언급하지 않았다. 당시 뉴질랜드 총리 권한대행 윈스턴 피터스에 의하면 중국은 이 새로운 보고서에 대해 뉴질랜드 대사에게 공식적으로 불만을 제기했다.

2018년 8월 오스트레일리아 퀸스랜드에서 파이브 아이 정보공유 파트너십 회원국들(미국, 캐나다, 영국, 오스트레일리아, 뉴질랜드)의 장관 회담 이후 이 그룹은 외국의 개입을 비난하는 성명을 발표하고 이런 도전에 대처하기 위한 정보공유 메커니즘을 수립하기로 합의했다고 발표했다. 이는 이 그룹이 이제 이 문제를 심각하게 생각하는 것을 보여주는 것이다.[30] 공동성명은 "우리들 나라와 동맹국들을 약화시킬 목적으로 외국 정부와 행위자들 및 그들의 대리인들이 불화의 씨를 심고 공적 담론을 조종하며 정책 개발을

---

29 예를 들어 정책 성명에 의하면 중국은 "[국제]질서의 지도자들이 옹호한 거버넌스와 가치를 일관되게 적용하지 않았다. 중국은 인권과 정보의 자유에 대해 뉴질랜드에서 일반적으로 받아들여지는 것과 상반되는 견해를 견지하고 있으며," 2016년 중국의 남중국해 영토 주장에 반대하는 판결을 했던 국제법정과 '관계를 맺지 않을 결심'이다. New Zealand Ministry of Defense, *Strategic Defense Policy Statement 2018*, July 2018, 17.

30 공동성명은 또한 불법금융 퇴치를 위한 지원 노력, 정보 및 법집행 기관들의 암호 데이터 및 통신에 대한 합법적 접속, 그리고 범죄 및 사법 정보 공유 등을 언급하였다. Quintet Meeting of Attorneys-General, "Official Communiqué," August 31, 2018, 2~3.

편향되게 하고 시장을 혼란에 빠트리기 위해 행하는 강압적이고 기만적이며 은밀한 행동"을 비난했다. 가장 중요한 것은 '심각한 외국 개입 사건'이 발생할 경우 회원국들이 대응과 책임소재 규명에 협력하기로 합의했다는 것이다. 이는 책임 있는 국가를 지적하여 망신시키는 일을 공동으로 할 의사를 표명한 것이다.

참고 자료

베이징의 타이완에 대한 다면적 압력 행사

베이징은 미국의 핵심적인 협력국인 타이완과 최종적인 양안 통일 촉진방안을 모색하고 있다. 최근 수년 동안 중국은 이런 목적을 달성하기 위해 강압적인 활동을 강화했다. 타이완의 차이 총통이 당선된 이후 베이징은 추가적인 압력, 지방 수준 활동, 경제 유인 및 파괴적인 활동을 통해 양안관계 과정에 영향력 행사를 모색해 왔다. 베이징이 타이완의 정책과 인식에 영향을 미치고 사회에 개입하고자 하는 활동은 세계 어디에서나 벌이고 있는 이런 유의 활동 중에서도 가장 다면적이고 공세적인 것이다. 수십 년 동안 타이완은 베이징으로부터의 정책과 인식에 영향을 미칠 압박과 활동에 직면했다.[31] 더구나 타이완의 제1 야당인 국민당은 중국에서의 지배기간 동안에 시작된 중국공산당 통일전선 활동의 원래 표적이었으며, 타이완은 오랫동안 통일전선 활동의 1차적인 초점이었고 지금도 그렇다. 베이징이 차이 행정부 기간 동안 타이완에 영향을 미치기 위해 취한 조치들에는 다음과 같은 것들이 있다.

- 공식 및 준공식 양안 커뮤니케이션 및 회합의 중단.
- 중국인의 타이완 및 타이완 협력국들에 대한 단체관광 숫자 및 타이

완에서 공부할 것을 허용한 학생 숫자 감소를 통한 경제적 압박.

- 당과 지방정부 수준에서 정치인들에 대한 후원을 지속하고 타이완 시민의 내륙 여행, 공부 및 취업에 유인책을 제공하는 새로운 조치를 발표하는 것을 포함한 통일전선 활동 수행.

- 시위에 영향을 미치고 소셜 미디어와 여타 온라인 도구를 이용하여 허위정보를 전파.

- 타이완의 공식 외교 파트너들이 유대관계를 단절하도록 부추기고 비공식 관계를 가진 국가들에서 타이완의 주재에 압력을 행사.

- 타이완이 과거에 참석한 특정 국제 포럼에의 참여 저지.

- 타이완 근처에서 중국 군대의 훈련활동 확장 및 강화.

- 타이베이와 협의 없이 타이완 해협의 중간선 근처 상업 비행 루트를 일방적으로 확장.

- 웹사이트와 제품에 타이완을 특정하는 방식을 바꾸도록 외국 회사들에게 압력 행사.

6. 미국에 미치는 함의

베이징이 해외에서 정책과 인식에 영향을 미치는 노력은 미국의 동맹국과 협력국들 – 미국이 갖고 있는 최대 힘 중의 하나 – 에 상당한 함의를 지닌다. 그리고 더 넓게는 미국이 창조와 유지에 주요한 역할을 수행한 자유주의적

---

31 예를 들어 베이징은 다수의 국제기구에서 타이완의 참여를 제한하기 위해 오랫동안 영향력을 행사해왔다. 또한 중국의 군 현대화 계획은 주로 타이완을 억제하고 타이완 관련 긴급사태에 대비하기 위한 것이었는데 베이징의 타이완 행정부에 대한 시각과 관계없이 지속적으로 줄어들지 않았다.

국제질서의 지속성을 위해서 그렇다. 베이징은 인도-태평양과 유럽에서 미국의 동맹국과 협력국들을 약화시키고자 한다. 만약 성공하면 이런 노력들은 민주주의와 국제질서를 지원하는 미국의 능력을 근본적으로 약화시키는 데 이바지할 수 있다. 베이징이 이런 정부들의 정책을 형성하려고 기울이는 노력은 국제질서의 다양한 측면에서 미국과 그 동맹국 및 협력국들이 통일된 입장을 갖는 데 함의를 지닌다. 이런 도전은 유럽에서 분명하다. 왜냐하면 EU가 최근 수년 동안 몇 번에 걸쳐 중국의 인권에 관한 합의에 도달할 수 없었고 남중국해에서 베이징이 벌이고 있는 활동과 주장에 관해 확고한 태도를 보일 수 없었기 때문이다. 그 이유는 이런 문제에 관한 베이징의 민감성에 부응하는 정부들의 방해 때문이었다.

미국의 동맹국과 협력국들도 베이징이 제기하는 도전의 특성과 이런 도전이 어떻게 진화할 것이며 미국 정부가 어떻게 대응해야 할 것인지에 관한 통찰을 제공한다. 또한 중국공산당은 어떤 접근방법을 미국에서 사용하기 전에 다른 나라에서 시험을 해볼 것이다. 워커는 2018년 4월 위원회에서 다음과 같이 언급했다. "베이징이 영향력을 행사하는 활동의 특성이 복잡하고 다면적인 것을 고려할 때, 민주국가들 가운데서의 학습은 즉각적으로 효과가 있고 자유민주주의 표준과 일치하는 대응을 가속화하는 데 매우 중요하다." 따라서 미국과 미국의 동맹국 및 협력국들에서 당면한 이런 도전에 대한 우려가 커져가고 있기 때문에 협력할 기회가 마련된다.

미국 정책 입안가들은 중국공산당이 타국의 정책과 인식에 영향을 미치는 데 주목하고 이런 이슈의 틀을 정확하게 짜는 것이 매우 중요하다. 중국공산당의 영향력 공작에 대한 논의를 '중국의 영향'으로 지나치게 단순하게 틀을 짜면 중국 내의 민족주의를 북돋고 중국공산당이 중국계 미국 시민을 인종차별로부터 방어해야 된다는 주장을 펴는 식으로 반미활동을 벌이는 추가 수단을 제공할 위험이 도사리고 있다. 중국공산당은 미국과 여타 지역에서 여론을 형성하기 위해 인종차별을 과장하는 등 열심히 작업하고 있다. 피터 마티스는 위원회에서 행한 증언에서 다음과 같이 주장했다. "미국과 여타 지역에 있는 해외의 화교 공동체가 관련되지 않은, 중국공산당의 개입에 대한 해결책은 없다 … 그들의 협력과 선의는 필수적이다."

또한 합법적인 형태의 활동과 불법적인 영향이나 압박을 구별하는 것이 중요하다. 예를 들어 2017년 12월 오스트레일리아에서 신규로 반외국 영향 입법을 도입할 때 당시 턴불 총리는 "은밀하고 강압적이거나 부패한" 외국 영향 활동을 용납할 수 없는 것이라고 명시적으로 지목했지만, 합법적인 소프트 파워에 기반한 투명한 유대 활동은 환영한다고 했다. 끝으로, 독자가 많은 ≪시노시즘≫ 뉴스레터의 편집자인 빌 비숍은 2018년 3월에 개최된 위원회에서 정밀하게 이런 분석 작업을 하는 것이 '필수적'이라고 했다. 왜냐하면 중국공산당의 미국 내 영향 공작이 현재는 대단한 효과가 없을지 모르지만 중국공산당이 향후 사용하기 위해 설치한 '노드와 네트워크'를 무시할 수 없기 때문이다.

4장

중국과 홍콩

1. 핵심 조사결과

● 베이징의 성명과 입법 활동은 홍콩에 '고도의 자치'를 유지시키겠다고 한 약속을 계속 역행하고 있다. 2018년 3월에 개최된 제13차 전국인민대표대회에서 중국의 입법부는 국가 주석의 임기제한을 폐기하는 헌법 수정안을 통과시킴으로써 국가 주석 겸 중국공산당 총서기인 시진핑이 두 번에 걸친 5년 임기를 마치고 더 자리를 지킬 수 있도록 허용했다. 시 주석하에서 홍콩의 자치가 점진적으로 훼손된 것을 감안할 때 이런 조치로 홍콩의 친민주파 입법회 의원들, 시민사회 단체들과 법조계는 경악했다.

● '일국양제(一國兩制, 한 국가 두 체제)' 정책하에 베이징의 약속과 어긋나는, 미국-홍콩 문제에 베이징이 직접 개입한 골치 아픈 사례에서 홍콩 정부는 1997년 영국으로부터 이양된 이후 최초로 베이징의 요구에 따라 미국 도주자 인도 요구를 거절했다. 또한 베이징은 2년 만에 최초로 미국 해군 함정의 홍콩 정기 기항을 거부했다.

● 2018년에 홍콩에서 발생한 언론과 집회의 자유에 대한 도전은 계속 증가했다. 그 이유는 베이징과 홍콩 정부가 친민주주의 인사들이 불만을

표현할 수 있는 정치적 공간을 폐쇄했기 때문이다. 최초로 홍콩 정부는 정당(중국으로부터 홍콩의 독립을 옹호하는 홍콩민족당)을 금지함으로써 친민주 기관과 지지자들의 입을 더 틀어막을 수 있도록 하는 국가보안법의 통과로 나아갈 것이라는 우려가 제기되었다. 또한 홍콩은 홍콩 주재 외신기자 클럽의 부회장에 대해 아무런 설명도 없이 비자갱신을 거부했다. 옵서버들이 보기에 그 이유가 이 클럽에서 홍콩민족당 대표를 2018년 8월에 초청한 행사에 대한 보복이라는 것이다. 홍콩에서는 언론인들과 미디어 기관에서 점점 더 자기 검열이 일반화되고 있다. 홍콩 내에서 본토 중국의 존재가 점점 더 커지고 있기 때문이다.

• 중국 중앙정부는 홍콩의 법적 자치를 훼손하는 추가 조치를 취했다. 예를 들면 베이징은 홍콩의 작은 부분에 본토 법을 최초로 적용하는, 논란이 많은 기차 터미널 프로젝트를 추진했다. 또한 베이징은 중국의 국가(國歌)를 존중하지 않으면 형사처벌을 받는 국가법(國歌法)을 통과시키고 홍콩도 유사한 법을 통과시키도록 압력을 가했다.

• 홍콩의 저명한 학자가 홍콩의 잠재적 미래에 대한 견해를 피력한 데 대해 베이징과 홍콩 정부가 맹렬히 비난하고 입을 열지 못하게 하는 시도는 사상의 공개 토론을 저지하려는 노력이 늘어나고 있음을 나타냈다. 또한 이런 반응으로 인해 친민주 인사들과 학계에서 언론자유가 점점 더 위험에 처하고 있다는 두려움이 제기되었다.

• 홍콩은 본토와 경제통합의 길을 계속 가고 있다. 홍콩 정부는 홍콩을 일대일로 사업의 지역 허브로, 그리고 웨강아오대만구(광둥- 홍콩 - 마카오 大灣區)의 핵심 노드로 자리매김하려고 모색해 왔으며, 베이징은 세계적으로 경쟁력을 갖춘 선진 제조, 금융 및 기술 센터를 구축하려고 계획하고 있다.

2. 제안사항

위원회는 다음과 같이 제안한다.

● 의회는 상무부와 여타 관련 정부 기관에 지시하여 비밀 부록이 첨부된 공개 조사 보고서를 작성하도록 한다. 내용은 미국이 홍콩과 중국을 별개의 구매 지역으로 취급하고 있는 것과 관련하여 미국의 민군 겸용기술 수출통제정책의 적합성에 관해 검토와 평가를 하는 것이다.

● 의회의 각국 의회 간 그룹은 영국, EU, 타이완 의원들의 참여하에 연간 2회 중국의 홍콩 기본법 준수에 대해 검토한다. 특히 주목할 것은 법치, 언론 및 집회의 자유 그리고 출판의 자유이며 매번 검토 후 그 결과에 근거하여 보고서를 발행한다.

● 의회 의원은 홍콩 파견 사절단에 참가하여 홍콩 관리, 친민주 입법회 의원들, 시민사회 및 업계 대표들을 만나고, 그들이 미국을 방문하면 만나준다. 홍콩과 중국 관리들을 만날 때 그들은 베이징의 '일국양제' 정책 준수와 중국이 홍콩에 '고도의 자치'를 허용하기로 한 약속에 대한 우려를 제기해야 한다. 또한 그들은 홍콩에서의 표현의 자유와 법치를 지원한다는 표명을 계속해야 한다.

3. 머리말

2017년 10월 소집된 제19차 중국공산당 전국대표대회 이래 ─ 이 기간 동안 베이징은 홍콩에 대한 중국의 통제를 강조했다 ─ 중국은 '일국양제' 정책[1]과 홍콩

---

1 1997년 이래 베이징의 대홍콩 관계의 지침이 된 '일국양제'는 중화인민공화국이 홍콩과 마카오를 특별행정구역으로 지정한 다음 취한 조치이다. 이 기본 틀에 의해 홍콩과 마카오는

의 미니 헌법인 기본법[2]에 따라 보장된 홍콩의 자치와 자유를 더욱 억제했다. 베이징의 이런 정책하에 홍콩에 '고도의 자치'를 허용하겠다는 약속은 2047년에 종료될 예정이며, 홍콩의 민주 활동가들은 중국이 약속을 지켜야 된다고 절박하게 요구하고 있다. 하지만 중국공산당은 그런 요구를 자기들 권위하에 홍콩을 본토와 평화롭게 통합하는 것을 좌절시키려고 하는 '분리주의자' 세력에서 비롯된 것으로 해석하고 있다. 또한 베이징은 홍콩의 친민주 입법회 의원들과 시민사회 단체를 방해하고 억압하며 입을 다물게 하는 데 점점 더 적극적이다.

중국이 현재 벌이고 있는 홍콩의 정치 체제, 법치, 표현의 자유에 대한 침해로 홍콩은 '고도의 자치'를 행하는 특별행정구역이라기보다 여느 다른 중국의 도시에 근접해가고 있다. 더구나 베이징은 홍콩이 가진 언론자유와 법치의 민주적 기관들을 퇴보시키고 있다. 이런 기관들은 홍콩을 미국을 위한 중요한 파트너이자 중요한 국제금융 허브로 만들고 있다. 베이징이 언어와 행동으로 홍콩에 대해 펼치고 있는 점점 더 적극적인 행동은 인도-태평양의 미국과 그 동맹국 및 협력국들의 이익을 위해 부정적인 영향을 미친다.

이 장에서는 다음과 같은 사항을 검토한다. 최근 홍콩의 정치적 발전 동향, 약화되고 있는 법치와 표현의 자유, 본토와의 경제관계 및 이런 발전 동향이 미국에 미치는 영향을 다룬다. 그 근거는 미국 및 외국 비정부 전문가들의 자문과 공개된 자료의 조사 및 분석이다.

외교와 국방을 제외하고 상당한 정도로 경제와 정치 제도의 자치를 할 수 있는 권리를 부여받았다. 베이징은 2047년까지 이 정책을 손대지 않고 그대로 둘 것이라고 약속했다. China's State Council Information Office, *The Practice of the "One Country, Two Systems" Policy in the Hong Kong Special Administrative Region*, June 10, 2014.

2 1990년 중국의 전국인민대표대회는 홍콩 기본법을 채택하였고, 이 법은 홍콩이 중국으로 반환된 1997년 7월 1일부터 시행되었다.

4. 홍콩의 정치 발전 동향

중국의 국가 주석 겸 공산당 총서기 시진핑이 2012년 집권한 이래 베이징은 각종 수단과 관행을 동원하여 홍콩 문제에 대한 간섭을 늘렸다. 예를 들면 법적 및 경제적 조치 실행, 자기 검열 조장과 홍콩 정치체제의 조종 같은 것이다.[3] 이런 방법을 통해 베이징은 기본법에 보장된 '고도의 자치'를 서서히 퇴화시켰다. 2014년 센트럴 점령(Occupy Central)[4] 친민주 시위 이후 베이징은 기본법에 의해 약속된, 보통선거에 의해 홍콩시민이 행정장관을 선출할 권리를 계속 거부했다. 시 행정부가 지켜보고 있는 가운데 중국은 불법적으로 경계를 넘어 법집행을 하고 있으며, 본토에서 판매가 금지된 도서를 판매한 홍콩서적상을 납치한 게 분명해 보인다. 또한 베이징은 홍콩 입법부인 입법회에까지 손을 뻗쳤다. 중국 전국인민대표대회의 상무위원회는 2016년 기본법에 대한 해석을 내렸는데 그 결과 입법회의 후보자 자격에 관한 새로운 법적 요구사항이 나왔다. 이 요구 사항은 친베이징파 [건제파(建制派)라고도 함] 인사에 몹시 편향되어 있다. 왜냐하면 그것에는 후보자가 기본법을 따르느냐, "중화인민공화국의 홍콩특별행정구역에 충성을 하느냐"에 대한 판단이 포함되어 있기 때문이다. 또한 이 해석은 선출된 후보자가 입법부에서 활동하기 전의 선서를 위한 새로운 기준을 도입했다.[5]

---

3   이들 수단에 대한 간략한 개관을 위해서는 U.S.-China Economic and Security Review Commission, 2017 Annual Report to Congress, November 2017, 439를 보라.

4   점령 운동(사랑과 평화의 중환 점령, '우산 운동', '우산 혁명'이라고도 불린다)은 미래의 홍콩 선거에서 국제적 기준에 따른 진정한 보통선거를 주장하였다. 대체로 비폭력적이었던 항의 운동은 79일 계속되어 2014년 12월 끝났지만, 친민주파 행동가들의 제안은 거부되었다. 2014년의 친민주 항의 운동에 대한 더 자세한 정보와 홍콩 및 중국 정부의 선거 개혁에 대한 후속 결정에 대하여는 다음 참조. U.S.-China Economic and Security Review Commission, 2014 Annual Report to Congress, November 2014, 523~527; U.S.-China Economic and Security Review Commission, 2015 Annual Report to Congress, November 2015, 534~536.

2018년 3월 개최된 제13차 전국인민대표대회[6]에서 연임제한 규정을 삭제하는 헌법 개정을 통해 시 주석은 두 번에 걸친 5년 임기를 끝내고도 자리를 지킬 수 있게 되었다. 시 주석하에서 홍콩의 민주적 자유가 지속적으로 훼손되었기 때문에 홍콩의 친민주파(또는 범민주파라고도 함) 입법회 의원[7], 시민사회그룹, 법조계는 시 주석의 임기 연장 조치에 두려움을 느꼈다. 홍콩의 전 정무사장(총리 격) 앤슨 찬(陳方安生) — 1997년 홍콩이 중국으로 이양되기 직전과 그 이후인 1993~2001년간 행정장관 바로 밑에서 홍콩의 가장 높은 관리로 근무 — 은 다음과 같이 말했다.

제가 두려워하는 것은 [임기제한의] 제도적 세이프가드가 제거되고 [시 주석이] 무한정 자리를 지킬 수 있다는 사실 때문에 그가 홍콩에 대한 통제를 강화하고 우리의 핵심적인 가치이며 생활방식인 법치를 계속 훼손할 것이라는 점입니다. 보통 선거권은 점점 더 미래로 멀어질 것입니다.

---

5 베이징이 선서와 입법회 의원 후보에 관한 기본법을 어떻게 해석하는지에 관해 자세히 알아보려면 다음 자료 참조. U.S.-China Economic and Security Review Commission, *2017 Annual Report to Congress*, November 2017, 418~421.

6 전국인민대표대회는 중국공산당이 사전에 결정한 정책을 추인하는 고무도장 입법부로 널리 여겨지고 있다. 제13차 전국인민대표대회는 73%가 중국공산당 대표로 구성되어 있는 한편, 여타 대표들은 여덟 개 '민주적' 정당과 어느 정당에 소속되지 않은 자들(실질적으로 중국공산당에 종속) 사이에 나누어져 있다. 그럼에도 불구하고 대회 보고서의 내용은 중국 고위 지도층의 가까운 시일 내의 정치적·경제적 우선사항에 대한 중요한 지표를 제공할 수 있다. *NPC Observer*, "Exclusive: Demographics of the 13th NPC(UPDATED)," March 11, 2018; *Economist*, "What Makes a Rubber Stamp?" March 5, 2012; *BBC*, "How China Is Ruled."

7 이 장에서 '친민주파(prodemocracy)'라는 말은 홍콩의 민주적 자유를 지키는 것을 지지하는 사람들로 광범위하게 정의된다. 한편 '범민주파(pandemocratic)'라는 말은 친민주 진영 내에서 다양한 견해를 갖고 있는 입법회 의원으로 정의된다.

1) 베이징 고위층의 홍콩에 대한 정치적 압력 점증

최근 개최된 두 번의 중요한 회의 시 발표된 활동 보고서에서 중국공산당 고위층 인사와 중앙정부 관리들이 어떤 언어를 구사하고 생략했는지 보면 베이징이 홍콩에 대해 정치적 통제를 계속 강조하고 있음이 나타난다.

● **제19차 중국공산당 전국대표대회** 제19차 공산당대회의 하이라이트는 홍콩에 대한 중국의 '포괄적 관할권'을 이해하고 보호할 필요성으로서 베이징의 최근 수년래 최고위 수준의 용어 사용을 나타낸 것이다. '포괄적 관할권'이란 용어는 '일국양제'에 관한 베이징의 2014년 백서에서 최초로 사용된 것으로서 당시 친민주파 인사들을 대경실색케 했다. 국무원 홍콩-마카오 사무판공실 주임인 장샤오밍(張曉明)에 의하면 이 용어의 사용은 '극소수의 사람들'을 겨냥한 것이었다. 그런 사람들은 베이징의 권력을 행사하는 권위에 '저항하거나 거부하고' '하나의 중국' 원칙에 공개적으로 도전했다. 홍콩 거주 미국 작가이며 홍콩 정치를 면밀하게 관찰하고 있는 수잔 페퍼는 다음과 같이 평가했다. "포괄적 관할권"이란 개념은 "그 의미가 관계자 모두에게 홍콩이 구가할 수 있는 자치는 베이징이 허락하고자 하는 정도까지라는 인상을 주는 것이다." 이는 최근 수년 동안 베이징이 홍콩의 정치생활에 팔을 뻗으면서 강화시킨 근본적 메시지이다.

● **제13차 전국인민대표대회** 홍콩 입법회 의원들과 친민주파 인사들은 제13차 전국 인민대표대회의 중요한 보고에서 어떤 언어를 의도적으로 생략한 것을 홍콩의 자치를 퇴화시키고자 하는 의도적인 신호로 인식했다. 리커창 총리는 중국 입법부에 대한 연례활동보고에서 '홍콩을 통치하는 홍콩 인민'과 '고도의 자치'란 구절을 생략했다. 2017년에는 둘 다 언급이 되었었다. 또한 당시 정치국 상무위원 겸 중국인민정치협상회의 주석인 위정성(兪正聲)은 활동보고에서 '일국양제'란 용어를 뺏다. 이 용어가 그런 활동

보고에서 빠진 것은 2015년 이래 처음이다. 중국 관리들과 친중국 홍콩 입법회 의원들은 이 문구의 생략을 홍콩과의 관계에서 본토 생각이 바뀐 것을 나타내는 것으로 보지 않은 반면, 민주파와 정치 관찰자들 및 홍콩의 권리 활동가들은 경악을 금치 못했다. 범민주파 입법회 의원 앤드류 완(尹兆堅)은 다음과 같이 말했다.

> 만약 이런 단어들이 중국인민정치협상회의와 전국인민대표대회의 대회 보고서에서 없어졌다면 이는 우연히 발생한 일이 아니다. 이는 경고 신호이다 … [홍콩] 행정에서 홍콩인민의 고도의 자치는 이제 중앙정부에 과거보다 중요하지 않다는 것을 우리에게 말하고 있는 것이다.

2) 입법회 보궐선거의 친민주주의 정치여론 억제 강화

2018년 3월 홍콩은 입법회 보궐선거를 실시했다. 이전에 민주파 의원 여섯 명이 차지한 의석 중 네 명을 뽑기 위한 선거였다. 의원직을 상실한 사람들은 취임 선서의 공식 문안에서 벗어났기 때문이다.[8] 보궐선거에 홍콩 당국이 지속적으로 정치적 간섭을 한 결과, 친민주주의 정당과 포스트 중앙점령 활동가 집단 사이에 더 많은 환멸을 초래했다. 보궐선거의 사전 준비를 하면서 홍콩 선거 관리들은 세 명의 민주파 후보들의 출마를 저지했다. 그중 한 명은 인기가 높은 데모시스토 후보인 아그네스 차우 팅(周庭)

---

8   당선된 입법회 의원이 취임선서를 한 2016년 입법회 선거 이후 일부는 과거에 했던 것과 같이 자기 견해와 정책을 표명하면서 취임선서의 공식 문안으로부터 일탈했다. 홍콩의 독립을 지지하는 두 의원은 불경한 발언을 했으며 친독립 배너를 전시했다. 그 이후 그들은 선서를 다시 하지 못하게 되었으며 결국 입법회에서 의석을 내놓아야 했다. 이 논란에 대해 더 자세히 알아보려면 미-중 경제·안보 검토위원회 발간 「2017 대의회 연례 보고서」, 2017년 11월, 418~421쪽 참조.

이다. 그녀는 당시 데모시스토 주석인 네이선 로(羅冠聰)의 빈 의석을 다시 차지하려고 했다. 차우의 후보 금지 이유는 '자결' – 홍콩시민은 2047년에 자기들의 장래를 스스로 선택해야 된다는 생각 – 을 지지했기(그리고 그녀의 당) 때문이다. 베이징은 2016년 말 모든 입법회 의원 후보자들은 기본법을 인정하고 중국에 대한 충성을 맹세하는 사전 조건을 정한 법적 요구사항을 시행했다. 홍콩 시민사회, 외국의 민주주의 옹호자들과 외국 정부의 관찰자들은 홍콩의 억압된 정치적 권리와 표현의 자유 훼손에 대해 우려를 표명했다.

차우를 저지하기로 한 결정으로 결국 데모시스토의 입법회 진입 야망은 좌절되었다. 데모시스토는 중앙점령 시위 이후 가장 두드러진 정당 중 하나로서 비서장 웡지풍(黃之鋒)을 포함한 이전 학생 시위 지도자들로 구성되어 있다. 2018년 5월 당시 주석인 로는 정계를 떠나기 위해 자리에서 물러났다. 후임자인 림양언(林朗彦)은 입법회 의원 후보자를 내는 대신 사회활동에 힘을 쏟기로 하고 기본법 23조에 대강이 밝혀진 현안인 국가보안법안을 표적으로 삼았다. 베이징은 결국 입법회에서 통과시킬 것을 요구하고 있다. 민주주의 옹호자들은 논란이 많고 오래 지연된 법안이 통과됨으로써 홍콩의 자치가 더욱 퇴보할 것을 우려하고 있다.

2018년 보선 결과 친민주 진영은 선서 파동이 일어나기 전에 민주파 입법회 의원에 속한 네 석 중 두 석만 다시 확보했다. 의석[9]을 상실한 여섯 명의 입법회 의원 중 한 명인 에드워드 유(姚松炎)는 친중국 반대파 인사에게 유효투표의 단 1% 차이로 패배했다. 일부 관찰자들이 주장하는 바에 의하면 무엇보다도 투표율이 낮고 선거운동을 제대로 하지 않아 범민주파가 두 개의 지역구 의석 중 하나를 상실했다는 것이다. 그럼에도 불구하고 결과

---

9 입법회 의석 중 홍콩 유권자들이 직접 선출하는 의석은 40석이다. 이 중 35석은 지역구에서 뽑고 5석은 구의회를 통해 선출한다. 그리고 나머지 30석은 직능 선거구 의석으로서 업계 그룹, 각종 이익 단체와 기관들로 구성된 선거인단이 뽑는다.

적으로 베이징의 홍콩 정치체제에 대한 간섭을 거부한다는 점을 보여주는 친민주 진영의 결의를 훼손시켰으며, 지역구 의석에서 친중국 집단의 토론 종결의 이점을 공고히 했다(이제 지역구 의석 중 친중국 입법회 의원들의 의석수는 17석으로 되고 민주파는 16석이 되었다).[10] 이 이점 덕분에 친베이징 진영은 선호하는 입법과 조치를 추진할 수 있게 되었다. 예를 들어 23조 및 '애국' 교육 등의 본토 지도부가 홍콩에 오랫동안 시행하라고 압력을 가한 우선사항들을 추진할 수 있게 되었다.[11]

참고 자료

기본법 23조: 논란이 많은 조치를 놓고 공포 증대

홍콩 기본법의 23조는 다음과 같다.

홍콩 특별행정구역은 중앙인민정부에 대한 반역, 분리, 선동, 전복 행위 또는 국가 기밀 절취를 금지하고 외국의 정치 기구 또는 기관들이 이 지역에

---

10 입법회에서 진행할 발의, 법안 또는 수정을 하기 위해 입법회는 지역구 및 직능 선거구로부터의 다수 지지를 필요로 한다. 직능 선거구에서 친중국 블록은 21석을 갖고 있는 반면, 민주파는 9석을 갖고 있다. 한 명의 민주파 의원이 공석이 된 자리에 대하여 항소를 하고 있는 상태이고 다른 공석이 된 한 자리를 충원하기 위해 2018년 11월에 보선을 하게 되어 있기 때문에 입법회 구성은 친중국 진영이 42석이고 민주파 진영은 26석이다. Hong Kong By-Election Is Set for November 25," *South China Morning Post*, June 27, 2018; Kris Cheng, "Hong Kong Democrats Win 2 of 4 Seats in Legislative By-Election, as Ousted Lawmaker Edward Yiu Fails to Regain Seat," *Hong Kong Free Press*, March 12, 2018.

11 홍콩에서 중국의 정체성을 강화하기 위한 시도로 베이징은 '애국' 교육의 강화를 요청했다. 예를 들면 중국공산당의 견해를 지지하는 국가 커리큘럼 같은 것이다. 2012년에 홍콩 정부는 모든 공립학교에서 국가 교육 프로그램을 시행하려고 노력했지만 시위와 반대에 부딪혀 이 계획을 철회했다. Peace Chiu, "Is Chinese National Education Set to Make a Comeback in Hong Kong? It's Not If, but How, Experts Say," *South China Morning Post*, August 4, 2017.

서 정치활동을 하는 것을 금지하며, 이 지역의 기관이 외국의 정치 기구나 기관과 유대관계를 수립하는 것을 금지하기 위해 자체의 법률을 제정할 것이다.

2017년 말 이래 본토 관리들은 홍콩 정부에 23조를 시행하도록 반복적으로 압력을 가했으며 이로 인해 친민주 지지자들 가운데 우려가 급속도로 커졌다. 2003년에 홍콩 당국이 마지막으로 그런 법안을 추진했을 때 근 50만 명의 시민이 법안에 반대하면서 행진했고, 법안은 지지가 충분하지 않았기 때문에 보류하게 되었다. 만약 입법회가 관련법을 통과시킨다면 그것은 홍콩 정부에 광범위한 권력을 부여, 베이징에 위협이 된다고 생각하는 개인을 억류하거나 기소할 수 있으며, 외국과 관련이 있는 어느 비정부기구 혹은 기관을 폐쇄시킬 수 있다.

3) 정당금지로 인한 우려 제기

2018년 9월 홍콩 정부는 최초로 정치 단체인 홍콩민족당을 금지했다. 이 당은 2016년에 창립된 주변부 친독립단체이며 지지자가 별로 없다.[12] 홍콩의 사법기관에 의하면 이 당의 성명은 지지자들에게 "폭력과 공공 무질서를 야기하도록" 자극할 수 있으며 그 행위는 모호한 식민지시대 법인 사회조례를 위반했다는 것이다. 베이징은 1997년에 조례를 개정하여 '국가안보'를 이유로 어떤 시민사회기구건 간에 금지할 수 있도록 허용했으며, 홍

---

[12] 당의 설립자이며 의장인 찬호틴(陳浩天)은 2016년에 입법회 의원 선거에 입후보하려고 했지만 선거관리위원회는 그의 친독립 견해 때문에 후보 자격을 무효화했다. Emily Tsang and Elizabeth Cheung, "Hong Kong National Party Convener Disqualified from Running in Legislative Council Polls," *South China Morning Post*, July 30, 2016.

콩이 중국으로 이양된 이래 그 조례가 사용된 적이 없다. 이런 결정에 대해 베이징과 친중국 입법회 의원들은 잘했다고 칭찬한 반면 미국, 영국, EU는 우려하는 성명을 발표하였다. 홍콩 주재 미국 영사관 대변인은 다음과 같이 언급했다. "홍콩 정부가 한 정당을 금지하기로 한 결정은 표현과 결사의 자유[의] … 중요한 공유 가치와 부합하지 않는다."

칼럼니스트이며 진보법률가 그룹(法政匯思, 민주주의와 법치를 진흥하는 홍콩 단체)에 소속된 제이슨 Y. 응에 의하면 베이징은 법률 23조의 전조로서 "국가안보를 근거로 제정된 법률에 대한 반응이 어떤지를 알아보기 위해 공중의 온도를 [실험하는 것]"일지 모른다. 2018년 7월 금지 조치가 예고된 이후 홍콩의 60개 이상 시민사회 단체는 이 조치가 집회, 결사의 자유를 침해한다고 비판하는 청원서에 서명했다.

2018년 8월 초 유명한 언론인 단체인 홍콩외신기자 클럽이 몇 주 후 홍콩민족당의 설립자이자 소집책인 찬호틴의 연설을 주최한다고 발표한 이후 베이징은 이 행사를 취소하도록 압력을 가했으나 결국 성공하지 못했다. 중국 외교부, 홍콩 행정장관 캐리 람과 전 행정장관 렁춘잉(梁振英, 2012~2017년 재임, 현재 베이징의 최고 자문기구인 중국 인민정치협상회의 부주석)은 이 클럽이 찬을 연사로 초청하기로 한 결정을 비난했다. 부주석 렁은 이 행사를 비난하는 글을 연속으로 페이스북에 올려 이 클럽이 "범죄자나 테러리스트들과 (초청에) 선을 긋지 못할 것이므로" 홍콩 정부는 자신들의 재산에서 이 클럽을 퇴거시키는 것을 고려해야 된다는 암시를 했다. 이 클럽은 정기적으로 연사를 초빙하여 다른 견해를 들었다고 하며 홍콩에서 언론자유를 지키는 공개 토론의 중요성을 역설했다. 이 클럽에 대한 공중의 비판에도 불구하고 행사는 예정대로 진행되었지만[13] 베이징과 홍콩 정부로부터

---

13 공공텔레비전방송국 RTHK는 이 행사를 방송하지 않기로 결정했다. 이유는 홍콩의 독립 지지자를 위한 공개 플랫폼을 제공할 우려가 있기 때문이라는 것이다. 인권단체들은 RTHK가

맹렬한 비난을 받았다. 베이징이 주도적으로 행사한 강력한 압력으로 홍콩의 친민주 단체들과 국제 언론인 단체들 사이에 홍콩에서 언론자유에 대한 위협이 증대하고 있는 데 대한 우려가 제기되었다.

5. 위기에 처한 법치

기본법 18조에 따라 홍콩은 본토를 통치하는 법과 별도로 지방법을 유지하고 집행할 능력을 보장받고 있다. 하지만 최근 수년 동안 베이징은 홍콩의 법적 자치에 지속적으로 압력을 가해 홍콩의 법조계와 친민주주의 옹호자들 사이에 우려를 자아냈다. 이런 추세는 미래에 대한 불안스런 선례를 만들었는데, 본토의 조치가 홍콩에까지 미침으로써 홍콩의 법치를 본토에서 적용되는 것과 근접하도록 하고 있다.

1) 홍콩 기차 터미널 공동 입지 프로젝트는 우려를 자아낸다

2017년 7월 홍콩 정부는 홍콩과 중국 본토의 세관, 이민, 검역 절차를 현재 건설 중인 새로운 터미널에서 시행하기 위한 안을 발표했다. 이 터미널은 홍콩을 이웃 본토 도시인 광둥성의 선전, 광저우와 연결하는 고속 기차 링크 역할을 할 것이다. 이 안에는 본토의 보안요원이 홍콩 내에 있고 홍콩 관할인 터미널 일부에서 본토 법을 집행하도록 허용하는 것이 포함되어 있다. 이 구역은 '본토 항구 지역'이라고 명명될 것이며 터미널의 4분의 1을 차지한다. 예를 들면 터미널의 이 부분에서 어떤 사람이 '공공질서를

자기 검열을 한 것이라고 주장했다. Phoenix Un, "RTHK Banned from Live Broadcasting FCC Speech," August 10, 2018.

해친' 혐의로 본토 감옥에서의 5년 징역형을 받을 수 있다. 홍콩 법에는 이에 해당하는 조항이 없는데도 불구하고 그렇게 될 수 있다. 이 프로젝트가 발표된 이후 홍콩 법조계, 입법회의 민주파와 친민주주의 그룹은 우려를 표명했다. 그들은 '일국양제'가 무너질 잠재성이 있고 장차 본토 법이 홍콩에서 더 광범위하게 시행될 가능성이 있다는 점을 걱정하고 있다.

반대 여론에도 불구하고 베이징, 홍콩 정부 및 친중 입법회 의원들은 이 안을 추진했다. 2017년 말 본토와 홍콩 정부는 이 프로젝트에 관한 협정을 체결하고 전국인민대표대회 상무위원회는 이 프로젝트가 베이징의 헌법 및 홍콩 기본법과 부합한다는 것을 확인하고 협정을 승인하는 결정을 채택했다. 변호사이며 이전에 기본법 기초위원회 위원이었던 마틴 리는 다음과 같이 말했다. "[홍콩] 내의 어느 지역도 [기본법의 예외로] 허용될 수 없다. 왜냐하면 홍콩 인민에게 약속한 보호는 [영토] 내의 어디나 다이기 때문이다." 홍콩변호사협회에 의하면 전국인민대표대회의 결정은 "현재까지의 기본법 시행에서 가장 퇴보한 조치이며 '일국양제'와 [홍콩의] 법치에 대한 공중의 신뢰를 심각하게 훼손한 것이다." 2018년 6월 친베이징 입법회 의원들은 입법회를 통해 이 프로젝트 승인의 마지막 장애를 제거하는 법안을 통과시켰다. 법안을 통과시키기 위해 입법회 의원들은 이전에 쓰지 않은 전술을 사용했는데, 민주적 입법과정을 더욱 억제하고 향후 논란이 많은 입법을 통과시키기 위해 이런 전략을 사용할 수 있다는 우려를 자아냈다.[14] 2018년 9월 베이징과 홍콩은 공식적으로 본토항구지역(Mainland Port Area)을 출범시

---

14 친중 입법회 의원들은 상세한 내용을 제한한 채로 법안을 제출하고, 친베이징 의원들이 법안의 통과를 감독하는 위원회를 완전히 장악하도록 보장하며, 토론을 제한하고 친민주 의원이 제안한 수정안을 기각하고 항의하는 민주파가 핵심적인 회의에 참여하지 못하게 했다. 비판가들은 23조와 애국 교육법을 통과시키는 데 유사한 전술을 사용할 것으로 우려하고 있다. Kris Cheng, "Explainer: How Hong Kong's Controversial Rail Link Law Was Pushed through Using Four Unprecedented Tactics," *Hong Kong Free Press*, June 16, 2018.

켰으며 터미널은 가동되기 시작했다.

2) 베이징, 국가(國歌)법 의결

2017년 9월 전국인민대표대회 상무위원회가 국가법을 의결하여 당국은 중국의 국가를 모독하는 자에 대해 15일간 구류하거나 형사 처벌할 수 있게 되었다. 2017년 11월 이 입법기관은 최고형을 3년간의 징역형으로 늘렸다. 또한 상무위원회는 기본법의 개정안을 통과시켜 홍콩이 유사한 법을 제정하고 이 법을 위반한 자에 대한 처벌에 대해 결정을 하도록 요구했다. 점령 시위 이후 홍콩 축구팬들은 베이징에 대한 항의로 홍콩에서 국제 축구시합이 열릴 때 홍콩의 국가이기도 한 중국 국가가 연주되면 의례적으로 야유를 했다. 국가법 개정에 대응하여 홍콩의 38개 시민사회 단체와 정당들은 공동성명을 발표하여 홍콩 정부에 유사한 법률의 입법 고려를 철회하도록 촉구했다. 성명서는 다음과 같이 천명하고 있다. "국가법은 '애국주의를 촉진하는 정도까지 국가를 존중하고 사회주의의 핵심가치를 배양하고 실천할 것'을 요구함으로써 홍콩시민에게 이데올로기를 강요하고 있다. 이는 분명히 사상의 자유를 침해하는 것이다."

참고 자료

2015년 구금된 홍콩 서적상들에 대한 최신 뉴스

2015년 본토의 기관원들이 중국 내에서 판매 금지된 정치 가십 책의 홍콩판매상 다섯 명을 납치한 것이 분명하다. 관련된 출판사는 코스웨이 베이 북스이다. 이로 인해 홍콩 전역이 경악하게 되고 그 반향이 지속되고 있다. 보도에 의하면 이 사건 중 하나에는 베이징의 불법적인 월경 법률 집행이 개입되었다고 한다. 이는 홍콩의 사법기관만이 법을 집행하고 홍콩 내에서 관련 조치를 취할 수 있다고 한 기본법 22조를 무시한 것이다. 람윙키(林榮基)— 본토에서 수개월 동안 억류된 다음 베이징의 유치장에서 벗어난 서적상들 중 한 명 — 는 2018년 9월 타이완에서 코스웨이 베이 북스를 다시 열 계획을 세웠다. 그 목적은 중국공산당이 홍콩에 대한 통제를 강화하고 있으며 타이완에서 영향력이 커지고 있는 것에 대한 인식을 제고하고자 하는 것이었지만 그는 중국으로부터 방해를 받았다고 한다.[15]

서적상 네 명은 풀려났지만, 그중 한 명인 구이민하이(桂民海)는 스웨덴 국적인데 2015년 10월에 태국의 휴가용 별장에서 실종된 후 본토에 구금되었다. 2017년 10월 본토 당국은 그가 2003년에 음주운전을 하다 사망자를 냈다는 혐의로 2년형을 선고받고 복역을 마친 다음 석방한 것 같지만, 그는 중국 본토에 머물렀고 사직당국에 정기적으로 보고하도록 강요받았다. 그런 다음 2018년 1월 스웨덴 영사관원들이 그가 스웨덴 대사관에서 의료진단을 받도록 하기 위해 베이징행 기차에 구이와 동행했을 때 사복경찰관들이 기차에 올라와 그를 데리고 갔다.[16] 이에 대응하여 스웨덴 외무장관 마르고트 발스트룀은 이 사건은 "영사 지원에 관한 기본적인 국제규칙에 위반된다"라고 말하고 구이의 석방을 요구했다. 또한 미국 국무부는 "중국 당국은 구이를 체포하여 구금한 이유와 법적 근거를 설명하고 그가 어디 있는지를 밝히고 그에게 이동의 자유와 중국을 떠날 수 있는 자유를 허가하라고 요구하는" 성명서를 발표했다.

---

15 2018년 8월 람이 타이완 언론에 말한 바에 의하면 타이완과 홍콩 투자자들이 자기 서점에 투자한 자금을 거둬들였다. 이는 베이징의 간섭 때문이라고 그는 주장했다. Zhong Lihua, "Red Influence Blocks, Hong Kong's Causeway Bay Bookstore Opening in Taipei Is

6. 표현의 자유 쇠퇴

모든 홍콩 주민에게는 기본법 3장에 따라 시민의 자유 — 표현, 집회 및 언론의 자유와 더불어 학문의 자유 — 가 보장된다. 시 주석 집권 이후 이런 자유에 대한 도전이 계속 증가했다. 왜냐하면 베이징이 홍콩을 본토에 좀 더 가깝도록 하는 방안을 모색하기 때문이다. 2017년 7월 캐리 람이 홍콩 행정장관으로 취임한 이후 홍콩 시민사회와 친민주 여론에 대한 추가적인 억제조치가 취해짐으로 말미암아 표현, 언론 및 집회의 자유에 대한 도전이 끊임없이 제기되는 결과를 가져왔다.

1) 친민주 활동가들과 시민사회는 커져가는 법적 도전에 직면

친민주 활동가들이 베이징과 홍콩 정부에 불만을 표시할 수 있는 공간은 억제조치가 강화됨으로써 줄어들고 있다. 홍콩의 활동가 겸 작가인 강충간(江松澗)에 의하면 2018년 10월 말 현재 홍콩 정부는 2014년 점령 시위 이래 29명의 친민주 지도자들을 대상으로 45건의 소송을 제기했다. 이 지도자들 중에는 친민주 기관에서 가장 높은 자리를 차지하고 있는 입법회 의원과 활동가들이 포함되어 있다. 대부분의 소송은 2016년 말 이래 취해진 것으로서 활동가들의 입을 다물게 할 목적의 표적 활동에 대해 홍콩 옵서버와 인권단체들로부터 우려의 목소리가 나왔다.[17] 2017년 8월에 윙지

Halted," *Liberty Times*, August 9, 2018. Translation. http://news.ltn.com.tw/news/focus/paper/1223047.

16 중국 관리들은 스웨덴 외교관들에게 다음과 같이 말한 것으로 알려져 있다. 구이는 "스웨덴 외교관들과 비밀 정보를 공유하고 그들을 불법적으로 만났다는 의혹을 사고 있다"라는 것이다. Chris Buckley, "Chinese Police Seize Publisher from Train in Front of Diplomats," *New York Times*, January 22, 2018.

풍, 네이선 로, 아그네스 차우(점령 시위 당시의 학생 지도자들)는 시위에서의 역할 때문에 징역형을 선고받았다.[18] 세 명 모두 홍콩 종심법원(한국의 대법원에 해당 – 옮긴이)에 상소했다. 몇 개월 동안 구금된 그들에게 홍콩 종심법원은 보석을 허가했다.

2018년 2월 웡지풍, 네이선 로와 차우는 상소심에서 이겼다. 그리고 홍콩 종심법원이 징역형을 파기(비구금형으로 환원)함으로써 세 사람은 기술적으로 향후 입법회 의원 후보로 나설 수가 있게 되었다.[19] 하지만 이 법원의 판결은 시위자와 시민 불복종 행위와 관련된 미래의 형사사건에 특별히 의미 있는 판결로 중요한 선례가 되었다. 판사들은 아무리 낮은 수준의 폭력이라도 폭력을 동반한 불법 집회는 징역형에 처해져야 된다는 하급법원의 판결에 동의했다. 더구나 판사들은 행위가 형법에 저촉되고 폭력이 수반되면(판사들은 그 자체로 '시민 불복종'이 아니라고 했다) 시민 불복종 행위에 대하여 관대한 선고를 해야 한다는 논의는 '별 상관이 없다'라고 했다. 웡은 판결을 "가혹한 심판"이라고 했으며, 로는 "홍콩의 민주운동은 패배했다"라고 했다. 한편 원로 변호사(senior counsel) 겸 홍콩 정부 내각 멤버인 로니 통(湯家驊)은 다음과 같이 말했다. "[판사는 명백하게 밝혔다] 아무리 의도가 고상하다고 할지라도 자유를 누리는 자가 폭력을 행사하면 그것은 형을 감경하는

---

17   2017년 친민주 입법회 의원들과 활동가들이 체포된 상황에 대한 정보를 더 자세히 알아보려면 미-중 경제·안보 검토위원회, 「2017 대의회 연례 보고서」, 2017. 11, 428~429쪽 참조.

18   웡지풍은 2018년 1월 이래 사실상 여행금지를 당했다. 당시 그는 여권을 회수당했다. 점령 시위에서 비롯된 '법정 모욕죄'로 3개월 징역형을 선고받은 후 그렇게 되었다. 2018년 9월 홍콩 고등법원은 보석조건을 재검토해 달라는 그의 청구를 기각했다. 그럼으로써 웡은 2019년 4월 이 사건에 대한 청문을 열 때까지 여권을 다시 받지 못하게 되었다. *Radio Free Asia*, "Activist Joshua Wong Banned from Travel, Four Years after Democracy Movement Began," September 28, 2018.

19   홍콩 법에 의해 3개월 이상 징역형을 받은 자는 5년 동안 공무원이 될 수 없다. Jasmine Siu, "Joshua Wong Seeks to Change Hong Kong Laws that Ban Former Convicts from Elections for Five Years," *South China Morning Post*, November 14, 2017.

요인이 될 수 없다는 것을 말이다." 친민주주의 옹호자들에 의하면 그 판결은 향후의 시위에 위축 효과를 초래하고, 집회의 자유 및 시민 불복종에 도전을 제기할 수 있는 것이다. 많은 사람들은 이를 홍콩 정치생활의 핵심적인 요소로 보고 있다.

홍콩의 친민주 세력이며 과거 친독립 행동가인 에드워드 렁(梁天琦)이 몽콕거리에서 경찰과 충돌한 사건에 개입했기 때문에 2018년 6월 징역 6년형을 선고받은 것은 홍콩에서 집회의 자유에 대한 걱정스러운 함의를 지닌다. 렁은 홍콩이 영국의 통치를 받을 때인 이전 1970 공공질서 조례에 의해 성문화된 보통법을 위반하여 폭동죄로 기소되었다. 1997년에 홍콩을 중국으로 반환하기 전 마지막 총독인 크리스 패튼 경은 이 법을 개정하려고 시도했다. 왜냐하면 이 법은 폭동죄에 관한 표현이 모호하고 인권에 관한 유엔 표준과 부합하지 않기 때문이다. 렁이 징역형을 받은 다음 패튼 경은 다음과 같이 말했다. "이 법이 이제 민주파 및 여타 활동가들에게 극단적인 판결을 내리는 데 정치적으로 이용되고 있는 것을 보니 실망스럽다."

2) 위협받고 있는 언론자유

언론자유가 으스스하게 압박을 받는 상황하에서 2018년 10월 홍콩 정부는 ≪파이낸셜타임스≫ 기자 빅터 말렛의 비자 갱신을 아무런 설명 없이 거부했다 — 보도에 의하면 홍콩이 중국으로 반환된 이후 최초로 외국 기자가 축출된 것이다. 홍콩 주재 외신기자 클럽의 부회장을 맡고 있던 말렛는 2018년 8월 친독립 홍콩민족당 창립자 찬과의 말썽 많은 행사를 주관했다. 베이징과 홍콩 정부는 외신 클럽에 행사를 취소하라고 압력을 가했다. 다수의 언론인과 인권단체들은 말렛의 비자 거부는 행사를 주관한 데 대한 보복조치라고 믿고 있다. 휴먼라이츠워치의 선임 중국 연구원인 마야 왕은 다음과 같이 말했다. "이런 처사는 전례가 없는 일이다. 외국 기자에 대한 비자 거부가 중국에서는 가능한 일이라고 할 수 있지만 홍콩에서는 그런 일이 없었다. 왜냐하면 홍콩에서는 최근까지만 해도 자유언론을 존중하는 전통이 있었기 때문이다." 이번 결정이 갖는 좀 더 광범위한 중요성을 나타내면서 홍콩 주재 미국상공회의소는 공식적인 성명서를 발표했다.

> [이런 조치는] 우려할 만한 신호를 보낸다. 자유언론 없이 자본시장은 적절하게 기능할 수 없으며, 비즈니스와 무역은 신뢰성을 갖고 수행될 수 없다. 홍콩에서 언론자유를 축소하려는 어떤 노력도 주요한 금융 및 무역 센터로서 홍콩의 경쟁력에 피해를 끼칠 것이다.

언론자유가 기본법에서 보호를 받고 있지만 비영리 감시기구인 국경 없는 기자회와 홍콩 언론인들은 베이징이 홍콩 미디어에 간섭을 많이 하고 있음을 보았고 이런 추세는 시 주석하에서 계속 가속화되었다. 하지만 이런 관찰자들은 홍콩의 전반적인 언론자유의 궤도에 대해 약간 견해를 달리했다.

• 국경 없는 기자회   국경 없는 기자회의 2018년 세계 언론자유 지수에 의하면 측정을 한 180개 국가 및 영토 중 홍콩은 70위(180이 언론자유가 가장 없는 나라를 나타냄)로 세 단계 개선되었다. 이 기구가 그렇게 평가한 이유는 독립 온라인매체가 늘어나고 홍콩 정부가 이런 매체들도 정부 기자회견 및 공식 행사에 참가하도록 허용했기 때문이다. 순위가 개선되었음에도 불구하고 국경 없는 기자회는 베이징이 간섭을 점점 더 많이 하는 현상과 통치에 관한 정보를 취재하는 데 점점 더 난관이 많은 것에 주목했다.

• 홍콩언론인협회   2017년 홍콩언론인협회의 홍콩 내 언론자유에 관한 연례조사에 의하면 2013년 조사를 실시하기 시작한 이후 공중의 인식은

47.1(100 중에서)로 다시 내려갔다. 언론자유를 강화하고 홍콩 현지 언론인의 직업 환경 개선을 위해 설립된 이 NGO는 그들의 여론 조사에 의하면 언론인 70%는 언론자유가 전년에 비해 쇠퇴했다고 믿는다고 보도했다. 일반 공중과 언론인 응답자의 여론조사 데이터는 베이징으로부터의 압력 증가 인식은 홍콩의 언론자유에 유해하다는 것을 나타냈다.

(1) 정치적 동기의 자기 검열

홍콩언론인협회에 의하면 자기 검열은 여전히 언론인에 중대한 문제이다. 협회의 2017년 조사에서 협회는 자기 검열이 홍콩의 미디어 자유에 대한 언론인들의 평가에서 가장 중요한 요인인 것을 발견했다. 2017년 12월 홍콩 미디어 HK01은 1989년 천안문 학살에 관해 새로 공개된 영국의 기밀이 해제된 문서를 이용한 두 개의 보도를 했지만 기사들은 웹사이트에서 신속하게 삭제되고 바뀐 콘텐츠가 다시 올려졌다. 홍콩언론인협회는 다음과 같은 성명을 발표했다. "[본 협회는] 보고서 발간 정지가 정치적 민감성이라는 관점에서 자기 검열이나 마찬가지라는 것을 극도로 우려하고 있다." 또한 감시기구는 다음 날 두 번째 보도를 할 예정이었으나 나오지 않은 것을 알게 되었다. 이에 대응하여 HK01은 이런 주장을 부인하고 최초 기사가 삭제된 것은 편집상의 문제 때문이었다고 하면서 편집상의 독립에 간섭했다고 감시기구를 비난했다.

3) 학문의 자유

최근 수년 동안 홍콩의 대학교와 중등학교는 베이징으로부터 홍콩의 독립에 관한 논의를 피하고 애국 교육을 실시하라는 압력을 점점 더 많이 받고 있다. 2018년에 베이징과 홍콩 정부는 언론자유가 가중되는 압력을 받고 있다는 생각과 관찰자들 가운데 제기되는 두려움에 관해 공개적인 논의를 하지 못하도록 하는 활동을 확대하였다.

2018년 3월 홍콩 대학교 교수이며 점령 시위 지도자들 중 한 명인 다이야오팅(戴耀廷)은 타이완의 포럼에서 연설할 때 말하기를 홍콩은, 만약 중국이 향후 민주화된다면 독립이나 또는 중화 연방에 가입하는 것을 고려할 수 있다고 했다. 이에 대응하여 홍콩 정부, 친베이징 입법회 의원 및 본토 중국은 다이 교수의 발언을 비난하는 공공 활동을 전개했다. 홍콩 정부 대변인은 다음과 같이 말했다. "[우리는] 홍콩이 독립국이 되는 것을 고려할 수 있다는 [다이 교수의] 언급에 충격을 받았다. 그런 언급을 강력하게 규탄한다." 또한 대변인은 다음과 같이 말했다. "'홍콩 독립'을 옹호하는 것은 '일국양제' 그리고 기본법과 아울러 홍콩 사회의 전반적이고 장기적인 이익에 반하는 것이다." 국무원 홍콩-마카오 사무판공실 대변인은 다이 교수의 언급에 대한 홍콩 정부의 맹렬한 비난을 지지했으며 다음과 같이 말했다. "홍콩의 일부 인사들은 외부 세력과 결탁하여 공개적으로 독립을 촉진하고 있다. 그들은 홍콩의 기본법을 어기고 국가의 분열을 획책하고 있다 … 그리고 '일국양제'의 핵심에 도전하고 있다." 베이징의 공식 반응이 나오고 몇 시간 뒤 친중 입법회 의원 41명은 다이 교수의 언급을 맹렬히 비난하는 공동성명을 발표했다.

홍콩의 권리 옹호자들은, 다이 교수를 상대로 벌어지고 있는 압력은 홍콩에서 학문의 자유와 표현의 자유가 점점 더 위협을 받고 있음을 보여주며 자기 검열의 강화를 초래할 수 있다고 말했다. 홍콩 소재의 인권단체인 학문자유를 위한 학자 연맹이 볼 때 "이 사건은 홍콩이 여전히 자유롭고 개방된 사회로 남아 있기 위해서 강력하게 보호되고 존중받아야 할 시민의 권리와 자유를 노골적으로 침해하는 것이다." 다이 교수와 더불어 일부 학자들이 우려하고 있는 점은 이 사건으로 인해 본토와 홍콩 당국이 23조의 조속한 통과를 강행할 수 있다는 것이다. 비록 홍콩 정부 관리들이 이런 우려를 부인하고 있다고 할지라도 본토 관리들과 중국 국영 미디어의 해설은 홍콩이 국가보안법을 통과시켜야 될 필요성을 시사했다. 다이 교수는 다음과 같이 말했다.

만약 새로운 기준점이 비록 폭력을 동반하지 않고, 여타 범죄행위를 수반하지 않는데도, 사람들이 단순히 말로만 그런 위법행위를 [저지르기에] 충분하다고 한다면, 홍콩 국민이 심각하게 고려해야 될 사항이다.

참고 자료

타이완 학자들의 홍콩 방문 저지

2014년 대규모 친민주주의 시위가 홍콩(점령 중앙)과 타이완(해바라기 운동)에서 일어난 이래 양측의 민주주의 활동가들 사이에 베이징의 압력 증대에 대응하기 위한 아이디어의 공유현상이 늘어났다. 하지만 최근 수년 동안 점점 더 많은 숫자의 타이완 활동가들과 입법원 의원들이 홍콩방문을 저지당했다. 특히 민감한 사건이 발생한 무렵에 그런 현상이 나타났는데 학자가 더 많이 포함되는 추세이다. 2017년 12월 타이완 싱크탱크인 중앙연구원의 학자로 베이징에 대해 비판적인 우뤠이런(吳叡人)과 우지에민(吳介民)은 홍콩에서 열리는 컨퍼런스에 연사로 참석할 예정이었지만 비자 신청이 거부당했다.[20] 우뤠이런 박사는 베이징이 타이완과 홍콩 정치 집단 간 대화를 제지하려 한다고 주장한다. 그렇게 하는 것은 "시민사회를 격리시키고 무력화시키려는 것이다." 타이완의 차이잉원 총통이 2016년 집권한 이후 베이징은 홍콩과 타이완 활동가들의 교류에 대해 점

점 더 민감해졌다. 베이징은 독립을 추구하고 베이징의 국가 주권을 침해
할 수 있는 타이완과 홍콩의 '분리주의자 세력' 간 결합을 두려워하고 있
는 것이다.

7. 본토 중국과의 경제관계

홍콩이 베이징에게 여전히 중요한 것은 세계에 대한 경제 도관이며 금
융개혁의 실험무대이기 때문이다. 홍콩의 금융 및 상업 부분의 독립에 대
한 중국의 전반적인 존중은 이제 중국이 '일국양제' 공식의 적용 필요성을
오직 홍콩의 경제 영역에 대해서만 느끼는 것일지도 모른다는 것을 시사한
다. 수십 년 동안 홍콩의 경제적 역동성과 상업적 법치는 세계적인 금융 허
브로서 그리고 중국에 대한 주요 관문으로서 홍콩의 지위를 보장했다.[21] 글
로벌 금융센터 지수에 의하면 홍콩은 런던, 뉴욕 다음 가는 3위의 주요 글

---

20 이런 학자들의 방문을 저지한 것은 2017년 10월 홍콩이 영국의 보수당 활동가이며 인권위
   원장인 베네딕트 로저스의 비공식 홍콩 방문을 거부한 이후 발생한 일이다. 그 이후 홍콩 당
   국은 홍콩의 친민주 활동가들을 지원하는 해외의 정치인과 시민사회 단체 인사의 방문을 거
   부했다. Kris Cheng, "Hong Kong Denies Entry to Japanese City Councilor Months after
   Beijing Attacked Him for Supporting Democrat," *Hong Kong Free Press*, August 10, 2018;
   Kris Cheng, "Hong Kong Bars UK Conservative Party Activist Benedict Rogers from
   Entering City," *Hong Kong Free Press*, October 11, 2017.

21 홍콩은 헤리티지 재단이 준비한 지수에 의하면 법치, 규제 효율성, 경제 개방성, 정부 규모
   에 근거하여 24년 연속 세계에서 가장 자유로운 경제였다. 스위스 소재 국제경영개발연구
   소의 2018년 세계경쟁력 순위에 의하면 홍콩은 미국 다음으로 세계에서 2위이고 그 뒤를 이
   은 것이 싱가포르이다. 2018년 홍콩은 세계은행의 사업하기 편리한 지수에서 5위를 차지해
   한국보다 한 순위 뒤지고 미국보다는 한 순위 앞섰다. "The United States Overtakes Hong
   Kong at First Place among the World's Most Competitive Economies," May 2018; World
   Bank, "Doing Business 2018: Reforming to Create Jobs," October 31, 2017, 4.

로벌 금융센터이다.[22] 2017년 3752개 다국적 회사가 홍콩에 지역 본부 혹은 지역 사무실을 갖고 있다. 이 중 76%는 본토 중국과의 거래를 담당하고 있다.

2017년 홍콩의 GDP는 실질 기준 3.8% 성장했으며, 이는 2016년의 2.2%에서 상승한 것이다. 이는 국내 수요 증가와 강력한 외부 환경 덕분이었다. 2018년 2/4분기 홍콩경제는 전년 동기 대비 3.5% 성장했으며 이는 1/4분기의 4.6%보다 감소한 것이다. 홍콩 정부는 2018년 GDP가 3~4% 성장할 것으로 내다봤다. 국내 수요가 강세이고 관광객 방문이 회복되어 2018년의 성장세를 계속 뒷받침할 것으로 예상된다. 하지만 미국과 중국 간 무역 긴장이 고조되고 이자율이 높아 성장은 중간 수준에 머물 것으로 보인다. 홍콩경제는 국제무역[23]과 금융에 대한 의존도가 높으며 무역, 투자, 금융 및 관광 연계를 통해 점점 더 본토 경제와 통합되고 있다.[24]

1) 무역과 투자 연계

중국 본토는 1985년 이래 홍콩의 최대 무역 파트너로 2017년 총무역고

---

22 글로벌 금융센터 지수는 런던 소재 상업 싱크탱크 Z/Yen 그룹과 선전 소재 싱크탱크 중국 개발연구소가 발표하는 금융센터 경쟁력에 관한 반년 순위이다. 순위는 다음과 같은 다섯 개 경쟁력 요인에 근거한 것이다. 즉, 비즈니스 환경, 인적 자본, 사회간접자본, 금융부문 발전 및 명성이다. China Development Institute and Z/Yen Group, "The Global Financial Centers Index 23," March 2018, 4, 8.

23 홍콩의 상품과 서비스 무역 총계는 2017년의 경우 GDP의 375%였다. 이는 중국 본토의 38%와 대비된다. World Bank, "Trade(% of GDP)." https://data.worldbank.org/indicator/NE.TRD.GNFS.ZS.

24 비록 홍콩이 중국의 일부라고 할지라도 별개의 법률 체계를 갖고 있으며 중국 본토인이 여행하고 자금을 이체하며 여타 거래를 하는 능력에 대한 최대의 규제를 목적으로 '해외'로 취급된다. Hong Kong Trade Development Council, "Economic and Trade Information on Hong Kong," June 14, 2018.

의 50%를 차지했다. 홍콩은 중국 본토의 3대 무역 파트너(미국, 일본 다음)로 2017년 중국 총무역고의 7%를 차지했다. 또한 홍콩은 중국의 세계 여타 국가들과의 무역을 위한 핵심적인 중개지이다. 2017년 홍콩 정부 통계에 의하면 홍콩 재수출(즉, 수입된 상품이 동일한 상태로 다시 수출됨)의 58%는 중국 본토로부터이고 54%는 중국 본토로 향한 것이었다.

유엔 데이터에 의하면 2017년에 홍콩은 외국인 직접투자액이 1040억 달러에 달해 아시아에서 중국(1360억 달러) 다음으로 외국인 직접투자가 많았다. 이런 유입의 목적이 홍콩만을 대상으로 한 것은 별로 없다. 왜냐하면 다수의 외국 투자자들이 홍콩을 중국으로 가기 위한 통과지점으로 이용하고 있기 때문이다. 결과적으로 홍콩은 지속적으로 중국의 최대 외국인 직접투자원이 되어 2017년 말 현재 홍콩으로부터의 누적 유입액은 1조 달러가 되었으며 이는 총유입의 53.2%를 차지했다. 반대로 중국 본토는 2016년 말 현재 홍콩의 두 번째 외국인 직접투자원(브리티시 버진 아일랜드 다음)으로 총액이 4180억 달러에 달했으며, 이는 그해 홍콩 외국인 직접투자 총액의 26%를 차지했다.

2) 금융 링크

홍콩은 베이징의 외국 금융시장 이용 증대를 위한 활동의 주요 도관이 되었다. 특히 2017년 7월 출시한 중국-홍콩 채권통(China-Hong Kong Bond Connect, 중국 본토·홍콩 채권시장 간 교차거래. 국제 투자자들이 홍콩을 통해서 중국의 채권시장에 접근할 수 있다)과 더불어 그렇게 되었다. 그리고 선전-홍콩 주식통(Shenzhen-Hong Kong Stock Connect, 선전·홍콩 증시 간 교차거래)과 상하이-홍콩 주식통(Shanghai-Hong Kong Stock Connect, 상하이·홍콩 증시 간 교차거래)이 각각 2016년과 2014년에 출시되었다.[25]

중국은 지난 1년 동안 중국자본시장에 보다 많은 외국인 자금을 끌어들이기 위하여 글로벌 지수 MSCI(Morgan Stanley Capital International)의 일부분인 신흥국지수(EM Index)에 중국 대형주(large cap stocks)를 2차(2018년 6월과 9월)에 걸쳐 포함시키려는 계획에 대비해 증권통을 활용하여 거래규모를 확대하려는 노력을 기울여 왔다. 중국의 증권당국은 2018년 4월 상하이와 선전의 주식통 두 곳 모두의 일간 거래 할당량을 네 배로 늘리겠다고 발표한 바 있다.[26] 그러나 이 같은 확대에 대한 시장반응은 조용했는데 이는 상호간의 자본유입은 각각의 자본시장의 수익성과 직결되기 때문이다. 거래 쿼터 확대가 본격화되기 이전에는 아주 소규모의 일간 할당량만 사용되었다. 2018년 7월의 경우 두 개의 증권통에서 투자자들은 본토를 향한(northbound) 거래에서 일간 할당량의 평균 1.7%만 사용했다. 반면 본토(선전이나 상해)에서 홍콩을 향한(southbound) 거래는 1.3%에 불과했다.

현재 채권통(Bond Connect)은 북행 거래만 허용되고 있다. 그 의미는 외국 투자가들이 홍콩을 통해 중국 채권을 구입할 수 있지만 중국 투자가들은 이런 채널하에 홍콩 채권시장에 접근할 수 없다.[27] 이런 채널을 통한 종

---

25 선전·홍콩 증권시장 간 교차거래 및 중국·홍콩 채권시장 간 교차거래에 대해 더 상세하게 알아보려면 다음 자료 참조. U.S.-China Economic and Security Review Commission, *2017 Annual Report to Congress*, November 2017, 437~438. 상하이-홍콩 주식통에 대해 더 자세히 알아보려면 다음 참조. U.S.-China Economic and Security Review Commission, *2016 Annual Report to Congress*, November 2016, 421~422.

26 상하이와 선전의 주식시장 연계제도를 통해 홍콩에서 구입할 수 있는 중국 본토 상장 주식의 일간 쿼터는 각각 20억 달러(런민비 130억)에서 79억 달러(런민비 520억)로 늘어났다. 일간 남행 쿼터는 16억 달러(런민비 105억)에서 63억 달러(런민비 420억)로 증가했다. *Reuters*, "China to Sharply Boost Daily Stock Connect Quotas from May 1," April 10, 2018; Emma Dunkley, "China Boosts Mainland-Hong Kong Stock Connect Quotas," *Financial Times*, April 11, 2018.

27 2017년 7월 채권시장 연계제도 착수식에서 중국인민은행장 대리 판공승과 홍콩증권거래소 이사장 찰스 리 샤오지아(李小加)는 모두 시장 수요가 충분할 때 남행 거래가 도입되어야 한다고 했지만 일정은 제시하지 않았다. 홍콩의 채권시장은 이자율이 낮고 채권수익이 적은

합적인 흐름은 제한적이며 중국의 채권시장 규모에 비해 상대적으로 작다. 중국인민은행 데이터에 의하면 2017년 중국은 국내 채권시장으로 외국 자금 520억 달러(런민비 3460억)를 유치했는데 이는 2016년 대비 41% 증가했다. 2017년 7월 이래 유입자금의 약 3분의 1은 채권시장 연계제도를 통한 것이었다.[28] 2018년 7월 현재 외국투자가들은 역내 중국채권의 2040억 달러(런민비 1.35조)를 보유했는데 이는 총시장의 2% 미만이다.

홍콩은 여전히 런민비의 세계 최대 역외 청산센터이다. 세계 지불처리 네트워크인 SWIFT에 의하면 세계 런민비 지불에서 홍콩이 차지하는 비율은 2017년에 70%를 상회했다. 역외 런민비 센터로서의 홍콩의 지위는 중국·홍콩 채권통이 시작되고 홍콩의 런민비 적격 해외투자기관 할당의 확장으로 올라갔다.[29] 이로 인해 외국투자가들은 홍콩을 통해 중국의 채권과 증권시장에 더 참여할 수 있게 되었다. 또한 일대일로하에서의 지역 및 국제협력 증진은 홍콩이 역외 런민비 비즈니스에서 수행하는 역할을 증대시킬 것으로 예상된다.

끝으로 홍콩은 세계의 톱 신규상장 시장 중 하나이다. 홍콩증권거래소는 상장 수입금 기준으로 뉴욕, 상하이 다음으로 세계 3위이다. 2017년 신규로 상장한 기업이 161개에 달했고 163억 달러를 조성했다. 2018년 4월 홍콩증권거래소는 기술 및 여타 신경제 회사의 상장을 위한 경쟁력 향상 조치로 상장 규칙을 변경하여 수익이 없는 바이오테크 회사와 가중 의결권

문제에 봉착해 있다. "Bond Connect: Linking China's Onshore and Offshore Bond Markets," November 2017; Enoch Yiu, "Bond Connect a One-Way Street until Southbound Trade Opens," *South China Morning Post*, July 3, 2017.

28 다르게 언급하지 않으면 이 장에서는 다음의 환율을 사용한다. 1달러=RMB 6.62.

29 2017년 7월 중국 국무원은 홍콩의 런민비 적격 해외투자기관 할당을 410억 달러(RMB 2700억)에서 760억 달러(RMB 5000억)로 늘렸다. *China Daily*, "State Council Raises Hong Kong RQFII Quota to 500 Billion Yuan," July 5, 2017.

을 부여하는 주식 구조를 갖고 있는 회사의 상장을 허용했다. 홍콩증권거래소는 오랫동안 금융 및 부동산 상장기업들이 지배했다.[30] 수익이 발생하기 이전의 바이오테크 회사의 상장을 허용하기로 한 결정은 초기 단계의 바이오테크 회사를 유치하려는 목적이다.[31]

가중 의결권 구조로 인해 다양한 종류의 주식 구조를 갖고 있는 회사들이 자본을 조성할 수 있다.[32] 이런 구조는 페이스북, 구글과 같은 기술회사들이 선호하는 것이다. 왜냐하면 창업자들과 경영자들이 상장 이후에도 회사의 지배권을 유지할 수 있기 때문이다. 다수의 기술회사들은 - 가장 유명한 중국의 전자상거래 거대 기업 알리바바를 포함하여 - 홍콩보다 뉴욕에서 상장하였다. 왜냐하면 미국은 가중 의결권을 허용하고 있기 때문이다. 변경의 결과로 홍콩은 기업을 확장하여 상장할 때가 가까이 된 몇몇 성장하는 중국 기술회사들을 유치할 것으로 예상하고 있다. 하지만 홍콩의 금융계 일부에서는 이런 변화로 인하여 철저한 기업 거버넌스가 허물어질 것을 우려하고 있다. 그들의 주장은 불평등한 의결권으로 인하여 경영진은 다수 주주들의

---

30 홍콩증권거래소에 의하면 2017년의 경우 시가 총액 기준으로 신경제 부문은 홍콩의 모든 상장 주식의 3%에 불과했다. 이와 대조적으로 나스닥 상장 주식의 60%, 뉴욕 증권거래소의 47%는 신경제 기업의 상장으로 되어 있다. Julie Zhu and Alun David John, "Hong Kong Scrambles for Talent in the Battle for Nasdaq's Biotech Crown," *Reuters*, April 29, 2018.

31 홍콩증권거래소에 의하면 바이오테크 회사들이 선정된 이유는 이런 회사들이 "개발의 수익 이전 단계에서 상장하고자 하는 회사의 대부분을 차지하고 있으며, 바이오테크 회사들이 취한 활동들은 개발 진전에 외부적인 기준을 설정하는 체제하에서 엄격하게 규제되는 경향이 있기 때문이다." Hong Kong Exchanges and Clearing, "HKEX Proposes Way Forward to Expand Hong Kong's Listing Regime," December 15, 2017.

32 다중계층 종류 주식의 가장 흔한 유형은 대표적으로 두 개의 계층을 가진 주식 차등 의결권 구조이다. 즉, 하나의 통상적인 주식은 일반대중에게 제공되며 주당 하나의 의결권을 갖는다. 한편 회사의 창업자나 임원이 가질 수 있는 종류는 여러 개의 의결권을 가지며 종종 회사의 다수결 지배권을 제공한다. Pamela Ambler, "Why 2018 Will Be a Renaissance Year for Asia Tech IPOs, Undercutting New York," *South China Morning Post*, January 14, 2018.

최상의 이익을 무시할 수 있다는 것이다.

3) 관광 연계

중국 본토는 홍콩의 최대 관광객 원천으로 2017년 총방문자의 76%를 차지했다. 홍콩은 중국 관광객들에게 오랫동안 지리적으로 가깝고 면세 쇼핑을 즐길 수 있어 인기 있는 관광지였다. 중국 관광객은 홍콩 총소매판매고의 39%를 차지하는 것으로 추정된다. 홍콩의 소매업과 관광부문은 반본토 감정, 런민비의 약세, 중국의 반부패 운동으로 타격을 받았다. 분석가들에 의하면 이로 인하여 2015년과 2016년에 중국 방문객이 줄어들었다. 본토 관광객의 방문은 2017년에 회복되기 시작하여 전년 대비 3.9% 증가했다. 이는 중국 관광객들에게 인기 있는 이웃 나라인 일본 및 한국과 베이징 간의 정치적 긴장상태로 인해 두 나라 대신 홍콩으로의 관광객이 늘어난 것으로 보인다. 하지만 더 많은 중국 관광객들이 유럽과 같은 장거리 여행을 하기 때문에 점점 더 홍콩을 단거리 여행지로 여겨 홍콩을 방문하는 중국 여행객의 60%는 하루만 체류한다.

8. 홍콩의 일대일로 핵심 역할

홍콩 정부는 홍콩을 일대일로의 '초연결자(super-connector)'로서 브랜드화 방안을 모색했다. 홍콩금융관리국의 국장인 노만 찬(陳德霖)에 의하면 홍콩이 갖고 있는 금융과 전문서비스의 힘은 일대일로를 위해 "사회간접자본투자와 금융을 중개하는 데 견줄 나위 없는 역할을 수행할 수 있는 유리한 입장에 있다." 2016년 6월 홍콩 정부는 홍콩의 일대일로 참가를 위한 전략과 정책을 수립할 운영위원회를 설치했다. 이와 더불어 정부 부처 간 일대일로 관련 작업을 조정하기 위한 일대일로 사무실을 설치했다. 홍콩금융관리국은 인프라금융촉진청을 2016년 7월 설립, 일대일로 사회간접자본 투자와 그 금융을 촉진하고 있다. 2017년 12월 홍콩은 일대일로 사업에서의 역할을 확대하기 위해 중국 국가발전개혁위원회와 협정을 체결했다. 이 협정은 홍콩이 참여하는 다음과 같은 여섯 개 분야의 대강을 담고 있다. 즉, 금융 및 투자, 사회간접자본 및 해상 서비스, 경제 및 무역 촉진, 인민 대 인민 유대, 대만구(大灣區) 계획, 프로젝트 조화를 위한 협력과 분쟁 해결 서비스다(일대일로에 관한 심도 있는 평가를 보려면 2장 「일대일로」 참조).

홍콩은 베이징이 일대일로 해상 실크로드의 출발지에 세계 일류 도시 클러스터를 발전시키기 위한 계획인 대만구의 핵심 노드이다. 해양실크로드의 경쟁지는 도쿄와 샌프란시스코만 지역이다.[33] 대만구는 광둥성의 아홉 개 도시와 홍콩, 마카오를 연결하는 지역개발 계획이다. 목적은 각 도시의 경제력에 의거하여 선진 제조, 금융 및 기술을 위한 세계적으로 경쟁력 있는 허브를 구축하고자 하는 것이다.[34] 중국은 2030년까지 대만구를 GDP 면에서 세계 최대의 만 지역으로 변모시킬 것을 목표로 하고 있다. 2017년 대만구의 총 GDP는 1.58조 달러이고 인구는 6800만 명이다. 중국 국가발전개혁위원회, 광둥성 정부, 홍콩 정부, 마카오 정부 간 체결된 기본 틀 협정은 협력을 위한 몇몇 분야를 확인했다. 예를 들면 "사회간접자본 연결성

---

33 몇몇 초기의 지역 통합 계획 ─ 주강삼각주, 범주강삼각주 등의 ─ 은 대만구에 선행한다. He Huifeng, "New York, Paris … Greater Bay Area? Beijing's Big Idea to Transform Southern China," *South China Morning Post*, June 16, 2018; *Xinhua*, "Greater Bay Area New Highlight in China's Economy," March 26, 2017.

34 홍콩, 선전, 광저우는 대만구의 중핵 도시로서 각각 금융 및 전문 서비스, 기술 및 제조에 강점을 갖고 있다. Peter Sabine, "Can China's Greater Bay Area Initiative Really Work?" *South China Morning Post*, May 28, 2017; PricewaterhouseCoopers, "New Opportunities for the Guangdong-Hong Kong-Macau Greater Bay Area," 19.

촉진, 시장통합 수준 증대, 세계적 기술 및 혁신 허브 구축 [그리고] 개발 조정을 통한 현대 산업 체계의 구축"이다. 베이징은 2018년 말 좀 더 상세한 시행 계획을 공개할 것으로 예측된다.

지금까지 이 계획의 사회간접자본 요소가 가장 가시적이었으며 몇몇 대형 프로젝트는 완성되었거나 거의 완성단계에 있다. 예를 들면 광저우-선전-홍콩 고속철도 링크 및 홍콩-주하이-마카오 교량이다. 이 계획은 세 개의 관할지역과 각각의 정치적·법적 체계를 병합하는 상당한 현실적 난관에 봉착해 있다. 그리고 다른 무엇보다도 경계 통제, 환경 보호, 화폐, 입법, 조세 및 투자규칙의 차이를 해결해야 할 것이다.

비록 홍콩과 중국의 관리들은 대만구의 3대 도시 – 홍콩, 광저우 및 선전 – 가 상호보완적이라고 말하고 있을지라도 일부 홍콩 입법회 의원들은 이 계획이 도시 간 경쟁을 자극할지 모른다는 우려를 표명했다. 홍콩의 최대 친중파 정당인 민주건항협진연맹 주석인 리와이킹(李慧琼)은 샌프란시스코만 지역 – 샌프란시스코, 오클랜드, 산호세가 캘리포니아의 금융, 제조 및 혁신 허브로서 각각 분명한 역할을 갖고 있다 – 과 달리 "대만구에는 다중의 금융, 물류 및 기술 센터가 있다"라는 점을 언급했다. 그녀는 또 "만약 적절한 분업이 없다면 … 이 도시들은 내부 갈등의 근원이 될 수 있다"라고 말했다. 또한 일부 홍콩 관찰자들은 대만구를 통한 본토와의 더욱 긴밀한 경제통합이 홍콩의 법치와 전문적 표준을 약화시킬 위험이 있다고 우려한다.

9. 미국에 미치는 함의

1992년 미국-홍콩 정책법에서 대강을 밝힌 바와 같이 미국의 대홍콩 정책은 '일국양제' 기본 틀 아래 홍콩의 인권, 민주화 및 자치에 대한 지지를 강조한다. 홍콩의 생활방식의 보존과 세계적 금융 및 비즈니스 허브로서의 지위를 유지하는 것은 미국의 이익 증진에 일조한다. 또한 미국의 민감한 기술의 대홍콩 수출에 대한 고려는 홍콩이 본토와 분리되어 있다는 데 근거를 두고 있다. 이런 상황에 비추어 볼 때 홍콩의 자치에 대한 베이징의 점증하는 침해 때문에 현재 진행되고 있는 법치와 표현의 자유의 쇠퇴는 골칫거리이다.

베이징이 대외정책과 국방 분야 이외의 홍콩 내정 ― '일국양제' 정책과 기본법하에 보호를 받고 있는 ― 에 계속 간섭하고 있는 점은 미국의 밀접한 협력국을 포함한 인도-태평양 지역을 위해서 경고를 보내는 사례가 된다. 시진핑 정부가 약속을 지키지 못한 처사는 베이징이 유사한 협정을 맺은 타이완에 동일한 행위를 할지 모른다는 강력한 메시지를 타이완에 보내고 있다. 좀 더 넓게 보면 그것은 중국이 한 약속은 믿을 수 없다는 신호를 타이완 시민에게 보내고 있다.

홍콩의 법조계, 언론계, 언론자유에 나타나고 있는 부정적인 경향에도 불구하고 홍콩의 법적 보호, 경제적 자유 및 투명성과 개방성으로 인해 홍콩은 미국의 무역과 투자에 중요한 대상지이며 파트너가 된다. 2017년에 홍콩은 미국 상품의 9대 수입국(400억 달러)이며 미국의 세계 최대 무역 흑자국이다(325억 달러). 미국의 대홍콩 외국인 직접투자는 2016년 말 현재 404억 달러로 세계 6위였다. 미국의 대홍콩 경제 유대관계가 더욱 중요한 것은 2017년 현재 1300개 이상의 미국 상사들이 홍콩에서 활동하고 있으며, 283개의 지역본부와 443개의 지역 사무실을 설치 운영하고 있다는 점이다. 이는 세계 어느 나라보다 많은 숫자이다. 또한 홍콩은 아시아-태평양 경제 협력기구, 자금세탁방지국제기구(Financial Action Task Force), 금융안정위원회 (Financial Stability Board) 및 세계무역기구와 같은 국제경제기구에서 중요한 역할을 수행하고 있다.

홍콩은 중국 본토를 위한 핵심적인 환적 허브로서 미국의 통제품목이 중국 본토로 비인가 선적되는 것을 확실하게 적극적으로 저지하는 중요한 파트너이다. 미국-홍콩 정책법에 따라 미국은 홍콩을 별개의 관세 영토로 취급하고, 홍콩과 독자적인 수출 통제 협정을 유지하고 있는데 이는 중국 본토의 것과는 구분이 된다. 2017년에 미국과 홍콩은 수출 통제 협력을 강화하여 홍콩에 대한 통제품의 수출이나 재수출에 대한 새로운 문서 요구사항을 도입했다.[35] 이런 요구를 하는 의도는 이런 품목을 수출 또는 재수출하기를 원하는 자는 규정을 준수한다는 증거로서 먼저 홍콩 정부로부터 홍콩수입허가나 기타 서면 승인을 받도록 요구함으로써 기존의 규제를 강화하고자 하는 것이다. 하지만 2018년에 국무부가 발간한 홍콩 정책법 연례 보고서에 의하면 미국 관리들은 "통제품목이 빠져나가는 데 대해 계속 우려를 제기하고 있다. 그것은 전략적 무역 통제에 대한 연례적인 양자 간 논의 기간 동안에도 있었다."

2018년 9월 베이징은 10월에 홍콩을 정기 방문할 계획이었던 미국 해군 함정(the Wasp)의 입항을 거절했다 ― 2016년 이래 최초의 공식적인 거부였다. 중국은 미국이 중국의 중앙군사위원회 장비발전부와 그 부장에 대해 러시아로부터의 무기 구매를 이유로 제재를 가한 직후 이런 결정을 내렸다. 홍콩이 1997년 영국으로부터 중국으로 반환된 다음 중국은 미국의 홍콩항 방문을 적어도 4차에 걸쳐 거부했다.

이 장에서 상세히 기록한 모든 문제와 대조적으로 국무부의 2018년 5월 보고서는 다음과 같이 평가하고 있다. 홍콩은 "대부분의 분야에서 '일국

---

35 미국의 규칙은 수출관리규정에 따른 품목과 국가안보를 위해 상업 통제 목록에서 통제된 미사일 기술, 핵 비확산 또는 화학 및 생물학 무기를 커버한다. U.S. Department of Commerce, International Trade Administration, *Hong Kong-Macau-U.S. Export Controls*, June 26, 2017.

양제' 기본 틀하에 전반적으로 고도의 자치를 유지하고 있다 — 미국이 양자 간 협정과 홍콩 정책법에 따른 프로그램에 의해 제공하고 있는 지속적인 특별대우를 정당화하기에 충분하고도 남는다."[36] 미국은 대홍콩 장기 정책의 유지와 양국 관계 강화에 관심이 있지만 베이징이 홍콩에 한 약속을 지키고자 하는 협력이 긍정적인 미국-홍콩 관계의 촉진에 필수적이다. 하지만 이 보고서는 베이징이 미국-홍콩 문제에 직접 개입하는 골치 아픈 사례 — 중국이 점점 더 홍콩의 자유를 침해하는 행위를 넘어서 — 를 주목했다. 이는 홍콩에 '고도의 자치'를 허용하겠다는 약속을 깨는 처사이다. 1997년 베이징으로 반환된 이후 최초로 홍콩 정부는 2017년 10월 베이징의 강요에 의해 미국 도망자의 인도 요구를 거부했다(억류자는 별도의 범죄 조사를 위해 본토 당국에 넘겨졌다).

일부 홍콩과 외국 관찰자들은 홍콩이 점점 더 여타 중국 도시와 같아지고 있으며 미국과 여타국들의 중요한 파트너가 되는 독특한 특성과 법적 보호를 상실하고 있다는 우려를 표명했다. 베이징이 홍콩의 자치를 훼손하고 있는 속도를 감안할 때 미국의 NGO와 미디어 조직들은 향후 수년 안에 지역 활동을 위한 대체지를 물색해야 할 수 있다. 베이징이 홍콩에 대한 압력을 계속 증가시키고 있기 때문에 홍콩 역시 투자와 인센티브를 많이 받고 있는 본토의 다른 도시와 치열한 경제적 경쟁에 직면하고 있다. 장기적으로 볼 때 세계적인 비즈니스 센터로서의 홍콩의 입지는 축소될 수 있다.

---

36   홍콩에 부여된 '특별대우'는 1992년 미국-홍콩 정책법에 따라 성문화된 것이다. 이에 의해 미국은 홍콩을 별도의 관세 영토 및 세계무역기구 회원국으로 대우하고 있다. United States - Hong Kong Policy Act of 1992, Pub. L. No. 102~383, 1992.

§부록: 2019년의 홍콩 시위

1) 핵심 조사 결과

● 홍콩 정부가 중국 본토로의 송환을 허용하는 법안을 제안함으로써 영국에서 중국으로의 홍콩 반환 이후 이 지역 최악의 정치적 위기가 촉발되었다. 홍콩의 자치에 대한 중국의 침해와 친민주적 목소리에 대한 최근의 억압으로 인해 반대시위에 불이 붙었는데, 많은 항의자들은 현재의 시위가 그들의 자유를 지키기 위한 홍콩의 마지막 저항이라고 보고 있다. 항의자들은 다섯 가지의 요구사항을 내걸었다. ① 법안의 공식적 철회, ② 경찰의 잔혹행위에 대한 독립적인 조사, ③ 항의를 폭동이라고 지칭한 것의 취소, ④ 운동 중 체포된 모든 사람의 석방, ⑤ 보통선거권의 도입.

● 송환법에 대한 전례 없는 항의 이후에 홍콩의 행정장관 캐리 람은 2019년 6월 법안을 유예하였다. 이는 법안을 지지하였던 베이징에 타격이 되었으며, 람의 정치적 의제에 심각한 손상을 입혔다. 법안을 공식적으로 철회하겠다는 람의 9월 약속은 시위를 진압하려 한 홍콩 경찰에 의하여 몇 달째의 시위가 더욱 악화된 이후에 나왔다. 홍콩 경찰은 시위대에게 점점 더 공격적인 전략을 사용하였는데, 이는 경찰의 학대에 대한 독립적인 조사를 요구하는 결과를 초래하였다.

● 다양한 연령, 종교, 직업을 가진 수백만 시위대가 거리로 나와 대부분 평화적인 시위를 벌였지만 람 행정부는 계속 베이징과 보조를 같이 하였으며, 다섯 가지 요구사항 중 단 한 가지만 받아들였다. 중국 관리들은 소수의 좀 더 대담한 행동을 대부분의 평화적 시위와 일체화시키면서 항의 운동을 '테러리즘' 및 '색깔혁명'(1980년대부터 아시아, 동유럽, 북아프리카 등에서 있었던 민주주의 혁명. 흔히 특정 색깔이나 꽃이 상징으로 쓰였기 때문에 붙여진 이름이다 — 옮

긴이)과 비교하였다. 그리고 홍콩 외부의 보안군을 투입하여 시위를 진압하겠다고 암묵적으로 위협하였다.

• 2019년에 언론의 자유에 대한 평가는 반환 이후 최저점으로 떨어졌고, 표현과 집회의 자유를 포함하여 기본법(홍콩의 미니 헌법)에 의하여 보호되는 여타 시민의 자유는 점증하는 도전에 직면하였다.

• 2019년 전반에 걸쳐 중국공산당은 홍콩에 대한 영향력을 증대시키는 일련의 수단을 사용하여 — 가장 분명하게는 지역 미디어, 정당, 유명인들을 자기편으로 만듦으로써 — 홍콩 문제에 개입하려는 노력을 강화하였다. 베이징은 또한 공공연하거나 비밀스러운 수단, 즉 항의 운동의 신뢰를 떨어뜨리거나 위협하는 허위정보 유포, 경제적 압박 등을 사용하여 홍콩 문제에 개입하였다. 이러한 노력에는 증거 없이 미국이나 다른 외국의 '검은 손'이 시위를 조장한다고 주장하는 것, 친중국 입법회 의원, 기업, 미디어 및 영향력 있는 개인들을 시위에 반대하도록 유도하고 조직화하는 것, 알려진 바에 의하면 지역 깡패들이나 본토의 지역사회 집단들이 시위대나 민주 인사들을 물리적으로 공격하도록 부추기는 것, 홍콩 시위대의 커뮤니케이션이나 친민주적인 매체에 대하여 명백한 사이버 공격을 행하는 것 등이 포함된다.

• 홍콩은 중국 회사들과 세계 금융시장을 연결하는 도관으로서의 독특한 역할을 수행하고 있다. 중국 회사들이 주요 벤치마크 지수(BM 지수)에 점점 더 많이 포함됨에 따라 분석가들은 본토 거래소들과 홍콩 사이의 주식 및 채권통 플랫폼들을 통해 미국과 기타 국가들에서 중국 기업으로 더 많은 자본 유입이 있을 것이라고 예상한다. 그러나 보도에 의하면 송환법 제안과 그에 따른 악영향으로 인해 신뢰가 손상되어 일부 외국 기업들은 홍콩에서의 사업을 이전하는 것을 고려중이라고 한다.

• 중국 본토와 구별되는 개별 관세 영역으로서의 홍콩의 지위는 압박을 받고 있다. 미국과 홍콩의 관리들은 민군 겸용 기술들에 대한 미국의 수출

통제를 시행하기 위해 협력하고 있지만, 미국 관리들은 여전히 통제품목이 중국에 흘러들어가는 것에 대해 우려한다. 베이징의 홍콩에 대한 더욱 공격적인 주권 통제로 인해, 민감한 미국 기술이 중국 본토로 흘러들어가는 것을 통제하는 홍콩 정부의 능력에 대한 신뢰의 근간이 되는 '고도의 자치'가 약화되고 있다.

2) 미국에 대한 함의

미국의 1992년 홍콩 정책법에 요약된 대홍콩 정책은 홍콩의 인권, 민주화 및 '일국양제'하에서의 자치에 대한 지지를 강조한다. 홍콩의 생활 방식 보전과 국제 금융 및 기업 허브로서의 지위를 유지하는 것은 미국의 이익을 실현하는 데 도움이 된다. 이러한 이유로 베이징이 자신의 법적 의무에 반하여 점점 더 홍콩의 자치를 침해하는 것에 대해 미국의 정책 입안자들은 우려하고 있다.

2019년에 중국공산당은, 람 행정부가 홍콩을 다른 중국 도시들과 더욱 비슷하게 만드는 조치들을 취함에 따라 더 노골적으로 홍콩의 내정에 개입하였다. 특히 현재의 송환법을 수정하자는 제안을 보고 홍콩 내·외부의 관찰자들은 홍콩 주민들이 약속된 자유를 상당한 정도로 유지하도록 중국이 허용할 의도인지에 대해 점점 더 의문을 제기하고 있다.

지난해에 미국 의회의 정책 입안자들은 미국의 홍콩 정책에 변화를 초래할 법안을 도입하였다. 대규모 시위가 계속되고 베이징의 무장개입 위협이 증폭되던 2019년 8월에 상원의 다수당 원내대표 미치 매코널은 단호한 경고를 발하였다. "베이징은 홍콩의 자치가 약화될 경우 상원이 다른 조치와 함께 [미국과 홍콩 간의 특별한] 관계를 재고하리라는 것을 알아야만 한다." 그는 베이징의 홍콩 문제 개입에 대한 확장된 보고 요구, 홍콩의 민주주의 및 인권 프로그램에 대한 자금 제공, 홍콩의 안과 밖에서 영향력과 감시를 확대하려는 베이징의 시도에 대한 조사 등을 포함한 대홍콩 정책의 잠재적 변화를 요약했다. 또 그달 초에 하원의장 낸시 펠로시는 행정장관 람과 입법회에 "홍콩 주민들의 '일국양제' 하에서 보장되는 정당한 민주적 염원을 최종적이고 완전하게 충족하도록" 촉구하였다. 펠로시 의장은 또한 현안인 '2019 홍콩 인권 및 민주주의 법'과 미국의 군중 통제용 무기와 장비를 홍콩 경찰에 판매하는 것을 금지하는 데 대한 지지를 표시하였다('2019 홍콩 인권 및 민주주의 법'은 2019년 10월과 11월에 미국 하원과 상원에서 각각 만장일치로 가결되었고, 11월 28일 대통령이 서명하였다 - 옮긴이). 미국의 홍콩 정책에 대한 조치를 약속하는 이들 성명은 국무부가 3월에 공표한 '2019 홍콩 정책법 보고서'에서 처음으로 그 지역의 자치 수준이 - 주로 본토의 증대되는 압력 때문에 - 약화되었다고 밝힌 뒤에 나왔다.

홍콩에 대한 미국의 처우 변화는 미국-홍콩 관계의 모든 측면에 영향을 미칠 수 있다. 홍콩의 특별 지위로 인해 홍콩의 여권과 외교 업무를 인정받을 뿐 아니라 비자 발급, 운송, 수출 통제, 연구·문화 및 교육 관련 교류 프로그램에서 별도의 대우를 받고, 국제 협정과 기구에서 회원국 지위를 인정받았다. 미국과 홍콩의 부가 조약으로 영사 업무, 조세, 사법 공조, 항공 서비스 및 범죄인 송환이 규율된다. 만약 홍콩이 더 이상 별도의 처우를 받지 못하게 되면 이런 모든 혜택의 상실로 인해 미국-홍콩 관계만이 아니라 국제적인 분위기와 의사결정 역시 크게 변화될 것이다. 홍콩중문대학의 경제학 교수 장이판(張軼凡)은 홍콩의 특별 지위에 대한 불확실성으로 인해 투자 수요가 낮아지고 해외 기업들이 홍콩을 떠날 수 있는데, 이는 홍콩 경제에 매우 큰 손상을 초래한다고 언급하였다. 홍콩은 지리적으로 본토에 가깝지만 경제적 개방성, 투명한 규제 환경, 표현의 자유와 법치에 대한 존중으로 인해 구별되는, 활기 넘치는 상업 중심지이다. 홍콩의 이러한 특성으로 인해 깊고 오랜 경제적 및 사회적 연계로 특징지어지는 미국-홍콩 관계가 형성되었다. 미국의 홍콩에 대한 누적 외국인 직접투자액은 2018년 말에 대략 825억 달러에 달한다. 미국의 주요 금융회사 대부분을 포함하여 1300개 이상의 미국 기업이 홍콩에서 사업을 하고 있다. 2018년에 대략 130만 명의 미국인이 홍콩을 방문했고, 홍콩 주민 약 12만 7000명이 미국으로 여행하였다. 약 8만 5000명의 미국 시민이 홍콩 주민이다. 이러한 개방적인 상호작용은 미국과 국제사회에서의 홍콩에 대한 인식 때문에 가능하다. 2019년 6월 홍콩의 미국상공회의소 회장 타라 요셉은, 미국의 기업들은 법치의 모범인 홍콩의 명성을 신뢰하고 소중히 여긴다고 강조하였다. 그렇지만 정치적 위기가 계속되자 홍콩의 일부 미국 기업은 대안을 찾기 시작하였다.

미국은 또한 수출 통제, 법집행, 미 해군의 기항과 관련해서 홍콩 정부와 긴밀하게 협력하고 있다. 그렇지만 베이징이 홍콩에 영향력을 확대함에 따라 본토로의 환적 위험성이 높아짐으로써 통제품목의 유용이 걱정거리가 되었다.

2018년에 국무부는 UN과 미국의 제재 시행에 대한 홍콩 정부의 처리를 더 세밀히 심사하겠다고 언급했다. 그로 인해 입법과 더 자세한 조사 같은 일부 긍정적인 조치를 이끌어냈지만, 홍콩은 위반자를 기소하는 것을 꺼려했다. 미국과 홍콩 간의 사법공조는 여전히 건실한데, 이것은 범인 인도 사건 ─ 여기에는 2017년의 미국의 인도 요청에 대해 최초로 거부한 중요한 예외가 있다 ─ 과 마약을 포함한 밀수의 방지에 도움이 되었다. 기항은 중국 당국의 승인에 달려 있는데, 베이징은 특히 2019년 8월과 9월에 미국의 기항 요청을 거부했다. 이것은 1997년의 홍콩 반환 이후 최소 열 번의 거절 중 두 번이다.

앞으로의 홍콩의 행로와 그에 따른 미국의 홍콩 정책은 역사적인 2019년 항의 운동의 결과에, 그리고 지역의 자치를 지키려는 주민들의 열망을 홍콩 정부가 얼마나 존중하느냐에 달려 있다. 그것과는 상관없이, 베이징이 홍콩의 모든 문제에 자신의 영향력을 행사하는 데 더 이상 '일국이제' 방식에 구속되지 않아도 되는 2047년까지 기다릴 생각이 없다는 것은 분명하다. 최근의 사태 진전에 따라 미국의 정책 입안자들은 홍콩이 미국과 홍콩 관계의 핵심 축이 되는 법적 보호와 민주적 자유를 상실하는 날에 대비하기 시작하였다.

5장

중국의 진화하는 대북한 전략

1. 핵심 조사결과

● 중국은 북한의 성격이 자국의 안보 이익에 중대하다고 생각한다. 두 나라 간 복잡다단하고 때로는 적대적인 역사에도 불구하고 그렇게 생각한다. 중국의 국가 주석 겸 공산당 총서기인 시진핑과 북한의 국무위원장 김정은 간의 긴장된 관계는 북한이 2018년에 외교활동 범위를 확대하는 가운데 따뜻한 유대관계로 바뀌었다.

● 중국은 미국과 한국의 대북한 외교 접촉을 지지한다. 하지만 베이징은, 북한이 미국 및 한국과 전면적인 전략적 재조정을 하게 되면 이 과정에서 소외되거나 밀려날 것을 경계하고 있다. 더 직접적으로는, 중국은 한반도에서 자국의 지정학적 목표를 진척시킬 잠재성을 보고 있다. 이런 목표에는 북한에서의 전쟁 또는 불안정의 회피 그리고 궁극적으로 한미 동맹을 후퇴시키는 것이 들어 있다. 베이징은 북한의 핵 및 장거리 미사일 프로그램 종식을 가치 있게 보지만 그것은 이차 목표이다. 중국은 한국전쟁을 공식적으로 종식시키기 위한 평화협정을 옹호하고 한미합동 군사훈련을 중단시키며 주한 미군의 감축을 추진함으로써 이런 목표를 달성하고자 한다.

• 베이징은 북한의 핵 및 미사일 프로그램을 둘러싼 외교적 과정에 확실하게 참여하거나 영향력을 행사하려는 노력을 계속하고 있다. 중국은 협상의 형태, 합의 조건, 이행의 시기와 순서 및 북한 문제가 다른 차원의 미중 관계와 연결이 될 것인지 여부를 형성하려고 노력할 것이다.

• 중국이 북한에서의 비상사태 발생 시에 대비한 준비태세를 갖추고 있다는 것은 베이징이 위기 시에 난민 관리, 국경 봉쇄, 대량 살상무기 및 관련 현장 장악, 향후 한반도의 성향에 대한 지렛대를 확보하기 위한 영토 점령 등 강력하게 대응할 여력을 갖고 있다는 것을 의미한다. 중국 인민해방군과 북한 군부 조선인민군 간 관계는 여러 해 동안 극도로 긴장상태였다. 조선인민군이 중국의 개입에 어떻게 대응할 것인지는 알려지지 않았다.

• 미국과 중국은 고위급 방문과 주요 대화를 하는 동안 북한의 비상사태 발생 시에 대비한 기초적인 회담을 가진 바 있지만, 직접 개입하게 될 미국과 중국의 전구 및 전투 사령부가 비상사태 발생에 대비한 작전 계획을 논의했는지에 대해서는 증거가 없다. 이런 논의가 아직은 위기발생 시 잘못된 정보와 원치 않는 확전을 회피하기 위해 필요한 상세한 수준으로 이루어지지 않았을 가능성이 있다. 이런 회담을 지속하고 확장하는 것은 북한에서 발생할 수 있는 잠재적인 위기와 관련된 거대한 리스크를 관리하는 데 일조할 수 있을 것이다.

2. 제안사항

위원회는 다음과 같이 제안한다.

• 의회는 재무부에 지시하여 중국의 북한에 대한 제재이행 상황에 관한 보고서를 180일 내에 제출토록 한다. 비밀 부록은 북한과 거래하는 데 관

련된 중국의 금융기관, 업체 및 관리들의 명단을 제공해야 한다. 이들은 장차 제재를 받을 수 있으며 이런 대상자들에 대한 제재조치를 취함으로써 미치는 잠재적인 영향을 광범위하게 설명해야 한다.

3. 머리말

중국은 한반도의 성격이 자국의 국가안보에 중대하다고 생각한다.[1] 2017년과 2018년에 평양이 장거리, 핵무장 미사일을 추구함에 따라 미국과 북한 간에 고조된 긴장과 분쟁 잠재성 때문에 북한에서 전쟁이나 불안정이 발생할지 모른다는 두려움이 중국을 덮쳤다. 북한이 외견상 중국의 정책 선호에 냉담한 모습을 보이는 것과 더불어 평양의 도발적인 행동으로 인해 장기간 동안 북한을 확고부동하게 지지한 정책을 지속할 것인지 여부를 놓고 중국에서 내부적인 논란이 가열되었다.[2] 또한 분쟁 발생 잠재성으

---

1   중국 부주석 왕치산(王岐山)은 2018년 5월 러시아에서 개최된 경제포럼에서 행한 연설에서 북한은 중국의 '핵심 이익'과 관련된다고 했다. 중국의 핵심 이익에 대해 2010년 다이빙궈(戴秉国) 당시 국무원 부총리는 "중국의 주권, 영토보전, 국가통합"이라고 정의했다. 북한이 중국과 국경을 맞대고 있는 점을 감안할 때 북한에서 격변사태가 발생하면 중국의 주권과 영토 보전에 직접적인 영향을 미칠 수 있다. *Reuters*, "U.S.-North Korea Summit Needed, Chinese VP Wang Says," May 25, 2018; Dai Bingguo, "Stick to the Path of Peaceful Development," *China Daily*, December 13, 2010; Michael D. Swaine, "China's Assertive Behavior-Part One: On 'Core Interests,'" *China Leadership Monitor*, November 15, 2010, 1~25.

2   최근 베이징의 대북한 정책에 관한 중국학자들과 관리들의 토론회가 많아졌다. 토론의 중심은 미국과의 전쟁을 촉발할 위험이 있는 북한의 지속적인 도발과 중국이 선호하는 정책에 저항하는 태도에 직면하여 중국이 북한에 대한 군건한 지지 정책을 바꿀 것인지 여부에 관한 문제이다. 2018년에 시작된 외교 과정과 이와 관련된 북중 간 상호 관여로 이런 논의는 보류된 것으로 보인다. Charles Clover, "China Gives Academics Free Rein to Debate North Korea," *Financial Times*, January 30, 2018; Zhu Feng, "China's North Korean

로 말미암아 베이징은 비상사태를 대비한 계획을 발 빠르게 가속화시키고 확장하게 되었다. 한국에서 개최된 동계올림픽을 계기로 북한과 한국, 중국, 미국 간 일련의 정상회담이 열려 긴장상태가 완화되기 시작했다. 그런데도 베이징은 회담이 실패하거나 혹은 여타의 비상사태가 위기를 촉발할 것에 대비하여 북한 비상사태에 대한 계획과 준비를 지속하고 있다.

이 장에서는 중국이 북한에 대해 갖고 있는 이해와 정책에 대해 탐구한다. 우선 한반도에서 분쟁과 불안정을 회피하고자 하는 베이징의 접근방법을 검토하는 한편, 평양의 핵무기 프로그램을 지연시키거나 후퇴시키고 가능할 시 한미 동맹을 훼손시키고자 하는 것을 검토한다. 또한 이 장에서 다루는 것은 2018년 북한을 둘러싼 외교 혼란에 대한 중국의 대응과 만약 현재의 외교 과정이 실패하거나 또는 한반도에서 또 다른 사건이 발생하여 불안정한 결과를 가져올 경우, 북한의 위기에 대응하는 중국의 계획이다. 그 내용은 위원회에서 2018년 4월 개최한 북한에서의 비상사태 발생 시 중국의 역할에 관한 원탁회의에서 뽑은 것 그리고 위원회가 2018년 5월 일본과 타이완을 방문 조사한 것과 공개된 자료의 연구 및 분석 결과이다.

4. 중국의 진화하는 북한 정책

북중 관계는 거의 70년의 역사를 통해 가까워졌다 멀어지는 상태를 계속 반복했다.[3] 이 절에서는 이런 관계의 역사를 탐구하고 중국이 북한에 관

한 자국의 이익을 어떻게 인식하고 추구하는지를 알아본다. 그런 다음 2018년 초 이전에 중국의 국가 주석 겸 당 총서기 시진핑과 북한의 국무위원장 김정은 통치하에서 북중 관계가 삐걱거렸던 상태를 검토한다. 여기에는 북한과 김정은 정권이 중국에 어떤 전략적 가치가 있는지를 재평가하는 내부의 정책 토론이 포함된다. 논의의 결론은 최근에 개선된 북중 관계 이전에 베이징이 한동안 제재 이행을 철저히 한다는 것을 보여줌으로써 평양이 외교적 해결책을 수용하도록 부추겨야 된다는 것이었다.

1) 양국 관계의 기초

중국이 장기간에 걸쳐 북한을 지원하고 있는 것은 미국과 동아시아의 미국 동맹국들에 대응하고 북한을 국가로서 존속토록 보장하는 데 두 나라가 공유하고 있는 이익에서 비롯된다. 혼란스럽기는 해도 돈독한 양국 관계는 한국전쟁(1950~1953년)으로 거슬러 올라가며 두 나라 간에는 우호협력 및 상호원조조약이 1961년 7월 체결되었다. 이 조약은 매 20년마다 갱신되었다. 1981년과 2001년에 갱신되었으며 2021년에 다시 갱신될 것이다. 중국의 대한반도 정책의 중심은 전쟁, 불안정, 핵무기의 회피방안(예: 비핵화 달성)을 찾는 것이다.[4] 현재 국무위원이기도 한(장관이 모두 국무위원인 우리나라와

---

3   추가적인 배경을 알아보려면 미-중 경제·안보 검토위원회의 중국과 북한 관계에 관한 이전의 보고서 참조. 『2016 대의회 연례 보고서』, 3장 4절 「중국과 북한」, 2016년 11월, 237~463쪽.

4   일부 미국 관리들은 미국의 대북한 정책을 논의하면서 이런 공식의 수정된 판을 사용했다. 예컨대 2017년 9월 렉스 틸러슨 국무장관은 CBS의 〈페이스 더 네이션(Face the Nation)〉에 출연하여 존 딕커슨에게 다음과 같이 말했다. "제 생각에 미국의 대북한 정책은 북한의 핵무기 보유와 운반 능력의 부정이라는 것을 이해하는 것이 중요합니다. 우리의 전략은 이른바 이런 평화로운 압력활동을 취하는 것입니다. 그렇게 하는 데는 4 no를 해야 합니다. 4 no는 정권을 교체하지 않고 정권을 붕괴시키지 않고 한반도의 재통일을 가속화하지 않고 군사분

달리 중국에서는 국무위원과 장관이 별개이며, 일반적으로 국무위원의 지위가 더 높다 — 옮긴이) 왕이 외무장관은 2016년 2월 다음과 같이 언급했다.

첫째, 어떤 상황하에서도 한반도에서 조선인민공화국이든지 대한민국이든지 간에 자체 생산을 했거나 도입이 되어 배치되었든지 핵무장을 해서는 안 된다. 둘째, 이 문제에 대한 군사적 해결은 없다. 한반도에 전쟁이나 격동이 일어난다면 중국은 용납할 수 없다. 셋째, 중국의 합법적인 국가안보 이익은 효과적으로 유지되고 보호되어야 한다.

시 주석은 미국의 오바마 대통령과 뒤에 트럼프 대통령에게 이런 핵심적 원칙을 직접 강조한 것으로 알려져 있다. 베이징의 접근방법을 위한 전략적 토대는 동북아에서 미국의 힘과 영향력의 확산을 저지하려는 욕구이다. 스팀슨 센터의 윤선이 위원회에 말한 바와 같이 "중국이 원하는 최종단계는 여전히 미국의 영향이 없거나 중립적인 친중국 한반도의 형성과 창조이다."

2) 미래에 관한 논의

최근 수년 동안 북한과 관련된 중국의 정책 논의는 북미 간 긴장상태 고조의 압력과 북중 간 균열에 대응하여 강화되었다.[5] 중국공산당 검열관들은 중국 지도자들의 대안 탐색을 지원하기 위해 이 문제에 관해 용인할

계선 북쪽으로 우리 군대를 보낼 이유를 찾지 않는 것입니다." *CBS News*, "Transcript: U.S. Secretary of State Rex Tillerson on 'Face the Nation,'" September 17, 2017.

5 중국 관점에서 중국이 북한의 핵 외교에 개입한 역사를 알아보려면 다음 자료 참조. Fu Ying, "The Korean Nuclear Issue: Past, Present, and Future-A Chinese Perspective," *Brookings Institution*, May 2017.

수 있는 의견의 범위를 확대했다. 하지만 토론의 공간은 새로워진 북중 관계에 비추어 협소하게 될 가능성이 있다. 주로 중국의 국제관계 학자들이 주도하는 상이한 목소리는 협상을 촉진하기 위한 국제적인 압력활동의 일부로 중국의 평양 지지를 자제해야 된다는 주장을 하기 시작했다. 또한 이런 학자들 중 일부는 비상사태 발생 시 한반도에서 중국의 이익을 확실하게 보호하는 한편, 광범위한 분쟁 위험을 줄이기 위해 한국 및 미국과의 비상사태 계획 회담에 참여할 것을 주장하고 있다.

이 토론은 중국의 지역 전략 및 그 속에서의 북한의 역할에 대한 평가와 관련이 있다. 전문가들은 북한이 이 지역에서 중국의 힘에 도움이 되는가 또는 해가 되는가에 관한 문제에 따라 양편으로 나뉘었다. 한편의 주장은 북한이 미국으로 하여금 이 지역의 전략적 동맹 관계를 강화하고 동아시아에서 군사태세를 증강[예: 한국에 종말고고도지역방어(THAAD: Terminal High Altitude Area Defense) 시스템 설치]토록 하는 전략적 이유를 제공하고 있으며, 그 결과 북한이 저지르는 불량행동이 궁극적으로 중국이 추구하는 지역에서의 파워와 영향력을 복잡하게 만들고 있다는 것이다. 반대 논리는 북한이 지속적으로 중대한 전략적 완충역할을 하고 있으며 미국과 그 동맹국들의 초점을 중국의 부상에 따른 세력균형으로부터 다른 데로 돌리고 있다는 것이다.[6] 본질적으로 불량국가 북한은 중국이 아시아에서 미국과 그 동맹국들의 유일한 전략적 초점이 되는 것을 막아주고 있다. 중국의 지도자들

---

6   중국의 『전략학』 2013년판은 일본의 방어 우선순위의 변동에 관한 중국의 솔직한 견해를 다음과 같이 말했다. "냉전 기간 동안 일본의 가상의 적은 주로 소련, 북한, 중국이었다. 냉전 이후 일본의 가상의 적을 순서대로 보면 북한, 중국, 러시아이지만 중국을 주적으로 취급하는 추세는 분명히 강화되었다. 일본은 북한을 일관되게 주요 실질 위협으로 보았지만 중국의 전반적인 국력이 상승하고 군대의 현대화된 구축이 진전됨에 따라 일본은 점점 더 중국을 경계하게 되고 [중국에 대한] 견제를 강화했다. Shou Xiaosong, ed., *The Science of Military Strategy*, Military Science Press, 2013, 79. Translation.

이 이런 더 큰 문제를 어떻게 평가하느냐에 따라 베이징의 전반적인 대북한 접근 방법이 형성될 수 있다.

3) 2018년 3월 이전의 북중 긴장관계

시 주석과 김 위원장하에서 북중 관계는 2018년 봄에 이르기까지 크게 악화되었다. 칭화 대학교의 카네기-칭화 센터 소장이며 이전 국가안전보장회의 중국 담당 부장인 폴 해늘은 다음과 같이 설명하고 있다. "베이징은 조선인민공화국과의 관계가 사상 최저치에 달한 상황에 직면했었다." 평양이 핵실험을 하고 또 그 외 방식으로 핵과 미사일 프로그램을 진전시키겠다는 결정으로 미국과 긴장상태를 몰고 가고, 그런 도발을 중단하라는 중국의 충고를 거부했다. 중국공산당 기관지 ≪인민일보≫가 소유한 신문인 ≪글로벌타임스≫는 사설에서 북한에 경고하기를 북한이 분쟁을 시작하면 중국은 전쟁에서 평양을 원조하지 않을 것이라고 했다.[7]

2017년 11월 베이징은 시 주석을 대신하여 중국공산당 대외연락부장 쑹타오(宋濤)를 대북한 특사로 파견하여 관계를 개선하려는 조치를 취했으나 김 위원장을 만나지 못했다.[8] 또한 2018년 3월의 북중 해빙 이전 북한 내부로부터의 보도에 의하면 북한의 선전매체에서 반중국 수사가 증가하여, 북한 인민의 생계를 어렵게 하는 제재조치를 취한 데 대해 베이징을 비난했다. 또한 북한은 중국과 시 주석 개인이 세간의 주목을 받는 시기에 도

---

7 중국이 북한과 체결한 조약에 대해 취한 입장은 수년 동안 의도적으로 모호했다. 이 사설은 조약의 유효성에 관해 베이징이 가장 최근에 취한 애매한 정책을 나타냈을 뿐이다. 이 조약에 대해 추가로 역사적인 배경을 알아보려면 다음 자료 참조. Chen Jian, "Is Beijing Bound to Defend North Korea during War?" *Wilson Center*, August 21, 2017.

8 쑹은 최초의 시-김 정상회담 이후 북한을 방문했을 때 면담이 허용되었다. *Voice of America*, "North Korea's Kim Meets with Chinese Official in Pyongyang," April 15, 2018.

발적인 실험을 했다. 평양은 시 주석이 브릭스(브라질, 러시아, 인도, 중국, 남아프리카 공화국)에서 연설하기 직전인 2017년 9월 6차 핵실험을 실시했다. 2017년 5월 북한은 시 주석이 일대일로의 중요한 포럼을 주최하고 있을 때 중거리 미사일을 시험 발사했다.

(1) 중국의 제재 준수

북중 간 긴장상태가 지속되는 상황에서 중국은 유엔안보리가 제재조치를 추가로 취하는 데 동의했다. 그리고 현장 보도와 공식적으로 보도된 통계에 의하면 이런 제재조치가 과거보다 더욱 철저하게 집행되고 있는 것으로 보였다. 이런 조치의 결과 북한의 대(對)중국 수출은 크게 줄었다. 중국의 집행 조치에는 여전히 구멍이 있는데, 예를 들면 선박에서 선박으로 환적하는 방법의 사용이다. 또한 베이징은 항상 북한을 위해 몇몇 핵심적인 생명선을 남겨둔다. 가장 눈에 띄는 것은 유류수출이다. 이는 경제의 파국 결과 북한정권이 완전히 붕괴되는 사태를 회피하기 위한 것이다. 하지만 전반적으로 중국의 대북한 압력은 2017년 초부터 2018년 초까지 실질적으로 가중되었다.

5. 2018년의 북중 관계 해빙

2018년 3월 28일 김 위원장은 아버지와 할아버지의 발자국을 따라 기차를 타고 베이징에 가서 중국 지도자, 이번에는 시 주석을 만났다. 두 사람이 권좌에 오른 이후 이 회담 이전에는 만난 적이 없다. 2018년에 시 주석과 김 위원장은 두 번 더 만났다. 트럼프 대통령과 김 위원장이 6월 12일 정상회담을 개최하기 이전인 5월 7~8일 중국 동북부 랴오닝 성의 다롄에서 만났다. 6월 19~20일에는 베이징에서 만났는데 표면상으로는 싱가포르에서 트럼프 대통령과 가진 정상회담에 관해 알려주기 위한 것일 수 있다. 9월에 중국은 중국공산당 서열 3위이며 전국인민대표대회 상무위원장인 리잔수(栗戰書)를 북한 정권수립 70주년 기념행사에 시 주석의 '특별대표'로 파견하고 그는 김 위원장에게 시 주석의 친서를 전달했다.

분석가들이 보기에 시진핑과 김정은이 회담을 연이어 개최한 이유는 북한의 핵 프로그램을 둘러싼 외교과정에 중국이 영향력을 유지코자 하는 데 있다. 북한은 나름대로 한국, 미국, 중국과의 관계에서 우위를 차지하고, 워싱턴 및 서울과의 협상 레버리지를 향상시키기 위해 북중 유대 강화를 이용할 수 있다고 믿은 것 같다. 2017년 11월 김 위원장은 다음과 같이 발표했다. 평양은 "드디어 국가 핵무력을 완성하는 위대한 역사적 과업을 실현했다." 그리고 유리한 위치에서 외국 강대국들과 협상할 수 있다고 믿는 것 같았다. 중국의 시사문제 해설가들은 북한이 대외정책을 좀 더 독자적으로 추진하고 미국 및 한국과 완전한 전략적 재편성을 함으로써 중국의 영향력이 약화될지 모른다는 생각을 반박하는 데 특히 신경을 많이 쓰는 것처럼 보였다. 중국의 저명한 역사가인 선지화(沈志華)는 《뉴욕타임스》에 다음과 같이 말했다. "최악의 결과는 미국, 한국, 북한이 모두 함께하고 중국이 탈락하는 것이다." 한편 중국은 북한의 안전 – 김 정권 포함 – 을 보장해 주고 아울러 북한의 경제 현대화를 위한 원조를 제공하는 한편 권위주의적인 정치 제도의 유지를 지원하겠다고 나선 것으로 보인다. 중국 관리들의 언설을 보면 베이징은 협상 과정에서 구축하고자 하는 전술적인 조치보다 오히려 장기적인 전략적 결정으로 북한과의 관계를 설정하려고 한다. 중국 외교부는 시 주석이 한 다음과 같은 말을 인용했다. "국제 및 지역 상황이 아무리 변한다고 할지라도 중국공산당과 중국 정부가 [대북한] 관계를 강화시키고 발전시키고자 하는 굳건한 입장에는 아무런 변화가 없다."

1) 북미 외교에 대한 중국의 견해

중국 지도자들은 트럼프 대통령과 김 위원장의 2018년 6월 12일 정상회담에서 베이징이 소외된 데 대해 유보적인 자세를 취함에도 불구하고 조건부 지원을 표명했다. 중국 외교부는 정상회담에 관한 시 주석의 발언을 다음과 같이 풀어서 말했다. 회담은 "한반도 핵문제의 정치적 해결 과정에서 중요한 단계"였다.[9] 중국이 지원하고 있다는 - 그리고 또한 중국의 영향력에 관한 - 하나의 신호는 김 위원장과 수행원들이 정상회담 장소인 싱가포르로 비행할 때 세 대의 비행기 중 한 대를 베이징이 제공한 데서 나타났다. 정상회담 이후 마이크 폼페이오는 베이징으로 날아가서 중국 지도자들에게 정상회담 과정과 회담 결과 나온 공동성명에 대해 설명했다. 중국 관리들은 정상회담 결과에 찬사를 보내고, 회담의 합의사항은 베이징이 2017년 3월 이래 잠재적인 타협으로 옹호한 '동결 대 동결' 계획을 반영했다고 주장했다.[10] 국무위원 겸 외교부장인 왕은 정상회담을 준비하는 데 중국이 수

---

9 미국의 대북한 외교에 대한 중국의 지지가 미국 관리들에게 언제나 분명한 것은 아니다. 정상회담이 취소된 2018년 5월 말 트럼프 대통령은 베이징이 회담을 방해했다고 비난했다. Bryan Harris and Charles Clover, "Donald Trump Blames China for Problems with Kim Summit," *Financial Times*, May 23, 2018.

10 당시 중국 외교부장 왕이는 2017년 3월 '동결 대 동결' 제안을 최초로 제기했다. 이 계획은 또한 용어의 변형 사용에 관해 언급했다. 예를 들어 '이중 중단,' '중단 대 중단,' '이중 동결,' '쌍방 중단'이다. 그런 다음 국무위원 왕은 이 계획을 다음과 같이 정의했다. "첫 단계로 대규모 한미 군사훈련을 중단하는 대신 조선민주주의인민공화국은 핵 및 미사일 활동을 중단한다." 미국 관리들은 이전에 '동결 대 동결' 계획을 거부했다. 거부 근거는 그것이 합법적인 동맹 활동을 도발적이고 불법적인 북한 행동과 동등시한다는 것이었다. *Xinhua*, "China Proposes 'Double Suspension' to Defuse Korean Peninsula Crisis," March 8, 2017; United States Mission to the United Nations, *Remarks at an Emergency UN Security Council Briefing on North Korea*, September 4, 2017. https://usun.state.gov/remarks/7953; Tarun Chhabra, "A Slushy 'Freeze-for-Freeze': The Deal China and North Korea Always Wanted," *Brookings Institution*, June 12, 2018.

행한 역할은 "부인할 수 없는" 것이라고 했다. 그리고 기자들에게 "중국이 제안한 '중단 대 중단' 이니셔티브는 구체화되었으며 이제 상황은 진전되고 있다"라고 말했다.

트럼프 대통령과 김 위원장이 공동성명에서 합의한 것을 넘어서 정상회담 무렵 발표된 미래의 변화를 위한 추가적인 정책변경과 아이디어는 중국의 정책 선호와 관련이 있다. 여기에는 미국이 한국과의 대규모 합동 군사훈련을 중단하고 잠재적으로 주한 미군의 규모와 구성에 변화를 줄 것이며, 공식적으로 한국전쟁을 종식시키는 평화조약을 위한 논의를 시작할 것이라는 트럼프 대통령의 발표가 들어 있다. 중국은 처음 두 개의 선택지를 아시아 주둔 미군을 감축하고자 하는 베이징의 목표에 기여하기 때문에 지지한다. 중국은 세 번째 선택지 ─ 베이징은 이것을 '평화기제' 또는 '평화체제'라고 한다 ─ 를 미군의 한국 주둔 지속에 대한 합리적인 이유와 법적 기반을 훼손하는 데 일조할 것이기 때문에 지지한다.

참고 자료

한국의 한반도 긴장 완화 역할

2018년에 남북한 간 긴장상태는 상당히 완화되었다. 한국의 평창에서 개최된 동계올림픽에서 양국은 개회식 때 단일기를 들고 입장했으며 한 경기에서 단일팀으로 경기를 함께 했다. 2018년 4월 27일 한국의 문재인 대통령은 남북한 간 비무장 지대에 위치한 판문점에서 김 위원장과 정상회담을 가졌다. 정상회담에서 문 대통령과 김 위원장은 '판문점 선언'이라고 하는 3쪽짜리 합의문에 서명했다. 여기서 양측은 "완전한 비핵화, 핵 없는 한반도를 통해 실현할 공동의 목표"를 확인했다. 이를 바탕으로 김 위원장과 문 대통령은 2차 정상회담을 평양에서 2018년 9월 말에 개최했다. 정상회담 기간 동안 두 지도자는 '2018년 9월 평양 공동 선언'이란 제목이 붙은 2차 공동성명을 발표했다. 이는 한반도의 비핵화를 약속한 판문점 선언을 재확인하고 한반도 내 경제, 공중보건 및 환경 협력을 심화하고 분계선에서의 군사적 긴장 상태를 감소하고 가족상봉과 문화 교류를 확대하기로 합의했다.

2) 중국은 협상 과정을 형성하려고 노력

중국은 지난 수년 동안 북한의 핵 및 미사일 프로그램에 상이한 – 그리고 때에 따라서 모순되는 – 접근방법을 취했다. 김 위원장이 핵과 미사일 실험을 급속도로 실행한 2016년과 2017년에 베이징은 북한의 고삐를 더 쥐라는 미국의 요구를 회피하려고 노력했다. 문제는 근본적으로 북미 양국 간의 분쟁이므로 그들 간에 풀어야 된다는 주장이었다. 중국 외교부 대변인 루강(陸慷)은 2017년 12월 다음과 같이 말했다. "우리는 직접 대화와 약속을 통해 미국과 북한이 상호 신뢰를 구축하고 한반도에서 최종적으로 핵문제를 해결하기 위해 필요한 조건을 조성하는 것을 보기 바란다."

하지만 북한이 외교 확장 활동을 전개하자 중국 관리들은 한반도에서의 그들의 역할을 강조하기 시작했다. 중국 외교부는 시 주석이 국무장관 폼페이오에게 다음과 같은 의견을 밝혔다고 했다. "중국은 적극적이고 건설적인 역할 수행을 지속하기 원한다. 그리고 한반도 문제의 정치적 해결 과정을 촉진하기 위해 미국을 포함한 모든 당사국들과 함께하기를 바란다." ≪글로벌타임스≫는 다음과 같이 더욱 강경한 주장을 폈다. "한반도 상황에는 여러 이해당사자가 관련되어 있다. 하나의 이해당사자가 비핵화

과정을 지배하기를 기대하는 것은 잘못된 방향으로 일이 전개되는 원인이 될 것이다." 이런 감정은 이 과정에서 고립된 데 대한 베이징의 우려를 드러낸 것이다.

향후 중국은 협상 과정에서 영향력을 행사하려고 계속 시도할 것이다. 미국, 북한, 한국, 중국 외교관들은 대부분 커뮤니케이션 채널을 구축하는 데 집중하고 다수의 특정한 사항들은 나중에 국가수반 수준 이하에서 계속 논의하여 결론을 내도록 해왔다. 하나의 주요한 이슈는 과정의 나머지를 위한 협상의 형식과 어느 시점에서 북한의 미국, 한국, 중국과의 일련의 양자 간 회담 – 그리고 잠재적으로 나중에 러시아 및 일본과의 – 이 공식적으로 다자 간 과정으로 확장될지 여부가 될 것이다.

(1) 합의에 공들이기

중국은 최종 합의의 조건을 형성하고 트럼프 대통령과 김 위원장 간의 합의를 '한반도의 완전한 비핵화를 향하여' 어떻게 확장하고 이행할 것인지에 관해 다른 당사자들과 의견의 일치를 구하기 위해 적극적인 역할을 모색할 것이다. 중국은 북한의 핵무기 프로그램의 종식을 지지한다고 말하고 있지만 행동을 보면 비핵화가 베이징의 첫 번째 관심사항이 아니라는 것을 보여준다. 동시에 중국은 한 걸음 더 나아가 한미 동맹의 축소 또는 종식, 그리고 결국에는 한반도에서 미군을 철수시키는 것을 포함한 거래를 모색한다. 만약 당사국들이 북한의 핵 및 장거리 미사일 프로그램을 검증가능하게 종식시키는 데 합의할 수 없다면 대안으로서 중국은 분쟁을 회피하지만 평양의 핵 프로그램 종식 목표를 희생하는 합의를 추구할 수 있었다. 베이징은 검증 및 이행 표준을 느슨하게 하여 평양으로 하여금 어떤 형태로 잠재적인 프로그램을 보유하도록 허용함으로써, 결국 북한을 핵보유국으로 인정하는 것을 시도할 수 있었다.

이와 대조적으로 미국 관리들은 북한의 핵무기 프로그램을 종식시키기 위해 '최종적이고 완전히 검증 가능한 비핵화'를 목표로 설정했는데, 때에 따라서 이런 기준은 거래를 위한 목표라기보다 오히려 거래의 전제조건으로 기술됐다.[11] 미국 관리들은 때로 비핵화의 범위를 화학 및 생물학 프로그램을 포함한 모든 대량살상무기를 커버하는 완전한 군축으로 확대했다.

(2) 이행 시기와 순서

협상조건과 형식을 떠나서 합의 이행 시기와 순서에 관한 중국의 견해는 종합적인 거래에 도달될 수 있고 성공적으로 이행될 것인가에 영향을 미칠 것이다. 미국 관리들은 북한의 핵과 장거리 미사일 프로그램을 종식시키기 위해 평양이 제재 해제 이전에 많은 행동을 취함으로써 신속한 조치를 하는 것을 선호한다고 언급했다. 하지만 최근의 발언을 보면 유연한 태도를 취할 잠재성이 있다. 중국은 공개적으로 다른 접근방법을 취하고 협정을 단계적으로 이행하기 위해 각 측이 상호적인 행동을 주고받는 '단계적이고 동시적인' 접근 방법을 요구함으로써 북한 편을 들었다. 중국 외교부는 시 주석의 발언을 다음과 같이 풀어 말했다. "한반도 문제는 복잡하고 해결하려면 점진적인 과정을 거쳐야 한다." 전인대 외사위원회 부주임인 푸잉(傅瑩)은 합의 이행의 속도를 근원적인 기술 및 정치 문제와 연결 지으면서 다음과 같은 질문을 던졌다. "미국 사람들이 초기 집중 방식의(front-

---

11 트럼프 행정부 관리들은 이전에 "완전하고 검증 가능하며 불가역의 비핵화(complete, verifiable, irreversible denuclearization)", 즉 CVID란 표현을 사용했다. Heather Nauert, *Secretary Pompeo's Travel to Kuala Lumpur, Singapore, and Jakarta*, July 30, 2018. https://www.state.gov/r/pa/prs/ps/2018/07/284694.htm; *CBS News*, "Transcript: Secretary of State Mike Pompeo on 'Face the Nation,'" May 13, 2018; Joshua Keating, "CVID Is the Most Important Acronym of the Trump-Kim Talks. No One Knows What It Means," *Slate*, June 11, 2018; U.S. Department of State, *Department Press Briefing*, May 3, 2018; Victor Cha, *The Impossible State: North Korea Past and Future*, Ecco, 2012, 247~315.

loaded) 비핵화를 제안했을 때 그들은 북한의 안보 우려의 '초기 집중' 방식에 대해 생각했는가?"

제재조치를 줄이는 추진 일정이 아마도 과정상 가장 눈에 띄는 문제가 될 것이다. 폼페이오 국무장관은 2018년 6월 중국이 그에게 제재조치는 "그런 비핵화가 실제로 완성될 때까지 계속 유지될 것임을" 확약했다고 말했지만 이미 이행이 느슨해지고 있다는 일부 표시가 나타나고 있다. 포괄적인 합의를 이행하기 위한 추진일정과 순서를 조율하는 일은 모든 당사국의 협상자들에게 핵심적인 우선사항이 될 것이다.

(3) 미중 관계의 다른 문제와 연계

또한 한반도와는 관련 없는 별개의 문제로 미중 갈등이 고조되는 상황에서 중국은 별개의 문제를 양보받는 조건으로 협상 과정에서의 협력을 유지하려고 할 수 있다 — 중국이 과거 성공적으로 사용한 전술이다. 만약 중국이 그런 식으로 접근한다면 성공 전망을 흐리게 할 수 있다.

3) 회담 실패의 경우 잠재적인 중국의 안전 보장

트럼프와 김정은의 싱가포르 정상회담에서 나온 긍정적인 추진력은 협상자들이 공동성명에 나타난 '한반도의 완전한 비핵화'에서 확인된 목표를 달성하기 위해 상세한 합의를 하고 이행 계획을 마련토록 밀어붙이기에 충분하지 않을지 모른다. 트럼프-김정은 정상회담 이후 북한은 선의를 표시하는 의미의 행동을 몇 가지 취했다. 예를 들면 한국전 기간 동안 전사한 상당수 미군 병사의 유해 송환 및 미사일 실험장 한 군데의 해체를 시작한 것이다. 하지만 평양의 초기 행동은 비핵화를 위한 돌이킬 수 없는 조치를 눈에 띄게 회피했다. 남북 간 회담에서 양측 관리들은 경계를 넘는 경제적 링크 구축과 공식적으로 한국 전쟁을 종식하는 평화협정 체결을 논의했다. 전반적으로 핵 및 미사일 프로그램과 관련된 북미 간 회담의 진전은 평양이 워싱턴에 대해 비난을 퍼붓는 가운데 지지부진하게 되었다. 한편 북중 간 공식적인 교류는 지속되는 한편, 중국은 대북한 제재 이행을 완화한 것처럼 보인다. 중국은 북한이 핵무기를 제거할 때까지 제재조치를 잘 지키겠다고 약속해놓고 그렇게 한 것이다. 공식통계는 믿을 수 없는 것이지만 북한 노동자들이 중국 동북부의 일자리로 복귀하고 국경 도시에서 경제활동과 관광이 회복되고 양 방향으로의 비행이 재개되고 양국의 경제개발을 논의하기 위해 고위급 인사의 공식 교환 방문이 이뤄졌다.

만약 회담이 성사되지 않았다면 북한이 도발하고 위협하며 미국과 그 동맹국들이 대응하는 악순환으로 복귀했을 것이다. 이런 일로 인해 2017년과 2018년 초에 긴장상태가 조성되었던 것이다. 만약 긴장상태로 다시 돌아가면 결과에 영향을 미치는 주요한 변수는 중국이 북한에 묵시적이거나 명시적으로 계속 제공하는 안전 보장의 수준일 것이다. 그런 보장이 존재하는지 여부를 확인하고 양국 간 조약의 조항과 그런 보장의 관계 그리고 북한이 그런 보장을 받아들일지 여부는 미국의 정보요원들과 정책 입안가들에게 주요한 도전이 될 것이다. 김 위원장이 2017년 11월 북한의 핵무력이 완성되었다고 발표한 점을 감안할 때 평양은 이론적으로 핵 및 미사일 실험 동결을 이행할 수 있지만 기존의 핵무기를 포기하지는 않을 것이다. 그리고 중국이 계속 북한의 안전을 돌봐줄 가능성이 높다. 베이징은 김 위원장이 이제 실험에 의한 도발적 행동을 하지 않고 있기 때문에 '비핵화'가 어떤 형태로든지 진행되고 있다고 주장할 수 있다.

6. 북한 비상사태 발생 시 중국의 역할

현재 외교적인 과정이 진행되고 있으며 중국의 소망이 북한의 안정유지와 전쟁 회피라고 할지라도 베이징이 예방하고자 하는 비상사태가 발생할 수 있다.[12] 그렇기 때문에 베이징은 현상 유지에서 분쟁 발생까지 다양한 가능성에 대비하고 있다. 이 절에서는 북한에서의 비상사태 발생 시 중국의 관심사항을 다룬다. 중국이 관심을 두고 있는 사항은 난민 관리와 국경 통제 유지, 대량 살상무기 - 핵, 생물학 및 화학 무기 포함 - 및 재래식 무기의 확보 그리고 한반도에 지속적인 지정학적 영향력을 확보하는 것이다.

1) 난민과 국경 통제

중국이 북한과 맞대고 있는 국경에 난민이 대거 몰려드는 다양한 비상사태가 발생할 수 있다. 이로 인해 사회적 불안정이 중국 동북부에서 발생할 것을 베이징은 두려워하고 있다.[13, 14] 몰려드는 난민의 규모에 따라 중국

---

[12] 중국 지도자들이 비상사태 관리, 위기 통제 및 전쟁 통제에 대해 어떻게 생각하는지를 좀 더 자세하게 살펴보려면 다음 자료 참조. U.S.-China Economic and Security Review Commission, Chapter 2, Section 3, "Hotspots along China's Maritime Periphery," in *2017 Annual Report to Congress*, November 2017, 239~266.

[13] 북한에서 발생할 수 있는 다양한 위기는 난민을 발생시킬 수 있다. 이 절에서는 일반적인 용어인 '비상사태(contingency)'를 사용한다. 이 말은 북한에서 위기와 불안정의 요인이 될 수 있는 다양한 잠재적 시나리오를 의미한다. 이 용어는 의도적으로 모호하다. 왜냐하면 사건이 여러 가지 방식으로 펼쳐질 수 있기 때문이다(너무나 많아서 예측을 할 수 없다). 그러나 여기에는 다음과 같은 시나리오가 포함된다. 즉, 정권 붕괴, 김정은을 제거하기 위한 쿠데타, 외부의 강대국이 시작한 예방 전쟁 또는 북한이 촉발한 전쟁. 북한에서 발생 가능한 시나리오에 대한 중국인의 생각을 알아보려면 다음 자료 참조. Yao Yunzhu, "Three Possible Scenarios for the Korean Peninsula Situation," *World Knowledge*, December 16, 2017, 18~19. Translation.

[14] 중국 정부는 북한의 난민에 대해 강경노선을 취하고 있다. 중국이 그런 태도를 취하는 이유

이 취할 대응의 속도와 범위를 결정할 가능성이 있다. 국경으로 몰려들 북한 인민의 숫자는 위기의 특정한 환경에 달려 있을 것이다.[15] 예를 들어 김정은 정권이 붕괴되어 정부가 기본 서비스를 제공할 수 없거나 질서를 유지할 수 없거나 또는 북한 군대인 조선인민군이 해체되는 지경에 이르면 무수한 난민이 중국으로 몰려드는 결과를 초래할 수 있다. 이와 반대로 불안상태가 좀 더 국지적인 수준에 머물면 도망치는 난민은 소수에 불과할 것이다. 중국과 북한 간의 길다란 국경은 대규모 난민이 발생하는 비상사태 시 중국 정책 입안가들이 해결해야 할 작전상의 난제를 제기할 것이다. 그와 같은 난제가 어느 정도인지 평가하는 작업은 베이징이 위기 발생 이후 관리해야 되는 특정한 지리적·작전상·인도주의적·사회적 이슈의 이해를 필요로 할 것이다.

는 북한인들의 월경 시도를 저지하고자 하는 의도인 것으로 보인다. 미국 국무부의 2017년 인권관행에 관한 국가별 보고서에 의하면 중국은 북한 탈출자들을 난민보다 오히려 '불법적 경제 이주자'로 분류하고 다수를 북한으로 강제송환하고 있다. 또한 중국 정부는 난민들에게 본국 송환에 대한 법적 대안 제공을 거부하고 있으며, 유엔 난민 고등판무관이 국경을 넘어온 북한인들을 접촉하지 못하도록 하고 있다. 어떤 경우 중국 당국은 탈북민을 돕거나 불법적인 월경을 도운 중국 시민을 체포하여 기소하고 있다. 또한 미국 국무부는 북한 요원들이 북한 난민을 강제로 송환하기 위해 중국 내에서 비밀공작을 하고 있다는 보도를 주목하고 있다. *Global Times*, "North Koreans Entering into China Illegally Not Refugees: Spokesman," July 24, 2017. http://www.globaltimes.cn/content/1057848.shtml; U.S. Department of State, *China(Includes Tibet, Hong Kong, and Macau) 2017 Human Rights Report*, 2017, 41~42, 44~45.

15 드류 톰슨과 칼라 프리맨은 북한 난민의 중국 유입에 대한 잠재적 시나리오 세 개를 제시했다. ① 소수의 난민이 여건 악화로 대량으로 폭증하는 '소량에서 홍수', ② 북한이 정권에 대한 압력을 줄이기 위해 북한 사람들을 중국으로 도망가도록 의도적으로 허용하거나 밀어붙이는 '집단 이주', ③ 북한에서 국가가 붕괴하여 폭력과 궁핍을 회피하고자 국경을 넘는, 난민 홍수 결과를 초래하는 '재앙적 붕괴'. Drew Thompson and Carla Freeman, "Flood across the Border: China's Disaster Relief Operations and Potential Response to a North Korean Refugee Crisis," *U.S.-Korea Institute at SAIS/The Nixon Center*, April 1, 2009, 17~19.

(1) 국경의 지리

중국은 북한과 840마일의 국경을 공유하고 있다 – 이는 뉴욕시와 플로리다 주 잭슨빌 간 직선 거리와 맞먹는다. 이와 대조적으로 북한이 한국과 마주하고 있는 경계는 147마일이다. 중국의 랴오닝성과 지린성은 북한의 산이 많은 국경 지역과 접하고 있다. 이 지역은 압록강과 두만강으로 경계가 되어 있다 (〈그림 5-1〉 참조). 압록강은 두만강보다 더 깊고 넓다. 압록강은 건너기가 더 어려운데 적어도 겨울에 강이 얼 때까지 그러하다. 하지만 압록강이 깊고 넓다고 할지라도 강을 넘지 못할 정도는 아니고, 현장의 뉴스 보도에 의하면 국경 경비원이 강보다 더 큰 장애이다. 이와 대조적으로 두만강은 건너기가 더 용이하다. 두만강은 너비가 39피트이고 깊이가 3피트도 되지 않는 지점이 있다. 중국 동북부에서는 겨울이 길어 이 강은 11월에서 4월까지 수개월 동안 얼어붙는다. 국경 일부 지역에서 중국이 2003년부터 건설하기 시작한 것으로 알려진 울타리는 난민들이 이동하는 데 장애가 되고 있다. 국경을 따라 15개의 공식 검문소가 설치되어 있다.

(2) 난민을 통제하기 위한 북한의 잠재적 완충지대

북한에서의 위기 발생 시 중국의 계획에 대한 되풀이되는 평가에 의하면, 특히 중국으로 넘어오고자 시도하는 대규모의 북한 주민이 발생할 경우에는, 베이징이 사태를 통제하기 위해 신속하게 행동할 가능성이 있다는 것이다. 중국이 취할 수 있는 1차적인 수단은 중국군이 개입하여 북한 내에 완충지대를 설치하기 위해 영토를 장악하는 것이다. 성공하면 중국은 난민들이 만들어 낼 수 있는 문제의 다수를 중국으로 넘어오도록 하지 않고 북한 내에 제한되도록 관리할 수 있을 것이다. 중국군은 난민을 국경에서 처리하려고 시도하기보다 완충지대 내에 난민 수용소를 설치하고 그 지대의 북한군을 무장해제시킬 수 있을 것이다. 하지만 조선인민군이 그에

〈그림 5-1〉 중국과 북한의 국경

자료: Sue-Lin Wong, "The Cold Frontier," *Reuters*, April 12, 2018을 수정.

협조할지 여부는 불분명하다. 보수적인 추정은 완충지대의 규모가 최소 북한 내 31~62마일(50~100킬로미터)에 이를 것으로 보고 있다(〈그림 5-2〉 참조).

(3) 중국 동북부의 사회안정 유지

중국 지도자들은 국내의 사회 안정을 특히 중요하게 여긴다. 따라서 중국 정책 입안가들은 북한 난민이 홍수처럼 몰려들 경우 국경을 접하고 있는 성들과 중국 동북부 전반에 미칠 영향에 대해 걱정하고 있다. 북한 인민이 중국으로 몰려들면 몇몇 방식으로 격변을 초래할 수 있다.

(4) 인도적 지원제공과 무장해제

압록강과 두만강을 넘어오는 수많은 난민 때문에 인도적 지원 ─ 식품, 물 및 주거지와 의료 서비스를 제공하고 나중에 고용 및 교육을 제공 ─ 을 해야 되는 지방 정부의 역량이 압박을 받을 것이다. 북한 난민을 돌봐줘야 되는 부담은 엄

<그림 5-2> 북한 내 잠재적인 중국의 완충지대

주: 이들 경계선은 북한 내에 설치될 잠재적인 중국의 완충지대를 보여준다. 맨 위 라인은 북중 국경
으로부터 31마일(50킬로미터)이고 중간선은 평양 북쪽을 가로지르며 대략 국경에서 84마일
(135킬로미터)이다. 맨 아래 라인은 국경으로부터 대략 115마일(185킬로미터) 떨어진 곳으로 북
한의 주요 도시인 평양과 원산을 가로지른다.

자료: Bruce W. Bennett, "Preparing for the Possibility of a North Korean Collapse," *RAND
Corporation*, 2013, 275에서 수정함.

청날 것이며 중국 정부의 수용력에 부담을 줄 수 있다. 랜드 연구소의 수석
국방 연구원인 브루스 베넷트는 다음과 같이 언급한다. "중국은 난민 수용
소를 위한 건축자재, 침구류 및 관련 보급품과 난민들이 필요로 하는 식품

및 의약품 그리고 의료 등의 서비스를 제공하는 데 난제에 봉착할 것이다."
북한 인민들의 전염병 — 결핵 및 바이러스성 간염 포함 — 을 적절하게 치료하여
그것이 국경지역을 넘어서 광범위하게 확산되는 것을 방지하는 것은 매우
중요하다. 비록 영향을 받은 지역은 베이징의 중앙정부로부터 추가적인 지
원을 받을 것을 기대할 수 있다고 할지라도 북한 난민은 이미 경제적으로
곤란을 겪고 있는 지역에 도착할 것이다. 1990년대부터 중국의 동북부는
이 나라의 '사양화된 공업지대'가 되기 시작하였다. 폐업한 중공업의 부정
적인 효과가 경제 전반에 크게 미쳤으며 이 지역은 계속 고전 중이다.

(5) 민족 균형과 영토 보전 확보

중국의 지도자들은 또한 중국 동북부의 민족 균형을 지키고자 한다. 전
지역을 통해 약 200만 명의 중국 시민은 민족적으로 조선인으로서 중국에
서 공식적으로 인정된 56개 소수민족 중 15번째로 크다. 조선계 중국인의
약 절반은 지린성에 살고 있는데, 연변 조선족 자치주에 집중되어 있다. 북
한인이 대거 이주하게 되면 국경과 인접한 성의 민족 구성에 변화가 올 것
이다. 중국 지도자들에게 민족 균형은 다수 한족의 영향력을 보장하는 것
보다 더 중요한 문제와 관련된다. 인구 변화는 한국과의 영토 분쟁 규모에
영향을 미칠 수 있다. 수년 동안 중국과 한국은 오늘날의 중국과 북한의 일
부를 포함하는, 만주의 여러 지역을 통제한 역사적 왕조의 민족 구성에 대
한 저강도의 싸움을 벌여왔다. 양국은 상대 국가의 영토 회복 주장에 대해
걱정하고 있으며, 갑자기 유동적으로 되거나 또는 존재하지 않는 북한 경
계가 국경 경계를 변화시킬 수 있다는 것을 염려한다.

2) 대량살상무기 확보

북한에서 대규모 비상사태 발생 시 김정은 정권이 붕괴된다면 대량살상무기와 관련 현장은 안전이 보장되지 않은 채 방치될 수 있다. 중국은 일방적으로 북한의 무기를 확보하려고 시도하거나 관련 현장과 저장된 무기를 확보하기 위해 미국 및 한국과 함께 작전을 할 수 있다. 북한의 핵실험장인 풍계리 핵실험 시설이 여기에 포함되는데 이 시설은 중국 국경에서 불과 56마일 떨어진 곳에 있다.[16] 풍계리는 중국에서 매우 가까워 북한이 2017년 9월 실시한, 가장 큰 규모였던 6차 핵실험 때 중국 동북부의 옌지시 주민들은 핵폭발의 진동을 느꼈다. 폭발의 규모로 볼 때 실험장이 손상되었을지 모르며 핵실험을 또 하면 산이 무너지고 핵 방사능이 대기에 유출되어 중국으로 유입될 수 있다는 우려가 중국 과학자들 사이에 촉발되었다. 중국 인민해방군이 후원하는 웹사이트인 '차이나 밀리터리 온라인'에 올라온 출처가 모호한 논평은 북한이 핵실험 장소로 풍계리를 선정한 데 대해 "대단히 음흉한 처사"라고 했다. 논평에서 지적하기를 "이 장소는 북한 영토 내에서 평양으로부터 가장 먼 지점이지만 중국과 북한 국경에는 가깝다"라고 했다. 이 논평은 계속해서 중국의 최종 조치를 다음과 같이 상세히 기술했다. "만약 혹시라도 핵의 누출이나 오염 사고가 발생한다면 … 중국 인민해방군은 북한의 핵시설에 대한 공격을 독자적으로 개시할 것이

---

16 북한은 트럼프 대통령과 김 위원장의 정상회담이 개최된 2018년 6월 12일 이전인 5월에 풍계리 핵실험 시설을 파괴한 것으로 보인다. 북한은 파괴현장을 직접 보도록 기자들을 초청했으며 전문가들은 폭발로 현장이 훼손되었다고 평가했다. 하지만 파괴의 총체성과 영구성에 대한 의문은 여전히 남아 있다. 확고한 결론을 내리기 위해서는 철저한 검증 조치가 필요할 것이다. Siegfried Hecker, "Why Did Kim Jong Un Blow up His Nuclear Test Site?" *Washington Post*, May 30, 2018; Nuclear Threat Initiative, "Punggye-ri Nuclear Test Facility," December 12, 2017; Yun Sun, "China's Potential Actions in a North Korean Nuclear Contingency," *Korea Economic Institute of America*, May 30, 2017.

다." 핵 폐기물이나 낙진이 중국에 미칠 잠재성은 중국의 시사해설가들 사이에 뜨거운 주제가 되었다. 이들은 북한에 좀 더 강경한 접근 방법을 취하고 비상계획을 강화해야 된다고 주장한다. 또 다른 인근의 현장은 영변핵연구소인데 중국 국경에서 68마일밖에 떨어지지 않았다.

조지타운 대학교의 안보학 조교수인 오리아나 스카이라 마스트로는 핵위협 이니셔티브의 정보를 이용하여 만약 중국군이 국경을 넘어 북한으로 31마일 들어가면 인민해방군은 북한의 우선적인 핵 장소의 약 44%, 우선적인 미사일 현장의 22%를 확보할 것이라고 추정했다. 만약 인민해방군이 북한 영토로 62마일 들어가면 중국군은 우선적인 핵시설 모두와 미사일 현장의 3분의 2를 장악할 것이다. 하지만 핵능력 확보 과제는 원자로 입지를 넘어서 북한의 탄두와 이동 운반체 확보를 포함한다. 그런 임무는 다수의 폭발물이 전 지역에 걸쳐 이동 발사체에 배치되어 있고 터널 망에 저장되어 있기 때문에 하나의 도전을 제기할 것이다.

북한의 대량살상무기를 확보하려면 평양의 화학 및 생물학 무기 저장고에 대한 통제권을 빼앗을 필요가 있을 것이다.[17] 전체적으로 북한에는 대량살상무기 현장이 대략 200군데가 있는데 김정은 정권이 붕괴되거나 쫓겨나면 확보할 필요가 있을 것이다(〈그림 5-3〉 참조). 하지만 중국 혼자서 이런 현장을 반드시 확보해야 된다는 것은 아니다. 대량살상무기 이외에도 중국은 북한의 재래식 탄도 미사일과 고도 역량 시스템을 포함한 재래식 무기 일부에 대한 통제를 강력하게 시도할 가능성이 있다. 재래식 무기 확

---

17 한국 국방부의 보도에 의하면 북한은 2500~5000톤에 달하는 화학무기를 보유하고 있는 것으로 평가된다. 이 중에는 김정은의 이복형인 김정남이 2017년 2월 쿠알라룸푸르 공항에서 암살될 때 사용된 VX 신경가스가 들어 있다. 북한의 생물학무기 프로그램은 탄저병과 다양한 여타 병원체를 생산할 능력을 가졌을 가능성이 있다. Nuclear Threat Initiative, "North Korea: Chemical Weapons," December 2017; Nuclear Threat Initiative, "North Korea: Biological Weapons," December 2015.

〈그림 5-3〉 북한의 알려진 핵실험, 연구 장소와 주요 미사일 발사 장소

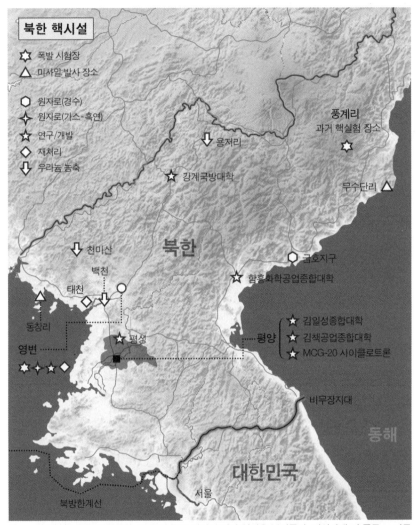

주:　이 지도는 북한의 핵실험, 연구 및 주요 미사일 발사 현장을 보여준다. 비상사태 시 중국 ― 미국
　　과 한국도 추가해 ― 이 현장과 함께 북한의 화학 및 생물학 무기 저장소를 확보하려 할 것이다.
자료: Armin Rosen, "A North Korean Hydrogen-Bomb Test Would Be a Game-Changer,"
　　Business Insider, January 6, 2016에서 채용함.

보 임무는 중국군이 현장을 확보하기 위해 급습했을 때 북한군이 저항하려고 한다면 중요성이 증대될 것이다.

3) 한반도의 미래 성향에 대한 영향력 확보

북한에서 격변 사태가 발생한다면 한반도의 미래 지위가 어떻게 될지 의문시된다. 위에서 지적한 바와 같이 베이징은 북한의 역할을 완충국가로서 중시하고 있으며 그런 완충상태를 유지하거나 그렇지 않으면 서울의 통제하에 통일된 한반도가 중국을 위협하지 않는다는 보장을 받으려 할 것이다. 중국 지도자들은 향후의 정치적 지향에 영향력을 획득하기 위한 전략으로서 군대를 파견하여 영토를 장악하기로 결정하거나, 또는 난민 관리나 대량살상무기 통제 등의 좀 더 협소한 목표를 갖고 취하는 작전 다음에 한반도의 통치 형성을 포함하기 위해 목표를 확장하는 결정을 내릴 수 있다. 지상군을 파병함으로써 중국 지도자들은 미국과 한국으로부터 중국이 우선시하는 사항을 얻는 대신 장기적인 지위 협상에서 넘겨줄 무언가를 확보하게 될 것이다. 예를 들어 중국은 완전한 통일을 허용하는 조건으로 한반도에서 미군의 철수를 제안할지 모른다. 그렇지 않으면 중국은 북한 영토의 전부 또는 일부를 중국에 병합하거나 혹은 완충국가 역할을 계속 수행할 수 있는 괴뢰정부를 북한에 세울 수 있다. 한국도 북한 영토를 장악함으로써 북한을 누가 통치할 것인지에 대해 더 큰 목소리를 갖게 되리라는 계산을 나름대로 할 수 있을 것이며, 그것은 각국이 군대를 파견하여 영토장악 경쟁을 벌이는 것을 촉진할 수 있다 — 한편에서는 중국, 다른 편에서는 한국과 미국이 충돌하는 결과를 가져올 잠재성이 있다.

7. 중국의 북한 비상사태 발생 시 대비책

중국은 국경에서의 비상사태 발생 시 효과적으로 대응하는 데 최우선을 두고 있다. 여기에는 북한에서 전개될 수 있는 시나리오가 포함된다. 따라서 베이징은 북한 시나리오의 규모와 중요성에 상응하는 범정부 대응책을 준비하기 위한 작업을 했다. 준비사항에는 다음과 같은 것이 포함되어 있다. 즉, 중국군대인 인민해방군의 역할, 중국의 준군사적 경찰병력인 인민무장경찰부대 및 국경지역의 성과 지방 당국이다. 이 절에서는 북한에서 격변사태가 발생할 경우의 대비에 전념하는 기관들의 계획과 자원에 대해 상세하게 기술한다.

북한에서 비상사태 발생 시 중국의 군사 계획에 영향을 미치는 한 가지 추가 요인은 북한 인민군의 역할이다. 중국 인민해방군과 북한 인민군 간의 협력은 1980년대 이래 줄어들었다. 공개 자료 – 중국의 군사 문서, 2년마다 발간하는 국방백서 및 군사 미디어 보도 – 에 거의 완벽하게 언급되지 않은 것을 볼 때 양국 군대는 수십 년 동안 합동 훈련이나 연습을 실시하지 않았다. 그리고 군부 대 군부의 접촉은 상당히 제한적인 것으로 보이며 대부분 정치장교를 통해 이루어졌다. 비상사태 발생 시 양국 군부 간 완전한 협조가 이뤄지거나 위기 발생 시 전적으로 동일한 목적과 목표를 가질 것이라고 믿을 만한 이유가 거의 없다. 심지어 어떤 시나리오에서는 결국 양국 군대가 직접적인 대치상태에 처하게 될 수도 있다. 위기가 발생하여 북한 인민군의 지휘통제가 붕괴되면 군부가 분열되어 일부 부대는 전투를 벌이는 반면, 다른 부대는 협조하거나 항복할 수 있다. 비상사태 발생 시 북한 인민군이 중국 인민해방군과 협력할 것인지 그렇지 않으면 중국의 개입에 반대하고 나설지 여부는 중국의 비상사태 리스크 평가에서 주요한 요인이 될 것이다.

1) 중국 인민해방군

(1) 군의 구조 및 비상 계획

중국 인민해방군의 육군, 해군, 공군, 로켓군 및 전략지원군은 모두 북한에 비상사태가 발생하면 그에 대응하는 역할을 수행하게 될 것이다.[18] 인민해방군은 2005년경부터 공식적으로 북한과의 국경에서의 국경방어 임무를 띠고 있다. 북부전구 사령부에 배속된 인민해방군 병력은 위기 발생 시 주도적으로 대응할 것이며 여타 전구사령부 병력은 필요시 신속하게 동원되어 증강될 것이다. 세 개 인민해방군 '집단군' — 각 집단군은 4만 5000에서 6만 명의 병력으로 구성됨 — 은 북부전구 사령부에 있다. 집단군에는 포병, 방공, 특수작전, 육군항공대 및 복합무장여단이 포함되어 있다. 인민해방군은 위기 발생 시 이런 군을 동원할 방대한 계획을 갖고 있다. 분석가가 인민해방군 장교 및 중국 정부 관련 학자들과 면담한 결과, 북한에서 비상사태 발생 시 중국이 다양한 임무를 수행하게 될 계획이 수립되어 있음을 확인했다. 여기에 포함된 것은 인도적 지원과 재난 구조, 평화유지, 통제에서 벗어난 대량살상무기의 확보, 핵사고 이후의 환경 정화이다. 2014년 5월 국경에서의 비상사태 발생 시 인민해방군이 취할 군사 계획을 상세하게 기술한 것이라는 문서가 일본 소식통에 누설되었다. 하지만 중국 외교부 대변인은 그 문서가 가짜라고 했다.

---

18 『전략학』은 "중·소 규모, 저·중 강도의 자위 및 반격 작전 가능성을 포함하여 향후 중국이 당면하게 될 전쟁에 대하여 논의하는데, 그 중 하나의 유형은 불안정한 정치 정세에 기인한 이웃 국가들에서의 전쟁의 혼란으로 촉발된 국경봉쇄 및 통제 작전 활동이다." Shou Xiaosong, ed., *The Science of Military Strategy*, Military Science Press, 2013, 126~127. Translation; U.S.-China Economic and Security Review Commission, *Roundtable on China's Role in North Korea Contingencies*, written testimony of Oriana Skylar Mastro, April 12, 2018, 2.

(2) 동원과 연습 보도

인민해방군의 북한 비상사태 대비는 2017년에 가속화된 것처럼 보인다. 하지만 그런 대비태세에 대한 단편적인 보도는 이 지역의 철저한 미디어 검열 때문에 독자적으로 검증하기가 곤란하다. 또한 인민해방군은 향후의 북한 비상사태에 적합한 작전 기술을 개발하기 위해 몇 차례의 군사훈련을 실시했다. 예를 들면 2017년 8월 황해에서 실시한 해군 연습, 2017년 11월에 실시한 혹한기 전투 훈련, 2017년 12월에 실시한 중국-러시아 미사일 방어 연습 그리고 2017년 12월에 실시한 보하이해(渤海)에서의 해군 연습이다. 이런 연습을 통해 광범위하게 적용 가능한 군사기술을 익혔다. 베이징은 이런 연습이 북한을 겨냥한 것이 아니라고 주장했다. 중국의 공식 입장은 북한의 비상사태 대비를 강조하지 않아왔다. 어쩌면 북한이 표면상으로 동맹국인데 지지하지 않는다는 것을 나타내지 않기 위해서일지 모른다. 2017년 7월 중국 외교부 대변인 루강은 전쟁 준비와 관련된 보도를 일축하고 다음과 같이 말했다. 인민해방군은 "중국-북한 국경에 따라 정상적인 전투 준비태세와 훈련 상황을 유지해 왔다."

2) 인민무장경찰부대

2017년 말 구조개편 이후 인민무장경찰부대는 공안부와 중앙군사위원회로부터 이중의 지휘를 받지 않고 중앙군사위원회로부터만 지휘를 받는다. 그 의미는 국경에서 비상사태 발생 시 중앙군사위원회가 인민무장경찰부대를 완전하게 지휘한다는 것이다. 이런 임무는 북부전구 사령부에 직접 부여될 가능성이 있다. 인민무장경찰부대는 오랫동안 북중 국경 근처에 적어도 네 개의 국경 방어 연대를 포함하여 상당한 규모로 배치되어 왔다. 한 개 국경 방어 연대는 랴오닝성 단둥 근처에 위치하고 있다. 두 개 연대는

〈그림 5-4〉 북한 국경선 근처 주둔 중국 군대 및 인민무장경찰부대

자료: James Griffiths and Serenitie Wang, "Is China Reinforcing Its Border with North Korea?"
   CNN, July 26, 2017; Jamestown Foundation을 수정함.

지린성 투먼 근처에 있고 한 개 연대는 지린성 린쟝시 근처에 있다. 단둥과
투먼에는 각각 주요한 국경 초소가 있는데 인민무장경찰부대가 지키고 있
다. 전체적으로 인민무장경찰부대는 중국 동북부 성들에 5만여 명이 있다.
이는 총인원 66만여 명 중 소수이지만 중요한 일부이다.

3) 성 및 지방정부 준비태세

또한 성 및 지방 당국도 북한에서의 비상사태 발생 시를 대비하고 있는
데, 난민 처리 문제를 비롯하여 핵 낙진 관리에 이르기까지 여러 문제를 해
결할 준비를 하고 있다. 2000년대 중반 이래 인민해방군은 국경 근처의 성
및 지방정부와 '국경 방어 구축' 활동에 관해 조정을 해왔다. 여기에는 지방
공동체와 이 지역에 주둔하고 있는 군부대 간 긴밀한 유대관계 조성이 포

함되어 있다. 지방정부의 공고를 인용한 신문 보도에 의하면 지린성 당국은 공중, 핵 또는 화학 공격에 생존할 수 있는 벙커와 지하 지휘부 네트워크의 강화와 구축을 시작했다. 유출된 중국 정부 문서에 의하면 지린성 당국은 국경을 따라 일련의 난민 캠프를 건설할 계획이다. 다른 보도에 의하면 지방의 국경 보호 부대가 설치되고 당 간부들이 자위에 관해 가르치는 학습반이 개설되고 '2세대 국경 감시 시스템'의 일부로 수백 대의 감시 카메라가 설치되었다. 추가 보도에 의하면 중국은 국경을 감시하기 위해 드론과 순찰차를 가동하고 있다.

또한 당국은 북한의 핵실험으로 인한 잠재적인 낙진을 처리하기 위해서 사전 조치를 취하고 있다. 2017년 9월 북한의 6차 핵실험 이후 환경보호부 관리들은 방사능 수준을 측정하기 위해 비상 실험을 했다(정상 수준인 것으로 밝혀짐). 2017년 12월 국영 ≪지린일보≫는 핵폭발이나 방사능 낙진 시의 대처 방안에 관해 성 민방위 당국의 권고사항을 한 면 전체를 할애해 보도했다.

8. 미-중 비상사태 회의

미국, 중국, 한국은 모두 북한에서의 비상사태 발생 시 군사적인 대응조치를 취할 가능성이 있다. 실제로 세 나라 중 한 나라가 군사행동을 취한다면 북한에서 비상사태의 원인이 될 수 있을 것이다. 그와 같은 현실 때문에 미국과 중국은 북한에서 발생한 소요가 세계 2대 강대국 간 대규모 분쟁으로 고조될 수 있는 큰 오관과 오해를 회피하기 위해 비상 회담을 개최할 강력한 이유를 갖고 있다. 스팀슨 센터의 윤선은 다음과 같은 주장을 펴고 있다. "미국과 중국은 모두 다 분쟁을 회피하는 데 본질적인 관심을 갖고 있다. 그렇기 때문에 상호 간 이해를 더 잘하고 조정을 잘하기 위해 서로 함께해야 한다. 이런 의미에서 미국과 중국 간 비상사태를 대비한 대화는 필요할 뿐만 아니라 이 지역의 평화와 안정을 위해 필수적이다." 역사적으로 중국 지도자들은 한반도의 불안정에 대비한 비상사태 계획 수립을 위한 회담에 참여하기를 꺼려했다. 베이징은 동맹국을 죽이기 위한 계획에 적극적으로 참여하는 것처럼 보이는 것을 싫어했기 때문이다.

미국은 중국의 대화 상대자와 이 문제에 관해 얼마간 논의를 해왔다. 대화 형식에는 공식적인 회담과 아울러 비공식적인 트랙 1.5(정부 관리와 외부 전문가가 비공식 자격으로 회담) 및 트랙 2(비정부 전문가들의 비공식 회담) 논의가 있다. 하지만 그러한 조심스러운 논의에는 양측의 실제적인 계획에 관여하는 계획자와 사령부가 포함된 것으로 생각되지 않는다(예: 주한 미군, 미국의 인도-태평양 사령부 또는 인민해방군의 북부전구 사령부). 따라서 북한에서 발생할 가능성이 있는 불안정이나 분쟁의 대응책을 효과적으로 계획하고 조정하는 데 필요한 정도의 심도와 범위의 대화에 도달할 가능성이 없어 보인다.

1) 최근의 미중 군부 대 군부 협의

2017년 이래 베이징은 미국 관리들과의 군부 대 군부 회담에 참가했다. 이 회담에는 한반도의 전반적인 잠재적 시나리오에 관한 논의가 포함된 것으로 알려졌다.[19] 2017년 8월 미국 합참의장 조셉 던포드 대장은 베이징에서 그의 중국 상대방인 인민해방군 육군 상장(우리나라의 대장에 해당 - 옮긴이)

---

19 전직 미국 관리들과 전문가들은 전에 북한의 비상사태 계획에 관한 중국과의 그런 회담을 옹호했다. 예를 들어 다음 자료를 참고하기 바란다. Mike Mullen, Sam Nunn, and Adam Mount, "A Sharper Choice on North Korea: Engaging China for a Stable Northeast Asia," *Council on Foreign Relations*, September 2016.

팡펑휘(房峰輝) – 이전 중앙군사위원회 위원 겸 중앙군사위원회 연합참모부의 참모장 – 를 만나 회담을 했는데 주제 중에는 한반도가 포함되었다.[20] 당시 던포드 대장은 중국 동북부 랴오닝성의 수도인 선양을 방문했다. 거기서 그는 중국 보병 부대의 전술 결합형 무기 기동 시범을 보았다. 이 시범은 북부전구 사령부의 하이청(海城) 캠프에서 벌어졌는데, 북한 국경에서 120마일 떨어진 곳이다. 그 이후 던포드 대장은 베이징으로 돌아가 시 주석을 만났다. 이런 회담의 결과 양국 간 합동 참모 대화기구를 설치하는 기본 합의에 이르렀다. 그 의미는 두 나라 군부의 최고위급 합동참모 간 운영 커뮤니케이션을 늘린다는 것이다. 그 목적은 위기를 관리하고 오판을 방지하며 오해의 위험을 줄이기 위한 것이다. 이런 대화에 참여한 어느 편의 참모도 북한 비상사태를 위한 병력 이용 계획에 직접 관여하지 않을 것이지만 양편 다 병력 이용을 위한 지침을 주고 주요한 전략적 결정에 관해 지휘부에 자문을 할 것이다. 이런 그룹을 위한 첫 번째 회의는 2017년 11월 워싱턴에서 개최되었다. 리차드 클라크 중장(미국 합참 전략 계획 및 정책 국장)과 샤오 위안밍(邵元明) 중장(중국 중앙군사위원회 연합참모부 부참모장)이 대표단을 이끌었다. 이 대화기구에서 북한 비상사태는 하나의 의제 항목일 가능성이 있다. 이런 회합은 시작을 의미하지만, 한반도에서 발생할 수 있는 위기의 잠재성과 양측이 위기 발생 시 대규모의 복합적인 병력 배치를 할 가능성을 고려하면 여전히 잠정적인 초기 단계일 뿐이다.

미국의 정책 입안가들은 막후에서 중국과 대화를 하는 것에 더하여 미

---

20   방문 직후 팡 장군은 그의 직책에서 숙청되고 나중에 뇌물수수죄로 기소되었다. Charles Clover, "China Puts Senior General on Trial for Bribery," *Financial Times*, January 9, 2018; Bonnie S. Glaser and Collin Norkiewicz, "North Korea and Trade Dominate the Agenda," *Comparative Connections*, 19:2(September 2017): 21~34; Jim Garamone, "Dunford Stresses Diplomacy, Sanctions for North Korea in Talks with Chinese," *DoD News*, August 16, 2017.

국이 비상사태 발생 시 어떻게 행동할 것인지에 관한 정책을 공개적으로 분명하게 밝히기 시작했다. 2017년 12월 당시 국무장관 렉스 틸러슨은 중국과의 회담에 대해 상세한 내용을 밝히는 성명을 발표했는데, 거기에서 다음과 같이 말했다.

> 우리는 비무장지대 북쪽으로 우리 군대를 파견할 이유를 찾지 않는다 … 만약 [한반도에서] 무슨 일이 벌어져서 분계선을 넘어가지 않을 수 없게 된다면 그런 일이 발생한 조건이 무엇이든지 간에 [해결이 되면] 우리는 뒤돌아서 38선 남쪽으로 후퇴한다는 확약을 중국 사람들에게 했다. 그것이 우리가 그들에게 한 약속이다.

당시 틸러슨 장관의 발언은 현재까지 이 문제에 대한 미국 정책의 가장 상세한 공식 발표이다. 전반적으로 볼 때 북한의 비상사태에 관련된 미중 간 논의의 상세한 내용은 공개 자료에 거의 존재하지 않으며, 두 나라가 위기 발생 시 관리할 수 있는 조정의 정도에 대해서는 분석가들이 추측만 할 뿐이다.

또 다른 알려지지 않은 사항은 현재와 같이 북중 관계가 원만하게 이뤄지기 시작한 이후에 미중 간 비상사태 회담의 지위이다. 베이징이 평양과의 관계를 재정립함으로써 북한의 비상사태에 관해 가벼운 고위급 회담이나 잠정적인 회담을 개최하는 것으로 보이는 것조차도 중국 지도자들이 더욱 주저할 수 있다. 중국 지도자들은 미국과 계획에 대해 논의를 하는 것이 북한과 중국의 조약상의 신뢰를 훼손할 수 있다고 염려할지도 모른다.

9. 미국에 미치는 함의

북한은 현재 불안정한 상태이며 이런 상황은 앞으로 세 가지 방향으로 전개될 수 있다. ① 협상이 성공적으로 이뤄져 평양의 핵 및 미사일 프로그램으로 인한 위기를 해결하기 위한 협정 체결, ② 회담이 실패하여 북한이 현상을 유지, ③ 회담이 실패하고 전쟁이 발발하든지 또는 압력으로 인해 평양이 붕괴함으로써 북한이 불안정하게 되는 것. 이런 시나리오와 상관없이 중국의 역할은 미국에 중대한 의미를 갖게 될 것이다.

협상이 실패했지만 현상이 유지된다면 중국의 대북한 제재에 대한 접근방식은 평양에의 압력을 유지하는 데 매우 중요한 요소가 될 것이다. 베이징이 김 위원장을 협상 테이블로 불러내는 데 기여할 가능성이 있는 더욱 철저한 제재 이행으로의 복귀를 선택하는지 여부는 북한을 압박하기 위해 새롭게 '최대의 압력'을 행사하여 전반적으로 성공하는 데 큰 영향을 미칠 것이다. 만약 중국이 제재를 중단하거나 또는 이행을 제대로 하지 않아 김 위원장에게 안전판을 제공하는 것으로 그냥 돌아간다면 미국의 정책 입안가들은 '최대한 압력' 전략을 뒷받침하기 위해 중국이 제재를 강화하도록 부추기려고 베이징에 유인책과 압력을 혼합하는 방안을 고려하기 시작할 수 있다. 하지만 베이징이 제재 강화를 결심하도록 확신시키는 일은 역사적으로 어려운 작업이었으며 최근 시 주석과 김 위원장의 정상 외교 여파로 계속 난제가 될 가능성이 있다.

중국은 실제 비상사태가 발생하여 북한에 군을 동원해야 될 경우 위기에 대응키 위해 김정은 정권의 협조가 있든 없든 북한에 진입하여 완충지대를 점령할 태세가 되어 있는 한편, 대량살상무기와 관련 현장을 장악할 것이다. 위기가 발생하면 미국과 한국 지도자들은 중국군과의 접촉을 회피하면서도 동맹국의 이익을 확보하기 위해 잘 수립된 충돌방지 계획의 도움을 받을 것이다. 대응을 조정하기 위한 기능이 작동하지 않는다면 미국, 한국, 중국은 비상사태 기간 동안과 그 이후 극도로 위험한 군사작전을 수행해야 되는 처지에 놓이게 될 것이다. 미중의 전략적 불신이 깊고 서울의 한반도 통일 숙원은 위험 수위를 더욱 높여 북한을 놓고 대규모 분쟁 무대가 펼쳐질 잠재성이 있다. 제임스 매티스 국방장관은 북한에서 전쟁이 발생하면 "재앙이 될 것이며, 아마도 대부분의 사람들이 평생 겪은 전쟁 중 최악이 될 것이다"라고 말했다. 한반도에서 강대국 간 더욱 광역화된 분쟁이 발생하면 비용은 더욱 막대하게 들 가능성이 있다.

6장

중국의 하이테크 개발 동향: 차세대 연결성

1. 핵심 조사결과

● 중국 정부는 사물인터넷(데이터를 수집하여 상호 간 및 더 광범위한 인터넷에 연결하는 센서가 장착된 물리적 디바이스)과 5세대 무선 기술(5G) 네트워크에 대한 전략적 지원을 강화했다. 정부는 세계적인 경쟁력을 갖춘 기업을 육성하고 외국 기술 의존을 낮추기 위한 종합적인 산업계획을 수립했다. 이에 따라 국내 기업과 5G 배치에 대규모 자금지원을 하며 외국 경쟁사들의 시장 접근을 제한하고 중국 특유의 기술 표준을 만들며 세계 표준기구 참여를 확대하고 국산화 목표를 설정하며, '사이버 간첩활동과 지식재산권을 도용한 혐의'가 있다. 이와 같은 국가 주도 접근방법은 미국과 여타 외국 기업들이 중국의 국내 시장과 해외에서 공정한 경쟁을 벌일 수 있느냐에 대한 우려를 제기하고 있다.

● 5G 네트워크는 데이터 전송 속도를 100배 더 빠르게 하고 사물인터넷 디바이스를 100배 더 지원하며 거의 즉각적인 보편적 커버리지와 이용성을 제공한다. 미국과 중국 회사들은 5G와 후속 기술이 창출할 것으로 예상되는 선도자 이득과 수조 달러에 달하는 경제 이득을 확보하려고 치열한

경쟁을 벌이고 있다.

• 사물인터넷 디바이스는 엄청난 양의 사용자 정보를 수집한다. 더 큰 컴퓨팅 파워와 공적으로 이용 가능한 거대한 양의 정보를 통합하고 결합할 때 이런 데이터는 사용자가 공유를 의도하지 않은 정보를 폭로할 수 있다. 미국 데이터는 보안이 되지 않은 사물인터넷 디바이스를 통해 노출될 수 있으며 또는 중국의 사물인터넷 제품과 서비스가 미국 고객 데이터를 중국으로 넘겨주면 중국 정부는 개인과 기업 데이터에 접근할 수 있는 광범위한 힘을 갖게 된다.

• 중국 정부는 사물인터넷의 광범위한 상업 및 군사 애플리케이션에서 우위를 확보하기 위해 제조업 및 국가 주도 산업정책의 비교우위를 이용하고 있다. 미국 기업과 정부는 많은 경우 중국이 지배하는 세계적 공급사슬에 의존하고 있다. 중국에서 디자인되고 제조되거나 조립된 모든 제품이 태생적으로 위험한 것은 아니라고 할지라도 미국 정부는 철저한 공급사슬 위험 평가를 수행할 근본적인 수단이 부족하다. 연방 조달법과 규정은 종종 모순되고 일관성 있게 적용되지 못하고 있다.

• 국제 5G 표준은 2019년까지는 설정되고 2020년까지는 대규모 상업적 배치가 이뤄질 것으로 예상된다. 중국 정부는 자국 회사들의 세계적인 표준 설정을 보장하기 위해 국제 5G 표준기구에서 역할을 강화하도록 권장하고 있다. 그런 리더십은 국제적으로 인정된 지식재산권으로부터 수익과 수출을 증대하는 결과를 가져올 것이며, 미래의 무선 기술과 표준 개발에 세계적인 영향을 더 미칠 것이다.

• 중국이 세계적인 정보기술, 사물인터넷 디바이스, 네트워크 설비 제조에서 수행하는 중심적 역할로 인하여 기업에 강력한 영향을 미치는 중국 정부는 중국의 공급업체 또는 제조업체들이 제품을 수정토록 강요하여 성과가 기대에 미치지 못하게 하거나 혹은 실패하게 하고, 국가와 기업의 첩

보활동을 촉진하고 또는 사물인터넷 디바이스 혹은 5G 네트워크 설비의 비밀성, 온전성 또는 이용가능성을 위태롭게 할 수 있다.

● 사물인터넷 디바이스의 느슨한 보안 보호와 보편적인 연결성은 무수한 포인트의 취약점을 창출하여 해커들이나 악의적인 정부 행위자들이 이런 점을 이용하여 미국의 중대한 사회간접자본, 기업 및 개인을 위험에 빠트릴 수 있다. 사물인터넷 디바이스가 점점 더 복잡하게 되고 숫자가 많아지며 기존의 물리적 구조 안에 장착됨으로써 이런 유형의 위험은 더욱 커질 것이다. 사물인터넷 디바이스에 대한 그리고 이를 이용한 악의적인 사이버 공격의 규모, 속도 및 영향은 5G의 배치와 더불어 강화될 것이다.

2. 제안사항

위원회는 다음과 같이 제안한다.

● 의회는 미국 관리예산처의 연방 최고 보안책임자 위원회로 하여금 중국으로부터의 공급사슬 취약점이 충분히 다루어지도록 하기 위해 의회에 연례 보고서를 제출하도록 요구한다. 이 보고서는 다음 사항을 수집하고 평가해야 한다.

  ○ 각급 기관의 공급사슬 위기관리 및 평가 계획.

  ○ 기존 부처별 구매 및 보안 정책 그리고 사이버 보안, 운용 보안, 물리적 보안, 정보 보안 및 데이터 보안에 대한 지침. 이는 정보통신기술, 5G 네트워크 및 사물인터넷 디바이스에 영향을 미침.

  ○ 신규 정책 및 지침 필요 분야 — 특정 정보통신기술, 5G 네트워크, 사물인터넷 디바이스, 애플리케이션 또는 절차 — 그리고 기존 보안 정책과 지침이 공급사슬, 사이버, 운용, 물리적인 것, 정보 데이터의 보안 취약성을

시정하기 위해 갱신되어야 할 곳.

● 의회는 미국 전기통신 및 정보청 그리고 연방통신위원회에 지시, 다음 사항을 확인해야 한다. ① 5G 네트워크의 신속하고 보안된 배치를 보장하기 위한 조치. 특히 중국에서 디자인되었거나 제조된 설비와 서비스 때문에 제기된 위험에 중점을 둔다. ② 신규로 설치된 법정 기구가 국내 5G 네트워크의 보안을 확보할 것이 요구되는지 여부.

3. 머리말

중국 정부는 중국을 차세대 연결성[1]의 세계적인 혁신과 기술 센터로 확립할 것을 목표로 한 일련의 정책을 시행하고 있다. 이는 미국의 경쟁력, 데이터 프라이버시, 국가안보에 중대한 영향을 미친다. 세계적으로 경쟁력 있는 통신회사 창립을 성공시킨 데 기초하여 중국 정부는 차세대 정보기술에서 리더십을 장악하려고 한다. 현재 퀄컴, 인텔, 시스코, 아마존 및 구글과 같은 미국 기업들은 차세대 네트워크 개발에서 세계적인 리더들이다. 하지만 중국의 국가 주도 접근방법은 미국의 지배를 훼손하고 있다. 왜냐하면 중국의 규정, 외국 투자 제한 및 중국형 기술 표준은 미국과 여타 외국 기업들이 세계 제2대 시장인 중국에 접근하는 것을 제한하고 있기 때문이다. 중국 회사들은 자사 이익을 추구하기 위해 이미 세계적인 표준 설정 포럼에서 다각적으로 영향력을 행사할 수 있는 위치를 확보했다. 어떤 경우 사이버 간첩행위와 지식재산권 도용행위로 미국과 여타 시장 리더들을 약화시키고 있다.

---

1   차세대 연결성이란 신뢰할 수 있고 거의 즉각적인 통신이 가능한, 고도로 상호 연결되고 자율적인 디바이스와 센서를 말한다.

세계 네트워크 설비에서 중국 기업과 중국 소재 제조업의 지배는 미국의 5G 무선 네트워크의 보안된 배치에 심각한 공급사슬 우려를 제기한다. 또한 중국은 세계 최대 사물인터넷 디바이스 제조국이다. 이와 같이 대부분 보안이 되지 않은 디바이스의 급속한 증가로 정보수집, 사이버 공격, 산업 통제 또는 검열에 수많은 취약점을 창출하고 있다. 또한 사물인터넷 제품과 서비스를 통해 중국 기업들은 미국 소비자로부터 데이터를 중국으로 이전하고 있을지 모른다. 중국에서 정부는 프라이버시나 소유권에 대한 관심 없이 데이터를 수집하고 이용하는 광범위한 권력을 보유하고 있다.

이 장에서는 사물인터넷과 5G 기술을 지원하기 위한 중국의 산업정책을 살펴보고, 이런 산업에서 미국과 중국의 기술 리더십과 시장 접근을 비교하며, 이런 발전 동향이 미국의 경쟁력, 국가안보, 공급사슬 그리고 데이터 프라이버시 및 안보에 미치는 영향을 분석한다. 이 분석은 2018년 3월 위원회에서 개최된 중국의 차세대 연결성 추구에 관한 청문회, 연구 계약에 의한 조사, 정부 관리들, 학계, 산업계 전문가들의 자문 및 공개된 자료의 연구와 분석으로부터 이끌어낸 것이다.

4. 중국의 산업정책 청사진 개관

중국 정부는 자국 회사들이 우선적으로 추진할 사항을 결정하고 산업적 변신을 유도하는 데 지도적인 역할을 수행하고 있다. 일련의 산업계획에서 중국 정부는 자국 기업들을 국제 경쟁력을 갖춘 국내 기업으로 탈바꿈시키고 외국 기술과 제품을 중국 회사들이 디자인하고 제조한 것과 대체하는 전략을 펼쳐, 먼저 국내시장에 내놓고 그런 다음에 세계시장으로 진출했다.[2]

영향력 있는 '인터넷 플러스'와 '메이드 인 차이나 2025' 계획은 중국경제를 고부가가치 제조업과 서비스로 전환하고 중국을 기술 대국(powerhouse)으로 탈바꿈시키기 위해 통합 디지털 기술과 자동화의 발흥을 활용하려고 한다. 인터넷 플러스는 중국의 국내 모바일 인터넷, 클라우드 컴퓨팅, 빅데이터 및 사물인터넷을 구축하여 자국의 거대한 국내 시장을 이용하고, 국내 기업들의 해외 확장을 지원함으로써 세계적으로 경쟁력 있는 기업을 육성하려고 한다.

메이드 인 차이나 2025는 중국이 장기간 견지해 온 자체 혁신과 수입대체를 반복하는 것이지만 이전의 계획들보다 범위, 자원 및 부처 간 조정이 더 크다. 차세대 정보기술 – 통신, 인공지능,[3] 반도체 및 사물인터넷 – 은 추가적인 정부지원 대상으로 지정된 10개 핵심 부문[4] 중 하나이다. 미국상공회의

---

2   중국의 산업계획과 11개 부문에 대한 영향에 관한 종합적인 분석을 알아보려면 다음 자료 참조. Tai Ming Cheung et al., "Planning for Innovation: Understanding China's Plans for Technological, Energy, Industrial, and Defense Development," *University of California Institute on Global Conflict and Cooperation*(prepared for the U.S.-China Economic and Security Review Commission), July 28, 2016.

3   인공지능의 구성은 고성능 컴퓨팅과 빅데이터를 이용하고 결국은 인간의 뇌가 어떻게 생각하는지를 모방함으로써 스스로를 가르칠 수 있는 기계 프로그램으로 되어 있다. 중국의 인공지능 능력 구축을 위한 노력에 대해 정보를 더 알아보려면 다음 자료 참조. Tate Nurkin et al., "China's Advanced Weapons Systems," *Jane's by IHS Markit*(prepared for the U.S.-China Economic and Security Review Commission), May 10, 2018, 110~124; 미국과 중국의 인공지능 및 고성능 컴퓨팅 능력의 비교에 대해서는 다음 자료 참조. U.S.-China Economic and Security Review Commission, Chapter 4, Section 1, "China's Pursuit of Dominance in Computing, Robotics, and Biotechnology," in *2017 Annual Report to Congress*, November 2017, 507~539.

4   메이드 인 차이나의 목표는 다음과 같은 10개 핵심 분야이다. ① 에너지 절약 및 신에너지 차량, ② 차세대 정보기술, ③ 생명공학, ④ 신물질, ⑤ 항공우주 산업 ⑥ 해양 엔지니어링 및 하이테크 선박, ⑦ 철도, ⑧ 로보틱스, ⑨ 전력 설비, ⑩ 농업기계. 중화인민공화국 국무원, 메이드 인 차이나 2025, 2015. 5. 8 번역. http://www.gov.cn/zhengce/content/2025-05/19content_9784.htm.

소에 의하면 메이드 인 차이나 2025는 "경제적 경쟁력의 중핵이 되는 산업의 세계시장에서 경쟁의 동학을 전환시키기 위해 국가의 힘을 최대한 이용하는 것을 목표로 하고 있다."

5. 사물인터넷

사물인터넷 디바이스의 숫자, 데이터 사용 및 연결성의 급속한 증가는 우리가 작업하고 생활하며 전쟁을 수행하는 모든 측면을 탈바꿈시키고 있다. 사물인터넷의 중핵적 유용성 중 하나는 날로 확대되는 자동화와 더불어 원하는 결과를 최적화하기 위해(예: 효율성, 성과 또는 이익) 디바이스 간 데이터를 수집하고 공유하는 능력이다. 예컨대 사물인터넷 디바이스는 신체적 활동을 모니터링한다(예: 부착용 피트니스 추적기). 또 자동적으로 거주지나 사무실의 온도를 조절한다. 이는 에너지를 절약하기 위해 동작, 기온, 습도와 빛에 기초하여 이뤄진다(예: 스마트 온도조절 장치). 그리고 제품과 서비스를 원격 배달한다(예: 스마트 드론)(〈표 6-1〉 참조). 또한 사물인터넷은 전략적 억지와 전쟁 능력에서 대단한 군사적 우위를 발생시킨다. 지휘, 통제, 통신, 컴퓨터, 정보, 감시, 정찰(C4ISR) 그리고 공급사슬 관리에서 그렇다. 예를 들면 자율 무인 시스템이 있다. 이 시스템은 C4ISR, 타격 임무, 전자전을 향상시킨다. 그리고 미래의 비대칭 전장 능력을 증대시키는 드론 떼가 있다.

전 세계적으로 사물인터넷 숫자가 얼마나 되는지에 관한 추정치는 여러 가지가 있다. 업계 협회인 모바일 통신을 위한 글로벌 시스템 협회(GSMA)의 추정에 의하면 전 세계 사물인터넷 디바이스의 숫자는 2017년의 75억 개에서 2025년에 250억 개로 증가할 것이다. 한편 세계적인 정보 제공사인 IHS의 추정에 의하면 사물인터넷 디바이스의 숫자는 2017년의 270

〈표 6-1〉 사물인터넷의 상업 및 군사 애플리케이션

부문	사물인터넷 애플리케이션 사례
소비자	• 증강현실 및 가상현실 엔터테인먼트 • 스마트 기기 • 부착용 디바이스(예: 피트니스 추적기)
빌딩	• 스마트 자동온도조절기 • 에너지 및 물 관리 • 자동화 및 네트워크화된 감시
소매	• 배달 드론 • 공급사슬 관리 • 표적 광고 • 상점 내 고객 행동 모니터링
운송	• 자율주행 차량 • 교통량 관리 • 차량 성능 원격 모니터링
의료서비스	• 원격의료 • 로봇 보조 수술 • 원격의료 디바이스 및 생리학적 모니터링
군사	• 무인 시스템(예: 드론 떼) • 통합 미사일 방어 시스템 • 360도 전장 인식 • 군수 및 재고 관리

자료: 종합.

억 개에서 2030년에 1250억 개에 달할 것이다. 맥킨지의 추정에 의하면 사물인터넷으로 인한 세계적인 경제적 이득은 2025년까지 연간 4조 달러에서 11조 달러에 이를 것이다. 그런 이득을 보게 되는 것은 생산성 향상, 비용절감, 자동화 및 설비와 제품의 수명연장에 의해서이다. 운영 최적화(예: 재고 관리 및 조건 기반의 보수 유지)는 연간 경제적 이득의 63%를 차지할 것으로 예상된다.

사물인터넷 디바이스는 각종 애플리케이션과 시스템으로 연결될 수 있다. 예를 들면 도로상에서 상호 연결된 센서, 스마트 교통신호가 있다. 그리고 자율주행차는 혼잡한 도시에서 교통을 관리하기 위한 데이터를 교환할 수 있으며, 가정과 빌딩 내의 몇몇 스마트 기기는 에너지 사용을 최적화하기 위해 데이터를 교환하고 통신할 수 있다. 또는 통합된 생산, 창고 및 배송 시설은 보안과 적시 배송을 보장하기 위해 실시간으로 군사 및 상업 공급사슬 네트워크를 통해 공급물과 설비를 추적할 수 있다. 워싱턴 대학교의 시설서비스 정보기술 부책임자인 척 벤슨은 위원회에서 증언하면서 사물인터넷 시스템의 여섯 가지 특성을 다음과 같이 밝혔다.

① 디바이스의 숫자가 많다. ② 각양각색 디바이스 유형과 디바이스 내 부품. ③ 디바이스에 관해 논의하고 쉽게 유형화하며 분류할 수 있는 언어와 개념 기본 틀이 부족하다. ④ 한 조직 내의 여러 부서에 걸쳐 있다는 사실. ⑤ 우리 주변의 물리적 사회간접자본에 장착된 수백 또는 수천 개의 디바이스가 보이지 않으면 잊어버리는 경향이 있다는 사실. ⑥ 사물인터넷 시스템의 시행과 관리에 관한 선례가 부족하다.

부품, 데이터 저장, 연결 및 데이터 가공이 발전함으로써 사물인터넷 능력이 향상되고 확산되었다. 사물인터넷 디바이스가 급증하고 더 많은 양의 데이터를 수집할 수 있게 된 것은 소형화된 전자제품을 값싸게 구할 수 있게 되었기 때문이다. 클라우드 컴퓨팅[5]은 사물인터넷이 더 큰 영향을 미치

---

5   클라우드 컴퓨팅이란 로컬 또는 개인 컴퓨터가 아니라 원격 서버에 있는 데이터 및 소프트 웨어 서비스의 저장, 관리, 가공을 말한다. U.S.-China Economic and Security Review Commission, *Hearing on China's Pursuit of Next Frontier Tech: Computing, Robotics, and Biotechnology*, Mark Brinda의 서면 증언, March 16, 2017, 1~2; 중국의 국가 주도 클라우드 컴퓨팅에 관해 더 많은 정보는 다음 참조. Tai Ming Cheung et al., "Planning for Innovation: Understanding China's Plans for Technological, Energy, Industrial, and Defense Development," *University of California Institute on Global Conflict and Cooperation*(prepared for the U.S.-China Economic and Security Review Commission), July 28, 2016, 184~192; Leigh Ann Ragland et al., "Red Cloud Rising: Cloud Computing in China," *Defense Group, Inc.*(prepared for the U.S.-China Economic and Security Review Commission), September 5, 2013.

도록 활용할 수 있는 추가적인 데이터 저장, 가공 및 인공지능을 제공하고 있다. 5G 네트워크의 배치는 더 큰 대역폭, 속도, 신뢰성 및 결국에는 편재 (ubiquitous) 연결성을 제공할 것으로 예상된다. 이런 것이 필요한 이유는 사물인터넷 디바이스와 시스템 간 지속적인 데이터 교환을 지원하기 위함이다. 또한 5G 네트워크의 저지연(low latency, 컴퓨터의 입출력 과정에서 지연을 최소화하는 것)으로 인해 자율주행차(이 장에서 후술할 「5세대 무선기술」 참조) 등의 복잡하고 고부가가치의 사물인터넷 디바이스를 위해 필요한 실시간 명령과 데이터를 전송할 수 있을 것이다. 이런 디바이스들은 인공지능 덕분에 '스마트'하게 되어 수집하고 가공하며 교환한 데이터에 의해 점점 더 자율적으로 행동할 것이다.

1) 중국의 산업정책

중국 정부는 사물인터넷의 엄청난 경제적·군사적 잠재성을 인식하고 세계적인 사물인터넷 리더가 되는 방안을 모색하고 있다.[6] 이런 목표를 달성하기 위해 중국 정부는 제조업의 경쟁우위를 활용하고 다음과 같이 사물인터넷 및 그 생태계에 대한 지원을 강화하고 있다.

● **종합적인 산업계획**　중국 정부는 2010년에 처음으로 전략적 신흥 산업으로 사물인터넷을 지정하고 2015년에 메이드 인 차이나 2025와 인터넷 플러스 산업계획의 초석으로 사물인터넷을 재확인했다. 제13차 5개년 계획(2016~2020년)하에[7] 중국 정부는 제조업 및 자동차에서 사물인터넷 애플리

---

6 중국의 사물인터넷과 5G 개발에 관해 좀 더 심층적인 분석을 보려면 다음 자료 참조. John Chen et al., "China's Internet of Things," *SOS International*(prepared for the U.S.-China Economic and Security Review Commission), October 2018.

7 중국의 제13차 5개년 계획과 목표에 관한 정보를 더 자세히 알아보려면 다음 자료 참조. Katherine Koleski, "The 13th Five-Year Plan," *U.S.-China Economic and Security Review*

미중 분쟁의 실상

케이션을 최우선으로 하고, 5G, 인공지능, 빅데이터 및 반도체 등의 구현 기술(enabling technology)에 대한 지원을 강화했다.

• 국내 기업에 대한 국가의 자금 지원　2011년 이래 중국의 중앙 및 지방 정부는 중국의 사물인터넷 개발을 위한 직접 금융지원으로 242억 달러[8](런민비 1600억)[9]를 풀었다. 또한 국가와 지방정부는 반도체와 인공지능 등의 핵심 사물인터넷 구현 기술을 위해 막대한 재정 지원을 하고 있다. 2014년에 국가 및 지방정부의 반도체 자금은 1088억 달러(런민비 7200억)에 달했다. 2016년에 국가선진제조기금은 32억 달러(런민비 200억)에 달했다. 2018년에는 제2차 국가 반도체 기금이 181억 달러(런민비 1200억) 그리고 인공지능 개발을 위한 지방정부 기금이 72억 달러에 달했다.

• 국산화 목표　중국 공정원의 메이드 인 차이나 핵심 분야 기술 로드맵 리스트는 중국 기업의 국내시장 점유율 신장 목표를 2025년까지 자율제조 로봇 70%, 스마트 제조 설비 60% 그리고 부분적 자율주행 차량 50%로 잡았다.

Commission, February 14, 2017.

8　이 숫자에는 2011~2016년간 사물인터넷 개발 특별기금 7억 5530만 달러(런민비 50억), 중국 인터넷 투자기금 151억 달러(런민비 1000억), 스마트 도시 연구 및 프로젝트를 위한 공업 및 정보화부의 76억 달러(런민비 500억), 상하이 사물인터넷 기업 투자기금 6170만 달러(런민비 4억 850만), 우시 사물인터넷 산업 기금 7억 5530만 달러(런민비 50억)가 들어 있다. Zhang Xin and Chen Tianyuan, eds., "Wuxi Forms 5 Billion Yuan Internet of Things Industry Fund to Usher in Industry Development," *People's Daily Jiangsu Channel*, September 11, 2017, Translation; *Xinhua*, "China Launches $14.6B Internet Investment Fund," *State Council of the People's Republic of China*, January 23, 2017; Simi Holdings, "Venture Capital Fund." Translation; Qichacha, "Shanghai IoT Second Round Innovation Investment Fund," Translation. Matthew Fulco, "Poised for Takeoff: China's Internet of Things," *CKGSB Knowledge*, September 24, 2015; GSMA, "How China's Scaling the Internet of Things," July 2015, 8; Hao Yan, "China Sets 5b Yuan Fund for IoT Industry," *China Daily*, August 23, 2011.

9　다른 언급이 없다면 이 장에서는 다음의 환율을 사용한다. 1달러=RMB 6.62.

● 사이버 간첩행위 및 지식재산권 도용   중국 정부와 기업들은 고부가가치 사물인터넷과 사물인터넷 구현 분야에서 미국 기업들에 대해 지식재산권 도용이나 사이버 간첩행위를 범했다는 혐의를 받고 있다. 예를 들어 2018년 7월 연방대배심원은 전 애플 직원 샤오랑 장을 영업비밀과 애플의 자율주행 지식재산권을 중국의 경쟁사인 샤오펑 모터스에 넘길 의도를 갖고 훔친 혐의로 기소하였다. 또한 중국 기업들은 미국의 통신 및 반도체 기업들을 표적으로 삼고 있다.

2) 미국과 중국의 능력 비교

사물인터넷의 보편적 적용성 때문에 어느 특정 국가의 전반적인 경쟁력을 측정하기가 원천적으로 곤란하지만 통신, 반도체, 클라우드 컴퓨팅 및 인공지능 등의 핵심적인 구현 기술을 검토해 보면 간접적으로 알아볼 수 있다. 중국은 정보기술, 사물인터넷 디바이스, 네트워크 설비의 세계 최대 제조국으로서 경쟁 우위를 확보하고 있다. 중국은 세계 최대의 IT 제조국이다. 즉, 2012년부터 2017년까지 미국의 주요 정보기술 기업인 HP, IBM, 델(Dell), 시스코(Cisco), 유니시스(Unisys), 마이크로소프트(Microsoft), 인텔(Intel)이 제조한 총선적의 51%는 원산지가 중국이다. 프랑스 보험회사 AXA의 추정에 의하면 2020년까지 사물인터넷 디바이스의 95%는 중국에서 제조될 것이다. 2017년에 화웨이와 ZTE는 함께 전 세계 모바일 사회간접자본 하드웨어 수익 372억 달러의 41%를 차지했다. 미국과 중국 기업들은 인공지능과 5G 개발에서 세계적인 경쟁사들이다(좀 더 상세한 논의는 「5세대 무선기술」절에서 할 것임).

비교해 보면 미국 기업들은 현재 산업 사물인터넷과 반도체 및 클라우드 컴퓨팅 등의 핵심 고부가가치 사물인터넷 구현 기술의 시장 리더들이다. 연구 플랫폼 사물인터넷 원(IoT One)의 산업 사물인터넷(제조업과 산업 과정에 대한 사물인터넷 애플리케이션) 제공사 2000개에 대한 2018년 평가에 의하면 미국 기업들은 가장 영향력 있는 500대 기업 중 230개를 차지했으며, 독일은 52개이고 중국은 27개이다. 미국에 본사가 있는 씽웍스, 텍사스 인스트루먼츠, 인텔은 톱3에 속한다.[10] 2017년에 인텔, 마이크론, 퀄컴 및 엔비디아는 전 세계 반도체 판매액 4385억 달러의 25.2%를 차지했다. 그 뒤로 한국의 삼성과 SK하이닉스가 21%를 차지했다. 아마존 웹 서비스, 마이크로소프트, IBM, 구글은 2017년 전 세계 클라우드 컴퓨팅 수익 1800억 달러의 절반 이상을 차지했다.

중국 정부는 이를 따라잡고자 세계적으로 경쟁력 있는 클라우드 컴퓨팅과 반도체[11] 회사를 육성하기 위해 국가의 재정 지원, 기술이전, 합작 요구, 국가 주도 구매 주문, 중국형 표준, 데이터 저장 및 이전 규정, 보안 및 투자 심사를 활용하고 있다.

3) 미국의 중국시장 접근

미국 기업들은 중국에 지사를 설치하여 사물인터넷 제품과 서비스를 판매할 수 있다. 하지만 미국 기업들은 중국 내에 고객 데이터를 저장해야 하고 데이터를 해외로 이전하는 데는 많은 제약이 있다. 그런 제약은 데이터 분석, 기술 최적화, 통합된 세계적 서비스 및 연구와 개발을 저해한다.

---

10 이 순위는 기술혁신, 브랜드 영향력, 생태계 개방성, 업계 전문가 및 실수요자로부터의 투입에 근거한 것이다. IoT One, "2018 Top 500 Industrial IoT Companies." https://www.iotone.com/iotone500.

11 중국의 반도체 개발을 위한 노력에 관해 좀 더 자세히 알아보려면 다음 자료 참조. U.S.-China Economic and Security Review Commission, Chapter 1, Section 3, "China's 13th Five-Year Plan," in *2016 Annual Report to Congress*, November 2016, 155~161.

예를 들어 기업들은 자사의 전 세계 장소에서 실시간으로 데이터를 결합하고 분석하여 비용을 절감하며, 사업성과를 개선하고 제품과 서비스를 개인화한다. 2017년에 중국 정부는 증강현실과 가상현실 디바이스 및 지능 긴급 의료 구조 디바이스에 대한 외국인 투자 제한을 완화했다. 이런 분야의 경우 중국에서 제품과 서비스에 대한 국내 수요가 증대하고 국내 기업들을 세계적인 경쟁사로 변환하기 위해 외국인 투자가 필요하다. 하지만 사물인터넷 구현 기술을 갖고 있는 미국 기업들은 – 특히 클라우드 컴퓨팅과 통신 – 다음과 같은 상당한 시장 장벽에 직면하고 있다.

● 중국의 지식재산권 요구   2007년 이래 14만 개 정보시스템[12]을 커버하는 중국의 정보보안 등급보호계획(MLPS: Multi-level Protection Scheme)은 핵심 IT 기술과 부품에 중국 지식재산권을 요구하고, 정보기술 사용자[13]의 5단계 중 상위 3단계를 위한 연례 실험과 증명서 및 인증을 요구한다. 이는 국내에 동등한 업체가 없는 경우가 아니라면 실질적으로 외국 경쟁사를 배제하는 것이다. 가이드라인 초안의 34조는 이 계획을 클라우드 컴퓨팅 플랫폼, 빅데이터 시스템, 산업 통제 시스템과 모바일 네트워크, 인공지능, 사물

---

12   미국 국립표준기술연구소는 정보시스템을 다음과 같이 정의한다. "정보의 수집, 가공, 유지, 사용, 공유, 전파 또는 처분을 위해 조직된 별도의 정보자원 세트. 또한 정보시스템에는 산업/가공 통제 시스템, 전화 교환/민간 지점 교환(PBX) 시스템 및 환경 통제 시스템이 포함된다." U.S. National Institute of Standards and Technology, Computer Security Resource Center, *Glossary*.

13   정보보안 등급보호계획은 영향을 기준으로 정보시스템을 다섯 개 등급으로 분류한다. 1등급(가장 낮은) 정보시스템에 대한 손상은 국가안보, 사회질서 또는 공공 이익에 해를 끼치지 않으면서 시민, 법인 또는 여타 기관의 법적 권리에 해를 끼치는 결과를 가져올 수 있다. 5단계(가장 높은) 정보시스템에 대한 손상은 국가안보에 대단히 심각한 해를 끼치는 결과를 가져올 수 있다. 3단계 및 그 이상은 재정, 금융, 조세, 관세, 상업, 통신, 건강, 교육 및 사회 서비스를 포함할 수 있다. Nick Marro, "The 5 Levels of Information Security in China," *China Business Review*, December 6, 2016; Adam Segal, "China, Encryption Policy, and International Influence," *Hoover Institution*, No. 1610, November 28, 2016.

인터넷 디바이스로 확장할 것이다.

• **외국 소유권과 투자에 대한 높은 제약**　중국의 2016 통신 규정하에 외국 기업들은 중국의 통신과 클라우드 컴퓨팅 제공업체를 50%까지 소유할 수 있다. 중국의 2016 텔레콤 서비스 카탈로그는 중국시장에서 판매를 원하는 외국 통신 및 클라우드 컴퓨팅 기업들은 중국 기업과 합작할 것을 요구하고 있다. 예를 들어 AT&T는 국유기업 차이나 텔레콤과 합작했다. IBM, 마이크로소프트 및 아마존은 데이터 저장을 위해 중국 기업 21Vianet과 별도의 합작법인을 세웠다. 2017년 2월 AT&T와 차이나 모바일은 사물인터넷 플랫폼을 공동 개발하기로 합의했다. 그렇게 되면 AT&T는 차이나 모바일의 서비스를 통하여 중국 시장에서 사물인터넷 자산과 오퍼링을 이용할 수 있게 된다.

• **중국형 기술 표준**　메르카토어 중국연구소에 의하면 "중국은 전략산업에서 국가표준을 만들어낼 때가 있다. 이 표준은 의도적으로 국제표준과 다르다. 그 목적은 외국기술의 시장 접근을 저지하고 국내시장에서 중국기술이 유리하게 하려는 것이다." 중국의 클라우드 컴퓨팅, 산업 소프트웨어 및 빅데이터의 기술 표준은 국제표준과 상호관련이 없다. "중국의 핵심 스마트 제조기술 표준 – 기술 통제에 매우 중요 – 의 절반 정도만 국제표준과 연관되어 있다. 이와 대조적으로 중국의 저수준 스마트 제조를 위한 중국 표준(예: 안전 및 관리 요구사항)의 70%는 국제표준과 서로 관련되어 있다. 미국과 여타 외국 기업들은 중국형 표준을 충족하고 중국시장에서 판매하기 위해 제품이나 서비스를 변경하거나 로열티를 지불해야 한다.

• **데이터 저장 및 이전 제한**　중국의 사이버 안전법에 따라 미국 기업들은 데이터 저장과 국경을 넘는 이전 – 사물인터넷 디바이스를 위해서는 필수적인 서비스이다 – 에 상당한 제한을 받고 있다. IBM, 애플 및 마이크로소프트는 운영을 위해 중국 파트너들과 합작회사를 설립하라는 요구를 받았다. 또한

외국 기업들은 반드시 중국 내 파트너들과 정부 승인 암호화 기술에 의존해야 하며, 이는 잠재적으로 외국의 지식재산권 및 데이터를 위험에 처하게 한다.

4) 중국의 미국시장 접근

외국 기업들은 데이터(사물인터넷으로부터의 데이터 포함)의 수집, 저장, 이전에 관한 한정된 제약을 받고 미국에서 자유롭게 사물인터넷 제품 및 서비스를 판매할 수 있다(미국의 데이터 제약에 관한 정보를 더 알아보려면 이 장의 뒷 부분 325쪽에 있는 「데이터 프라이버시와 안보 위험」 참조). 중국의 스마트 드론 제조업체인 DJI는 2016년 미국과 캐나다의 상업 드론 시장의 62%를 차지했다. 여타 중국 사물인터넷 기업, 예컨대 가정용 기기 제조업체 하이어, 스마트폰 및 스마트워치 제조업체 샤오미 그리고 거치대 없는 자전거 공유 기업 오포 및 모바이크도 미국에서 그들의 사물인터넷 제품과 서비스를 자유롭게 판매할 수 있다.

또한 중국 기업들은 인공지능과 반도체 등의 미국 사물인터넷 구현 부분에 투자를 증대했다. 다음은 그 예이다.

● 중국의 벤처캐피털 회사 하이잉자본(海銀資本)은 2016년 6월 인공지능 무인 시스템 소프트웨어 개발사 뉴라라[미국 공군, 미국 항공우주국(NASA) 사용 기술 제공]에 투자했다.

● 키온(중국 국유기업 웨이차이 전력의 자회사)은 자동화 공급사슬 기술회사 디매틱을 2016년 11월 인수했다.

● 베이징 상하이 캐피털 매니지먼트는 2017년 4월 아나로긱스 세미컨덕터를 인수했다.

● 바이두는 2017년에 안면 인식 소프트웨어 및 하드웨어 기업 엑스퍼셉

선과 인공지능 언어 가공 및 이해 기업 키트닷에이아이(Kitt.ai)를 인수했다.

미국 정부는 최근 중국산 사물인터넷 디바이스의 연방 구매에 제한을 가했으며 국가안보 우려 때문에 미국의 두 반도체 업체에 대한 중국의 투자를 막았다. 다음에 몇몇 사례를 들겠다.

- 2017년 8월 미국 이민세관집행국 로스앤젤레스 사무소는 DJI가 중요한 사회간접자본, 공익시설, 사법당국에 있는 고객들을 표적으로 삼고 있다고 하며, DJI가 "미국의 중대한 사회간접자본 및 법집행 데이터를 중국 정부에 제공하고 있다는 상당한 혐의"를 갖고 있다고 했다. 미국 육군연구소와 미국 해군은 유사하게 작전 위험과 사용자 취약 위험을 발견하고 그 이후 DJI 드론, 전자 부품 및 소프트웨어의 사용을 중단했다. 2018년 6월 미국 국방부는 사이버안보 위험 평가 전략이 확립될 때까지 모든 상용 기성품 드론 구매를 중단했다.

- 반도체 기업 아익스트론(2016)과 래티스(2017)에 대한 중국의 인수 작업은 대미외국인투자위원회의 검토 이후 대통령 명령으로 저지되었다.

- 2018년 1월 앤트 파이낸셜(알리바바의 금융서비스 자회사)은 미국의 송금 서비스 회사 머니그램을 12억 달러에 인수할 계획을 철회했다. 외국인투자위원회가 앤트 파이낸셜이 제시한 미국 고객과 관련된 개인 데이터 보호조치가 불충분하다고 판단했기 때문이다.

6. 5세대 무선기술

FTI 컨설팅의 수석 상무인 앤토니 페란테는 위원회에서 행한 증언에서 무선기술의 진화를 다음과 같이 설명했다.

2G 네트워크는 음성을 위해 고안된 것이며 3G는 음성과 데이터를 위해 고안된 것이고 4G는 광대역 인터넷 경험을 위해 고안된 것이다. 이제 5G는 컴퓨팅 능력을 실시간 통신과 융합하기 위해 개발되고 있다.

5G는 데이터 속도가 100배 빨라지고 사물인터넷 디바이스를 100배 더 지원하며 거의 즉각적인 보편적 커버리지(universal coverage)와 이용성을 제공할 것으로 예상된다(〈표 6-2〉 참조). IHS의 추정에 근거해 보면 5G 네트워크는 2035년까지 전 세계 판매고가 12.3조 달러에 달하고 일자리 2200만 개를 지원할 것이다. 5G 구현과 관련된 세계 총 판매고 중 27.3%인 3.4조 달러는 제조업이 차지하고 정보통신기술이 11.4%인 1.4조 달러에 달할 것으로 예상된다.

〈표 6-2〉 4G와 미래의 5G 능력 비교

	4G	5G(2020년 예상)
지연 시간	25밀리 초	1밀리 초
피크 데이터율	초당 100메가비트	초당 1만 메가바이트
디바이스 숫자[14]	평방킬로미터당 1만 디바이스	평방킬로미터당 100만 디바이스
이동성[15]	시간당 350킬로미터	시간당 500킬로미터

자료: 종합.

5G는 기존의 모바일 광대역 커버리지와 경험(예: 증강현실, 가상현실 및 더 빠른 스트리밍)을 향상시킬 것이다. 또한 대규모의 기계형 통신(예: 스마트 시티 및 스마트 주택)을 가능하게 하고 초신뢰와 저지연 통신(예: 자율주행 차량)을 뒷받침한다. 5G는 더 많은 숫자의 사물인터넷 디바이스를 지원하고 고부가

---

14 연결밀도는 서비스 질을 유지하면서 지원될 수 있는 디바이스의 총숫자이다.
15 이동성은 사용자 또는 디바이스가 서비스 질을 유지하면서 움직일 수 있는 최대 속도이다.

가치 사물인터넷 디바이스와 시스템(즉, 자율주행 차량과 스마트 공장)을 구현할 수 있을 것이다. 정부와 통신사들은 5G 네트워크의 배치를 서두르고 있는데, 이는 혁신을 주도하고 사물인터넷과 여타 5G 구현 기술사용을 확장함으로써 남보다 먼저 새로운 수익원을 확보하려는 것이다(더 자세한 정보를 알아보려면 이 장의 뒷부분 311쪽에 있는 「미국과 중국의 능력 비교」 참조).

1) 중국의 산업정책

과거 30년 동안 중국 정부는 세계적으로 경쟁력 있는 통신 기업들을 성공적으로 창출했으며 다음과 같은 방법으로 외국 기술에 대한 의존도를 줄였다. ① 막대한 금융지원,[16] ② 국산화 목표 및 정부구매 활용, ③ 국내외에서 중국 기술 표준 진흥, ④ 외국 업체의 시장 접근 억제, ⑤ 국내 대기업 육성(예: 화웨이 및 ZTE), ⑥ 사이버 간첩활동 및 지식재산권 도용 혐의.

세계적인 네트워크 장비 제조업체의 창출에 성공한 것을 발판으로 중

---

16 중국개발은행은 2004년 화웨이에 100억 달러를 대출해 주었으며 2009년에 300억 달러의 신용한도를 제공했다. 중국개발은행은 2005년 ZTE에 80억 달러의 신용한도를 제공했으며 2009년에 150억 달러, 2012년에 200억 달러로 늘어났다. 또한 중국 수출입은행은 ZTE에 2009년 100억 달러의 신용한도를 제공했다. 화웨이와 ZTE는 저비용 정부 금융을 이용하여 고객들에게 더 경쟁력 있는 가격과 대여를 제공하며 외국 경쟁사들보다 30%까지 가격을 낮출 때가 종종 있다. Nathaniel Ahrens, "China's Competitiveness: Myths, Reality, and Lessons for the United States and Japan Case Study: Huawei," *Center for Strategic and International Studies*, February 2013, 8; ZTE Corporation, "Announcement on the 'Development Financing Strategic Cooperation Agreement' with China Development Bank," *Hong Kong Stock Exchange*, December 4, 2012; ZTE, "The Export-Import Bank of China Provides ZTE US$10 Billion Credit Line," May 25, 2009; ZTE, "China Development Bank Provides ZTE US$15 Billion Credit Line," March 23, 2009; Peilei Fan, "Catching up through Developing Innovation Capability: Evidence from China's Telecom-Equipment Industry," *Technovation*, 26(2006): 364; Ali Farhoomand and Phoebe Ho, "Huawei: Cisco's China Challenger," *University of Hong Kong Case HK U599*, 2006, 9.

국은 다음과 같이 5G의 세계적인 리더가 될 수 있는 위치에 서 있다.[17]

● 종합적인 산업계획   중국 정부는 2015년에 5G를 메이드 인 차이나 2025와 인터넷 플러스 계획의 초석으로 확인했다. 중국의 13차 5개년 계획 (2016~2020년)에 다음과 같이 나타나 있다. "[중국은] 5G 모바일 네트워크와 초광대역 애플리케이션을 위한 핵심 기술 연구를 추동해 나갈 것이며 5G 기술의 상업적 애플리케이션을 개발할 것이다."

● 국유 네트워크 관리 회사 설립   2014년 중국 정부는 차이나 모바일, 차이나 텔레콤, 차이나 유니콤(중국의 3대 통신사)의 이동통신 타워 자산을 결합하여 새로운 국유기업 차이나 타워를 세웠다.[18] 3대 통신사들은 각기 자체 네트워크를 구축하기보다 차이나 타워에 전국의 이동통신 네트워크 운영비를 지불한다. 이와 같은 통합을 통해 중국은 국가의 자금을 결합하고 경쟁이나 잉여 사회간접자본 지출을 제거함으로써 5G 네트워크 배치를 가속화시킬 수 있을 것이다. 2018년 7월 차이나 타워는 홍콩증권거래소에서 기업공개를 통해 69억 달러를 조성했다. 조성된 자금의 절반 이상은 네트워크 건설에 사용될 것이다.

● 5G 네트워크 배치 금융지원   2015년 이래 차이나 타워는 35만 개 이상의 이동통신 네트워크 부지를 추가 확보하기 위해 177억 달러를 투자했다.

---

17 중국의 5G 개발을 위한 노력을 개관해 보려면 다음 자료 참조. John Chen et al., "China's Internet of Things," *SOS International*(prepared for the U.S.-China Economic and Security Review Commission), October 2018; Tai Ming Cheung et al., "Planning for Innovation: Understanding China's Plans for Technological, Energy, Industrial, and Defense Development," *University of California Institute on Global Conflict and Cooperation*(prepared for the U.S.-China Economic and Security Review Commission), July 28, 2016, 177~184.

18 차이나 타워의 지분은 차이나 모바일(28.5%), 차이나 유니콤(28.1%), 차이나 텔레콤 (27.9%) 그리고 국유 투자기금 차이나 리폼 홀딩스 공사(6.0%)가 소유하고 있다. 차이나 모바일, 차이나 유니콤, 차이나 텔레콤은 차이나 타워 2017년 영업수익의 99.8%를 차지했다. "Global Offering," *Hong Kong Stock Exchange*, 10, 45.

정부가 운영하는 중국정보통신연구원의 추정에 의하면 중국은 2020년에서 2030년까지 5G 네트워크에 4450억 달러(런민비 2.8조)를 투자할 것이다. 이와 대조적으로 컨설팅 회사 액센추어의 추정에 의하면 미국 통신 기업들은 2024년까지 5G 사회간접자본에 2750억 달러를 투자할 것이다.

● 외국 경쟁사들에 대한 시장 접근 제한   GSMA의 추정에 의하면 중국의 5G 네트워크는 세계 최대로 전 세계 5G 네트워크 사용자의 3분의 1을 차지할 것이다. 중국 정부는 화웨이와 ZTE에 각각 국내 5G 네트워크 계약의 3분의 1을 보장함으로써 미국과 여타 외국 경쟁사들의 기회를 제한했다.

● 국산화 목표   중국공정원이 마련한 메이드 인 차이나 2025 핵심 분야 기술 로드맵은 주요 품목별 세계시장 점유율 목표를 광통신 네트워크 설비 60%, 네트워크 설비 40%, 라우터 및 스위치 25%로 설정했다.

2) 5G 국제표준기구에서 중국의 영향력 증대

국제 5G 표준 설정을 위한 시간표는 매우 짧다. 최초의 5G 국제표준은 2017년 12월에 채택되었다. 나머지 표준들은 2019년 12월에 결말이 날 것으로 예상되며 2020년까지는 대규모의 상업적인 배치가 가능하게 될 것이다. 이런 표준들은[19] 표준에 대한 동의와 표준의 준수를 최대화하기 위해 주로 경쟁하는 회사, 학계 및 정부의 기술 전문가들 사이에 이뤄진 합의에 기초를 두고 있다. 표준은 한번 정해지면 기술과 데이터 전송의 세계적인 상호 운용성을 구현할 것이다.

---

[19] 표준은 특정한 품목, 소재, 부품, 시스템 또는 서비스를 위한 요구사항을 확정하고 무엇보다도 어휘, 기술 엔지니어링 과정 및 안전을 커버한다. 이런 공통성으로 인하여 제품과 서비스 간 상호 운용성을 구현한다. International Telecommunications Union, "Understanding Patents, Competition, and Standardization in an Interconnected World," July 1, 2014.

특허 기술은 지식재산권의 로열티가 없거나 공정하고 합리적이며 비차별적인[20] 라이선싱 조건으로 이용할 수 있을 경우 점점 더 국제표준으로 통합되고 있다. 국제표준을 준수하기 위해 필요한 특허(표준 필수 특허라고도 함)를 소유한 회사는 세계적인 시장 점유율을 확보하고 라이선싱 수익을 올리며 부수적인 기술 개발에서 경쟁우위를 갖게 된다. 표준 필수 특허의 상업적 가치 때문에 소유권과 공정한 라이선싱 조건을 놓고 오래 걸리고 비용이 많이 드는 법적 분쟁이 제기된다. 이런 상황하에서 정보기술과 통신 같이 변화가 빠른 산업에서 지연이 되면 경쟁사의 프로젝트와 생산 라인은 보류상태에 처하고 만다.

중국 정부는 정부 산하 연구소의 기술 전문가 참여에 자금을 대고 의무적인 국가 기술 표준을 설정하여 자국 기업과 협회의 국제표준화 노력을 지원하고 있다. 2000년대에 중국 정부는 국내 표준을 국제 3G 및 4G 표준으로 설정하기 위해 자체의 대규모 시장을 활용하는 데 성공하지 못했다. 그때 이래 중국의 기술 전문가들과 기업들은 중국의 선진 기술이 세계표준에 반영되도록 하기 위해 국제표준 설정 기관에서 표준과 기술 제출, 참가자 및 리더십 역할의 숫자를 늘려왔다. 중국의 정부 주도 접근방법과 비교할 때 미국에서는 업계가 표준 설정 과정을 주도하고 정부는 기술적인 전문지식과 정책 지원을 제공한다. 2017년 7월 미국연방통신위원회 위원인 마이클 오라일리는 중국이 국제표준기구, 국제전기통신연합, 3세대 파트너십 프로젝트에 참가를 늘리는 현상과 관련한 우려를 다음과 같이 말했다.

---

20 공정하고 합리적이며 비차별이라는 것은 통상적으로 여타 라이선싱의 요율 및 조건과 유사한, 합리적인 요율의 공정한 라이선싱 조건을 의미한다. Anne Layne-Farrar, A. Jorge Padilla, and Richard Schmalensee, "Pricing Patents for Licensing in Standard-Setting Organizations: Making Sense of Frand Commitments," *Antitrust Law Journal*, 74:3(2007): 671~706.

최근 이와 같은 다수 이해당사자 기관을 조종하려는 몇몇 국가들이 혼신의 노력을 경주하고 있다. 나는 일부 권위주의적 정부들이 이제 이런 기구들의 리더십 자리에 주목함으로써 자국의 의제를 촉진하고 무선 네트워크뿐만 아니라 인터넷의 미래 디자인을 좌지우지하려고 한다는 몇몇 보고를 들었다.

중국 회사들과 전문가들은 다음과 같은 5G 표준 설정 기구에서 기여하고 주도하는 데 더 큰 역할을 수행하고 있다.

• 국제전기통신연합　국제전기통신연합은 유엔 산하에서 세계의 전파 스펙트럼과 위성 궤도를 할당하고 정보통신 기술의 국제 기술 표준을 확립하는 정부 간 공공-민간 파트너십이다.[21] 중국 기업들과 정부 기관들은 특히 국제전기통신연합의 5G 관련 기구에서 활동적이다. 화웨이와 차이나 모바일은 이 기구의 5G 포커스 그룹(2015~2016년)의 5대 리더십 포지션에서 의장과 부의장으로 활동했다. 2018년 9월 현재 중국 기업과 정부 연구소들은 5G 표준설정 기구에서 최대 숫자의 의장과 부의장 자리를 차지하여 39석 중 8석을 장악했다.[22] 이와 비교하여 미국 통신사 버라이즌은 현재 이런 기구들의 지도부에서 활동하는 유일한 미국 대표이다.

• 3세대 파트너십 프로젝트(3rd Generation Partnership Project)　3GPP는 3G, 4G, 5G 이동통신 네트워크 기술을 위한 기술 명세(사실상의 표준) 설정을 위

21　국제전기통신연합은 193개의 정부, 약 800개 회사, 각종 학술단체와 여타 국제기구 및 지역 기구로 구성된다. International Telecommunication Union, "About International Telecommunication Union(ITU)."

22　이 숫자는 5G 관련 ITU-T 연구 그룹 13과 그 하부 그룹에서의 의장과 부의장으로 구성된다. 39개 리더십 자리 중 6석의 한국이 두 번째로 많다. International Telecommunications Union, "SG13: Management Team(Study Period 2017~2020)"; International Telecommunications Union, "Focus Groups: ITU-T Focus Groups"; International Telecommunications Union, "Focus Group on Technologies for Network 2030"; International Telecommunications Union, "Focus Group on Machine Learning for Future Networks Including 5G."

한 국제 민간 부문 노력을 주도한다.[23] 의장, 부의장으로 활동하는 중국 대표자는 2012년 53석 중 9석이었는데 2017년 12월 58개 중 11개로 늘어났다.[24] 이런 역할을 통해 중국 회사들은 의제를 정하고 표준에 대한 논의를 이끌 수 있다. 미국 회사들은 2012년에 7석의 리더십 자리를 차지했고, 2017년에는 14석을 차지했다.[25] 가장 눈에 띄는 것은 퀄컴이 현재 가장 중요한 5G 표준설정 그룹(RAN1)의 의장직을 맡고 있는데, 2017년 8월 화웨이를 밀어내고 이 자리를 차지했다.

● 국제표준기구(International Organization for Standardization)　　ISO는 비정부 국제기구로서 사실상 모든 기술에 대해 합의에 기초한 세계표준을 설정한다.[26] 중국의 ISO 표준설정 기술위원회 및 그 하부 그룹 참가자 수는 2012년 12월 706명에서 2018년 9월에는 731명(독일과 동수로서 3위)[27]으로 늘어났다. 이와 비교할 때 미국은 2012년 12월과 2018년 9월 사이에 참가자가 620명에서 595명(참가자 수가 16번째인 핀란드와 동수)으로 줄어들었다. 중국 대표들은 2012년 ISO 리더십 자리 3253석[28] 중 126석에서 2017년 총 3450석

23　3GPP는 일곱 개 통신 표준기구를 통합하고 구성은 490개 회사, 40개 정부기관, 50여 개 연구소 및 대학교로 되어 있다. 3GPP, "About 3GPP Home."; 3GPP, "3GPP Membership.

24　2017년 중국의 대표자 11명은 화웨이(5명), 차이나 모바일(3명), ZTE(1명), 자회사 모토롤라 모빌리티를 통한 레노보(1명) 그리고 중국전신과학기술연구원(1명)이다. 위원회 스탭이 3GPP website에서 편집; 3GPP, "Specification Groups."

25　2017년 미국 대표 14명은 퀄컴(4명), 인텔(3명), 스프린트(2명), NEC(1명), 인터디지털(1명), 모토롤라 솔루션(1명), 애플(1명), AT&T(1명)이다. 위원회 스탭이 3GPP website에서 편집; 3GPP, "Specification Groups."

26　ISO는 162개 국가 표준기구로 구성되어 있다. 회사나 개인은 참가는 할 수 있지만 회원이 될 수는 없다. 국가당 대표는 한 명이다. ISO는 합의에 기초한 세계표준을 설정하기 위해 ITU, 국제전기기술위원회, 세계무역기구와 협력한다. ISO, "All About ISO: Structure and Governance."; ISO, "ISO in Figures 2017."

27　2018년 9월 현재 기술위원회에 가장 많이 참가한 국가는 프랑스(741명), 영국(735명)이다. International Organization for Standardization, "ISO: A Global Network of National Standards Bodies."

중 223석을 차지하여 점유율을 확대했다. 미국은 전체적으로 최대 숫자의 리더십 자리를 차지하고 있지만 확보된 자리는 2012년의 653석에서 2017년에는 540석으로 줄었다. 미국 대표들은 현재 다음 분야를 포함하여 미국 경제에 중요한 몇몇 고부가가치의 사물인터넷 관련 기술위원회를 주도하고 있다. 즉, 정보기술, 스마트 드론, 스마트 운송 차량, 클라우드 컴퓨팅, 데이터 관리 위원회를 맡고 있다. 반면 중국 대표자들은 주로 금속 관련 위원회를 이끌고 있다. 예를 들면 동, 알루미늄, 철강, 각종 철강제품, 희토류 및 철도이다.

3) 미국과 중국의 능력 비교

화웨이, ZTE 등의 중국 기업들은 핵심 통신기술의 성공을 기반으로(〈표 6-3〉 참조) 5G 특허와 네트워크 배치의 리더가 되기 위해 질주하고 있다. 2017년에 화웨이는 스웨덴의 경쟁사인 에릭슨을 밀어내고 세계 최대 통신 장비 제조업체가 되어 이동통신 사회간접자본 하드웨어 수익 372억 달러의 28%를 차지했다. ZTE는 네 번째 업체로 13%를 차지하고 있다. 화웨이는 2016년에 537개 세계 4G 네트워크의 절반 이상 그리고 90개 세계 4G LTE 네트워크의 대략 3분의 2를 공급했다. 조사 기업 델오로의 산업분석가인 스테판 퐁크라츠는 다음과 같이 언급했다. "기존 네트워크 족적은 중요하다. 왜냐하면 사업자들은 여전히 그들의 유산 ⋯ 네트워크 유지를 필요로 하며, 동일한 판매자를 이용함으로써 돈을 절약할 수 있다." 화웨이는 자사의 5G 네트워크 장비를 시험하기 위해 적어도 45개 통신 사업자들과

---

28 이 숫자에는 기술위원회와, 하부위원회 사무국 멤버, 실무그룹 책임자들이 포함되어 있다. International Organization for Standardization, "ISO in Figures 2012."; International Organization for Standardization, "ISO in Figures 2017."

〈표 6-3〉 2017년 특정 통신 기술별 세계 최대 기업

핵심 기술	주요 기업(수익에 기초한 세계시장 점유율)
모바일 사회간접자본 하드웨어	화웨이(28%), 에릭슨(27%), 노키아(23%), ZTE(13%)
기업 무선랜 네트워크(WLAN)	시스코(43.6%), 아루바 네트워크[29](14.9%), 아리스/루커스[30](5.9%), 유비퀴티[31](5.6%), 화웨이(5%)
이더넷 스위치	시스코(54.9%), 화웨이(8.3%)
라우터	시스코(36.7%), 화웨이(23.8%), 쥬니퍼(18%)
스마트폰 반도체	퀄컴(42%), 애플(22%), 메디아텍[32](15%)

주: 모바일 사회간접자본은 무선접속 네트워크, 스위칭 및 핵심 장비로 구성됨.
자료: 종합.

양해각서 ─ 향후 계약을 위한 필수사항 ─ 를 체결했다. 여기에는 독일의 도이치 텔레콤, 영국의 BT 그리고 벨 캐나다가 포함되어 있다. 이와 비교해 볼 때 에릭슨은 38개, 핀란드 회사 노키아는 31개사와 체결했다. 통신 장비 이외에 화웨이는 2017년 수익을 기준으로 볼 때 이더넷 스위치와 라우터에서 미국의 통신업체 시스코 다음으로 세계 두 번째 기업이다.

2017년 세계의 수익을 기초로 볼 때 미국 기업 시스코는 기업 WLAN 장비(통신 네트워크 제공), 이더넷 스위치(네트워크 트래픽 관리), 라우터(네트워크 간 데이터 전달)의 세계 리더이다. 미국의 네트워크 기술 기업 쥬니퍼는 세계의 라우터 시장 규모 152억 달러의 18%를 차지하여 세 번째 기업이다. 화

---

[29] 휴렛패커드의 자회사인 아루바 네트워크는 미국에 소재한 무선 네트워크 스위치 기술 회사이다. Aruba, "Networking Products."

[30] 아리스/루커스는 미국에 소재한 무선 네트워크 기술, 장비, 소프트웨어 회사이다. 2017년 12월 미국 기업 아리스는 미국 소재 기업 루커스 와이어리스의 인수를 완성했다. ARRIS, "Investors"; Ruckus Wireless, "ARRIS Completes Acquisition of Ruckus Wireless and ICX Switch Business," December 1, 2017.

[31] 유비퀴티 네트워크는 미국 소재의 무선 네트워크 기술 기업이다. Ubiquiti Networks, "Investor Relations."

[32] 메디아텍은 타이완 소재의, 반도체 칩을 설계만 하고 생산은 안 하는 기업이다. MediaTek, "About MediaTek."

웨이는 이 시장을 23.8% 차지하여 두 번째 기업이다. 퀄컴과 애플은 함께 2017년 스마트폰 반도체 세계시장 규모 202억 달러의 64%를 차지했다. 이 반도체는 스마트폰을 통신 네트워크에 연결시킨다.

또한 퀄컴, 인텔과 같은 미국 기업들은 여전히 무선기술 지식재산권 개발의 세계적인 리더이지만 5G 필수 특허의 개발에서 중국과의 더 큰 경쟁에 직면하고 있다. 지식재산권 법률회사 렉스이노바 테크놀로지의 2016년 추정에 근거해 보면 중국 기업들은 ─ 화웨이와 ZTE가 주도 ─ 이미 필수 5G 지식재산권 특허의 거의 10%를 소유하고 있다. 이는 두 회사가 4G-LTE를 위해 등록한 특허 숫자보다 대략 10배가 많은 것이다. 이와 비교할 때 미국 기업인 퀄컴, 인터디지털, 인텔은 합쳐서 5G 필수 지식재산권 특허의 대략 31%를 소유하고 있다. 투자회사 제프리스 프랜차이즈의 분석가인 에디슨 리는 중국 기업들이 막대한 R&D 투자를 하고 있는 것을 고려할 때 필수 5G 특허의 20%까지 지배할 것으로 예상하고 있다.

미국, 중국, 한국, 일본의 통신 사업자들은 향후 2년간 5G 네트워크 배치를 서두를 것이다. 배치로 갖게 될 선발자 이익은 사물인터넷과 여타 5G 구현 기술 사용 확대로 새로운 수익원을 창출하고 국가 발전이 더욱 신속히 이뤄지게 할 것이다. 미국은 이전에 4G와 4G-LTE 배치에서 발휘한 리더십으로 이동전화, 소셜 네트워크, 스트리밍 애플리케이션의 실험과 상업화에서 경쟁우위를 차지했다. 통신조사 기업 리콘 어낼리틱스에 의하면 미국의 4G 리더십은 해외에서 미국 기업이 약 1250억 달러의 수익을 올리게 하고 미국의 애플리케이션, 콘텐츠 개발자의 수익에서 400억 달러 이상을 기여했다. 그리고 2011년부터 2014년까지 새 일자리 210만 개를 창출했다.

미국의 통신 사업자들은 전국적으로 신상품을 단계별로 출시하면서 맨 처음으로 5G 네트워크를 배치할 예정이다. 미국 통신 사업자 AT&T는 2018년 12월까지 15개 도시에 5G 네트워크를 배치할 계획이다. T-모바일은 2018년에 30개 도시에 5G 네트워크를 배치할 계획이지만 5G 호환 전화는 2019년까지 서비스가 되지 않을 것이다. 이와 대조적으로 차이나 타워는 5G의 전국적인 배치를 2019년과 2021년 사이에 실시할 것을 목표로 하고 있다. 이미 차이나 타워는 미국보다 투자를 더 많이 하고 이동통신 사회간접자본을 더 빠르게 더 많이 건설하고 있다. 컨설팅회사 딜로이트의 추정에 의하면 차이나 타워는 미국 기업들이 지난 3년 동안 추가한 것보다 더 많은 이동통신 네트워크를 3개월 동안에 건설했다. 이제 중국은 미국을 능가하여 인구 1만 명당 14.1 사이트, 10평방 마일당 5.3사이트인 반면, 미국에서는 각각 4.7과 0.4이다. 또한 2015년 이래 중국은 무선 사회간접자본 건설에 매년 미국보다 80억 달러에서 100억 달러를 더 지출했다.

4) 미국의 중국시장 접근

중국 정부는 화웨이와 ZTE에 국내 5G 네트워크 계약의 3분의 2를 보장하고 있다. 외국 기업들은 나머지 3분의 1의 시장을 놓고 여타 중국 기업들과 경쟁하게 되어 있다. 전략국제연구센터의 선임연구원인 샘 색은 중국에서 사업하는 미국 통신 기업들이 당면하고 있는 추가 규제 장벽을 다음과 같이 확인했다. "사이버보안 검토, 월경 데이터 이전 제한 및 안보를 빙자한 전반적인 국산화 경향." 그녀가 주목한 바에 의하면 미국의 정보기술 및 통신 기업들은 "시장 접근을 지연시키거나 혹은 저지하기 위해 정치적 목적으로 사용될 수 있는" 몇몇 보안 검토에 직면하고 있다. 이런 검토 작업은 투명하지 않고 매우 중요한 정보시스템, 사이버보안 및 네트워크 제품과 서비스의 공급사슬 위험, 월경 데이터 이전, 내부 가상 사설망 서비스, 인터넷 기술 및 애플리케이션, 개인 데이터 및 중요 데이터 보호, 암호화 및 외국인 투자에 걸쳐 있다.

5) 중국의 미국시장 접근

화웨이, ZTE, 차이나 모바일 같은 중국의 통신 기업들은 미국 통신시장
에의 접근이 제한적이며 미국 기업과 여타 미국 자산을 획득하기 위해[33] 진
력하고 있다. 화웨이와 ZTE는 소규모 지방 통신 사업자들(예: 세이지브러시 셀
룰라, 유나이티드 와이어리스)에게 저비용 네트워크 장비를 제공하지만 AT&T,
버라이즌과 같은 대형 사업자에게는 하지 못하고 있는데 그 이유는 오랫동
안의 보안 우려 때문이다(뒷 장의 「중국 통신 대기업과 관련된 국가안보 위험」 참조).
2018년 3월 연방통신위원회는 ZTE, 화웨이 등의 "통신 네트워크 또는 통신
공급사슬에 국가안보 위험을 야기하는 회사가 생산했거나 공급하는 장비
와 서비스의 구입이나 확보"에 거의 90억 달러에 달하는 보편적 서비스기
금(Universal Service Fund)[34]을 사용하는 것을 금지하자고 제안했다. 2018년
10월 9일 현재 연방통신위원회는 이 제안의 추진을 위한 공중의 지지를 모
색하고 있다. 입법이 되면 이런 조치로 인해 화웨이와 ZTE는 보편적 서비
스기금에 의존하고 있는 미국의 지방 무선사업자에 대한 접근이 제한을 받
을 것이다.

보도에 의하면 2018년 1월 미국 정부는 AT&T와 버라이즌에 압력을 넣
어 미국에서 화웨이 스마트폰 판매를 중단하라고 했다. 2018년 3월 베스트
바이는 미국에서 화웨이 스마트폰, 랩톱, 스마트워치 판매를 중단할 것이

---

33 2008년 화웨이는 미국 군부에 네트워크 보안 소프트웨어를 공급하는 미국의 소프트웨어 기
    업 3콤으로부터 구입하는 거래를 취소했다. 그 이유는 거래가 대미외국인투자심의위원회의
    검토를 통과하지 못할 것이기 때문이었다. Richard Waters, "Huawei-3Com Deal Finally
    Collapses," *Financial Times*, March 21, 2008.

34 미국 통신 기업들은 보편적 서비스 기금에 주간(州間; interstate) 실수요자 및 국제 실수요
    자 수익의 1%를 기여한다. 이 기금은 저소득 가계 및 고비용 지역의 통신서비스에 보조금을
    지급한다. United Service Administration Co., "Universal Service"; U.S. Federal
    Communications Commission, *Universal Service Fund*.

라고 발표했다. 2018년 10월 현재 화웨이 제품은 여전히 웹사이트에서 구입할 수 있다. 2018년 5월 국방부 대변인 데이브 이스트번은 다음과 같이 말했다. "화웨이와 ZTE 디바이스는 국방부의 인사, 정보 및 임무에 용납할 수 없는 위험을 야기할지 모른다. 이런 정보에 비추어볼 때 국방부의 매장에서 그런 물건의 판매를 지속한다는 것은 신중하지 못한 처사이다." 국방부는 군부대 요원이 개인적인 용도로 화웨이와 ZTE 제품을 구입하는 데 대한 광범위한 자문을 고려하고 있다.

또한 도널드 트럼프 대통령은 정부기관이나 정부 계약자가 중국 업체의 통신 또는 비디오 감시 장비나 서비스를 사용 및 구입하는 것을 법적으로 제한하는 데 서명했다. 그 대상 기업은 화웨이, 하이테라 커뮤니케이션스 코퍼레이션, 히크비전, 다화 기술, ZTE 및 기타 중국 정부가 통제하는 법인들이다. 정부기관들은 기관 책임자 및 국가 정보장으로부터 면제를 받을 수 있다. 이러한 제한에 AT&T, 버라이즌과 같은 민간 기업의 구매는 해당되지 않는다.

(1) 중국 통신 대기업과 관련된 국가안보 위험

통신은 중요한 사회간접자본(예: 공익시설 또는 은행), 업체, 정부 및 사회에 필수적인 것이다. 중국 정부는 미국과 여타 외국 통신 네트워크를 위험에 처하게 하고 이런 네트워크를 첩보 활동하는 데 최대한 활용하기 위한 능력을 유지하려고 한다. 중국 정부는 국유기업에 대한 직접 통제를 넘어서 민간 기업에까지 막강한 영향력을 유지하고 있다. 그 방법은 재정적인 인센티브를 제공하고 정치적 주선을 하며 주주 간 합의에 이르는 것이다. 중국 정부는 이런 영향력을 행사하여 중국의 제공업체 또는 제조업체에 압력을 가하여 제품을 수정하게 하거나 그렇지 않으면 다른 방식으로 통신 네트워크 장비를 위험에 빠트린다. 미국, 오스트레일리아, 영국 및 여타 외국 정부가 우려하는 점은 중국 정부가 개입하여 네트워크를 위태롭게 할 수 있다는 것이다. 중국의 4대 기업과 연관된 특정한 우려는 다음과 같다.

- 화웨이 화웨이는 미국시장 진출을 오랫동안 모색했으나 중국의 정계 및 군 지도부와의 밀접한 관계로 상당한 국가안보 우려를 자아냈다. 화웨이의 설립자 런 정페이(任正非)는 인민해방군 장교로 복무했으며 2002년에 발간된 책에서 다음과 같이 말한 것으로 인용되었다. "정부의 [국유기업] 보호정책이 없었다면 화웨이는 존재하지 않을 것이다." 2012년 미국 하원의 정보특별위원회는 다음과 같은 결론을 내렸다. "화웨이와 ZTE가 미국의 중대한 사회간접자본에 장비를 공급하는 것과 연관된 리스크는 미국의 핵심 국가안보 이익을 훼손할 수 있다." 오스트레일리아는 2012년 화웨이의 국가 광대역 네트워크 공급을 금지했으며 2018년 8월 5G 광대역 네트워크에 화웨이와 ZTE가 참여하지 못하도록 했다.

- ZTE 2012년 미국 의회는 ZTE의 최대 주주로서의 중국 정부의 영향력 정도와 중국의 군부 R&D에서 ZTE의 역할에 대해 우려를 표명했다. 2018년 4월 영국 국가 사이버안보센터는 다음과 같이 평가했다. "기존의 영국 통신 사회간접자본의 정황 내에서 ZTE의 장비 또는 서비스를 사용하는 데서 비롯된 국가안보 리스크는 완화될 수 없다" – 결국 영국 통신 시장에서 ZTE는 제외되었다. 국가안보 리스크 이외에 미국 상무부는 2016년 ZTE가 미국수출법을 위반한 데 대해 벌금을 부과했으며 2018년 다시 이전의 조치를 이행하지 않은 데 대해 벌금을 부과했다.

- 차이나 모바일 2011년 9월 국유기업 차이나 모바일은 연방통신위원회에 미국에서의 통신 사업자 신청을 했다. 승인이 나면 차이나 모바일은 "미국과 외국 간 국제 음성 트래픽을 전송하고 미국 통신 네트워크와 그런 트래픽을 상호연결"할 수 있을 것이었다. 2018년 7월 미국 정부는 다음과 같이 평가했다. 차이나 모바일은 "중국 정부의 부당한 이용, 영향, 통제에

취약하고 중국 정부의 요구를 따를 가능성이 있다." 미국의 법무부, 국토안보부, 국방부, 국무부, 상무부 및 미국무역대표부 그리고 과학기술정책실은 연방통신위원회에 차이나 모바일이 미국 내에서 국제 통신 사업자로 통신서비스를 제공하겠다는 신청을 거부하라는 권고를 했다. 그 이유는 "국가안보와 법집행에 매우 크고 용납할 수 없는 리스크"가 있다는 것이다. 2018년 8월 차이나 모바일은 이런 권고에 공식적으로 도전했다. 2018년 9월 미국의 법무부, 국토안보부, 국방부, 국무부, 상무부 및 미국무역대표부 그리고 과학기술정책실은 차이나 모바일의 청원에 대응하여 연방통신위원회가 차이나 모바일의 신청을 거부해야 된다는 점을 재차 강조했다. 2018년 10월 9일 현재 연방통신위원회는 결정을 내리지 않았다.

● **중국전자기술그룹**   2018년 8월 미국 상무부는 국유인 중국전자기술그룹이 "중국 내의 승인되지 않은 군사 실수요를 위해 상품과 기술을 불법으로 구입하는 데" 개입되었다는 것을 발견했다. 이에 대응하여 미국상무부는 중국전자기술그룹과 산하 12개 기관이 판매하거나 사용하는 모든 품목은 수출관리 규정에 따라 수출허가와 심사를 받도록 했다.

7. 미국에 미치는 함의

사물인터넷과 5G는 국가들의 비즈니스 수행 방식, 전투 방식 그리고 사회의 상호작용 방식을 탈바꿈시키고 있다. 중국 정부는 이들 산업에서 더 많은 몫의 경제적 이득을 취하고 기술 혁신에서 미국을 따라잡고자 한다. 중국 기업들은 정보기술과 네트워크 장비 제조의 세계적인 리더가 되고, 세계적인 5G 표준 설정과 배치에서 역할을 강화하기 위해 국가의 강력한 지원을 활용했다. 중국이 사물인터넷과 5G에 국가적으로 쏟아붓는 지원

규모는 미국 기업들이 중국 내 또는 제3시장에서 공정경쟁을 할 수 있는 능력을 약화시키고 있다.

중국 회사들이 사물인터넷과 5G에서 우위를 확보함에 따라 미국의 중국 제조업체 의존도는 심화될 것이다. 또한 사물인터넷 디바이스 및 5G의 숫자와 성능의 급속한 발전은 군사 역량을 강화하고 미국의 데이터 프라이버시와 안보 위험을 확대하고 미국의 사이버보안 취약점을 악화시키고 있다. 하지만 이런 산업에서 중국이 차지하고 있는 리더십은 기정사실이 아니다. 미국 회사들이 지속적으로 혁신을 하면 기술 우위를 확장할 것이며, 중국 제조업은 비용증가 압박으로 동남아로의 이전을 강요받아 장기적으로 보면 미국의 공급사슬이 다양화될 잠재성이 있다.

1) 사물인터넷

중국이 사물인터넷에 쏟아붓는 국가 지원 규모, 미국과의 밀접한 공급사슬 통합 그리고 미국에 대한 경제 및 군사 경쟁국으로서의 역할로 인해 미국은 엄청난 경제, 안보, 공급사슬, 데이터 프라이버시의 위험에 직면하고 있다. 미국은 사물인터넷이 창출하는 4조 달러에서 11조 달러의 가치에 달할 것으로 예상되는 생산성, 경제성장, 일자리 및 새로운 역량을 활용할 수 있는 좋은 위치에 처해 있다. 하지만 중국 정부는 자국 기업으로 미국 기업을 대체하기 위해 거대한 국내 시장과 범정부적인 접근법을 십분 활용하고 있다. 미국의 반도체, 클라우드 컴퓨팅, 자율 주행차 기업들은 높은 시장 접근 장벽에 직면하여 중국시장에 접근하려면 중국 회사들 — 미래의 경쟁사들 — 과 파트너가 되어야 한다. 또한 중국 정부는 국산화 목표, 중국형 기술 표준을 쏟아내고 세계적으로 경쟁력 있는 사물인터넷 기업을 창출하기 위해 국가가 막대한 지원을 하고 있다. 이와 같은 이익을 상실함으로써 미국 기업들은 미래 경제의 고부가가치 부문에서 경쟁우위가 약화될 것이며, 미국 국방산업 기반의 역량, 능력, 복원력이 훼손될 것이다.

(1) 공급사슬 취약점

중국이 정보기술과 사물인터넷 제조에서 중심적인 역할을 하는 데다 미국의 경제 및 군사 경쟁국으로서의 위치로 인해 공급사슬 취약점이 광범위하게 드러나고 있다. 리스크의 정도는 제품 유형에 달려 있다. 즉, 누가 어느 단계에서 생산을 하고 생산 장소, 상업적·재정적 및 여타 측면에서 생산자와 공급자와의 관계가 어떠한지 그리고 실수요자는 누구인지에 달려 있다. 중국 정부는 국내시장이 방대하고 정보기술과 사물인터넷 제조를 지배하고 있는 점을 지렛대로 하여 주요 외국 기업들로부터 양보를 이끌어내고 있다.

자국 기업에 강력한 영향력을 행사하는 중국 정부는 자국 공급업체 또는 제조업체들로 하여금 제품을 수정하도록 강요하여 성능이 기대치 이하가 되거나 실패토록 할 수 있으며, 국가와 기업의 첩보행위를 조장하거나 또는 사물인터넷 디바이스의 비밀성, 완전성 또는 이용 가능성을 저하시킬 수 있다. 미국 정부 입장에서 보면 이런 리스크가 크다. 미국 정부는 전자부품과 정보기술 시스템의 95% 이상을 상용 기성품(commercial-off-the-shelf)에 의존하고 있다. 일반적으로 상용제품은 정부개발 또는 정부 맞춤형 제품보다 값이 싸고 신속하게 구할 수 있는 반면, 하버드 대학교 케네디스쿨 벨퍼센터의 연구원인 그레고리 팔코는 다음과 같이 경고했다.

① 상용 기성품이 광범위하게 유통되고 있다는 의미는 많은 사람이 디바이스에 접근할 수 있기 때문에 해커가 디바이스의 취약점을 광범위하게 분석할 수 있다는 것이다. ② 상용 기성품은 사용자에게 잘 적용되지 않는 보안 패치(patch)를 위해 적

극적으로 유지되고 개선될 필요가 있다. ③ 누구나 오픈 소스 기술 배후에서 코드에 기여할 수 있다. 그 의미는 소프트웨어에 취약점이나 은밀한 우회로를 적들이 의도적으로 심어놓을 수 있다는 것이다.

또한 공급사슬 리스크 관리 기업 인터로스의 CEO인 제니퍼 비세글리는 위원회에서 다음과 같이 증언했다. 미국 정부는 갈등을 일으키고 혼란을 초래하는 연방구매법과 규정 그리고 일관성 없이 적용되는 구매정책으로 인한 리스크를 시정하기 위한 "일관성 있고 전체적인 공급사슬 리스크 관리 접근방법이 부족하다." 예를 들어 2018년 국방부 검열단장은 국방부가 상용 드론 – 주로 중국제 – 을 사이버보안 리스크나 리스크 완화전략에 대한 충분한 평가 없이 작전에 포함시킨 것을 발견했다. 2018년 6월 국방부 검열단장은 여타 상용제품에 대한 국방부 사이버보안 및 물리적 보안 평가와 완화전략에 대한 감사를 확장했다.

(2) 안보 취약점

사물인터넷의 발전으로 군사역량이 강화되었지만 리스크 관리를 제대로 하지 않으면 세계적인 사이버보안 위험이 악화될 수 있다. 사물인터넷은 전략적 억지 및 전쟁 역량, C4ISR, 공급사슬 관리에서 상당한 군사기술적 이득을 볼 수 있으며, 드론 떼와 같은 미래의 비대칭 전장 역량을 창출할 것이다. 예를 들어 중국은 무인 해저 드론과 해저 센서 네트워크를 발전시킴으로써 미국의 잠수함과 해저 자산을 탐지하는 능력을 제고하고, 미국이 이 지역에서 자유롭게 활동할 수 있는 능력을 약화시키고 있다.

사물인터넷의 급속한 확산은 산업표준을 앞지르고 있으며 세계적인 사이버보안 리스크를 악화시키고 있다. 미국 국토안보부와 상무부가 2018년 5월 발표한 보고서에 의하면 "제품 개발자, 제조업체 및 판매상은 제품에 보안 기능을 포함시키거나 효율적인 보안 업데이트를 제공하기보다 판매를 위해 비용과 시간을 최소화하려는 동기가 있다." 조사 기업 포네몬 연구소가 593명의 모바일 및 사물인터넷 애플리케이션 개발자 및 사용자를 대상으로 2017년 조사한 결과에 의하면 판매사들은 사물인터넷 애플리케이션의 20%에 대해서만 취약점을 알아보기 위한 실험을 했으며, 실험한 제품 중 평균 38%는 상당한 취약점을 내포하고 있었다. 또한 사물인터넷 디바이스가 판매되고 나면 발견된 소프트웨어 취약점이 확실하게 해결되도록 라이프 사이클 관리를 제공하는 기업이 별로 없다.

국가정보장인 다니엘 R. 코츠는 2017년 5월 다음과 같이 경고했다.

우리의 적대 세력은 미국의 중대한 사회간접자본과 아울러 사물인터넷으로 알려진, 소비자와 산업 디바이스가 연결된 광범위한 생태계를 위험에 처하도록 하는 역량을 모색할 가능성이 있다 … 사물인터넷의 배치도 그것이 지원하고 의존하는 사회간접자본과 그것이 인도하는 과정에 취약점을 드러나게 했다. 사이버 행위자들은 이미 사물인터넷으로 분산 서비스 거부 공격(DDoS: Distributed Denial-of-Service)을 감행했으며, 우리는 그들이 공격을 계속할 것으로 평가하고 있다. 장차 국가와 비국가 행위자들은 사물인터넷 디바이스를 사용해서 정보활동 또는 국내 보안을 지원하거나, 표적으로 삼은 컴퓨터 네트워크에 접근하거나 그것을 공격할 가능성이 있다.

보안이 되지 않은 사물인터넷 디바이스의 보편적 연결성으로 인해 서비스를 거부하고 도청하며 또는 사이버 공격을 위해 봇넷에서 사용되도록 디바이스를 원격으로 이용[35]할 수 있다. 2017년 미국 사이버보안 소프트웨

---

[35] 예를 들어 텔아비브 소재 스타트업 기업 토카는 정부가 감시를 하기 위해 사물인터넷 디바이스 내의 취약점을 이용할 수 있는 사이버 도구를 개발하고 있다. Thomas Fox-Brewster,

어 기업인 시맨텍은 사물인터넷 공격 숫자가 연간 기준 600% 증가한 것을 발견했다. 시맨텍의 벤슨이 언급한 바에 의하면 훈련받은 직원이 부족하며 리스크 평가가 제대로 되지 않고 역량이 부족한 결과 사물인터넷 시스템의 구조가 잘못되고 관리가 제대로 되지 않고 있으며 가치부가가 제한적이고 실수요자(예: 도시, 대학 캠퍼스 또는 군 기지)를 위한 사이버보안의 품질이 저하되었다. 또한 벤슨은 다음과 같이 경고했다. "만약 모종의 것이 악의적으로 개발되었거나 혹은 그 속에 취약점이 있다면 되돌려 보내질 수 있는 데이터의 유형에는 제한이 없다."

미국 관리예산처와 국토안보부의 2018년 5월 보고서에 의하면 96개 기관의 사이버안보 리스크 완화 프로그램을 평가한 결과 59개 기관은 위험에 처해 있고 12개 기관은 고위험 상태에 처해 있다고 한다. 연방기관들은 2016년에 정보 또는 정보 시스템의 기능을 손상시킨 3만 899건의 사이버 사건 중 38%에 대해 공격 방법을 식별할 수 없었다. 더구나 연방기관의 27%만이 대용량의 데이터에 접속하려는 시도를 탐지하고 조사할 수 있는 능력을 갖고 있으며, 16%만이 저장 데이터를 암호화하기 위한 범정부 목표를 충족했다. 악성 사이버 행위자로부터 미국의 국가안보를 보호하기는 점점 더 어려워질 것이다. 왜냐하면 기술이 더욱 복잡하게 되고 다양하며 풍부하고 기존 물리적 구조 속에 장착되어 있기 때문이다. 인터로스가 위원회를 위해 준비한 2018년 보고서에[36] 의하면 "소프트웨어 공급사슬 공격은 더욱 손쉬워질 것이다 — 그리고 더욱 만연하게 될 것이다. 왜냐하면 5세대(5G) 모

"Alexa, Are You a Spy? Israeli Startup Raises $12.5 Million So Governments Can Hack IoT," *Forbes*, July 15, 2018.

36　중국으로부터의 연방 정보 및 통신 기술 취약점을 분석한 자료를 보려면 다음 자료 참조. Tara Beeny et al., "Supply Chain Vulnerabilities from China in U.S. Federal Information and Communications Technology," *Interos*(prepared for the U.S.-China Economic and Security Review Commission), April 19, 2018.

〈표 6-4〉 사물인터넷 기술의 잠재적인 취약점

	디바이스	통신 네트워크	데이터
취약점 유형	• 하드웨어 • 펌웨어(Firmware) • 소프트웨어 • 센서 실패 • 디폴트 패스워드 • 서비스 거부 공격	• 손상된 또는 가짜 통신 네트워크(예: 와이파이 또는 이동통신) • 서비스 거부 공격	• 소프트웨어 • 보안이 되지 않고 손상된 통신 네트워크
리스크	• 펌웨어, 하드웨어 또는 소프트웨어의 승인 없는 수정 • 승인받지 않고 정보 또는 서비스에 접근 • 서비스 상실	• 서비스 상실 • 물리적 사용자 추적 • 승인받지 않고 정보 또는 서비스에 접속	• 승인 없이 정보에 접속 • 물리적 사용자 추적 • 승인받지 않고 데이터 수정 • 디바이스, 사용자 또는 수령자 가장

자료: 다음 자료에서 수정함. Zubair A. Baig, "Future Challenges for Smart Cities: Cyber-Security and Digital Forensics," Digital Investigation, August 15, 2017; U.S. Department of Homeland Security and the National Institute of Standards and Technology, *Study on Mobile Device Security*, April 2017, 18.

바일 네트워크 기술과 사물인터넷 등의 발전하는 기술은 공격의 통로를 기하급수적으로 증가시키고 있기 때문이다."

해커들은 보안이 되지 않은 사물인터넷 디바이스의 급속한 성장으로부터 점점 더 많은 봇넷을 만들어 사상 최고의 서비스 거부 공격을 하고 있다. 예를 들어 2016년 9월 해커들은 유명한 사이버보안 블로그에 세계 최대 서비스 거부 공격 중 하나를 실행한 대량의 봇넷을 만들어내기 위해 중국 기업 다화 기술의 사물인터넷 보안 카메라의 느슨한 보안 환경을 이용했다. 2016년 10월 해커들은 미국 도메인명 시스템 제공사 딘을 대상으로 한 서비스 거부 공격을 하기 위해 중국 기업 항저우 시옹마이 테크놀로지의 사물인터넷 보안 카메라와 디지털 비디오 레코더의 취약한 디폴트 사용자 이름 및 패스워드를 이용했다. 이와 같은 대규모 공격으로 인해 미국의 주요 기업 웹사이트의 인터넷 접속이 제대로 되지 않았다. 피해를 본 회사들은 트위터, 스포티파이, 페이팔, 깃허브, ≪뉴욕타임스≫ 및 ≪보스턴글로브≫이다. 시애틀 소재 사이버보안 기업인 에프5에 의하면 2018년 7월 트럼프 대통령과 러시아 대통령 블라디미르 푸틴이 핀란드에서 회담하는 동안 핀란드의 포트와 프로토콜에 대한 브루트 포스(brute force) 공격의 34%는 중국에서 발생한 것이었다. 공격의 62%는 SSH 프로토콜(통상적으로 사물인터넷 디바이스의 '보안이 된' 원격관리를 위해 사용됨)을 표적으로 삼았다.

(3) 데이터 프라이버시와 안보 위험

사물인터넷 디바이스는 엄청난 양의 사용자 정보를 수집한다. 2016년에 25개국 정부의 데이터 보호 당국이 조사한 바에 의하면 300개 이상의 사물인터넷 디바이스를 검토한 바 그중 60%는 "개인 데이터의 수집, 사용 및 제삼자에게 제공되는 방식에 관한 적절한 정보가 주어지지 않았다." 또한 사용자 데이터가 더 큰 컴퓨팅 능력 및 방대한 양의 공개적으로 구할 수 있는 정보와 통합되고 결합될 때 데이터는 사용자가 공유할 의도가 없는 정보를 드러낼 수 있다 ― 비록 해당 데이터가 연방 규정에 따라 익명 처리되었다고 해도 그렇다.

위치를 기반으로 한 데이터는 광범위하게 수집되고 "가족, 정치, 직업, 종교 및 성적 결합에 관한 … 풍부한 내역을 보여주는 개인의 공개적 움직임에 대한 정확하고 포괄적인 기록을 생성한다." 예를 들어 2018년 1월 연구자들은 구글 지도가 있는 미국의 운동 추적 앱 스트라바로 수집한 위치 기반 데이터를 상호 참조하여 군사기지와 순찰 루트를 보여주고 개인의 이동상황을 추적하였다. 2018년 8월 국방부는 작전 지역에서[37] 지리위치 파악이 가능한 비정부 및 정부 발행 디바이스, 애플리케이션, 서비스(예: 피트

---

[37] 작전지역이란 군사작전이 수행되는 지리적 지역을 말한다. U.S. Department of Defense, *DOD Dictionary of Military and Associated Terms*, June 2018, 172.

니스 추적기, 스마트폰, 스마트워치)를 즉시 금지하는 전 부처에 걸친 명령을 내렸다. 국방부는 금지조치를 내린 이유로 "개인 정보, 위치, 일정, 국방부의 인원수"가 노출되었으며, "합동군과 임무에 의도하지 않은 보안 결과와 위험이 증대할" 잠재성을 인용했다.

이런 데이터가 드러낼 수 있는 정보량에도 불구하고 미국회계감사원에 의하면 "민간부문 회사들 사이에서의 개인정보의 수집과 판매를 다루는 대단히 중요한 연방 프라이버시 법이 없다. 또한 판매된 모든 제품과 정보 재판매자가 가지고 있는 정보를 다루기 위해 특별히 고안된 연방법이 없다." 기존의 미국 데이터 보호는 13세 이하 어린이, 금융정보, 신용, 진료기록 또는 사기적 영업 관행(〈표 6-5〉 참조)으로 한정되어 있다. 수집된 데이터의 양, 그런 데이터가 범죄자 및 국가 행위자들에게 갖는 가치, 느슨한 보안과 법적 보호로 인해 미국 시민, 업체 및 민주주의는 프라이버시, 안전 및 안보 위험에 처해 있다.

중국 기업들은 사물인터넷 제품과 서비스를 통해 미국의 고객 데이터에 대한 접근을 늘리고 있다. 미국 기업들과 유사하게 중국 기업들은 이런 데이터를 자사의 세계 고객들과 통합하고 있는데, 이는 특히 그들의 제품과 서비스 제공을 향상시키기 위한 것이다. 예를 들어 중국의 거치대 없는 자전거공유 기업 오포와 모바이크는 미국 밖에서 미국 고객의 데이터를 전송하고 저장하며 가공할 권리를 갖고 있다. 일부 미국 기업들도 중국 파트너들과 미국 고객에 관한 데이터 공유에 합의했다. 예를 들어 페이스북은 사용자 데이터와 콘텐츠를 — 명시적인 허가 없이 — 적어도 60개 디바이스 제조업체들과 공유했는데, 그 중에는 중국의 모바일 디바이스 제조업체 화웨이, 레노보, 오포 및 TCL이 포함되어 있었다. 2018년 6월 6일 페이스북은 파트너십을 갖고 있던 기업들 60개 중 절반 이상과 관계를 종료했다고 발표했는데 이 중에는 화웨이, 레노보, 오포와 TCL이 들어 있다.

〈표 6-5〉 데이터 수집, 사용 및 보호에 관한 미국 법

미국 법	보호
연방무역위원회법	회사들의 불공정 및 사기 관행
금융서비스 현대화법	은행, 보안 기업, 보험회사 또는 여타 금융 서비스와 상품 생산 기업의 금융정보 수집, 사용 및 공개
1996년 건강보험 이전 및 책임에 관한 법(HIPAA)	의료서비스 제공자와 관련 업체, 의료 보험 기업 또는 의료비 정산소가 수집하고 저장하며 발송한 데이터
공정 신용 보고법	소비자 보고기관 및 여타 관련 기관의 진료기록, 주택, 신용, 고용정보의 정확성, 수집, 사용 및 공개
1998년 아동 온라인 프라이버시 보호법	웹사이트 운영자, 온라인 서비스 및 웹사이트 또는 온라인 서비스 운영자의 13세 이하 아동에 관한 개인정보 수집 또는 저장

자료: 종합.

또한 중국의 사물인터넷 디바이스는 미국의 데이터를 노출시킬 수 있을 것이다. 왜냐하면 사물인터넷 개발자, 판매자, 제조업자가 제품을 시판하기 전에 부품, 펌웨어 또는 소프트웨어의 보안 취약점을 철저하게 점검하지 않았기 때문이다. 예를 들어 다화와 힉비전의 사물인터넷 감시 카메라에 보안 설정이 느슨하게 되어 회사가 보안 패치를 배포하기 이전에 수천 명의 고객들이 원격 이용과 모니터링에 노출되었다. 사물인터넷 디바이스는 한번 배치되고 나면 갱신 프로토콜이 부족한 경우가 종종 있어 새로운 위협이 등장하면 취약한 상태에 처하게 된다.

중국 정부는 개인과 기업 데이터에 접근할 수 있는 광범위한 권한을 보유하고 있다. 그 목적은 국내 기업을 지원하고 시민에 대한 통제를 유지하며 거버넌스를 향상시키고 민감한 데이터의 보안과 관련 사회간접자본을 보장하기 위함이다. 중국 정부는 중국 기업들이 미국 사용자들에 대해 수집한 데이터에 접근을 허용하라고 강요할 잠재성이 있다 – 이 데이터는 통합되고 분석되면 민감한 정보를 드러낼 수 있다. 예를 들어 2017년 8월 미국 이민세관집행국은 DJI의 상업 드론과 소프트웨어가 중국 정부에 미국의 중대한 사회간접자본과 사법 데이터에 대한 '직·간접적인 접근'을 제공한 것 같다고

주장했다. 그런 민감한 데이터를 중국 정부 – 경제 및 군사 경쟁국 – 와 공유하는 것은 미국의 중대한 사회간접자본에 대해 중국이 물리적 또는 사이버 공격을 조정하는 능력을 갖게 할 수 있다. DJI는 그런 주장을 일축했다.

2) 5G 무선기술

화웨이와 ZTE는 5G IP와 경제적 산출이 12.3조 달러에 달하는 시장을 놓고 미국 회사들과 경쟁을 벌이고 있으며, 이는 미국에서 중대한 차세대 통신 사회간접자본의 보안된 배치를 위한 새로운 도전을 제기하고 있다. 정보기술 및 혁신 재단의 통신정책 이사인 더그 브레이크는 다음과 같이 지적했다. "차세대 무선의 성공적인 배치는 국가 경쟁력의 문제이다."

미국이 4G와 관련하여 발휘한 리더십으로 모바일 폰 애플리케이션이 급속도로 발전되었다. 국제표준 설정은 후속 기술 발전에서 어느 나라에 경쟁우위를 제공한다. 2016년에 캘리포니아 대학교 세계 분쟁 및 협력 연구소는 위원회를 위해 준비한 보고서에서 다음과 같이 경고했다.

> 만약 중국이 5G 기술을 주도한다면 미국 통신회사들은 막대한 금액의 특허 로열티 수입을 상실할 수 있다. 중국 통신회사들은 TD-SCDMA 및 TD-LTE 네트워크에 대해 미국 반도체 기업 퀄컴과 로열티 지불의 포기를 협상할 수 있었다. 하지만 중국 회사들은 CDMA, WCDMA(3G) 및 FDD-LTE(4G) 표준을 사용할 때 여전히 높은 특허권 사용료를 지불하고 있다.

이와 같은 라이선싱과 로열티 지불을 받지 못하게 되면 미국 회사들은 기업의 장기적인 경제적 경쟁력의 핵심 요소인 R&D에 재투자를 계속하며 브랜드 인식을 유지하고 규모의 경제를 달성할 수 있는 능력에 타격을 받을 것이다. 또한 만약 미국 기업들이 경쟁력을 상실하게 되면 (현재 네트워크 장비 제조에서처럼) 미국은 외국 공급업체에 의존할 필요가 있을 것이며, 이로써 공급사슬이 취약하게 되고 기술 우위를 상실할 가능성이 있다. 마브리지 컨설팅의 상무인 마크 나트킨에 의하면 특허를 많이 소유하면 상업적인 이익을 넘어서 안보에 유리하다. "기술을 통제하는 자는 누구나 기술이 어떻게 구축되고 모든 문과 단추가 어디 있는지를 잘 알고 있다."

(1) 공급사슬 취약점

미국의 통신 사업자들, 특히 AT&T, 버라이즌과 같은 대형 업체들은 미국 내의 네트워크 장비 공급자가 별로 없어 중국 기업과 제조업자들이 지배하는 세계적 공급사슬에 의존하고 있다. 비록 화웨이와 ZTE에서 공급을 받지 않고 있다 할지라도 미국 통신 사업자들(AT&T, 스프린트, T-모바일 포함)은 여타의 외국 5G 네트워크 장비 공급자(에릭슨, 노키아, 삼성 등)에 의존하고 있다. 그런데 이들은 중국의 제조 및 조립 시설을 자사의 세계적 공급사슬과 통합시키고 있다. 기업 WLAN, 이더넷 스위치 및 라우터에서조차 — 미국 기업 시스코가 지배하는 분야 — 2012년에서 2017년 사이 시스코 총 선적의 3분의 1은 중국이 원산지이다(대부분 시스코의 중국 자회사에서).

시스코와 여타 외국 기업들이 중국 자회사의 위치 보안, 직원 고용, 제조, 품질 관리에 대한 통제를 시행하고 있는 반면, 이런 자회사들은 정부가 사업과 법적 시스템에 상당한 영향력을 행사하는 나라에서 활동하고 있다. 이와 같이 중국에서의 제조에 의존하고 중국 정부가 미치는 영향력의 정도가 크기 때문에 중국 정부가 자국 공급업체나 제조업체에 제품을 수정하고 첩보활동을 가능하게 하며 또는 여타 통신 장비를 손상시키도록 강요할 기회를 가질 수 있다.

2018년 2월 미국연방수사국장 크리스토퍼 레이는 화웨이 — 세계 최대 통신 장비 제조업체 – 의 제품과 서비스를 미국이 사용하고 있는 데 대한 오랫동안의 우려를 다음과 같이 재강조했다.

> 우리는 어느 회사 또는 법인이 우리나라의 통신 네트워크 내에서 힘 있는 지위를 확보하는 데 우리와 가치를 공유하지 않는 외국 정부에 신세를 지도록 허용하는 위험에 대해 심히 우려하는 바이다. 이렇게 되면 우리나라의 통신 사회간접자본에 대한 압력이나 통제를 행사할 수 있는 역량을 갖게 된다. 이는 정보를 악의적으로 수정하거나 훔칠 수 있는 역량을 제공한다. 그리고 들키지 않고 첩보활동을 할 수 있게 된다.

더욱이 유럽과 라틴아메리카의 미국 동맹국 및 협력국들은 자신들의 데이터와 메시지 트래픽의 더 많은 몫을 중국이 제공하는 통신 네트워크에 두는데, 이로 인해 네트워크가 취약해지고 중국이 정보를 수집하게 할 가능성이 있다.

(2) 보안 취약점

통신 네트워크는 태생적으로 취약하고 또 미국 정부, 업계, 사회의 모든 측면에서 매우 중요하기 때문에 표적이 된다. 미국의 통신 사회간접자본은 대부분 민간 부문이 구축하고 소유하며 운용하고 있다. 그렇기 때문에 국가적인 안보보다 이익의 극대화를 우선시하는 경우가 종종 있다. 미국 국토안보부와 국립표준기술연구소에서 발표한 2017년 4월 보고서에 의하면 "사업자가 암호화를 운영하거나 자신들의 네트워크 사용자들에게 프라이버시 보호를 제공하라고 요구하는 규정은 없다." 연방통신위원회 의장 아지트 파이는 다음과 같이 경고했다. "우리의 라우터, 스위치에 – 그리고 사실상 다른 어떤 형태의 통신 장비에도 – 감추어져 있는 네트워크의 '백 도어'는 바이러스를 투입하고 서비스 거부 공격에 착수하며 데이터를 훔치고 또 다른 일들을 하도록 적대적인 정부에게 길을 제공할 수 있다."

예를 들어 주요 미국 및 외국 통신 사업자들 – 시그널링 시스템 7 및 다이어미터 – 이 사용하는 기존의 라우팅 시스템은 오랫동안 사이버보안 취약점을 안고 있다. 외국 정부들은 이런 취약점을 이용하여 사용자를 추적하고 전화와 텍스트를 가로채고 민감한 데이터를 훔친다. EU 네트워크 및 정보보안기구가 2018년 3월 발표한 보고서에 의하면 조사 대상 39개 EU 통신 사업자 중 72%는 2G, 3G와 4G에 있었던 동일한 라우팅 취약점이 5G에서도 나타날 것이라고 믿었다. 이런 취약점들은 5G 네트워크의 더 빠른 속도 및 역량과 결합하여 악성 사이버 공격의 파워와 속도를 증가시킬 것이다.

미국 국방과학위원회가 발간한 2017년 2월의 보고서에 의하면 중국과 러시아 정부는 기존의 미국 통신 네트워크와 여타 중대한 미국 사회간접자본을 위험에 처하도록 할 수 있는 역량을 갖고 있다. 왜냐하면 두 나라는 막대한 자원과 정보, 공급사슬, 사이버 역량을 확보하고 있기 때문이다. 이런 정부들은 증대하는 역량을 이용하여 미국의 군사적 대응, 경제성장, 금융서비스 및 시스템, 정치 제도와 사회적 응집력을 약화시킬 수 있다. 또한 미국은 점점 더 정보기술과 통신 제조를 중국에 의존하여 중국 정부가 이용할 수 있는 공급사슬 취약점을 만들어 놓았다.

§부록: 인공지능(AI)

인공지능은 기계 인식이나 자동화된 복잡한 의사결정 과정에 관련된 컴퓨터 애플리케이션들을 지칭하는 포괄적 용어인데, 그것은 전형적으로 기계 학습이나 데이터의 패턴을 인식하는 것에 의한다. 범용기술로서의 인공지능은 변혁적 영향의 잠재력에서 전기에 비유되어 왔다. 인공지능의 애플리케이션은 경제의 많은 부문으로 확대될 것이다. 근원 기술은 지속적으로 개선될 것이고, 인공지능으로 인해 다른 많은 혁신이 가능해질 것이다. 인공지능의 기술 진보는 계산 능력의 증대와 알고리즘의 정교화 그리고 그 알고리즘들을 훈련할 데이터의 이용가능성에 의존한다.

1) 중국의 정책 목표와 현재의 AI 능력

(1) 정책 배경

2017년에 중국 국무원은 「다음 세대의 AI 개발 계획」을 발표하였는데, 거기에서 AI가 중국 발전 전략의 중심항목이라고 천명하였다. 중국은 「다음 세대의 AI 개발 계획」에서 2020년까지는 다른 경제 선진국과 어깨를 나란히 하고, 2030년까지는 AI의 이론, 기술 및 응용 면에서 세계의 리더가 되겠다는 야심적인 이정표를 설정하였다. 또한 AI 산업(응용 분야 포함)의 총 생산액을 10배로, 즉 2020년의 1500억 달러에서 2030년의 1조 5000억 달러로 키우겠다는 목표를 세웠다. 인류미래 연구소 AI 가버넌스 센터의 중국 담당자 제프리 딩은 위원회에서 증언하면서 AI에 대한 중국의 접근은 세 가지 원칙에 의거한다고 언급하였다. ① 중앙에서 계획하고 지방에서 실행하며, 지방정부는 다양한 목표를 추구하면서 계획에서 제시된 전반적인 틀 내에서 폭넓은 재량권을 가진다. ② 더 믿을 만한 AI 활용 시스템을 구축할 뿐 아니라 국제규범이 중국의 전략적 및 경제적 이익에 도움이 되도록 영향력을 행사하기 위해서 AI를 위한 국제적 기술 표준의 설정을 우선한다(〈그림 6-1〉에 AI 표준에 대한 중국의 접근을 요약했다). ③ AI에 관한 일류의 인재를 채용하고 훈련시키는 것은 중국의 장기적 경쟁력을 확보하기 위해서 이중의 목적을 가진다.

2017년의 「다음 세대의 AI 개발 계획」을 보면 중국의 AI에 대한 접근이 특정분야의 응용에서 AI를 경제의 전반적 경쟁력을 위한 토대로서 우선시하는 것으로 변화했음을 알 수 있다. '중앙이 지도하고, 지방이 실행한다'는 틀로 인해 중국의 정책은 현재의 구상에 신속하게 적용할 수 있는 AI 해법의 토대를 제공하는 기존의 산업정책을 흡수하고 또 그에 기반하여 구축될 수 있게 되었다. 예컨대 기계 시각(machine vision)과 자동의사결정을 지원하기 위해 메이드 인 차이나 2025에서 촉진하였던 산업 로봇을 업그레이드하는 것과 같은 것이 그러하다. 중국의 31개 성급 정부 중 15개 정부가 2018년 3월 말까지 자체의 AI 계획을 발표하였는데, 2020년까지 총 산업생산 목표를 4290억 달러로 세웠다. 이는 같은 기간 국가 목표의 거의 세 배에 달한다.

중국 공업 및 정보기술부 산하의 표준 설정 기구인 중국전자기술표준화연구원(中国电子技术标准化研究院)은 30개 이상의 연구소 및 기업과 함께 AI 표준 개발을 조율하는 백서를 작성하여 2018년 1월 발표하였다(〈그림 6-1〉 참조). 백서는 AI 표준 설정을 위해 컴퓨터 시각[38]이나 자연언어 처리 과정을 넘어서 매우 광범위하게 접근하는 틀을 짰는데, AI를 뒷받침하는 컴퓨팅의 기본요소와 AI 앱을 포함하는 상품 및 서비스를 망라하였다.

---

[38] 컴퓨터 시각은 이미지의 패턴을 인식하는 계산 과정인데, 예컨대 안면 인식이나 감시 시스템 또는 스마트폰 잠금장치나 자율주행 차량이 정지 표시를 인식하는 것 같은 객체 탐지 등이다.

<그림 6-1> AI 표준에 대한 중국의 접근

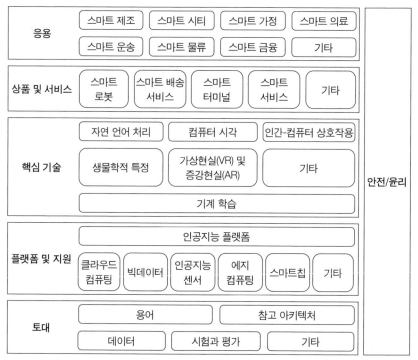

주: 중국 정부는 2018년 1월 AI 설정에 관한 매우 광범위한 접근을 보여주는 AI 표준화 백서를 발표
　　하였는데, AI를 현재의 분야에 결합하는 것을 목표로 한다.
자료: Jeffrey Ding et al., "Chinese Interests Take a Big Seat at the AI Governance Table," New
　　America, June 20, 2018을 수정함.

　　이들 계획과 표준의 가이드라인은 디지털 사회간접자본을 개선하고자
하는 기존 정책 구상의 연장선상에 구축되었다. 이들 구상은 AI의 세부 분
야가 빠르게 발전하기 위한 기술적인 토대를 제공해 왔다.[39] 예컨대 중국의

39　예컨대 백서는 중국 기업에 의한, AI를 응용하는 10개 분야로 이루어진 부록을 포함하여 서
　　로 다른 AI 표준의 모델을 제시하고 있다. 그러나 이들 기술은 많은 경우 기존의 산업정책에
　　의하여 뒷받침되던 것이다. 백서는 지능 제조 분야에서 하이얼 그룹(海尔集团)의 COSMOplat
　　를 대표로 선정하였는데, 이는 주문생산할 수 있는 제조 수행 및 공급사슬 관리 시스템으로
　　서 메이드 인 차이나 2025하에서 개발된 것이다. Standards Administration of China and

스마트 시티 개발 프로그램의 일환으로 교통상황을 모니터링하기 위해 수많은 카메라와 센서를 설치한 덕분에 알리바바가 항저우에 설치한 시티 브레인과 같은 도시 관리 시스템을 위한 데이터를 확보할 수 있는데, 시티 브레인은 AI를 이용하여 교통량을 모니터링하고 재지시하여 교통정체를 줄인다.

(2) 산업 개관

중국은 AI의 몇 가지 세부 분야 특히 컴퓨터 시각이나 디지털 라이프스타일 상품(예컨대 차량 호출이나 배송 앱), 로봇 및 음성 인식 등에서 리더로 부상하였다. 중국은 AI를 응용하여 변혁적 성장을 눈앞에 두고 있는 기술들, 예컨대 상업적 혹은 군사적 공격이 가능한 자동항법 장치를 부착한 드론과 같은 것에서 미국에 앞서거나 어깨를 나란히 하고 있다. 중국은 자율주행 자동차(AV)에서 미국에 뒤처지지만 급속히 따라잡고 있다.

미국에 대하여 가장 경쟁력이 있는 것으로 보이는 많은 중국 기업들은 모바일 인터넷과 모바일 앱 사용에 중국이 폭넓게 적응한 결과이다.[40] 그 덕분에 바이두, 알리바바 및 텐센트 같은 지배적인 모바일 플랫폼들은 소비자 데이터에 유례없이 접근할 수 있게 되었다. 반면에 산업 로봇 분야에

China Electronic Standardization Institute, *White Paper on Artificial Intelligence Standardization*(人工智能标准化白皮书), January 2018, 96-8. Translation.

[40] 중국의 모바일 인터넷 생태계는 전기통신에 대한 정부의 법적인 독점, 중국 본토 내에서 구글이나 페이스북 같은 해외 사이트에 접속하는 것을 금하는 황금방패 프로젝트(金盾工程)[대중적으로는 만리방화벽(萬里防火壁)이라고 불린다], 인터넷에 콘텐츠를 제공(모바일 앱을 통하는 것을 포함)하는 데 대한 엄격한 허가 요건 및 사용자 데이터 관리에 대한 더욱 엄격해지는 규제 때문에 해외 기업과의 경쟁이 최소화된 상태에서 발전하였다. Hugo Butcher Piat, "Navigating the Internet in China: Top Concerns for Foreign Businesses," *China Briefing*, March 12, 2019; Ashwin Kaja and Eric Carlson, "China Issues New Rules for Mobile Apps," *Inside Piracy*, July 1, 2016.

서의 중국의 발전은 강력한 정부 지원과 해외 기업의 인수[41] 및 중국에 생산 설비를 두고 있는 주요 국제 로봇 제조사로부터의 얼마간의 유출효과 때문이다.

컴퓨터 시각은 그 중간 어디쯤에 있는데, 정부 정책에 의하여 창출된 수요에 따른 사적 펀딩이 수반된다. 중국의 이미지 인식 스타트업들은 국제적인 경쟁사들보다 뛰어나고, 자금 조달이 훨씬 잘되고 있다. 그러나 중국 공안부는 감시 시스템의 안면 인식에서 주된 고객이고, 경제계획 부서인 국가 발전 및 개혁 위원회(國家發展和改革委員會)는 안면 인식에서 AI 이용을 장려하는 정책을 발표하였다. 중국에서 AI 감시 앱이 광범위하게 사용되는 것은 프라이버시 보호의 결여와 민족집단에 대한 정부의 탄압에 큰 이유가 있다. 예컨대 중국 전역에서 법집행 기관들은 중국 서북부 신장성의 무슬림 소수민족인 위구르인들을 식별하고 추적하기 위해 안면 인식 기술을 이용하고 있다.

정부와 민간 부문 모두 중국 AI의 중요한 투자자이다. 상하이와 톈진의 시 정부는 그들의 AI 개발 계획에서 AI에 각각 150억 달러를 투자하겠다고 약속하였는데, 이는 구글의 모기업인 알파벳의 2017년도 전 세계 연구개발 지출액인 166억 달러에 근접한다.[42] 그렇지만 중국의 정부 주도 기금은 자

---

41 중국의 국영기업들은 메이드 인 차이나 2025에서 해외 기업을 인수함으로써 중국의 기술적 격차를 줄이려고 촉구한 이래 중국의 에어컨 및 냉장고 제조사인 메이디 그룹(美的集团)이 자동공장에서 쓰이는 로봇의 세계 최대 생산업체인 독일 Kuka AG의 주식 과반수를 인수한 것을 비롯하여 몇몇 중요한 로봇 및 자동화 기업을 인수해 왔다. U.S.-China Economic and Security Review Commission, *Hearing on Technology, Trade, and Military-Civil Fusion*, Dan Coughlind의 서면 증언, June 7, 2019, 4; Sun Congying, "Midea, Kuka Chase Automation Dreams with $1.6 Billion Park," Caixin, March 29, 2018; Sun Yuyao, "Overseas Mergers and Acquisitions: Chinese Manufacturing Integrates into the Global Industrial System(海外并购井喷 中国制造融入全球产业体系)," *Advanced Manufacturing Daily*, December 29, 2012.

42 알파벳의 재무공개에서는 AI에의 투자와 다른 능력 및 상품에 대한 투자를 구별하지 않지

금을 항상 계획대로 모으거나 지출하는 것은 아니다. 투자자가 부족하거나 기금을 운용할 만한 유능한 인재들을 채용할 수 없거나 투자 기준을 충족할 투자 대상이 없는 등의 이유 때문이다. 그렇지만 스타트업 펀딩에서 기술시장 연구 기업인 CB 인사이츠는 중국 기업들이(홍콩에 본사를 둔 기업들을 포함하여) 2017년도의 AI 관련 세계 주식 투자의 48%를 끌어들였다고 추정했다. 이는 미국의 38%보다 앞선 것이며, 2016년의 11%에서 상승한 것이다. 일본의 재벌 소프트뱅크나 미국의 벤처캐피탈 기업 세쿼이어와 같은 몇몇 해외 거대 벤처캐피탈 그룹들이 중국의 AI 시장에 활발하게 투자하고 있다.

참고 자료

중국의 AI '국가대(國家隊)'

2017년 중국의 과학기술부는 바이두, 알리바바 및 텐센트와 음성 인식 기업 아이플라이텍을 선발하여 일련의 세부 분야에서 AI를 개발할 '국가대'를 결성하였다.[43] 정부 계획에 의하면 바이두는 자율주행에 초점을 맞출 것이고, 알리바바는 클라우드 컴퓨팅과 스마트 시티에, 텐센트는 AI를 활용한 의료진단에, 아이플라이텍은 음성 인식에 계속 집중할 것이다. 홍콩에 본사를 둔 안면 인식 스타트업 센스타임은 그 후에 지능 시각에 초점을 맞추도록 선정되었다.

국가대 방식은 국가기간산업체[44]를 노골적으로 앞장세우는 것과 설계

만, 이 회사는 아마도 세계에서 AI에 가장 많이 지출하는 기업일 것이다. Alphabet Inc., *Form 10-K for the Fiscal Year Ended December 31, 2017*, February 5, 2018, 36; *Economist*, "Google Leads in the Race to Dominate Artificial Intelligence," December 7, 2017.

와 실행 모두에서 다르다. 그들 기업 중 어느 것도 국유가 아니며, 모두가 국가대로 선정되기 전부터 지정된 분야에서 역량을 갖추고 있었다. 어떤 점에서는 그들 서로가 경쟁을 한다. 예컨대 바이두, 알리바바, 텐센트는 센스타임이 지능 시각의 대표로 지정된 뒤에도 여전히 컴퓨터 시각 능력을 개발하고 있다. 동시에 국가대 방식의 접근은 이들 AI 세부 분야가 정책적 우선 사항이며, 새로운 기술을 개발하기 위해 규제 장벽을 줄이고 자금에의 접근을 개선하며 기존의 국가대 기업들에 특혜를 줌으로써 시장의 활기를 감소시킬 수 있고 산업의 후발 주자들에게 도전을 제기할 수 있다는 분명한 신호를 보낸다.

---

43 중국의 기관들은 때때로 능력을 갖춘 기존의 회사들을 '국가대'로 지정하여 특정 분야에서 역량을 구축하는 데 초점을 맞추도록 한다. 예컨대 상무부의 2010년 정책은 전자 상거래 사업을 개발하기 위하여 안정된 재래식 소매업체들을 지원하였다. 국가대의 기업들은 국가 기간산업체 정도의 반경쟁정책 지원을 받지는 않고, 정부의 지시를 받는 다른 기업들보다 기업 수익을 추구할 수 있는 자율권을 더 많이 갖는다. U.S.-China Economic and Security Review Commission, *Hearing on Technology, Trade and Military-Civil Fusion*, written testimony of Jeffrey Ding, June 7, 2019, 8. Tencent Technology, "China's Ministry of Commerce's Support for Three Large Companies in the 'Ecommerce National Team' Revealed(商务部扶持电子商务 "国家队" 三大企业曝光)," *China Information Industry Network*, March 3, 2010. Translation.

44 국가기간산업체는 대규모이고, 흔히 국유기업이며 새로운 분야에서 역량을 구축하거나 특정 분야에서 국제적인 경쟁력을 갖춤으로써 국가 이익을 증진한다. 전형적으로 그 산업체들은 국가 목표를 추진하는 것을 돕기 위해 보조금, 세금 감면, 시장 점유율의 보장, 특정 산업에의 독점적 접근 등의 정책 지원을 받으며, 규모가 작은 경쟁자를 획득하거나 축출하거나 혹은 한 산업의 다른 기능 내에서 수직적으로 통합할 수 있도록 수혜적 규제나 파이낸싱을 받는다.

2) AI에서의 미중 경쟁

중국이 많은 AI 세부 분야에서 뛰어나지만, 미국은 인재나 기업의 연구 개발 자금 등 핵심적인 투입에서 앞서고 있다. 또한 많은 AI 기술과 그 응용을 뒷받침하는, 토대가 되는 플랫폼과 지원 아키텍처에서 결정적인 우위를 유지하고 있다.[45] 전체적으로 볼 때 이들 장점으로 인해 미국은 AI 전반의 역량에서 중국을 앞서지만, 중국의 시장 구조와 정부 개입으로 미국의 우위가 잠식될 가능성이 있다.

AI 인재의 국제적 분포에 대한 많은 연구에 의하면 미국이 확고한 우위를 점하고 있는데, 기술적 지평을 개척할 역량을 갖춘 전문가들의 경우 특히 그러하다. 중국이 따라잡고 있는 분야는, 새로운 지평을 개척하기보다는 주로 기존의 AI 소프트웨어 패키지를 사용할 능력이 있는 엔지니어와 개발자를 훈련하는 것이다. 또한 미국은 기업의 연구개발 지출에서 훨씬 앞서고 있다. 2018년의 경우 세계에서 연구개발에 가장 많이 지출을 한 소프트웨어 및 컴퓨터 서비스 기업 20개 중 12개를 미국이 차지하고 있고, 중국은 3개이다.[46] 중국의 연구자들은 전체적으로는 미국의 연구자보다 연구

---

45 아키텍처는 컴퓨터가 정보를 처리하는 것을 관리하는데, 소프트웨어가 하드웨어와 상호작용하는 것을 컨트롤하는 칩 아키텍처로부터 컴퓨터가 어떻게 정보를 조직할 것인지 지시하는, 메타 데이터와 같은 정보 아키텍처에 이른다. 플랫폼은 기성 도구 프로그램(toolkit)을 제공하는데, 이로 인해 AI 응용 프로그램의 개발자는 특정한 문제에 대하여 언제나 처음부터 코드를 새로 짤 필요 없이 이미 만들어져 있는 AI 알고리즘을 사용하고 조정할 수 있다. Rob Thomas, "The Road to AI Leads through Information Architecture," *Venture Beat*, January 12, 2018; Mike Williams, "5 of the Best AI platforms for Business," *TechRadar*, January 10, 2018; Mostafa Abd-El-Barr and Hesham El-Rewini, *Fundamentals of Computer Organization and Architecture*, Wiley-Interscience, 2005, 1-.

46 이들 기업의 연구개발 지출은 AI를 넘어서 있지만, 소프트웨어와 컴퓨터 서비스 기업의 지출 패턴을 보면 AI에 대한 기업 투자를 알 수 있다. U.S.-China Economic and Security Review Commission, *Hearing on Technology, Trade and Military-Civil Fusion*, Jeffrey

결과를 더 많이 발표하고 특허를 받지만, 가장 권위 있는 과학 저널이나 학회에서 받아주거나 가장 많이 인용되는 문헌의 목록에 오르는 논문은 훨씬 적다. 그리고 중국의 AI 특허는 중국 외의 특허청에서는 훨씬 낮은 비율로 특허로 인정된다.

이러한 기본적 지표들을 넘어서, 미국의 기관들이 토대가 되는 플랫폼이나 지원 아키텍쳐의 대다수를 개발하거나 유지하고 있는데, 그 위에 AI 기술이나 응용 프로그램이 구축된다. 공업 및 정보화부에서 93개의 널리 사용되는 오픈소스 AI 소프트웨어 플랫폼을 분석한 바에 의하면, 61개의 플랫폼이 미국에 본거지를 둔 기구에 의해서 개발이 되었고, 반면에 중국에 기반을 둔 기관이나 개인이 개발한 것은 12개에 불과했다.[47] 이들 아키텍쳐와 오픈소스 플랫폼은 전 세계 AI 개발의 사실상 표준으로 기능하고, AI가 어떻게 진화할지 결정하는 데에서의 미국 기업들의 영향력을 확장시킨다. 미국은 또한 AI에서 가장 중요한 세부분야의 일부, 예컨대 잠재적으로 수익성이 좋은 자율주행이나 기타 AI를 응용하는 많은 사업에서 우위를 점하고 있다.

이들 역량의 개발은 대부분 민간 부문에서 추진되지만, 미국 정부는 업계, 정부 및 학계를 한데 모아 연구의 우선순위를 정하고 AI 개발과 안보의

Ding의 서면 증언, June 7, 2019, 3; Timothy W. Martin, "American Tech Firms Are Winning the R&D Spending Race with China," *Wall Street Journal*, October 30, 2018; *Economist*, "Google Leads in the Race to Dominate Artificial Intelligence," December 7, 2017.

47　널리 채용된 오픈소스 소프트웨어는 사실상 공업 표준이라고 할 수 있다. 예컨대 2014년에 구글은 자사 소유 기계학습 라이브러리의 일부를 오픈소스화하였다. 텐서플로우라고 하는 이 라이브러리는 AI 개발자와 연구자로 구성된 커뮤니티로 진화하였는데, 참여자들은 발견을 공유하고 정의(definition)와 표준화된 문서에 동의할 높은 유인을 갖는다. 이 라이브러리는 현재 많은 주요 기업들이 사용하고 있다. U.S.-China Economic and Security Review Commission, *Hearing on Technology, Trade and Military-Civil Fusion*, Helen Toner의 서면 증언, June 7, 2019, 8; Rajat Monga, *Artificial Intelligence(AI) Podcast*, Podcast, June 3, 2019.

균형을 맞추는 소집책 역할을 수행한다. 2019년 2월 'AI에서 미국의 지도력을 유지하는 것에 관한 행정명령'이 발해진 이후 미국표준기술원(NIST)은 AI를 사용하는 시스템이 건실하고 안전하고 신뢰할 수 있게 보장하기 위하여 연방 기관과 민간 분야 사이에서 기술 표준을 개발하기 위한 조율을 하고 있다.

AI에서의 미국의 강력한 지위에도 불구하고 중국의 정부 개입, 시장 구조, AI 활용 사회간접자본의 건설로 인해 중국의 AI 기업들은 불공정한 이익을 얻는다. 중국의 AI 국가대 선정은 어느 정도의 경쟁을 촉진하지만, 또한 AI의 특정 세부 분야에서 어떤 기업들을 국가기간산업체로 분명히 지정하여 지원한다. 그 기업들은 시장 점유율을 방어해야 할 필요성이 적어지기 때문에 연구개발에 더 많은 자원을 배정할 수 있다. 중국 시장의 크기 그리고 주요 기술 대기업에 의해 운영되는 디지털 플랫폼에 노출되는 소비자의 다양성으로 인해서도 이들 기업은 미국의 경쟁사보다 더 폭넓고 깊이 있는 데이터를 얻을 수 있다.[48] 의료 애플리케이션 같은 AI의 세부 분야에서 데이터 이전에 대한 중국의 엄격한 규제로 인해 미국 기업들은 중국의 데이터에 접근하는 것이 제한되거나 완전히 금지되는 데 반해 중국의 기업들은 미국의 데이터에 폭넓게 접근할 수 있다. 마지막으로 중국은 중요한 사회간접자본 변화와 국가적 조율을 필요로 하는 AI 애플리케이션에서 미국을 뛰어넘을 수 있다. 예컨대 스마트 시티의 선도 지구인, 베이징에 인접한 슝안(雄安)은 자율주행 자동차만 운행할 수 있는 구역을 둘 것이다. 이로

---

[48] 예컨대 알리바바 그룹과 그 자회사들은 소비자들이 온라인으로 쇼핑하고, 다른 공급자를 통해 구입한 디지털 및 물리적 상품의 값을 치르고, 공공설비 이용료를 결제하고, 단기 저금을 투자하고, 온라인으로 비디오를 보는 주된 수단이 될 수 있다. 그 회사는 또한 온라인 의료 서비스에도 투자해 왔다. Nicole Jao, "Briefing: Alibaba Health gets a $290 million boost from Alibaba, Ant Financial," *Technode*, May 24, 2019; Ming Zeng, "Alibaba and the Future of Business," *Harvard Business Review*, September-October 2018.

인해 전례 없는 시험장이 만들어지는 것이다.

AI의 상업적, 이론적 발전 모두 유례없이 공개적인 출판과 정보 공유의 규범에 의하여 추동되는 세계적인 AI 발전의 성격도 국가적 역량의 평가를 어렵게 한다. AI 연구 커뮤니티는 중국 같은 후발주자에게 이익을 준다. 후발주자들은 어떤 연구에서도 최소한의 기준선에 도달하기 위해 그들 자신의 자본을 쓸 필요가 없기 때문이다. 그 연구 문화와 사실상의 표준은 여전히 지배적인 기구에 의하여 추동되는데, 그 기구들은 거의 예외 없이 미국에 소재하거나 본부를 두고 있다. 인재들도 지배적인 기구들이 창출한 환경으로 유입된다. 왜냐하면 그 기구들이 세계적인 AI 개발에 영향을 미치는 플랫폼으로 기능하기 때문이다. 반면에 중국의 AI 환경은 일반적으로 기존 기술의 상업화에 더 초점이 맞추어져 있다. 그렇지만 중국 정부는 정책 인센티브나 명령을 통하여 AI 응용의 초점을 효과적으로 지도함으로써 기업들이 국가의 전략적 우선사항을 추구하도록 만들 수 있을 것이다. 정부는 또한 덜 공식적인 영향력 통로를 이용할 수도 있다. 예컨대 모든 기업이 갖추어야 하는 중국공산당의 세포 조직을 이용하거나 지방 관리에게 명목상으로만 사적인 기업들을 감독하는 임무를 줄 수도 있다. 또한 새로운 응용 프로그램을 위한 시장을 보장함으로써 초기의 상업적 이윤의 결핍을 극복하도록 하여 AI의 발전을 가져올 수도 있다. 반면 미국 정부에는 미국에 본사가 있는 다국적 기업의 활동을 지휘할 수단이 더 적고 지원이 제한되어 있다.

3) 민-군 융합과 AI

중국 중앙군사위원회의 과학기술위원회 주임인 류궈치(劉国治) 중장은 AI가 중국이 차세대 전쟁에서 미국을 따라잡고 능가할 수 있는 전환점이라고 믿는다. 중국의 전략가들은 AI를 값비싼 재래식 무기 체계에 대해 비대칭적으로 유리할 잠재력이 있는, 시스템 전반에서의 전력승수로 간주한다. 심지어 우월한 알고리즘이 작전에서 결정적인, 새로운 양식의 전투를 예고한다고 생각한다. AI를 활용한 군사 체계를 개발하는 것은 인민해방군이 정보 네트워크를 통하여 전투영역 전반에서 협동을 개선하도록 추진하는 것과 딱 들어맞는다. 이 두 가지 우선사항은 시진핑 총서기가 2017년 10월의 공산당 전국대표대회에서 강조한 것이다.[49]

---

49 인민해방군의 전략가들은 이들 시스템을 '지능화된'이라고 언급한다. 여기에는 부분적으로 또는 완전히 자동화된 시스템이나 혹은 AI가 명령과 통제에서 인간의 의사결정을 향상시키거나 대체하는 것을 포함해 AI가 인간의 능력을 증강시키는 시스템이 포함된다. U.S.-China Economic and Security Review Commission, *Hearing on China's Advanced Weapons*, Elsa Kania의 서면 증언, February 23, 2017, 17, 19-0.

위원회의 제안 사항 종합

제1장 중국의 군대개편과 현대화: 미국에 미치는 함의

위원회는 다음과 같이 제안한다.

1. 의회는 국방부, 국토안보부에 지시하여 관할 사법위원회에 비밀 부속문서가 첨부된 보고서를 제출토록 한다. 보고서는 이제 중앙군사위원회에 보고하도록 된 중국 해안경비대의 명령구조 변경이 법집행 기관으로서의 지위에 어떤 영향을 미치는지 평가해야 한다. 보고서는 이 새로운 명령구조가 중국이 해안경비대를 동중국해와 남중국해의 '회색지대' 활동에서 강압적인 도구로 사용하는 데 미치는 함의를 논의해야 한다. 또한 보고서는 이런 변화가 미국 해군 및 해안경비대의 중국 해안경비대와의 상호 작용에 미치는 영향과 중국 해안경비대를 군대로 규정해야 할지 여부를 결정해야 한다.

2. 의회는 중국이 추진하고 있는 남중국해의 군사화에 관련된 핵심적인 중국 국유기업과 개인에 대해 제재조치를 취할 것을 고려해야 한다.

제2장 일대일로

위원회는 다음과 같이 제안한다.

3. 의회는 중국의 경제적·외교적 압력의 표적이거나 취약한 국가들, 특히 인도-태평양 지역 국가들에 대한 양국 간 추가 원조를 제공하기 위한 기금을 조성해야 한다. 이 기금은 디지털 연결성, 사회간접자본 및 에너지 접근을 진작하는 데 사용되어야 한다. 또한 이 기금은 지속적인 발전을 촉진하고 부패를 퇴치하며 투명성을 제고하고 법치를 개선하며 인도주의 위기에 대응하고 시민사회와 미디어의 능력을 구축하는 데 사용될 수 있다.

4. 의회는 국무부로 하여금 중국이 일대일로 사업에 대해 벌이는 선전활동에 대응하여 그 대안이 되고 사실에 입각한 담론을 제공하기 위해 취하고 있는 활동을 의회에 보고하도록 요구해야 한다. 또한 그런 보고는 일대일로 프로젝트가 국제표준을 어기는 지점 및 중국이 신장 위구르인의 인권 유린에 관한 정보를 억제하고 오도된 보고를 하려고 시도하는 것과 일대일로의 연관성을 부각시키는 조사를 해야 한다.

5. 의회는 국가정보장에게 국가정보판단 보고서를 작성하도록 요청해야 한다. 보고서는 비밀로 분류된 부록과 함께 일대일로를 따라 시설에 현재 또는 앞으로 접근하거나 그런 시설을 설치하는 것이 항해의 자유와 해양 통제에 미치는 영향을 평시와 분쟁 기간 모두에 걸쳐 상세히 수록해야 한다. 국가정보판단 보고서는 미국과 동맹국 및 지역의 정치적 및 안보 이익에 미치는 영향을 다뤄야 한다.

제3장 중국과 미국의 동맹국 및 협력국들의 관계

위원회는 다음과 같이 제안한다.

6. 의회는 미국과 유럽 및 인도-태평양의 동맹국과 협력국들 사이에 중국과 관련된 경제 및 안보 이익 공유와 정책에 관한 협력 강화를 행정부에 지시한다. 협력 강화를 위해 다음과 같은 조치를 취해야 한다.

- 행정부에 중국의 투자활동에 대해 정기적으로 정보를 공유하고 합동으로 모니터하며 심사 메커니즘을 위한 공동 표준 개발을 포함한 국가안보 함의를 갖고 있는 외국인 투자의 심사에 관한 모범경영을 공유하도록 행정부에 촉구한다.

- 중국에 대한 민군 겸용 기술 수출을 줄이고 국가안보에 필수적인 여타 근본 기술을 식별하는 데 대한 자문을 강화한다.

7. 의회는 법무부에 다음과 같이 지시한다.

- '불법 공모(conspiracy against rights)'법을 포함한 현행 미국법의 적용을 검토하고 미국 거주자를 위협, 강압 또는 그 이외로 협박하는 중국 공산당 관계자를 기소한다.

- 《차이나 데일리》 등의 외국 본사를 대신하여 배포하는 정보물에 관한 외국 에이전트 등록법에서 요구하는 라벨을 그런 자료의 첫 페이지의 머리 부분에 잘 보이도록 나타낼 것을 명확하게 한다.

8. 의회는 국가방첩안보센터에 중국공산당의 미국 내에서의 영향 및 선전활동에 관해 비밀 부록과 함께 비밀이 아닌 연례 보고서를 작성하도록 지시한다.

9. 의회는 중국과 러시아의 점점 더 밀착되고 있는 군사 유대가 갖는 함의 및 범대서양 안보 이익에 대한 증대되는 중요성에 관해 EU 및 NATO와 논의하도록 행정부에 지시한다. 그런 논의에는 유럽과 나토가 중국과 러시

아가 제기하는 공동 방어 및 여타의 도전에 관한 정보교환을 촉진할 수 있는 방안이 포함되어야 할 것이다. 여기에는 양국의 영향력 증대 활동이 포함된다.

제4장 중국과 홍콩

위원회는 다음과 같이 제안한다.

10. 의회는 상무부와 여타 관련 정부 기관에 지시하여 비밀 부록이 첨부된 공개 조사 보고서를 작성하도록 한다. 내용은 미국이 홍콩과 중국을 별개의 구매 지역으로 취급하고 있는 것과 관련하여 미국의 민군 겸용기술 수출통제정책의 적합성에 관해 검토와 평가를 하는 것이다.

11. 의회의 각국 의회 간 그룹은 영국, EU, 타이완 의원들의 참여하에 연간 2회 중국의 홍콩 기본법 준수에 대해 검토한다. 특히 주목할 것은 법치, 언론 및 집회의 자유 그리고 출판의 자유이며 매번 검토 후 그 결과에 근거하여 보고서를 발행한다.

12. 의회 의원은 홍콩 파견 사절단에 참가하여 홍콩 관리, 친민주 입법회 의원들, 시민사회 및 업계 대표들을 만나고, 그들이 미국을 방문하면 만나준다. 홍콩과 중국 관리들을 만날 때 그들은 베이징의 '일국양제' 정책 준수와 중국이 홍콩에 '고도의 자치'를 허용하기로 한 약속에 대한 우려를 제기해야 한다. 또한 그들은 홍콩에서의 표현의 자유와 법치를 지원한다는 표명을 계속해야 한다.

제5장 중국의 진화하는 대북한 전략

위원회는 다음과 같이 제안한다.

13. 의회는 재무부에 지시하여 중국의 북한에 대한 제재이행 상황에 관한 보고서를 180일 내에 제출토록 한다. 비밀 부록은 북한과 거래하는 데 관련된 중국의 금융기관, 업체 및 관리들의 명단을 제공해야 한다. 이들은 장차 제재를 받을 수 있으며 이런 대상자들에 대한 제재조치를 취함으로써 미치는 잠재적인 영향을 광범위하게 설명해야 한다.

제6장 중국의 하이테크 개발 동향: 차세대 연결성

위원회는 다음과 같이 제안한다.

14. 의회는 미국 관리예산처의 연방 최고 보안책임자 위원회로 하여금 중국으로부터의 공급사슬 취약점이 충분히 다루어지도록 하기 위해 의회에 연례 보고서를 제출하도록 요구한다. 이 보고서는 다음 사항을 수집하고 평가해야 한다.

- 각급 기관의 공급사슬 위기관리 및 평가 계획.
- 기존 부처별 구매 및 보안 정책 그리고 사이버 보안, 운용 보안, 물리적 보안, 정보 보안 및 데이터 보안에 대한 지침. 이는 정보통신기술, 5G 네트워크 및 사물인터넷 디바이스에 영향을 미침.
- 신규 정책 및 지침 필요 분야 — 특정 정보통신기술, 5G 네트워크, 사물인터넷 디바이스, 애플리케이션 또는 절차 — 그리고 기존 보안 정책과 지침이 공급사슬, 사이버, 운용, 물리적인 것, 정보 데이터의 보안 취약성을 시정하기 위해 갱신되어야 할 곳.

15. 의회는 미국 전기통신 및 정보청 그리고 연방통신위원회에 지시, 다음 사항을 확인해야 한다. ① 5G 네트워크의 신속하고 보안된 배치를 보장하기 위한 조치. 특히 중국에서 디자인되었거나 제조된 설비와 서비스 때문에 제기된 위험에 중점을 둔다. ② 신규로 설치된 법정 기구가 국내 5G 네트워크의 보안을 확보할 것이 요구되는지 여부.

저자
•
미국의회 미-중 경제·안보 검토위원회

미국의 국방수권법 2001에 의해 2000년 10월 30일 미국 의회에 설립되었다. 상원의 공화·민주 양당 원내대표와 하원의 의장 및 소수당 원내대표가 지명하는 임기 2년의 위원 12명으로 구성된다. 위원회는 미국과 중국 간의 경제 및 국가안보 문제의 조사·연구를 맡고 있으며, 매년 연례 보고서를 발간하고 정기적으로 청문회와 원탁회의를 개최한다. 또한 중국 관련 입법과 정책에 대한 권고를 하는 등 미국 의회와 행정부가 대중 정책을 결정하는 데 중요한 역할을 하고 있다.

편역자
•
박행웅

한국외국어대학교 영어과와 동 대학원을 졸업했다. KOTRA 관장(이탈리아 밀라노, 슬로베니아 류블리아나) 및 정보기획처장, 한국출판협동조합 전무를 역임했다.
옮긴 책에 『밀레니엄의 종언』(공역, 2003), 『네트워크 사회의 도래』(공역, 2003), 『인터넷 갤럭시: 인터넷, 비즈니스, 사회적 성찰』(2004), 『네트워크 사회: 비교문화 관점』(2009), 『구글, 유튜브, 위키피디아, 인터넷 원숭이들의 세상』(2010), 『글로벌 거버넌스 2025: 중대한 기로』(2011), 『신국일본』(공역, 2012), 『소용돌이의 한국정치(완역판)』(공역, 2013), 『마누엘 카스텔의 커뮤니케이션 권력』(2014), 『저작권 판매: 성공을 위한 가이드』(2017) 등이 있다.

미-중 분쟁의 실상

지은이 | 미국의회 미-중 경제·안보 검토위원회
편 역 | 박행웅
펴낸이 | 김종수
펴낸곳 | 한울엠플러스(주)
편 집 | 김용진

초판 1쇄 인쇄 | 2020년 10월 25일
초판 1쇄 발행 | 2020년 10월 30일

주소 | 10881 경기도 파주시 광인사길 153 한울시소빌딩 3층
전화 | 031-955-0655
팩스 | 031-955-0656
홈페이지 | www.hanulmplus.kr
등록번호 | 제406-2015-000143호

Printed in Korea.
ISBN 978-89-460-6957-2 93340(무선)

* 책값은 겉표지에 표시되어 있습니다.